청소년을 위한

친절한 한국사

여행처럼 즐기는 5천 년 한국사
역사를 이해하고 느끼고 상상하는 단 한 권의 책!

청소년을 위한 친절한 한국사

초판 1쇄 발행 2024년 8월 31일

지은이	우디크리에이티브스
감 수	윤병훈 황재연
펴낸이	한승수
펴낸곳	문예춘추사
편 집	이상실 구본영
마케팅	박건원 김홍주
디자인	디자인우디 박소윤
등록번호	제300-1994-16
등록일자	1994년 1월 24일
주 소	서울특별시 마포구 동교로 27길 53, 309호
전 화	02 338 0084
팩 스	02 338 0087
E-mail	moonchusa@naver.com
I S B N	978-89-7604-676-5 43900

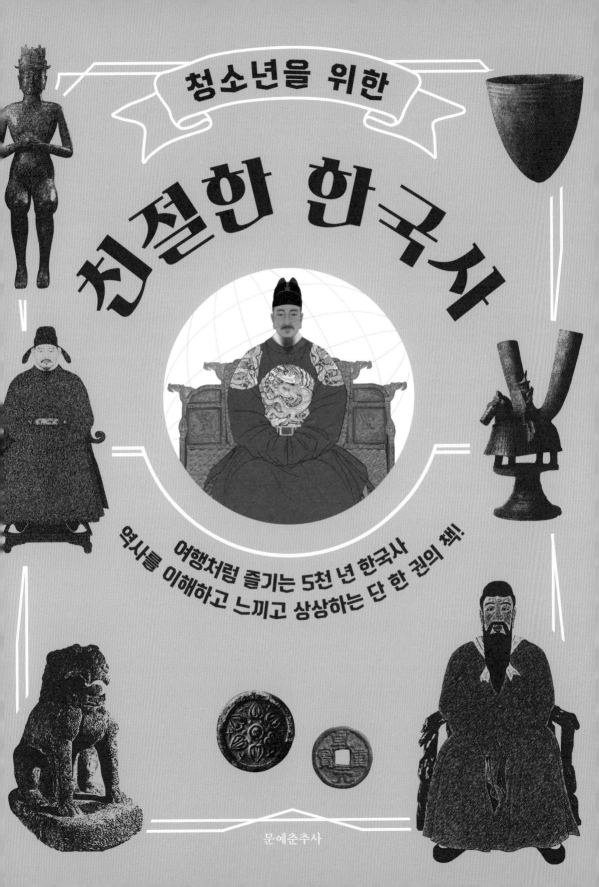

청소년을 위한

친절한 한국사

여행처럼 즐기는 5천 년 한국사
역사를 이해하고 느끼고 상상하는 단 한 권의 책!

문예춘추사

머리말 외우지 않고도 역사 문제를 풀 수 있는 방법은 없을까?

역사라는 말을 꺼내면 고개를 절레절레 흔드는 청소년이 많다. 어렵기 때문이다. 교과서나 참고서, 특히 문제를 풀기 위한 요점 정리 노트 같은 책을 보면 숨이 턱 막힌다. 외워야 할 게 많아도 너무 많다. 외우지 못하면 문제를 풀 수 없는데 외울 게 너무 많으니 청소년들은 역사를 어려워하고, 결국 싫어하게까지 된다. 충분히 이해가 간다.

역사를 모르면 자신이 발 딛고 있는 지금 우리 사회가 지나온 시간을 모르고, 눈앞에서 벌어지고 있는 사회 현상을 이해하지 못하며, 앞으로 어떻게 사회가 변할지 알 수 없다. 청소년기는 미래를 예측하고 설계하며 꿈을 키우고 실현해 나가야 할 나이다. 그런데 역사 공부를 싫어하다니. 참으로 안타까운 일이 아닐 수 없다.

어떻게 하면 이해하고, 느끼고, 상상할 수 있는 역사 공부가 될 수 있을까? 어떻게 하면 외우지 않아도 역사 문제를 풀 수 있을까?

애써 외우지 마, 다 이야기해 줄게

우리가 처음 접하는 역사는 옛날 이야기였다. 주몽, 을지문덕, 강감찬, 이순신, 세종대왕을 알게 해준 것은 죄다 이야기책이었다. 스스로 읽거나 엄마 아빠가 읽어주는 이야기는 어렵기는커녕 재미있었다.

이야기는 어떤 한 사람이, 처한 상황을 어떻게 판단하여 행동하고, 그리하여 어떤 결과를 낳게 되는가를 보여주는 식으로 구성되어 있다. 역사에서 가장 중요한 것은 인물과 배경과 액션, 그리고 결과를 이해하는 것이다. 영화처럼, 소설처럼 말이다. 그래서 일목요연한 요점 정리 대신 이야기를 줄레줄레 풀어 놓기로 했다.

　이 책을 읽어나가다 보면 역사적 사건의 배경 또는 원인을 통해 결과를 이해하게 된다. 원인은 결과를 낳고 결과는 또 다른 원인이 되어 다른 사건을 이끈다. 교과서나 참고서에 조각조각 나뉘어져 있던 사건들이 서로 고리로 연결되며 이야기가 된다.

　밑줄 그으며 힘들게 외우지 않고 이야기를 읽는 것만으로 역사를 이해할 수 있게 되는 것이다.

흐르는 강을 토막 내지 말자

　원인과 결과는 서로 위치를 바꾸며 고리로 연결되어 이야기로 흘러간다. 그리하여 뗀석기를 들고 먹을거리를 찾아다니던 구석기인들로부터 스마트폰을 통해 거대한 생산 라인을 관리하는 현대인까지 수많은 고리와 고리로 연결된 채 강처럼 흐른다.

　고구려를 세운 주몽과 백제를 세운 온조를 잇는 고리를, 태종 이방원과 세조 수양대군을 잇는 고리를, 한글을 창제한 세종대왕과 일제의 민족 말살 정책에 맞선 주시경을 잇는 고리를, 이렇게 무수히 연결되는 고리를 통해 흘러가는 강을 보듯 역사를 이해하게 된다. 흐르는 강을 토막 내선 강을 이해할 수 없듯 흐름을 읽어야 역사를 이해할 수 있다.

　이렇게 흐름을 통해 역사를 이해하면 무조건 외워야 했던 수많은 내용들이 '아, 그렇구나!' 하며 머리에 들어온다.

한 권으로 끝내는 역사

역사를 이야기로 풀고 흐름으로 이해하는 것만으로 청소년이 가진 역사에 대한 어려움이 모두 해결되지는 않는다. 우리는 유구한 역사를 자랑한다. 5천 년이다. 그 긴 시간 수많은 역사적 사건이 있었다. 그래서 여러 권으로 나누어 책을 낸다. 3~5권으로 나누는 것이 보통이고 10권을 넘는 경우도 많다. 외울 게 많아서도 힘들지만 읽어야 할 게 많은 것 역시 힘들다. 특히 청소년들은 역사 외에도 공부해야 할 과목이 많다. 10권을 읽어야 역사를 전체적으로 이해할 수 있다면 이야기를 통한 역사 공부는 문제 해결의 방법이 아니다.

이 책이 한 권으로 만들어진 이유도 거기 있다. 그런데 한 권으로 구성하면 내용이 부실해지지 않을까 하는 염려가 될 것이다. 분량을 줄이려면 반드시 내용을 빼야 하기 때문이다. 그러나 어떤 내용을 빼는가에 따라 결과는 달라진다. 이 책은 역사의 흐름을 보여줌으로써 역사에 대한 이해를 돕는 책이다. 그래서 역사의 큰 흐름에서 인과 관계의 고리가 상대적으로 약한 사건은 빼서 전체적 흐름을 해치지 않는 선에서 분량을 조정했다.

읽은 내용을 정리하는 단원 정리 문제

아울러 단원이 끝나는 부분에 정리 문제를 넣었다. 문제를 넣은 이유는 시험 대비라기보다 읽은 내용을 되돌아볼 수 있도록 하기 위해서이다. 그러나 이 책의 목표는 역사의 흐름을 이해하는 데 있다. 문제 풀이가 흐름을 끊는다면 일단 이야기만 쭈욱 끝까지 읽기를 권한다. 문제는 그 후 전체적으로 다시 한 번 살펴보면서 풀어도 된다.

    우리 역사에 대한 책을 내며 성적을 고려하지 않을 수 없는 현실이 안타깝다. 시험에 대한 부담이 없다면 역사는 정말 재미있는 과목이다. 경복궁 같은 유적을 보며 우리와 똑같이 밥 먹고 똥 싸던 왕이나 공주, 왕자를 상상해 본다든지, 신석기 시대 빗살무늬토기 같은 유물을 보며 개울에서 잡은 생선으로 얼큰한 매운탕(고추가 없었으니 맑은 탕이었겠지만)을 끓여먹는 장면을 상상해 보면 웃음이 절로 나온다.

    바라건대 이 책을 읽으며 조금 마음의 여유를 갖고 상상의 여행을 떠났으면 좋겠다. 나였으면 그 상황에서 어떻게 행동했을 텐데 하며 자신을 주인공 삼아 역사적 사건을 재구성해 보는 것도 좋을 것이다. 상상을 정말 리얼하게 하면 현재의 내가 과거 속에 살아 있는 듯한 느낌도 받을 수 있다. 상상은 역사를 생생하게 살아 있는 모습으로 우리 곁에 데리고 온다.

    역사라고 하면 먼 과거 이야기 같지만 그렇지 않다. 지금 현재 우리의 시간도 수천 년 역사의 끄트머리에 맞물려 있고 우리의 삶도 나중엔 역사가 될 테니 말이다.

더 나은 세상을 꿈꾸며 역사를 만들어가는 사람들에게 감사드리며

우더크리에이터브스 노하숙

차례

6부
조선 사회의 변동

1부
선사 문화와 고대 국가의 형성

1. 우리나라의 선사 문화

01 만주와 한반도의 구석기 문화

똑바로 서서 주먹도끼와 불을 들고 말하다

주먹도끼
구석기 시대에 사용된 뗀석기 가운데 하나로, 손에 쥐고 도끼처럼 사용할 수 있었어.

만주와 한반도에서 구석기 시대가 시작된 것은 약 70만 년 전이야.

아주아주 옛날인 구석기 시대에는 현재 우리가 사용하고 있는 수많은 도구가 하나도 없었어. 고작해야 돌이나 나뭇가지가 전부였지. 그러다가 돌멩이를 깨뜨리면 날카롭게 된다는 사실을 알게 되었어. 그래서 돌의 귀퉁이를 깨서 떼어내 쓸모 있게 만들었단다. 이렇게 만든 돌로 된 도구라 해서 '뗀석기'라고 부르는데, 여기에는 주먹도끼, 찍개, 찌르개 등이 있어. 뗀석기 가운데 주먹도끼는 아주 쓸모가 많았어. 사냥을 할 때도 쓰고, 고기를 먹기 좋게 자르기도 하고, 땅을 팔 때도 썼지. 또 가죽을 잘라 옷을 만들 때도 사용했고.

인간이 동물과 비슷한 생활을 하던 먼 옛날엔 인간도 불을 무서워했어. 그러다가 어느 추운 날 불이 난 곳을 지나다 보니 따뜻하다는 걸 느꼈지. 또 불에 타 죽은 동물의 살코기는 맛도 좋았고 소화도 잘되었어. 게다가 불을 피워 놓으면 사나운 동물들이 접근하지 못했지. 추위를 피할 수 있게 해 주고, 고기를 맛과 영양이 풍부하게 만들어 주며, 산짐승으로부터 지켜 주는 불. 불을 다룰 줄 알게 되면서 인간은 동물과는 완전히 다른 삶을 살게 되었지.

동굴에서 동굴로 옮겨 다니며 살다

열 명 안팎의 사람이 동굴이나 바위 그늘에서 모여 살았어. 특히 동굴은 비바람을 막아 줄 훌륭한 보금자리였지. 그때 사람들은 집을 만드는 기술이 없었어. 설령 기술이 있더라도 집을 짓진 않았을 거야.

왜냐하면 구석기 시대 사람들은 이동 생활을 했거든. 쉽게 말해서 이러저리 옮겨 다니며 살았다는 거야.

먹을 것 때문이지. 그때 사람들이 먹을 걸 얻는 방법은 채집, 수렵, 어로였어. 좀 어려운 단어지. 쉽게 말하면 채집은 식물의 뿌리를 캐고 열매를 따먹는 것이고, 수렵은 동물을 사냥하는 거야. 어로는 물고기를 잡아먹는 거고. 구석기 시대 사람들은 먹을 게 많은 곳을 찾아내면 그곳에 자리를 잡았어. 하지만 계속 먹어 치우다 보면 먹을 게 동이 나겠지. 그러면 먹을 걸 찾아 다시 다른 곳으로 떠났어. 그러니 공들여 집을 지을 필요가 없는 거야. 어차피 버리고 떠날 테니까. 물론 전혀 집을 짓지 않은 건 아닌데, 동굴이 없으면 나뭇가지를 대충 맞대서 밤이슬을 피하기도 했어. 이걸 막집이라고 해.

떠돌아다니며 동굴이나 막집에서 살았지만 구석기 시대 사람들은 나름대로 행복했을 거야. 저녁이면 동굴에 모여 채집해 온 식물 뿌리나 열매를 먹고, 어쩌다 운이 좋으면 고기를 불에 구워 사이좋게 나누어 먹었지. 누군 더 먹고 누군 덜 먹는 게 아니었어. 아주 평등하게 먹을거리를 나누었지. 식사를 마치면 불 주위에 둘러앉아 하루 동안 있었던 일을 이야기하기도 하고 동굴 벽이나 동물 뼈에 멋진 조각을 새기기도 했단다.

구석기 시대의 평등은 사실 결핍이 만들어낸 거야. 하나의 무리를 이룬 사람들이 종일 구할 수 있는 식량은 겨우 한 명 먹을 양밖에 안 되었어. 즉 누군가 더 먹으면 다른 한 사람이 굶을 수밖에 없는 거야. 그래서 굶어 죽는 사람이 생기면 매머드나 멧돼지 같은 큰 짐승을 사냥할 때 실패할 확률이 높아지지. 사람이 모자라니까. 따라서 같이 사는 사람끼리 서로 의지하며 아껴야 했지.

슴베찌르개
주먹도끼처럼 생겼지만 크기가 작으면서 앞부분은 뾰족하고 뒷부분은 좁고 길어. 뒷부분을 자루와 연결해 창을 만들었어. 자루 길이만큼 사람의 팔이 길어지는 효과가 있어서 동물의 날카로운 이빨이나 발톱으로부터 자기 몸을 좀 더 안전하게 지킬 수 있었지. 자루와 연결하기 위해 좁고 길게 만든 부분을 슴베라고 해.

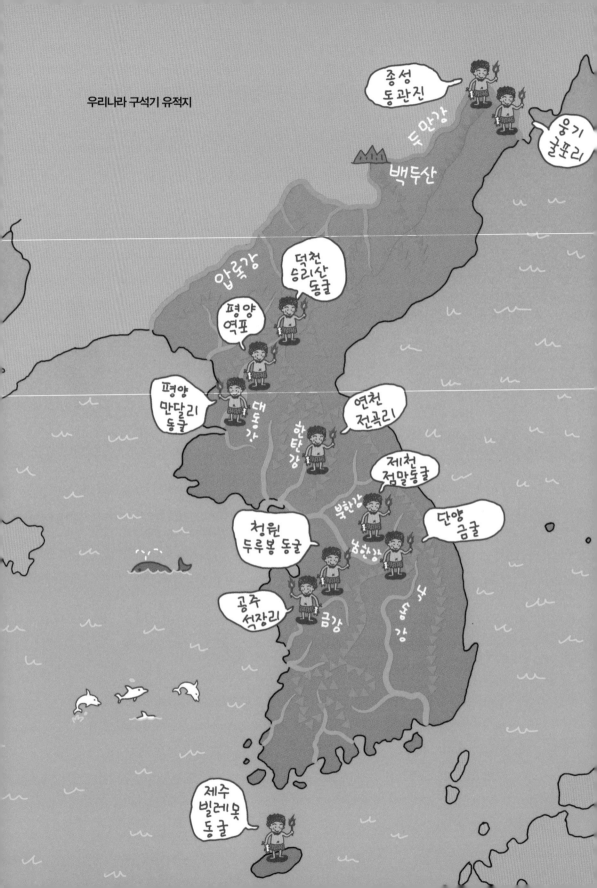

02 만주와 한반도의 신석기 문화

신석기 시대는 빙하기가 끝나는 약 1만 년 전에 시작되었어. 빙하기인 구석기 시대 동물들은 매머드처럼 덩치가 컸지만 움직임은 느렸어. 그래서 사람들이 모두 힘을 모아 돌을 던지고 찌르고 계속 쫓아다니면 동물을 잡을 수 있었지.

신석기 시대에 와선 큰 동물 대신 사슴, 토끼, 노루 같은 재빠른 동물이 살았어. 그러다 보니 구석기 시대처럼 엉성한 돌멩이로는 도저히 잡을 수가 없었지. 신석기 시대 사람들은 먹고 살기 위해 사냥 도구를 발전시켜야 했어. 그래서 일단 돌로 쳐서 떼어낸 뗀석기를 다른 돌에 대고 갈아 훨씬 날카로운 돌창이나 돌화살촉 같은 석기를 만들었지. 갈아서 만들었다고 해서 간석기라고 해.

간석기로는 물고기를 잡는 도구도 만들었어. 돌의 양쪽 끝에 홈을 파서 그물추를 만들고 여기에 줄을 묶어 그물에 매달았지. 구석기 시대 사람들은 강물 속 돌구멍이나 물풀 사이를 손으로 뒤져 고기를 잡았다면, 신석기 시대 사람들은 그물을 사용해 쉽게 많은 양의 물고기를 잡았어.

뿐만 아니라 동물 뼈로 만든 낚싯바늘에 미끼를 꿰어 물고기를 잡기도 했어. 힘들게 쫓아다니지 않고도 잡을 수 있게 된 거지.

돌화살촉
돌을 깨고 갈아 만든 것이어서 크기도 모양도 각양각색이지? 끝은 제법 날카로워서 짐승의 가죽을 뚫을 수 있단다. 직접 돌도끼를 들고 사나운 짐승과 뒤엉켜 싸우던 때를 생각하면 정말 안전해졌어. 또 멀리 있는 사냥감이 눈치채지 못할 만큼 멀리서 공격할 수도 있고 말이야.

고작 돌 하나 갈았다고 인간이 자연의 지배에서 벗어났다고?

이처럼 구석기 시대와 신석기 시대를 가르는 가장 중요한 기준은 돌을 다듬는 기술의 차이야. 구석기 시대 석기가 돌로 돌을 쳐서 떼어내는 데 그쳤다면 신석기 시대 석기는 떼어낸 돌을 갈아서 더욱 정교하게 만든 거야. 이것은 단지 부딪쳐서 만드느냐 갈아서 만드느냐의 차이가 아니야.

'모 아니면 도'라는 말이 있어. 모나 도는 윷놀이에서 쓰는 말로 모는 아주 좋은 것, 도는 정말 별로인 걸 말해. 즉 당첨 아니면 꽝이란 식으로 결과를 운에 맡기는 거지.

부딪쳐서 석기를 만들면 부서지는 걸 정확히 예측할 수 없어. 모양이 잘 나올 때도 있지만 그렇지 않은 경우가 더 많았지. 그러나 일단 떼어낸 돌조각을 갈아서 원하는 모양을 만들면 성공할 확률이 훨씬 높아져. 갈면 한꺼번에 강한 힘을 가하지 않으니까 원하는 모양을 만들 때 깨지는 경우가 적어. 그래서 좋은 돌을 망치지 않고 좋은 도구로 만들 수 있어.

이제 어떤 재료에 적당한 힘을 가해 원하는 결과를 만들어 낼 수 있게 됐어. 예측이 가능한 작업이 간석기를 만들면서 생긴 거지. 또 결과를 예상하고 과정을 밟아 원하는 걸 만든다는 건 계획을 세울 수 있다는 거지. '모 아니면 도'처럼 운에 맡기는 게 아니야. 이것은 자연에서 필요한 걸 얻을 때 자연의 질서가 아닌 인간의 힘이 더 중요해졌다는 말이지.

이제 인간은 자연에 있는 것들을 보며 그 성질을 이해하고 필요에 따라 기술을 쓸 수 있게 되었어. 씨가 떨어져 다시 열매를 맺는 원리도 깨달을 수 있었지.

신석기 시대 인간은 자연의 지배에서 벗어나는 첫걸음을 디뎠어.

밑이 뾰족한 그릇 – 농사, 인류의 삶을 바꾸다

신석기 시대를 잘 보여 주는 유물은 빗살무늬 토기야. 밑이 뾰족한 이유는 바닥을 모래에 꽂아 사용했기 때문이지. 모래 바닥 위에 그릇을 놓으면 쉽게 쓰러지잖아. 그러니까 바닥을 뾰족하게 만들어 모래에 꽂아 두는 편이 더 안전하지. 빗살무늬 토기를 통해 신석기 시대 사람들이 강가나 바닷가에 살았다는 것을 알 수 있어.

그런데 빗살무늬 토기에서 알 수 있는 더 중요한 사실은 이 그릇의 용도가 조리뿐만 아니라 곡식을 저장하는 데 있었다는 거야. 이건 대단히 중요한 사실인데, 구석기 시대에는 먹을거리를 많이 구할 수 없어서 남길 음식도 없었어. 그러니 따로 보관하고 말고 할 게 없었지.

반면 신석기 시대에는 먹고 남을 만큼 먹을거리가 많아졌어. 그렇게 된 이유는 농사를 짓기 시작했기 때문이야. 농사를 지었다는 사실을 알려주는 또 다른 유물로는 돌괭이와 돌낫이 있어. 돌괭이로 땅을 일궈 조나 피 등을 심었고, 돌낫으로 수확을 했지.

구석기 시대에는 자연이 주는 대로 먹었지만, 이젠 스스로의 힘으로 먹을거리를 만들게 된 거지. 농사를 짓자 자연에서 나는 걸 채집하던 때보다 먹을 게 많이 생겼어. 이젠 사람들이 자연을 극복하고 개척하는 단계로 들어선 거야. 주는 대로 먹지 않고 스스로 먹을거리를 만든다는 건, 자연에 얽매이는 삶이 아닌 인간이 주인이 되는 삶을 살게 되었다는 것을 말해. 정말 대단한 일이지.

농사에 못지않게 중요한 게 하나 더 있는데 신석기 시대에는 가축도 기르기 시작했어. 길들인 동물에 먹이를 주고 기르면 알이나 젖, 고기를 얻을 수 있었어. 이제 사냥감을 쫓아 다니지 않아도 영양가 높은 식재료를 구할 수 있게 된 거야. 이 대목에서 신석기 시대 사람들에게 감사할 친구들이 많을 것 같구나.

빗살무늬 토기
우리나라 신석기 시대의 대표적인 토기로 표면에 빗살무늬가 새겨져 있어. 음식을 저장하거나 조리하는 데 사용한 것으로 보여.

집을 지어 한곳에 머물러 살다

농사를 지으면서 인간의 생활에 큰 변화가 생겼어. 바로 정착 생활을 시작한 거야. 정착 생활이란 구석기 시대 사람들처럼 이리저리 떠돌아다니며 살지 않고 한곳에 머물러 사는 걸 말해. 땅에 씨를 뿌렸으니 싹이 나고 열매가 자라는 걸 지켜보고 돌보아야 했지. 먹을 것이 생기니 굳이 멀리 돌아다닐 필요도 없었고 말이야. 그런데 먹을 것이 흔한 강가나 바닷가에 살다 보니 문제가 생겼어. 전에는 돌아다니다 동굴을 찾으면 그곳에서 살았잖아? 그런데 강가나 바닷가에는 꼭 동굴이 있진 않았지.

그래서 집을 만들었어. 그런데 신석기 시대 사람들은 벽을 쌓을 만한 기술이 없어서 위로 벽을 쌓아 올리는 대신 밑으로 땅을 파서 벽을 삼았어. 그리고 나무

신석기 시대 움집을 복원한 모습
한강 근처에 있는 암사동에는 신석기 시대 우리 조상들이 살았던 집터가 남아 있어. 그곳에 가면 움집을 복원해 놓아 당시 사람들이 어떻게 살았는지 엿볼 수 있단다.

로 기둥과 서까래를 만든 뒤 짚이나 풀을 얹어 집을 만들었지. 이렇게 땅을 파고 지붕을 얹은 집을 움집이라고 하는데, 신석기 시대 움집의 특징은 집터가 둥글다는 거야. 후일 청동기 시대에 네모나게 만든 것과는 비교가 되지.

땅을 파고 지은 집이라 여름에는 시원하고 겨울에는 따뜻했어. 천연 냉난방 시설이 따로 없지? 가운데에는 화덕을 놓아 불을 지펴서 요리를 했어. 화덕은 요리 도구일 뿐 아니라 난방 도구이기도 했지. 불을 지펴 놓고는 둘러앉아 언 몸을 녹이기도 했단다.

아름다움과 영혼을 생각하다

가락바퀴
신석기 시대에 실을 만들 때 사용한 도구야. 가운데 뚫려 있는 구멍 보이지? 실을 감는 막대기인 '가락'을 그 구멍에 끼우고 나무나 풀 줄기를 감아 돌리면 실이 만들어져.

이건 가락바퀴라는 거야. 신석기 시대 사람들은 '삼'이라는 식물에서 실을 뽑아 옷을 만들어 입었는데, 이 가락바퀴는 삼실을 꼬는 도구야. 삼실을 가지고 옷감을 짜고, 뼈로 만든 바늘로 바느질해서 옷을 만들었지. 지금의 패션 디자이너처럼 말이야. 또 물고기를 잡는 그물도 이 실로 만들었단다.

삶에서 조금 여유가 생기니까 조개껍데기나 동물의 뼈로 장신구를 만들기도 했어. 장신구는 제사를 지낼 때도 사용했는데, 이처럼 신석기 시대에는 영혼이나 조상을 숭배하는 믿음이 생겨났지. 이러한 믿음은 토테미즘이나 애니미즘 같은 원시적인 신앙으로 이어졌어. 토테미즘은 자신의 뿌리가 동물이나 식물, 자연물에 있다고 믿는 것이고, 애니미즘은 모든 자연 현상과 사물에 영혼이 깃들어 있다고 믿는 것이야. 자신이 곰의 부족 또는 호랑이의 부족이라고 하는 것들이 바로 그런 믿음에서 비롯된 거지.

조개껍데기 장식
조개는 오래전부터 인간이 먹어 온 식재료야. 대부분 뻘이나 얕은 물에서 살아 잡기가 쉬웠지. 맛과 영양도 풍부하고 말이야. 조개를 먹고 남은 껍데기는 아름다운 빛깔로 반짝여서 목걸이나 팔찌 같은 장신구를 만들었어. 또 제사를 지낼 때도 사용했단다.

🎯 단원정리문제

1. 빈칸에 들어갈 알맞은 말을 쓰시오.

구석기 시대에는 주먹도끼, 찍개, 찌르개 등 [㉠   ]를 사용했고, 사냥, 채집, 고기잡이 등으로 먹을거리를 장만했다. [㉡   ]이나 [㉢   ]에서 생활했고, 먹을 것이 떨어지면 거주지를 옮기는 [㉣   ]을 했다.

2. 빈칸에 들어갈 알맞은 말을 쓰시오.

신석기 시대에는 돌괭이, 갈돌, 갈판 등 [㉠   ]를 사용했고, [㉡   ]를 짓고 가축을 기르기 시작했다. [㉢   ] 토기를 만들어 곡식을 저장하거나 조리에 사용했고, 강가나 바닷가에 [㉣   ]을 짓고 모여 살았다. 구석기 시대처럼 떠돌아다니지 않고 한곳에 머물러 [㉤   ]을 했다.

3. 다음 유물이 사용된 시기에 대한 설명으로 옳지 않은 것은?

① 사냥할 때 주로 이 유물을 사용했다.
② 불로 음식을 익혀 먹고 추위를 피했다.
③ 막집을 짓고 정착 생활을 했다.
④ 돌을 깨어내 도구를 만들었다.
⑤ 슴베찌르개 같은 정교한 도구도 만들었다.

2. 우리나라의 청동기 문화와 고조선

이 우리나라의 청동기 문화

농업의 발달과 전쟁의 시대

신석기 시대 다음에 이어지는 시대가 바로 청동기 시대야. 즉 구리로 도구를 만들던 시대지. 청동기는 기원전 2,000년경부터 만주와 한반도 지역으로 확산되었어.

청동기는 귀한 재료인 데다 다루기도 어려워서 무기나 제사 도구, 거울 같은 장신구를 만드는 데만 썼어. 농사는 여전히 간석기에 의존했지. 그러나 간석기 제작 기술이 이전 시대보다 훨씬 발전해 모양도 다양해지고 정교해졌어. 도구를 만드는 기술의 발전에 발맞춰 농사짓는 기술도 발전했어.

반달돌칼
청동기 시대에 곡식의 이삭을 거두는 데 사용한 농기구야. 구멍에 끈을 끼워 손에 걸어서 사용했어.

이것은 반달돌칼이라는 농기구로 나락을 거둘 때 사용했어. 수확을 빠르게 할 수 있는 도구가 필요할 정도로 농업 생산량이 크게 늘었어. 시간이 갈수록 농사 기술은 발달해 재배가 아주 까다로운 벼농사까지 지을 수 있게 되었지.

농사 기술의 발달로 남아도는 식량이 생기고 그것 때문에 부자와 가난한 자의 차이, 즉 빈부 격차가 생겼어. 힘 있는 사람은 힘없는 사람의 소유를 빼앗아 자기 재산을 늘려갔어. 한 사람이 다른 사람의 소유를 약탈하던 것이 점점 규모가 커져 한 씨족이 다른 씨족의 소유를, 나아가 한 부족이 다른 부족의 소유를 약탈하는 지경에 이르렀어. 그래서 재산과 좋은 땅을 빼앗기 위한 전쟁이 여기저기서 하루가 멀다 하고 벌어지게 돼.

돌로 만든 투박한 무기가 전부였던 시대에 청동기는 정말 무시무시한 무기였어. 청동기를 가진 부족은 석기를 가진 부족과의 전쟁에서 이겼지. 승자는 패자의 모든 재산과 땅을 빼앗고 노예로 부렸지. 이렇게 지배를 하는 무리와 지배를 받는 무리 즉 계급이 생긴 거야.

지배하는 무리 가운데서 가장 힘이 센 사람이 모든 무리의 우두머리 즉 군장이 되었어. 군장 중심으로 다른 부족을 정복하면서 힘센 부족은 점점 커져 갔고, 군장의 지위도 그만큼 높아져 갔어. 군장 등의 지배자가 죽으면 거대한 고인돌이나 돌널무덤을 만들었지. 이것들은 지배자의 권위를 상징한단다.

거울을 이용해 신의 아들이 되다

군장은 정치적 지배이자 제사장의 역할도 함께 했어. 제사장은 농사에 영향을 주는 비나 바람, 태양을 관장하는 자연의 신에게 제사를 지내는 일을 했지.

제사장(군장)은 제사를 지낼 때 청동 검을 들고 청동 거울을 목에 걸었어. 햇빛이 청동 거울에 비치고 반사된 빛으로 제사장은 태양처럼 빛나 보였지. 사람들은 눈부시게 빛나는 제사장의 모습을 보며 그가 자신들과는 다른 특별한 존재라고 여겼어. 신의 아들 뭐 이런 식으로 말이야.

이 시기 대표적 청동기는 비파형 동검이야. 비파형 동검은 비파라는 악기를 닮아서 붙여진 이름인데 중국 요령 지방과 한반도 서북부 지역에 걸쳐서 발견되었어. 고조선이 있던 곳과 일치하지. 그래서 비파형 동검이 있던 곳이 청동기를 바탕으로 세워진 고조선의 문화권이라고 생각하고 있어.

비파형 동검은 칼날이 길고 가는 모습으로 바뀌는데 바로 세형 동검이야. 세형 동검은 한반도에서만 발견되는데 세형 동검의 거푸집 역시 한반도에서만 발견돼. 거푸집은 금속을 녹여 물건을 만드는 틀이야. 이것으로 보아 한반도만의 독자적인 청동기 문화가 있었다는 걸 알 수 있지.

비파형 동검
칼의 모양이 비파라는 악기와 비슷하게 생겼다고 해서 비파형 동검이라고 해. 동검은 청동으로 만든 칼이란 뜻이야.

민무늬 토기
무늬가 없고 바닥이 평평한 토기야. 그릇을 굽는 기술이 발전해서 빗살무늬 토기보다 단단해.

그릇은 무늬가 없는 민무늬 토기를 만들어 썼어. 사람들이 사는 곳은 여전히 움집이었는데 신석기 시대 움집에 비해 더욱 넓어졌고 깊이는 낮아졌어. 집 짓는 장소도 달라졌는데 신석기 시대에 강가나 바닷가에 집을 지었다면 청동기 시대에 와서는 강가에서 떨어진 언덕에 집을 지었어. 약탈 전쟁이 잦아지니 방어에 유리한 높은 곳을 선호하게 된 거지. 그리고 마을 둘레에 도랑을 파고 성벽을 세워서 침입을 막았단다.

02 고조선의 건국과 발전

우리 민족 최초의 국가인 고조선

청동기 시대는 하나의 부족이 다른 부족과 합치면서 덩치를 키우던 시기야. 합쳐지는 과정은 강한 부족이 약한 부족을 힘으로 억눌러서 흡수하는 식으로 이루어졌지. 물론 덜 폭력적인 방식도 있긴 했어. 상대 부족을 설득해서 합치는 경우가 그런 거지. 이 경우에도 군장은 당연히 힘 있는 부족에서 나왔어. 이렇게 점점 덩치를 키운 부족의 연합은 마침내 나라 모습을 갖추게 돼.

우리 민족 최초의 나라 고조선도 이런 과정을 거쳐서 세워졌어. 단군 신화에서는 단군왕검이 고조선을 세웠다고 해. 단군왕검은 특정한 사람의 이름이 아니라 고조선을 다스린 군장의 호칭이야. 단군은 하늘에 제사를 지내는 제사장이고 왕검은 정치적 지배자를 말해. 즉, 단군왕검은 제사장과 정치적 지도자를 겸하는 제정일치 사회의 지배자란 뜻이야.

단군신화를 보면 단군왕검의 아버지인 환웅은 하늘 신의 자손

단군왕검 영정
단군 신화에 따르면 환웅과 웅녀의 자식인 단군왕검이 아사달에 도읍을 정하고 고조선을 세웠다고 전해져.

으로 비, 바람, 구름을 다스리는 신하를 이끌고 왔다는 내용이 있어. 먼 옛날에는 농사가 날씨에 크게 지배되고 있었지. 농사가 잘못되면 백성이 굶주리는 건 물론이고 나라가 망하는 일도 흔했어. 여기서 환웅 부족은 나라를 잘 다스릴 실력이 있는 집단이었다는 말이겠지.

즉 고조선은 청동기 시대에 시작된 나라로 농사가 경제의 주축이었다는 것을 알 수 있어. 그런데 나라를 다스리는 데는 농사라는 경제 활동뿐만 아니라 나라를 다스리는 원칙이나 규칙이 필요해. 즉 모두에게 공평하게 적용되는 법이 있어야 한다는 말이야.

8조법을 보면 고조선 사회가 보인다

고조선에는 8조법이란 법이 있었어. 이건 중국의 『한서』라는 역사책에 나와 있는 고조선의 8조법 중 3개 조항이야.

8조법

사람을 죽인 자는 사형에 처한다.
남에게 상처를 입힌 자는 곡식으로 갚는다.
남의 물건을 훔친 자는 노비로 삼으며, 만약 용서를 받으려면 50만 전을 내야 한다.

8조법을 통해서, 고조선이 계급사회이고 농경사회였으며, 개인의 생명과 재산을 중시했고, 사유재산을 인정했으며 화폐를 사용했다는 것을 알 수 있어. 그리고 무엇보다 살인이라는 극단적 갈등을 법을 통해 해결할 정도로 국가의 체제가 잡혀 있었다는 거지.

안정된 정치 체제 속에서 발전하던 고조선은 기원전 5세기경 철기를 수용하면서 크게 성장했고, 기원전 4세기 말에는 중국의 연나라와 맞설 만큼 강성했단다.

머리에 상투 틀고 흰옷을 입고 온 위만, 고조선을 발전시키다

최초의 단군왕검이 죽자 다음 단군왕검이 그 자리를 이었어. 이렇게 종교적 지배자이자 정치적 우두머리인 여러 단군왕검이 기원전 2333년부터 1,500년 동안 고조선을 다스렸지. 그러다가 기원전 4세기 무렵 단군왕검 대신 왕이라는 칭호를 사용했어.

그러던 기원전 3세기 말 진나라가 망하고 한나라가 다시 중국을 통일하는 혼란스러운 상황을 피해 중국의 많은 사람들이 고조선으로 이주해 왔어. 그 가운데 위만이라는 사람이 있었는데 위만은 고조선의 준왕을 몰아내고 스스로 왕이 되었지.

위만이 중국 연나라 사람이다 아니다, 연나라에서 살던 고조선 사람이다, 말이 많아. 하지만 고조선의 체제를 그대로 계승했다는 점에서 고조선의 연장선상으로 볼 수 있어.

위만은 철기 문화를 바탕으로 나라의 힘을 키웠어. 철로 무기와 농기구를 만들어 군사력과 경제력을 함께 키웠고, 그 힘을 바탕으로 영토를 넓혀 나갔지.

고조선의 영토가 어디에서 어디까지였는지 기록이 남아 있지 않아 정확히는 알 수 없어. 하지만 중국과는 다른 고조선만의 유물과 유적을 통해 그 문화 범위를 짐작할 수 있지.

고조선의 영역을 알 수 있는 첫 번째 유물은 고조선 사람들이 만든 비파형 동검인데 비파처럼 생겼다고 해서 붙여진 이름이야. 비파형 동검은 칼날과 손잡이를 따로 만들어 조립해서 사용했어. 반면 중국 동검은 칼날과 손잡이를 한 덩어리로 만들었지. 즉 어느 지역에서 중국 동검이 아닌 비파형 동검이 발굴되었다면 바로 그곳이 고조선의 영토였다고 볼 수 있지. 다른 유물로는 미송리식 토기가 있고, 유적으로는 탁자식 고인돌

강화도 부근리 고인돌(탁자식 고인돌)
전북 고창, 전남 화순, 인천 강화도의 고인돌 유적은 유네스코 세계 문화유산으로 지정되어 있어. 그만큼 우리나라에는 고인돌이 굉장히 많단다. 사진 속 강화도 부근리 고인돌은 우리나라의 대표적인 고인돌로 크기가 어마어마하지.

고조선의 문화 범위를 보여 주는 지도

비파형 동검
탁자식 고인돌
미송리식 토기
고조선의 영향이 미치던 곳
예맥족 (고조선을 세운 종족)
한족 (韓族, 한반도 중남부에 살다 삼한을 세우는 종족)

나중에 합쳐져서
한민족이 됨.

쑹화강
두만강
백두산
압록강
다링허강
묘향산
마니산
한강
독도
황해
동해
남해
양쯔강
낙동강

이 있어. 이것들을 통해서 고조선의 문화 범위를 알 수 있단다.

고조선의 멸망

중국을 통일한 한나라는 고조선의 세력이 지나치게 커질 것이 두려웠어. 그래서 싸움을 걸 핑곗거리를 찾고 있었지. 마침 위만의 손자 우거왕이 다른 나라들이 한나라와 직접 교류하는 것을 막고 동북아시아의 무역을 몽땅 휘어잡았어. 이걸 구실로 한나라의 무제는 육군 5만 명, 해군 7,000명을 이끌고 고조선으로 쳐들어왔어.

고조선 군사는 한나라 군사에 맞서 1년 이상 잘 싸웠어. 그러다 한나라와 싸우자는 쪽과 한나라와 싸우지 말고 평화롭게 지내자는 쪽이 서로 다투었지. 그러다 싸우지 말자는 쪽 사람들이 우거왕을 죽이고 한나라의 편이 되었지.

그러나 고조선 장수 성기는 남은 사람들과 힘을 모아 한나라에 대항해 계속 싸웠어. 거센 저항에 한나라의 대군도 속수무책이었지. 그러다 한나라 장군에게 넘어간 무리가 성기를 죽이면서 결국 기원전 108년 왕검성의 함락과 함께 고조선은 멸망하고 말았지. 고조선 멸망은 결국 한나라의 힘이 아니라 고조선 지배층의 분열과 배신 때문이었어.

한나라는 고조선 땅에 군현을 두어 고조선 사람들을 다스리려 했어. 이에 고조선 유민들은 한의 지배에 저항했지. 그러다가 많은 유민들은 새로운 삶의 터전을 찾아 한반도 남쪽으로 내려가게 되었어.

나라 잃은 고조선 백성들은 뿔뿔이 흩어져 돌아다니다 정착하면서 그곳에 원래 살던 사람들에게 자신들이 갖고 있는 철기 제작 기술을 전해 주었어. 그러니까 고조선은 망했다기보다 여러 덩어리로 나뉘었다가 새로운 나라로 다시 살아났다고 할 수 있단다.

1. 빈칸에 들어갈 알맞은 말을 쓰시오.

청동기 시대에는 비파형 동검 등 청동기를 만들었는데 농기구는 청동기가 아닌 반달 돌칼 등 [㉠   ]를 사용했다. 농사 기술이 크게 발달해 [㉡   ]를 본격적으로 지었다. 생산량 증가로 남는 생산물이 발생했고 이를 특정인이 독점하면서 [㉢   ] 격차가 생겼고, [㉣   ]이 발생했다. 지배자들은 자신의 권위를 나타내기 위해 거대한 돌로 무덤을 만들었는데 이를 [㉤   ]이라고 부른다. 신석기 시대에 빗살무늬 토기를 사용했다면 청동기 시대에는 무늬가 없고 밑이 평평한 [㉥   ] 토기를 사용했다.

2. 빈칸에 들어갈 알맞은 말을 쓰시오.

고조선은 [㉠   ] 문화를 바탕으로 건국되었고, 기원전 5세기경부터 쇠를 사용해 도구를 만드는 [㉡   ] 문화를 수용했다. [㉢   ]이란 법을 통해 나라를 다스렸는데 이 법을 통해서 알 수 있는 것은, 고조선이 계급사회이고 농경사회였으며, 개인의 생명과 재산을 중시했고, [㉣   ] 재산을 인정했다는 것이다. 고조선이 철기를 본격적으로 사용하며 세력을 넓혀 가자 이에 위협을 느낀 [㉤   ]는 고조선을 공격해 멸망시키고 고조선 일부 지역에 군현을 설치했다.

3. 철기 시대 여러 나라의 성장

01 철기 문화의 발전

  제련 기술을 가진 고조선 유민의 남쪽으로의 이동으로 철기 문화는 만주와 한반도 지역에서 한반도 남쪽으로 서서히 확산되었어.

  철은 땅속에 구리보다 훨씬 많이 묻혀 있었고 다루기도 쉬웠지. 이런 이유로 무기, 농기구 할 것 없이 모두 철기로 만들었어. 철기는 농사짓는 평민들까지 널리 사용했지. 철로 만든 괭이로 땅을 깊이 갈 수 있었어. 따라서 농작물이 쉽게 뿌리를 내려 잘 자랐지. 또 철로 만든 낫으로 곡식을 베니 많은 양을 쉽게 거두어들일 수 있었어. 철기 시대에는 농업 생산력이 비약적으로 발전한 거야.

  무엇보다 강하고 날카로운 철로 만든 무기로는 적들을 단번에 물리칠 수 있었지. 철기 사용으로 경제력과 군사력이 전과는 비교가 안 될 정도로 강해졌단다.

  강해진 힘을 바탕으로 북쪽에는 부여와 고구려가 세워지고, 그 아래 북동쪽에는 옥저와 동예가, 한반도 남쪽에는 삼한이 세워졌지. 고조선이 청동기 문화를 바탕으로 시작해서 철기 문화로 발전한 나라라면 부여, 고구려, 옥저, 동예, 삼한은 철기 문화를 바탕으로 세워진 나라들이야.

  실생활에서도 철기가 다양하게 사용되면서 석기와 청동기를 대체했어. 그러나 제사용으로는 여전히 청동기가 사용되었어.

  철기 시대 청동기는 이전 청동기 시대와는 다르게 더욱 독자적으로 발전했어. 비파형 동검은 세형 동검으로 변모했는데 청동기 시대 말부터 철기 시대에 걸쳐 만들어졌어. 세형 동검은 철기 시대 청동기의 대표적 유물이지. 세형 동검은 한반도 전역에서 발견되고 있어서 한국식 동검이라고 해. 세형 동검은 비파형 동검처럼 손잡이를 만들어 끼워 쓰게 한 점이 같아. 또 거푸집이 발견되어 한반도 자체에서 독자적으로 만들어 썼음을 알 수 있지.

　시대 변화에 발맞춰 무덤 양식 또한 바뀌었어. 사람이 죽으면 땅을 판 뒤 나무 널을 걸쳐 넣은 널무덤이나 항아리를 두 개 이어 만든 독무덤에 묻었지. 중국과도 활발한 교류가 이루어졌는데 중국 화폐인 명도전이 한반도 철기 유적에서 발견되었어.

02 철기 문화를 바탕으로 세워진 여러 나라

세형 동검
비파형 동검과 다르게 비파 모양의 곡선이 사라지고 더 뾰족하고 가늘어진 모습이야. 한반도에서만 발견되는 독특한 청동검이지

부여

　만주 쑹화강 일대에서 성립된 부여는 영토의 네 방향에 자리잡은 강한 족장들이 다스렸는데 이를 사출도라 했어. 이들을 마가, 우가, 저가, 구가라 불렀는데, 각각 말, 소, 돼지, 개를 상징으로 삼는 종족이었지.

　왕은 사출도의 족장들이 선출했는데 왕은 나라 전체가 아닌 중심에 있는 지역만 다스렸어. 중앙을 둘러싼 네 지역을 족장 네 명이 각각 독립적으로 다스렸지. 그러다 보니 왕의 힘이 약해서 흉년이라도 들면 책임을 추궁당하는 처지였어. 이렇게 왕권이 약하고 여러 족장이 각각 독립적으로 자기 지역을 다스리는 국가를 연맹 왕국이라고 해.

　부여는 만주의 넓은 평야와 초원 지대에 위치해 있어서 농업과 목축이 발달했어. 한해를 마무리하는 겨울인 12월에 영고라는 제천 행사를 열었어.

　아주 엄격한 법률로 백성을 다스렸고 왕 등의 권력자가 죽으면 멀쩡하게 산 사람을 함께 묻는 순장 풍습이 있었지.

고구려

　고구려는 기원전 37년, 부여 출신 주몽 세력과 압록강 중류의 토착 세력이 졸본에 도읍을 정하고 세운 나라야. 성립 초기 고구려는 다섯 부족의 연맹 왕국이었어. 그래서 다섯 부족이 모이는 제가 회의에서 중요한 일을 결정했지.

활쏘기와 말타기 등 무예를 중시했던 고구려 사람들은 농사가 잘 안 되는 척박한 산간 지역을 벗어나 평야 지대를 차지하기 위해 정복 전쟁을 벌이며 영토를 넓혔어.

고구려는 10월에 동맹이라는 제천 행사를 열었어. 고구려의 혼인 풍습으로는 서옥제가 있었는데 신랑이 신부의 집 뒤편에 서옥이라는 집을 지어 자식을 낳고 살다, 장성하면 본래 자기 집으로 아내와 자식을 데리고 가는 풍습이었어.

옥저와 동예

한반도 동해안 지역에서 성립된 동예와 옥저는 아예 왕이 없었고 읍군이나 삼로라는 군장이 각각 다스리는 군장 국가에 그치고 말았어. 연맹왕국으로도 발전하지 못했지.

옥저의 혼인 풍습으로는 민며느리제가 있었고, 장례 풍습으로는 가족 공동 무덤을 만들었어. 동예의 혼인 풍습으로는 족외혼이 있었고, 무천이라는 제천 행사가 있었어. 그리고 다른 부족의 영역을 침범하면 소나 말, 노비 등으로 보상하는 책화라는 풍습이 있었단다. 동예와 옥저는 계속 힘센 고구려의 간섭을 받다가 결국 고구려에 흡수되었어.

삼한

한반도 남부 지역에는 삼한이 성립되었는데 진한, 변한, 마한이 그들이야. 이들은 연맹왕국 형태로 존재했지. 마한, 진한, 변한으로 이뤄진 삼한 가운데 마한 목지국의 지배자가 왕으로 추대되어 진왕이라 불렸어.

삼한은 제정 분리 사회로 신지나 읍차라고 불리는 군장이 정치적 지배자로서 소국을 다스렸어. 제사장은 천군이라고 불렸는데 천군이 다스리는 지역을 소도

고조선 이후 우리 민족이 세운 여러 나라

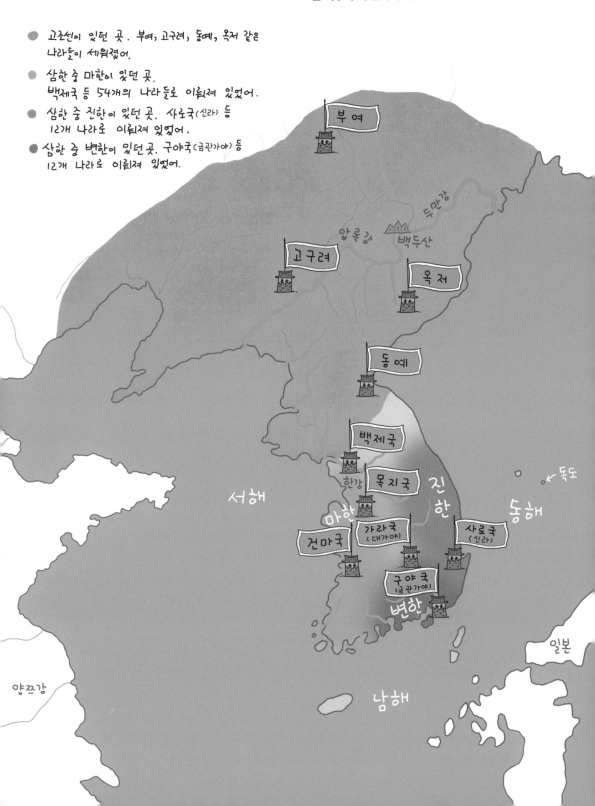

- 고조선이 있던 곳. 부여, 고구려, 동예, 옥저 같은 나라들이 세워졌어.
- 삼한 중 마한이 있던 곳. 백제국 등 54개의 나라들로 이뤄져 있었어.
- 삼한 중 진한이 있던 곳. 사로국(신라) 등 12개 나라로 이뤄져 있었어.
- 삼한 중 변한이 있던 곳. 구야국(금관가야) 등 12개 나라로 이뤄져 있었어.

부여

두만강

압록강 백두산

고구려

옥저

동예

백제국

한강 목지국

진한

독도

서해

마한

동해

건마국

가라국 (대가야)

사로국 (신라)

구야국 (금관가야)

변한

일본

양쯔강

남해

라고 했지. 죄를 지은 자가 이곳으로 도망가면 잡아갈 수 없었어.

　삼한은 농업용수 저장을 위해 저수지를 만들 정도로 벼농사가 발달했어. 변한은 철이 많이 생산되었고 다루는 기술도 발달해 낙랑과 왜에 수출할 정도였지.

　삼한 중에 마한은 백제로, 진한과 변한은 신라와 가야로 발전했지.

단원정리문제

1. 빈칸에 들어갈 알맞은 말을 쓰시오.

철기의 사용으로 [㉠　　　] 생산력이 비약적으로 발전했고, 실생활에 사용되는 대부분의 도구가 [㉡　　　]로 대체되었다. 그러나 [㉢　　　]으로는 여전히 청동기가 사용되었다. 청동기 시대 때 비파형 동검은 철기 시대에 와서 [㉣　　　] 동검으로 형태가 바뀌었다. 세형 동검은 한반도 전역에서 발견되고 쇠를 녹인 물을 부어 도구를 만드는 틀인 [㉤　　　]도 발견된 점으로 보아 우리 민족이 독자적으로 만들어 쓴 청동기라고 할 수 있다.

2. 빈칸에 들어갈 알맞은 말을 쓰시오.

부여는 마가, 우가, 저가, 구가의 네 부족의 연맹 국가였는데 이 넷을 [㉠　　　]라고 한다. 부여에서는 12월마다 [㉡　　　]라는 제천 행사를 열었다.

고구려는 부여 계열과 압록강 토착 세력의 결합으로 만들어진 나라로 다섯 부족으로 구성되었는데 나라의 중요한 일은 [㉢　　　] 회의에서 결정했다. 고구려의 혼인 풍습으로는 [㉣　　　]가 있고 10월에는 [㉤　　　]이라는 제천 행사를 열었다.

옥저와 동예는 왕이 없었고 [㉥　　　]과 [㉦　　　]라는 군장이 다스렸다. 옥저의 혼인 풍습으로는 [㉧　　　]가 있었고 동예의 혼인 풍습으로는 [㉨　　　]이 있었다. 동예에는 [㉩　　　]이라는 제천 행사가 있었고 다른 부족의 영역을 침범하면 소, 말, 노비로 보상하는 [㉪　　　]라는 풍습이 있었다.

삼한은 정치적 지배자와 종교적 지배자가 다른 [㉫　　　]였고, 정치적 지배자인 군장을 [㉬　　　]나 [㉭　　　]라고 불렀다. 종교적 지배자를 천군이라고 불렀고 천군이 다스리는 영역을 소도라고 불렀다.

1. 우리나라에서 고인돌이 세워진 시기에 대한 설명으로 옳지 <u>않은</u> 것은?

① 빗살무늬 토기와 비파형 동검이 대표적 유물이다.
② 빈부격차와 계급이 나타났다.
③ 벼농사가 본격적으로 보급되었다.
④ 군장은 정치적 지배자이자 제사장이었다.
⑤ 금속 무기로 정복 전쟁을 벌였다.

2. 다음 도구에 대한 설명으로 옳지 <u>않은</u> 것을 모두 고르시오.

① 구석기 시대에는 뗀석기로 사냥을 했다.
② 신석기 시대에는 돌괭이로 땅을 일궜다.
③ 청동기 시대에는 청동기로 농사를 지었다.
④ 가락바퀴는 실을 뽑는 도구이다.
⑤ 반달돌칼은 토끼 등 작은 짐승을 잡는 도구이다.
⑥ 구석기 시대에는 빗살무늬 토기를 사용했다.
⑦ 신석기 시대에는 주먹도끼를 사용했다.
⑧ 슴베찌르개는 훗날 창으로 발전했다.
⑨ 철기 보급으로 더 이상 청동기는 사용되지 않았다.
⑩ 청동기는 청색이 나는 토기이다.

3. 다음과 같은 풍습이 있던 나라에 대한 설명으로 옳은 것은?

혼례를 올린 뒤 신랑이 신부의 집 뒤편에 서옥이라는 집을 지어 자식을 낳고 살다. 장성하면 본래 자기 집으로 아내와 자식을 데리고 갔다.

① 마가, 우가, 저가, 구가 등의 족장들이 각자 자기 영역을 다스렸다.
② 왕이 없고 읍군이나 삼로라는 군장이 다스렸다.
③ 동맹이라는 제천 행사를 열었다.
④ 농업용수 저장을 위해 저수지를 만들 정도로 벼농사가 발달했다.
⑤ 민며느리제라는 혼인 풍습이 있었다.

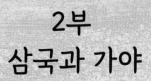

2부
삼국과 가야

1. 대륙을 호령한 고구려

01 고구려의 성립
고조선 옛 땅에 고구려가 세워지다

삼국사기에 다음과 같은 고구려 건국 신화가 있어. 물의 신 하백의 딸 유화가 하늘 신의 아들 해모수와 사랑에 빠졌어. 유화는 커다란 알을 낳았고 얼마 뒤 알에서 사내아이가 나왔는데 그가 바로 주몽이야.

여기서 알은 태양을 의미해. 즉 알에서 나왔다는 건 태양에서 왔다는 거고, 이 말은 주몽이 하늘에서 온 고귀한 사람이란 거지.

부여 왕 금와의 일곱 왕자들은 능력이 남다른 주몽을 해치려 했어. 왕자들의 음모를 눈치챈 주몽은 부여를 탈출했지. 주몽은 한반도 북쪽의 졸본부여에 이르러, 졸본부여 다섯 부족 가운데 계루부 족장의 딸 소서노와 혼인했어. 주몽의 뛰어난 능력으로 계루부는 졸본부여에서 가장 힘이 세졌어. 이후 주몽은 다섯 부족 전체의 왕이 되었고 나라 이름을 고구려로 정했단다.

02 고구려의 성장
용맹함을 바탕으로 성장한 고구려

고구려 사람들은 용맹함을 바탕으로 평야 지대가 적고 험한 자연 환경 속에서도 중국의 한나라와 싸우며 점점 더 강한 나라로 성장했어.

무용총 수렵도
고구려 고분 무용총 안에 그려져 있는 벽화인 수렵도야. 말을 타고 마치 묘기라도 부리듯 몸을 돌려
활을 겨누는 모습에서 고구려 사람들이 얼마나 무술에 뛰어났는지 알 수 있겠지?

　동명성왕으로 불리던 주몽이 죽고 왕위를 이어받은 유리왕은, 농사지을 땅이
별로 없는 졸본에서 압록강 근처에 있는 국내성으로 수도를 옮겼어. 국내성은
큰 강(압록강)을 끼고 있었고 졸본보다 땅이 넓고 기름져서 농사짓기에 괜찮았지.
고구려는 이후 주변의 작은 나라들을 정복하며 발전해 나갔어.
　태조왕 때는 옥저를 손에 넣으며 세력을 넓혔고 이에 따라 계루부 고씨의 위상
이 높아졌지. 이후 5부가 협의하여 나라를 다스리는 연합국가 체제 대신 계루부
고씨가 왕위를 세습하며 중앙 집권 국가로 성장해 갔어.
　나라는 나날이 부강해졌지만, 그 혜택은 귀족들 몫이었어. 죽어라 일해 거둔
곡식을 나라에 대부분 바쳐야 했던 백성들은 정말 살기 힘들었어. 먹을 게 없어

제 발로 노비가 될 지경이었으니까.

　백성들의 참혹한 삶을 본 고구려 아홉 번째 왕 고국천왕은 재상 을파소의 건의를 받아들여 진대법을 만들었어. 진대법은 먹을 게 없는 백성들에게 봄에 곡식을 꾸어 주고 가을에 갚도록 한 법이야. 백성들이 굶주리지 않게 되자 나라의 힘도 강해졌고 왕의 권위도 높아졌지. 이에 따라 왕위의 부자 상속도 확립되었어.

　이와 함께 수도를 5부 체제로 정비했는데 이로써 독자적 지배권을 갖고 있던 기존 5부족의 족장들은 왕의 지배하에 귀족으로 위상이 바뀌었어. 아울러 지방도 5부로 체제를 정비하고 왕이 파견한 지방관이 지방을 직접 지배하게 되었지. 중앙 집권적 국가 체제가 확립된 거야.

03 고구려의 발전

　이런 힘을 바탕으로 고구려는 정복 전쟁을 계속하면서 영토를 넓혀 갔어. 4세기 초 미천왕은 요동지역과 한반도를 잇는 교통의 요지인 서안평을 점령했어. 나아가 고조선을 멸망시키고 한나라가 세우고 진나라가 뒤를 이어 지배하던 낙랑군과 대방군 지역을 우리 민족의 영토로 회복시켰지. 아울러 낙랑군 대방군이 독점하던 동방 여러 나라와의 중계 무역권을 고구려의 것으로 만들었어.

　미천왕의 뒤를 이은 고국원왕은 농사가 잘되는 남쪽 지방에 눈독을 들였지. 그 땅이 한강을 중심으로 발전하고 있던 백제의 영토였어. 그때 백제의 왕은 백제 역사상 최고의 전성기를 이끈 근초고왕이었지. 두 번에 걸친 고국원왕의 백제 공격은 모두 실패로 끝났을 뿐만 아니라 근초고왕의 강력한 역습에 고국원왕은 죽고 많은 영토마저 빼앗기고 말았단다.

　소수림왕은 아버지 고국원왕의 죽음에서 깨달은 게 있었어. 영토를 넓히는 것도 중요하지만 나라의 기초를 튼튼히 하는 것이 더 중요하다는 사실 말이지. 그래서 소수림왕은 나라의 질서를 바로잡기 위해 율령을 반포해.

　법을 통해 나라의 구성원들이 지켜야 할 것을 분명히 함으로써 쓸데없는 분쟁

이 없어졌어. 죄에 대한 벌을 분명히 하면서 함부로 죄를 짓지도 않았지. 그러면서 나라의 질서가 잡히고 안정을 이룰 수 있었어.

소수림왕은 나라를 이끌 인재들을 키워 내기 위해 국립 학교인 태학을 세웠어. 태학에는 귀족 자제들이 입학해 교육을 받았는데 주요 과목으로 유교 경전과 문학, 무예 등이 있었어.

또 중국 전진으로부터 불교를 받아들여 제각각 믿는 신앙이 달랐던 백성들을 하나의 믿음으로 모을 수 있었지. 아울러 '왕이 곧 부처'라는 생각을 백성들에게 심어 주어 왕권을 더욱 강화할 수 있었어.

왕이 부처님과 동급이라니 잘 이해가 안 가지? 불교의 기본 사상은 윤회야. 이것은 한 존재가 죽은 뒤 다시 태어나는 것을 의미하는데, 그 전의 생에서 한 일에 따라 다른 모습으로 태어나게 돼. 죄를 많이 지으면 짐승이나 악귀로 태어나고, 죄를 적게 지으면 사람으로 태어나지. 사람으로 윤회해도 죄를 지은 사람은 천한 존재로, 좋은 일을 많이 한 사람은 귀한 존재로 태어나지.

현생의 귀하고 천함은 다 전생에 지은 일의 결과이니, 왕은 전생에 좋은 일을 아주 많이 해서 하늘이 현생의 귀한 지위를 내린 사람이란 말이 되지. 하늘이 내린 사람 = 부처님! 이로써 왕의 권위는 누구도 이의를 제기할 수 없는 것이 되어 버리지.

나라 안에서 발생하던 쓸데없는 분쟁을 없애고, 똑똑한 인재도 키우고, 백성의 마음도 하나로 모았으니, 이렇게 튼튼해진 기반을 발판 삼아 힘차게 날아오를 일만 남았지?

04 고구려의 전성기
고구려, 동북아시아를 호령하다

세월이 흘러 시대는 바야흐로 광개토 대왕 때에 이르렀어. 광개토 대왕은 왕이기도 했지만 뛰어난 장수이기도 했어. 광개토 대왕은 우선 백제를 공격해 한강 위쪽 수십 개의 성을 빼앗으며 한강 이북을 차지했어.

또 왜의 침입에 신라 내물왕이 도움을 요청하자 5만이나 되는 대군을 파견해 왜군을 격퇴하고 왜와 손잡은 가야까지 공격했지. 이 공격으로 가야는 큰 위기에 빠지기도 했어.

경주 호우총에서 출토된 호우명 그릇에는 '국강상광개토지호태왕'이란 말이 적혀 있어. '국강상광개토지호태왕'은 광개토대왕이야. 그릇에 적혀 있는 기록을 보면 415년 고구려에서 제작된 그릇이라는 것을 알 수 있지. 귀한 것만 껴묻는 풍습을 생각하면 이 그릇이 아주 뜻 깊은 물건임을 알 수 있어. 당시 고구려가 신라에 큰 도움을 준 역사적 사실과 딱 맞아떨어지는 유물인 거지.

서쪽으로는 후연을 격퇴하고 동부여를 병합했으며 북방 유목 민족인 거란과 숙신도 영향력 아래 두었어. 이로써 요동 지역과 만주 지역도 손에 넣으며 영토를 크게 넓혔어. 여기는 옛날 고조선의 영토였다가 한나라에 빼앗겼던 땅인데 고구려가 다시 찾은 거지. 이로써 고구려는 동북아시아 지역에서 가장 강력한 나라가 되었고 어느 나라도 함부로 할 수 없는 위치에 서게 되었어.

광개토 대왕릉비
중국 지안(집안)에 있는 광개토대왕릉비야. 고구려의 영토를 넓힌 광개토대왕의 업적이 새겨져 있어.

이에 고구려는 중국의 연호가 아닌 '영락'이라는 자신만의 연호를 사용했는데 이는 고구려가 중국과 대등한 국가라는 자신감을 표현한 거야.

이러한 자신감은 고구려의 천하관에도 나타나는데, 광개토 대왕릉비에는 이런 문구가 새겨져 있어.

고구려를 세우신 추모왕(주몽, 동명성왕)은 북부여에서 나오셨는데 천제(하늘신)의 아드님이었고 어머님은 하백(물의 신)의 따님이셨다. …… 국강상광개토경평안호태왕(광개토대왕)이 18세에 왕위에 올라 연호를 영락이라 하였다. 태왕의 은택(은혜와 덕택)이 황천(하늘)까지 미쳤고 위무(위엄)는 사해에 떨쳤다. 악의 무리를 쓸어 없애니, 백성이 각기 생업에 힘쓰고 편안히 살게 되었다.

광개토대왕릉비는 광개토왕의 업적이 새겨져 있는 비석

으로 높이가 대략 6.39미터이며 아들 장수왕이 세웠어. 하늘의 자손인 고구려의 왕이 주변에 있는 나라들인 거란, 동부여, 백제, 신라를 이끌어야 한다는 생각이 담겨 있지. 즉 고구려 왕은 하늘의 자손이며 천하의 중심이라는 말이야.

한반도의 중심, 한강을 차지하라

광개토 대왕 다음 왕은 장수왕이야. 장수왕은 수도를 국내성에서 남쪽에 있는 평양으로 옮기고(평양 천도) 남진 정책을 펼쳤어. 장수왕은 한강 유역을 중심으로 성장해 온 백제를 공격해 당시 백제 왕이었던 개로왕을 죽이고 한강 유역 전체를 차지했지.

한강은 한반도 중심에 있는 교통의 요지였을 뿐만 아니라, 한강 유역은 넓은 평야로 이루어져 있어 농사짓기 좋았고, 서해를 통해 중국과 통할 수 있는 중요한 통로였거든. 그래서 한강을 차지한 나라가 삼국의 경쟁에서 주도권을 잡을 수 있었지. 삼국 역사를 보면 한강을 차지한 시기가 그 나라의 전성기였단다.

한반도의 노른자인 한강을 처음 차지한 백제는 북쪽으로 치고 올라가 고구려 고국원왕을 죽이고 황해도 지역을 빼앗는 등 전성기를 누렸지. 그다음 한강을 차지한 고구려는 백제 개로왕을 죽이고 한강 유역을 손에 넣는 등 전성기를 누렸어. 반대로 한강을 빼앗긴 나라는 삼국의 경쟁에서 주도권을 잃었어. 마지막으로 한강을 차지한 신라는 마침내 삼국 통일을 이루었고 말이야.

충주 고구려비
장수왕이 남쪽 지역으로 영토를 넓힌 걸 기념하여 세운 기념비야. 한반도에 남아 있는 유일한 고구려 비석이지. 남한강이 흐르는 충주에 세워져 있는데 5세기 무렵 고구려가 한강 유역 전체를 지배했다는 것을 보여 줘. 고구려와 신라가 형과 아우처럼 서로 하늘의 도리를 지키자는 내용으로 보아 당시 한반도 정세가 고구려 중심으로 돌아가고 있었음을 알 수 있어.

고구려의 전성기가 지나가다

부강했던 고구려도 내리막을 걷게 돼. 그 이유는 앞서 고

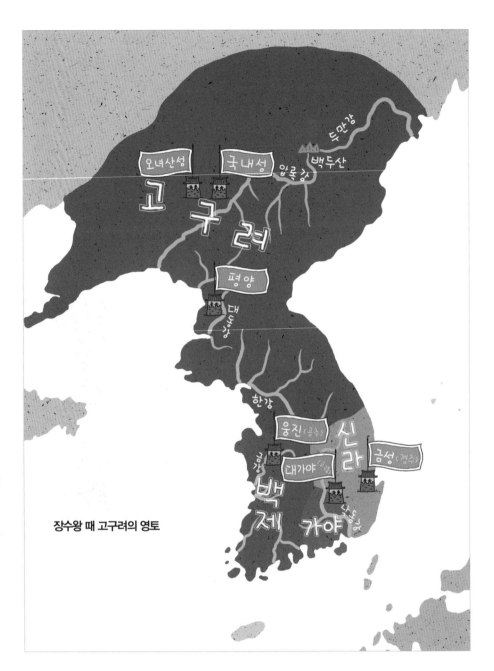

장수왕 때 고구려의 영토

조선의 멸망에서 보았듯이, 밖으로는 외세의 침입을 받고 안으로는 지배층이 분열하게 되는데, 이게 바로 망하는 나라의 특징이지.

전성기를 지나며 귀족들이 저마다 한자리씩 차지하겠다고 다투는 통에 마음이 하나로 모이지 않았어. 제 밥그릇 챙기기 바쁜 귀족들이 백성들을 돌볼 리 있겠어? 불쌍한 백성들만 살기 더 힘들어졌지.

이렇게 내부에서 틈이 벌어지는 동안에 남쪽에서는 백제와 신라가 힘을 합쳐 공격해 왔어. 결국 고구려는 백제와 신라의 연합군에게 한강을 빼앗기고 말아.

고구려는 한강을 되찾으려 무진 애를 쓰지만 끝내 뜻을 이루지 못해. 한강에 대한 주도권을 빼앗긴 고구려는 경쟁에서 밀리며 차츰 힘이 약해져 갔어.

그러나 고구려는 역시 고구려. 고구려는 북쪽에서 밀려드는 외세를 물리치며 한반도의 방패막이 역할을 톡톡히 해냈어. 이 무렵 중국에서는 수나라가 중국을 통일했지.

옛날 한나라가 고조선을 공격했듯이 중국 대륙을 통일한 수나라는 자신들에게 위협이 되는 고구려를 그냥 보고 있을 수 없었어.

수나라 백만 대군을 무찌른 고구려

수나라 양제는 통일 뒤 나라가 안정되자마자 백만 대군을 이끌고 고구려로 쳐들어왔지. 백만이 얼마나 많은 인원이냐 하면, 수나라 수도 북경에 모인 병사들이 모두 북경을 빠져나오는 데만 40일이 걸릴 정도였지. 그것은 창과 칼이 번쩍이는 거대한 인간 쓰나미였어. 수나라 군대는 모든 것을 휩쓸어 버리겠다는 기세로 고구려를 향해 돌진했지.

그들이 가장 먼저 도착한 곳은 고구려의 요동성이야. 수나라는 평야 지대에서 한 번에 싸움을 끝낼 생각이었지만 그런 수나라의 속셈에 넘어갈 고구려가 아니었지. 고구려는 주변에 있는 우물을 모두 흙으로 메꿔 버리고 식량이 될 만한 곡식도 모조리 불태워 버렸어. 수나라 병사들이 먹고 버틸 만한 걸 아예 없애 버린 거야. 그런 다음 고구려 사람들은 요동성으로 들어가 성을 굳게 잠그고 버텼지. 수나라 군대가 빈틈을 보였다 하면 재빨리 나가 공격해 타격을 입히고 다시 재빨리 돌아와 성문을 잠그고 버렸어. 이렇게 4개월이 흘렀고, 수나라 군대는 점점 지쳐 갔어.

고구려 사람들은 군인, 일반 백성 할 것 없이 하나로 똘똘 뭉쳐 버렸지. 아무리 100만 명이나 되는 수나라 군대라지만 도저히 요동성을 무너뜨릴 방법이 없었어. 그러자 수나라 양제는 30만의 기동대를 뽑아 요동성을 돌아 고구려를 공격하도록 했어. 이때 수나라 군대를 이끈 사람이 우중문과 우문술이야. 이들은 재빨리 움직이기 위해 100일 동안 먹을 식량만 가지고 출발했어. 100일 안에 전쟁을 끝내겠다는 것이었지.

수나라 기동대를 상대한 장군이 그 유명한 을지문덕이야. 을지문덕 장군은 최대한 전투를 빨리 끝내려는 수나라 군대의 작전을 금방 눈치챘지. 그래서 싸우는 척하다 달아나기를 반복하며 수나라 군대의 진을 빼놓았어. 그렇게 시간이 지날수록 수나라 군대는 점점 지쳐 갔고 식량도 바닥을 보였어. 수나라 장수 우중문은 초조해지기 시작했지. 이때 우중문 막사 기둥에 화살이 하나 퍽 하고 날아와 박혔어. 화살엔 을지문덕의 편지가 달려 있었지.

을지문덕이 우중문에게 보낸 편지

귀신 같은 책략은 천문을 꿰뚫고
절묘한 계략은 지리를 통달했도다
싸워 이긴 공이 이미 높으니
이쯤에서 만족하고 돌아가기를 바라노라

이 편지를 받은 우중문은 불안한 느낌에 휩싸였어. 자신들의 작전을 이미 다 알고 있다는 편지였으니까. 마치 사냥감이 지치기를 기다리는 사냥꾼의 속내가 엿보이잖아?

우중문은 서둘러 병사를 돌려 북쪽으로 향했지. 그러나 이미 때는 늦었어. 고구려 군은 돌아가는 수나라 군을 뒤쫓아 살수(지금의 청천강)에서 전멸시켜 버려. 이때 살아서 도망간 병사가 고작 2,700명밖에 안 됐어. 30만 명에서 2,700명만 빼고 모두 죽다니 정말 엄청난 패배지? 이것이 바로 우리 역사에서 손꼽히는 위대한 전투인 살수대첩이야.

패배 이후 복수심에 불탄 수나라는 연거푸 고구려를 공격했지만 번번이 실패

살수대첩 기록화
을지문덕 장군은 중국 수나라 군대 30만 명을 지금의 청천강인 살수에서 거의 전멸시켰어. 민족주의 역사학자인 신채호는 을지문덕 장군을 4,000년 역사에서 최고의 인물이라고 칭송했지.

해. 계속되는 전쟁으로 수나라의 국력은 소진되었어. 백성들이 전쟁에 나가 죽거나 장애를 입어 일할 사람도 줄어들었지. 게다가 황하와 양자강을 잇는 대운하를 건설하느라 나라 곳간은 텅텅 비고 말아. 먹고 살 식량이 바닥난 백성들이 여기저기서 반란을 일으켰어. 결국 수나라는 멸망하게 돼.

당나라의 공격을 막아 내다

수나라에 이어 들어선 나라는 당나라야. 당나라 태종 때 이야기를 해 볼까? 당 태종은 중국 역사에서도 손꼽히는 뛰어난 황제로 중국 전체를 통일하며 엄청난 대제국을 건설했어. 이런 당 태종에게 대제국 당나라와 당당하게 맞서는 고구려는 용납할 수 없는 존재였지.

그러나 당 태종은 수 문제처럼 고구려를 만만하게 보지 않았어. 수나라가 고구려 때문에 망한 걸 잘 알고 있었던 거야. 당 태종은 고구려를 무너뜨릴 기회를 호시탐탐 노렸어.

당나라가 언제 공격할지 모르는 상황에서 고구려에서는 지배층의 분열이 일어나고 있었어. 당시 고구려 왕 영류왕은 수나라와의 오랜 전쟁으로 나라 살림이 어려우니 싸우지 말고 당나라와 친하게 지내려고 했지. 이에 반해 연개소문은 당나라의 침공은 시간 문제이니 전쟁을 준비하며 강하게 맞서자고 주장했어.

영류왕과 그를 따르는 귀족들은 연개소문을 제거하려 했어. 이를 미리 안 연개소문이 선수를 쳐 영류왕을 죽이고 다음 왕으로 보장왕을 세웠지. 보장왕은 명색만 왕일 뿐 실제 권력자는 연개소문이었지.

이때 백제 의자왕이 신라를 공격해 많은 땅을 빼앗아 버렸어. 위기에 몰린 신라는 김춘추를 고구려로 보내 연개소문에게 도움을 청했어.

연개소문은 도와주는 대신 조건을 달았지. 신라가 빼앗아 간 한강 유역을 도로 내놓으라고. 그러나 신라 입장에서는 급박한 상황이지만 한반도의 주도권을 잡을 수 있는 가장 중요한 지역인 한강을 내놓을 수는 없었지. 결국 협상 결렬.

고구려 지배층이 분열하는 상황을 지켜보던 당 태종은 때가 되었다고 생각했어. 당 태종은 잘 준비된 대군 15만 명을 이끌고 고구려를 침략했어. 이미 수나라의 엄청난 대군을 상대하느라 국력이 떨어진 고구려는 만반의 준비를 갖춘 당나라 군대에 계속 밀리며 요동성을 비롯한 많은 성을 빼앗기고 만단다.

거침없이 전진하던 당나라 군대는 작은 성인 안시성에 막혀 꼼짝을 못 하게 돼. 안시성의 병사들과 백성들은 성주 양만춘과 한몸이 되어 당나라 15만 대군을 60일이 넘도록 막아 냈지. 결국 계절은 겨울로 접어들고 찬바람이 몰아치기 시작했어. 당나라 군으로서도 더는 버티기 힘들었지. 당 태종은 결국 돌아설 수밖에 없었어.

무너지는 고구려

한편 김춘추는 고구려와의 협상이 깨지자 당나라로 가서, 신라와 손잡고 백제와 고구려를 공격하자고 했지. 마침 고구려를 무너뜨리지 못해 안달하던 당 태종은 옳다구나 했어.

신라와 당나라는 백제를 먼저 무너뜨린 뒤 고구려를 공격했어. 북쪽과 남쪽 위아래로 동시에 공격을 받았지만 고구려는 쉽게 굴복하지 않았지. 그러나 대제국 수나라와 당나라를 연달아 상대하면서 고구려도 약해질 대로 약해진 상태였어.

엎친 데 덮친 격으로 연개소문이 죽자 지배층들은 서로 권력을 차지하겠다고 싸웠지. 권력 투쟁에서 밀려난 연개소문의 아들은 당나라 편에 서서 고구려 침략의 길잡이가 되었어. 이미 국력이 고갈된 상태에 내부 분열까지 겹치면서 고구려는 멸망하고 말았어. 그때가 668년 9월 21일이야.

◎ 단원정리문제

1. (가)의 왕과 (나) 업적을 연결하시오.

(가)	(나)
태조왕	독자적 연호 사용
고국천왕	율령 반포 불교 수용
미천왕	옥저 정복
소수림왕	평양 천도
광개토 대왕	낙랑군 대방군 점령
장수왕	진대법 실시

2. 광개토 대왕릉비를 세운 시대에 대한 설명으로 맞지 않은 것은?

① 고구려가 수도를 평양으로 옮겼다.
② 신라와 백제가 나제동맹을 맺었다.
③ 고구려가 한강 이북을 차지했다.
④ 백제 수도 한성이 함락되었다.
⑤ 장수왕이 남진정책을 추진했다.

2 섬세한 예술의 나라, 백제

01 백제의 건국과 발전

한강을 기반으로 나라를 세운 온조

주몽이 부여에 있을 때 혼인한 아내가 낳은 아들 유리가 주몽을 찾아왔어. 유리가 고구려의 태자가 되자, 설 자리가 없어진 왕자 비류와 온조 형제는 무리를 이끌고 남쪽으로 떠났어. 오랜 여행 끝에 그들은 오늘날의 서울 풍납동인 위례성에 닿았지.

그들의 눈에 들어온 것은 유유히 흐르는 한강과 농사가 잘 되는 넓은 땅이었어. 주변으로는 북한산이 둘러싸고 있어 적을 막기에도 좋아 보였지. 그러나 형 비류는 오늘날의 인천인 미추홀을 좋게 보고 떠났어. 동생 온조는 위례성에 나라를 세우고 나라 이름을 '십제'라고 했어.

비류는 자신이 택한 미추홀이 물이 짜서 농사짓기에 적당하지 않다는 걸 깨달았어. 농사를 못 지으면 사람이 살기 어렵고 그런 곳에서 나라가 제대로 설 리가 없지. 낙심한 비류가 세상을 떠난 뒤 비류를 따라 갔던 사람들이 위례성으로 돌아와 합류함으로써 세력이 커졌고 나라 이름도 십제에서 '백제'로 바꿨단다.

이처럼 백제는 부여와 고구려 계열 세력과 한강 유역 토착 세력이 결합하여 세워진 나라야.

백제가 삼국 중 가장 먼저 발전한 이유는 한강에 있어. 한강은 서해로 흘러 들어가고 바다는 중국 대륙으로 이어지지. 백제는 바다를 통해 중국 여러 나라들과 사귀면서 다양한 문화를 받아들였어.

3세기 중반 고이왕은 마한의 소국 목지국을 병합하는 등 마한의 여러 나라를 정복하며 영토를 넓혀 갔어. 이 과정에서 왕의 권위는 높아졌지. 고이왕은 관등제와 관복제를 제정하여 지배층이 왕권 아래 복종하는 귀족임을 분명히 했지. 아울러 율령을 반포하며 중앙 집권 국가의 기틀을 마련했단다.

전성기 백제의 영토 확장

백제의 전성기를 이끈 근초고왕

근초고왕은 한강 유역을 노리는 고구려의 고국원왕을 죽이고 황해도 일대를 빼앗았어.

고구려 공격 이전에 그는 이미 남쪽으로 눈을 돌려 마한의 모든 땅을 정복했고 남해안 쪽 가야에도 손을 뻗쳤어. 이로써 드넓은 곡창 지대를 얻었고 한강 이남 서해안 전 지역을 지배하게 되었지.

백제는 삼국 가운데 가장 강한 힘을 가진 나라가 되면서 가장 먼저 전성기를 이룬 거야. 이를 바탕으로 백제는 중국의 동진과 교류했고, 중국의 요서 지방과 산둥반도로 진출했어. 왜(일본)와도 교류하며 많은 영향을 미쳤지.

당시 나라의 기틀을 만들던 왜는 백제의 앞선 문화와 제도에 영향을 받으며 백제와 아주 가까워졌어. 근초고왕은 왜의 왕에게 백제의 뛰어난 철제 기술로 만든 칠지도를 선물로 주기도 했지. 또 각 분야의 전문가를 보내 선진 기술을 가르쳐 주었어.

침류왕 때는 중국 동진으로부터 불교를 받아들이며 사람들을 한마음으로 묶으려 노력했지.

수준 높은 문화와 예술의 나라, 백제

불교의 수용과 확산은 예술로도 승화되어 많은 불교 유물을 남겼어. 그 가운데 서산 마애 삼존 불상은 부드럽고 다정한 미소가 잘 표현되어 '백

칠지도
백제 근초고왕이 왜의 왕에게 전해준 것으로 알려진 칼이야. 칼날 1개와 좌우로 3개씩 가지가 뻗어 있어 칠지도라고 불리지.

백제 금동 대향로
백제의 섬세하고 아름다운 예술
수준을 엿볼 수 있는 유물이지. 위
사진은 향로의 윗부분을 확대한
것이야.

제의 미소'라고 불리지.

　백제 시대 유물 금동 대향로를 보면 금속을 무른 소재를 다루듯 하는 기술에 놀라고, 섬세하고 아름다운 조형미를 보이는 백제인의 예술적 안목에 다시 한 번 놀라게 돼.

　그런데 이 유물은 불교적인 색채뿐만 아니라 도교의 영향을 받았다는 사실에서 그 중요성을 더하지. 이것의 뚜껑을 보면 신선 세계를 표현하고 있는데, 이로써 삼국 시대에는 불교뿐만 아니라 불로장생을 꿈꾸는 도교의 신선 사상도 유행했다는 걸 알 수 있거든.

　백제인의 뛰어난 솜씨는 삼국 가운데 가장 앞서 갔다고 할 수 있는데, 신라의 황룡사 구층 목탑과 불국사의 석가탑, 다보탑도 모두 백제의 기술자들이 만든 거야. 일본의 문화재 가운데도 백제의 영향을 받은 것이 아주 많아. 백제는 왜에 불교 건축물인 절과 탑을 만드는 기술자들을 많이 보냈지.

　세계에서 가장 오래된 목조 건축물인 일본 호류사 오층 목탑은 백제 정림사지 오층 석탑을 꼭 빼닮았지. 왜에 미친 백제의 영향이 얼마나 컸는지 알 수 있겠지?

02 백제의 위기와 중흥 노력

　　고구려와 신라는 백제 발전의 근원인 한강을 호시탐탐 노리고 있었어. 한강 유역을 먼저 공격한 나라는 고구려야.

　근초고왕에게 빼앗긴 땅을 되찾고 아버지의 원수를 갚기 위해 힘을 키운 소수림왕은 동생에게 왕위를 넘겼어. 그가 고국양왕인데 고국양왕의 아들이 우리나라 최고의 정복 왕 광개토 대왕이야. 삼촌과 아버지가 다져 놓은 토대를 바탕으로 광개토 대왕은 드디어 영토를 넓히기 위한 전쟁을 시작하지. 광개토 대왕의 기세에 백제는 한강 북쪽의 땅을 모조리 고구려에 빼앗겼어.

광개토 대왕이 죽은 뒤 왕위를 이은 장수왕은 수도를 북쪽에 있던 국내성에서 한참 남쪽인 평양으로 옮겼지. 그런 다음 곧바로 백제의 수도 한성으로 쳐들어가서 백제 왕 개로왕을 죽이고 한강 전역을 차지해 버렸어.

난리 통에 왕이 된 개로왕의 동생 문주왕은 서둘러 수도를 멀리 남쪽에 있는 웅진(지금의 충청남도 공주)으로 옮겼지.

백제가 충청도 지방을 중심으로 성장한 나라라고 아는 사람이 많은데, 정작 백제 역사의 대부분은 한강에서 이루어졌어. 백제 역사 678년 중 493년 동안 이곳이 백제의 수도였어. 충청도 지역에 있던 건 채 200년도 안 되지.

백제 역사상 가장 융성했던 한성 백제 시대는 이렇게 막을 내렸단다.

전성기를 되찾으려고 몸부림치는 백제

문주왕은 개로왕의 아들에게 왕위를 넘겼는데 그가 무령왕이야. 무령왕은 혼란스러운 정치를 안정시키기 위해 22담로에 왕족을 파견해 지방에 대한 통제를 강화했어. 중국 남조와 교류하며 국제적 위상을 높이려 노력했지.

무령왕 다음 왕위에 오른 성왕은 수도를 교통이 편리하고 농사짓기 좋은 사비(지금의 충청남도 부여)로 옮겨. 수도를 옮긴 성왕은 나라 이름을 남부여로 바꿨어. 남쪽에 있는 부여라는 뜻이야.

백제 시조 온조는 자신의 뿌리가 부여에 있다고 생각했어. 그래서 자신의 성씨를 부여씨라고 했어. 성왕은 화려했던 과거의 영광을 되찾으려 나라 이름을 남부여로 정한 거야.

성왕은 왕권 강화를 위해 중앙에 실무 관청 22부를 설치하고 수도와 지방의 통치 제도를 정비하고, 불교를 장려했어. 대외적으로는 왜에 불교를 전파하고 오경박사와 건축과 미술의 기술자를 파견하는 등 왜에 선진 문물을 전해주었어.

대내외적으로 나라가 안정되자 강성했던 백제의 모습으로 돌아가고 싶었던 성왕은 전성기 때 자신들의 수도였던 한강을 되찾기로 마음먹었어.

성왕은 신라 진흥왕과 손잡고 고구려를 공격해서 꿈에 그리던 한강 유역을 되

황산벌 전투 기록화
백제의 계백 장군은 황산벌에서 5,000명 결사대를 이끌고 김유신 장군이 이끄는 5만 명 신라
군과 맞서 용감하게 싸웠어. 하지만 황산벌 전투에서 패배한 백제는 결국 멸망하고 말았지.

찾았어. 그러나 기쁨도 잠시. 신라 진흥왕의 기습을 받아 한강 유역을 잃어버리
지. 성왕은 한강을 되찾으려 신라를 공격하지만 뜻을 이루지 못하고 관산성에서
신라 군에게 죽임을 당하고 말지.

백제, 황산벌의 노을 속으로 지다

성왕 사후 세 명의 왕이 백제를 다스린 뒤, 등장하는 왕이 무왕이야. 무왕은 한
강을 빼앗고 성왕마저 죽인 배신자 신라에 복수의 칼을 빼어들었어. 그리고 신
라 성들을 공격해 빼앗았지.

무왕의 뒤를 이은 의자왕도 적극적으로 신라를 공격해 승리를 거두었어. 또 나
라도 안정시켜 백성들이 마음 놓고 살 수 있도록 했지. 그러나 시간이 지나면서
마음이 흐트러져 나랏일에 소홀했지. 심지어 나라를 걱정하는 신하들을 내치고
감옥에 가두기도 했어.

국내 정치가 어지러운 상황에 당나라와 손을 잡은 신라가 들이닥쳤어. 백제의 계백 장군은 5,000명의 결사대를 이끌고 5만 명이나 되는 신라군과 맞섰지만 결국 모두 죽고 말았어. 사비성은 무너지고 포로가 된 의자왕은 신하와 백성들과 함께 당나라로 끌려갔지. 이렇게 아름다운 문화와 예술의 나라 백제는 멸망하고 말았어.

백제는 멸망했지만 백제 사람들은 살아남아 빛나는 우리 문화를 만들어 나갔어. 그들의 예술적 재능이 오늘날 우리에게도 전해지고 있다고 할 수 있지.

◎ 단원정리문제

1. (가)의 왕과 (나) 업적을 연결하시오.

(가)	(나)
온조왕	관등제 관복제 제정
고이왕	22담로에 왕족 파견
근초고왕	백제 건국
침류왕	사비 천도 국호, 남부여로 변경
무령왕	동진으로부터 불교 수용
성왕	마한 대부분 차지

2. 칠지도를 만든 나라에 대한 설명으로 맞지 않은 것은?

① 한강 유역에 나라를 세웠다.
② 진한의 작은 나라에서 출발했다.
③ 고구려를 공격하여 고국원왕을 전사시켰다.
④ 동진으로부터 불교를 받아들였다.
⑤ 수도를 한성에서 웅진으로, 웅진에서 사비로 옮겼다.

3. 철의 나라, 가야

이 경상남도 지역을 지배한 가야

우리는 보통 신라 영토를 경상북도와 경상남도 전 지역으로 알고 있어. 물론 서기 563년부터는 맞는 말이야. 그러나 그 이전인 서기 42년부터 562년까지 낙동강을 중심으로 경상남도 지역엔 신라가 아닌 다른 나라가 520년 동안 존재했어. 그것도 삼국 어느 나라에 못지않은 훌륭한 문화를 자랑하며 말이지. 그 나라가 바로 가야야. 그런데 가야는 스스로 기록을 남기지 않았어. 그래서 '신비의 나라', '수수께끼의 나라'로 불리며 한반도 고대 역사에서 자리를 확실히 잡지 못했지. 그런데 당시 가야를 둘러싼 주변 나라들 역사에 대한 연구가 활발하게 진행되고, 가야 지역에서 삼국과는 분명히 다른 독특한 유물과 유적이 발견되면서 가야를 감싸고 있던 안개가 서서히 걷히고 있어. 강력한 철의 나라, 아름답고 개성 있는 예술의 나라, 가야가 먼 시간의 벽을 넘어 우리에게 뚜벅뚜벅 다가오고 있어.

철로 만든 가야 갑옷
가야에는 철이 많이 생산되어 철로 만든 갑옷과 투구가 많이 출토되고 있어.

가야사를 이해하려면 고구려, 백제, 신라의 역사를 잘 알아야 해. 특히 각 나라의 전성기나 주목할 사건이 벌어진 시기엔 다른 나라에도 어떤 변화가 있어. 예를 들면, 고구려 전성기인 광개토 대왕과 장수왕 시기엔 백제와 신라가 손을 잡아. 즉 강한 나라를 견제하기 위해 힘을 모으는 거지. 이런 변화에 맞춰 가야도 움직이게 돼. 신라의 전성기인 진흥왕 때는 백제와 가야의 사이가 가까워지지.

02 가야의 건국

지금으로부터 약 2,000년 전인 서기 42년의 일이야. 삼한 가운데 지금의 경상남도 김해 지역에 있는 변한의 작은 나라 구야국에서 이상한 일이 벌어졌어.

하늘에서 신의 목소리가 들려온 거야. 왕 없이 백성을 다스리던 족장 아홉 명은 신이 명하는 대로 막대기로 바닥을 두드리며 춤을 추고 노래를 불렀어.

"거북아, 거북아, 머리를 내놓아라. 내놓지 않으면 구워서 먹으리."

그러자 하늘에서 붉은 보자기에 싸인 금빛 상자가 내려왔어. 상자에는 황금 알 여섯 개가 들어 있었지. 며칠 뒤 알에서 여섯 명의 아이가 나왔어. 그중 가장 먼저 나온 아이가 김수로였지. 김수로는 금관가야의 왕이 되었고, 나머지 아이들도 각각 대가야, 소가야, 아라가야, 고령가야, 성산가야 등 다섯 나라의 왕이 되었단다.

이렇듯 가야는 경상남도 지역에 세워졌던 여러 나라의 연합이야. 그런데 그 나라들 가운데 압도적으로 강한 나라가 없었어. 그러다 보니 하나로 통합되지 않은 채 유지되면서, 힘이 좀 더 센 나라가 중심 노릇을 했지.

가야 초기 중심 국가는 금관가야였어. 금관가야의 왕 김수로의 한자는 쇠 금(金), 머리 수(首), 이슬 로(露)야. 여섯 가야의 머리란 말이지.

가야를 세운 사람들은 어디에서 왔을까?

기원전 108년 고조선이 한나라에 망하자 많은 고조선 유민들이 살 곳을 찾아 여기저기로 흩어졌어. 그 중 한반도의 가장 남쪽 변한까지 내려온 사람들은 철을 잘 다뤘어. 변한 지역은 날씨가 따뜻해 농사짓기 좋을 뿐만 아니라 무엇보다 질 좋은 철이 많이 생산되는 땅이었지.

남쪽으로 내려온 북쪽 사람들은 원래 있던 사람들과 합쳐서 강력한 나라를 세웠어. 그 힘의 바탕은 질 좋은 철의 생산과 그것을 다룰 뛰어난 철기 제작 기술의 결합이었어. 당시에는 철이 지금의 미사일이나 석유 같은 위력을 갖고 있었거든.

중국

고구려

세상이 얼마나 넓은데 좁은 데서 저래용

음, 나라가 나뉘면 힘도 흩어지는 법. 하나하나씩 정복하면 되겠군.

신라가 가야를 먹기 전에 우리가 먼저 공격해야지.

우산국
↑
울릉도

신라

백제

금관가야가 제일 큰형이니까 다섯 가야는 나를 따르라.

가야의 건국 신화에 나오는 금으로 만든 상자나 황금 알 등은 철을 의미해. 여기서 금은 귀금속이 아니라 쇠를 말하거든. 한자로 쇠를 금(金)이라고 쓰는데 김수로의 김(金)도 쇠를 뜻하는 글자야. 즉, 가야는 발달된 철기 제작 기술을 가지고 남쪽으로 내려온 사람들과 토착 세력이 결합해 세워진 나라란다.

03 가야의 발전

가야, 백제와 신라에 뒤지지 않다

탐라

당시 한반도 중남부 지역은 경상북도 지역은 신라, 경기도·충청도·전라도 지역은 백제, 경상남도 지역은 가야 이렇게 나뉘어 있었어.

기록에 따르면, 가야의 경계는 동쪽으로는 낙동강 서쪽, 서쪽으로는 섬진강 동쪽, 북쪽으로는 가야산 아래쪽, 남쪽으로는 남해야. 즉, 현재의 경상남도 지역이지. 그런데 최근 들어 활발하게 발굴된 유물과 유적을 보면 낙동강 동쪽 동래, 양산, 밀양 등에서도 가야의 유물이 발견되었어. 또 백제의 영역인 줄로만 알고 있는 전라도 지역 장수, 임실, 남원 등에서도 가야의 흔적이 발견되었지. 지금까지 알려진 것보다 훨씬 넓은 지역까지 가야의 영향력이 미쳤을 거라 추측할 수 있는 대목이야.

이 정도면 가야의 힘은 신라·백제에 결코 뒤지지 않았어. 가야 연맹 중 가장 힘이 센 나라는 김수로 왕이 다스린 금관가야(가락국)야. 그의 힘이 얼마나 대단했는지 알 수 있는 이야기가 있어.

『삼국유사』「가락국기」에 이런 내용이 있어. 어느 날, 바다를 통해 탈해라는 사내가 수로왕을 찾아와서 대뜸 '나는 왕의 자리를 빼앗으러 왔소.'라고 말했어. 수로왕은 자신이 나라를 안정시키고 백성들을 잘 살게 하라는 하늘의 명령을

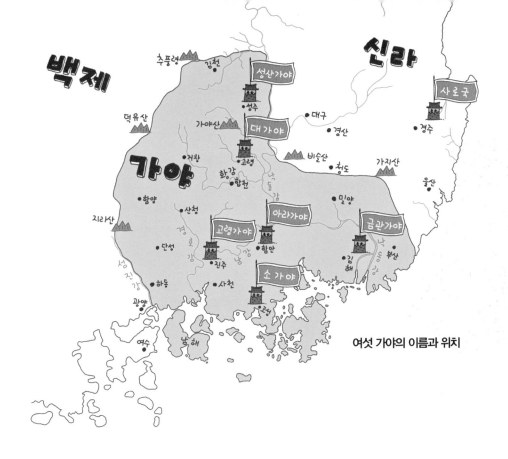

받은 사람이므로 왕위를 넘기는 건 하늘의 뜻을 어기는 거라며 점잖게 거절했어.

수로왕의 거절에 탈해는 도술로 실력을 겨루자 했어. 수로왕은 흔쾌히 수락했지. 탈해가 도술을 써서 펑 하고 매로 변했어. 그러자 수로왕은 독수리로 변해서 커다란 날개를 펄럭였지. 놀란 탈해가 순식간에 참새로 변하니 수로왕은 새매가 되어 날카로운 눈빛을 번뜩였지. 사람 모습으로 돌아온 탈해는 수로왕에게 패배를 인정하고 배를 타고 떠났어.

수로왕은 탈해가 가야 땅에 숨어 있다가 나중에 반란을 일으킬지도 모른다고 생각해 500척이나 되는 배로 탈해를 뒤쫓았어. 탈해는 죽기 살기로 달아나 계림으로 도망갔지. 계림은 신라의 다른 이름이야.

탈해는 바로 백제의 침입을 막아 내고 중앙 조직과 지방 조직을 정비해 신라의 기틀을 다진 신라의 네 번째 왕 석탈해야. 신라의 왕이 가야의 왕에게 덤볐다가 큰코다쳤다는 이야기지. 물론 진짜 있었던 일은 아니야. 사람이 새가 된다는 건 있을 수 없는 일이니까. 이 설화에 담긴 역사적 사실은, 가야가 신라보다 강한 나라였다는 거지.

가야 힘의 원동력, 철

철로 만든 가야의 말 투구
가야는 질 좋은 철이 생산되고 철
기 제작 기술이 뛰어났어. 심지어
가야에서는 말 투구도 철로 만들
었단다.

이렇듯 강한 가야의 힘을 이해하기 위해선 금관가야의 위치를 알 필요가 있어. 금관가야가 터를 잡은 곳은 낙동강이 바다와 만나는 김해 지역이야. 이곳은 바다를 통해 먼 곳으로도, 낙동강을 통해 육지 깊숙한 곳으로도 갈 수 있는 곳이야. 한마디로 교역의 중심지라고 할 수 있지.

옛날에는 넓고 평평한 길이 많지 않아서 무역품을 옮기는 데 바닷길이 주로 이용되었어. 그럼 가야의 경우 이 바닷길을 통해서 어떤 물건이 오고 갔을까? 그건 바로 철이야. 김해 지역에서는 철의 원재료인 질 좋은 철광석이 많이 났단다.

당시 나라를 세우고 지키는 데 가장 중요한 요소가 철이었어. 철이 있어야 무기를 만들 수 있고 그것으로 다른 나라를 정복할 수도 있었지. 물론 다른 나라의 침략을 막아 내기 위해서도 철로 만든 강한 무기가 필요했어. 가야에는 이렇게 중요한 철광석이 많이 나오고 그걸 팔 수 있는 교역로도 있었단다. 그러나 이것만으로는 큰 이익을 낼 수 없지.

진짜 중요한 것은 철광석에서 철을 뽑아 내는 기술이야. 이 기술이 없다면 철광석은 그저 불그죽죽한 돌덩이에 불과해. 철을 철광석에서 뽑아 내는 일은 아주 어려운 일이었어. 철 성분이 들어 있는 돌을 녹이려면 섭씨 1,539도나 되는 엄청나게 높은 온도가 필요하거든. 높은 온도를 낼 수 있는 노(용광로)를 만들고, 풀무를 이용해 불이 잘 타도록 공기를 불어넣고, 철을 제외한 찌꺼기를 걸러 내고, 강한 철을 위해 탄소를 집어넣는 등 복잡하고 섬세한 기술이 필요해. 가야에는 바로 철광석을 녹여 좋은 철을 생산할 기술자들이 있었던 거야.

가야 시대의 덩이쇠
덩이쇠는 말 그대로 쇳덩이를 가리켜. 긴 나
무판자처럼 만든 덩이쇠는 화폐처럼 사용
하기도 했단다.

무역의 중심, 가야

이렇게 질 좋은 철을 구하러 중국이나 왜의 사람들이 가야로 찾아왔어. 가야는 뛰어난 기술로 만들어 낸 철을 수출해 큰 이익을 얻었지. 이때 갖고 다니거나 물건을 만들기 좋게 두드려 긴 나무판자처럼 만든 덩이쇠는 돈처럼 쓰이기도 했어. 현대 사회에서 모든 가치의 척도가 되는 금처럼 가야의 철은 가치 있는 물건이었어.

뿐만 아니라 한반도 중북부에 있는 한 군현에서 중국 물건을 가져다 왜나 주변국에 되파는 중개무역으로 부를 쌓아 나갔어. 금관가야는 여러 나라가 끊임없이 드나드는 최고의 교역 중심지였단다.

말 탄 무사 모양 토기
왜는 철뿐만 아니라 독특하고 아름다우며 굉장히 단단한 가야 토기를 필요로 했어.

풍부한 자원과 교통의 요지라는 지정학적 장점은 지킬 힘이 없다면 재앙이나 다름없어. 당시는 전쟁의 시대로 주변 나라를 정복하고 약탈하며 국력을 키우던 시기였잖아. 그런 상황에서 가야는 520년(42년~562년) 동안이나 고구려, 백제, 신라와 어깨를 나란히 하며 치열한 경쟁을 펼쳤다는 사실. 정말 대단하지 않아?

04 가야의 위기

서기 313년과 314년, 한반도 중북부 지역. 고구려 제15대 왕 미천왕이 한나라가 고조선을 멸망시키고 그 땅에 세운 낙랑군과 대방군을 공격해 무너뜨렸어. 우리 민족에겐 경사가 아닐 수 없는 이 상황을 기쁘게 받아들일 수만은 없는 나라가 있었어. 바로 가야야.

금관가야는 바다를 통해 낙랑군과 대방군으로 가서 철을 팔고, 중국 물건을 가져다 왜와 내륙의 여러 나라에 되팔아 큰 이익을 얻으며 성장했잖아? 그런데 그

곳이 모두 고구려의 땅이 되니 교역할 통로를 졸지에 잃어버린 거지. 가장 큰 발전 동력을 잃은 가야는 서서히 힘을 잃어가기 시작했어. 그러다 90여 년 뒤 또 다른 사건이 터져 금관가야를 돌이킬 수 없는 구렁텅이로 몰아넣게 된단다.

삼국의 틈바구니에 낀 가야

가야의 위기는 바로 백제의 전성기를 이룬 근초고왕으로부터 시작되었어. 근초고왕은 북으로 고구려를 공격해 고국원왕을 전사시키고, 남으로는 마한 전 지역을 통합해. 이 사건은 주변 지역을 점령하며 성장하던 고구려, 백제, 신라가 이제 바로 국경을 맞대고 본격적인 대결을 시작했다는 말이야.

건국 이후 대부분 신라와만 맞서던 가야는 이제 서쪽 경계인 섬진강 너머의 백제로부터도 위협을 받게 되었어. 엎친 데 덮친 격으로 고구려는 백제와 경쟁하며 한반도 동남쪽으로 눈을 돌리게 돼. 동쪽에서는 신라, 서쪽에서는 백제, 북쪽에서는 고구려가 가야를 옥죄어 오기 시작한 거야.

그러던 5세기 무렵 삼국에는 한민족 역사에서 가장 강력한 왕인 광개토 대왕이 등장해. 적극적으로 대륙을 향해 영토를 넓혀 가던 광개토 대왕은 할아버지 고국원왕을 죽인 백제를 응징하기 위해 신라에 동맹을 제안했지.

신라 내물왕은 강대국 고구려의 손을 덥석 잡았어. 신라 역시 언제 왜군이 공격할지 몰라 불안에 떨고 있는 상황이었거든. 남쪽에 든든한 동맹국을 만든 고구려는 당장 백제를 공격해 성 10개를 빼앗고, 곧이어 백제의 북방 요새인 관미성도 빼앗았어.

금관가야, 가야의 중심에서 물러나다

이 무렵 왕위에 오른 백제 아신왕은 잃어버린 관미성을 되찾기 위해 왜와 가야에 사신을 보내 신라를 정복하고 그 기세로 고구려까지 치자고 설득했어.

신라의 공격에 시달리던 가야 이시품왕은 귀가 솔깃했어. 전쟁 실패에 대한 부담이 컸지만 신라의 팽창에 계속 움츠러들 수만은 없었지.

백제·가야·왜 동맹군은 물밀듯 신라로 쳐들어갔어. 당시 신라는 빈번한 왜의 침입과 자연 재해로 나라꼴이 말이 아니었지. 신라는 변변한 방어도 하지 못하고 도성 서라벌마저 무너질 위기에 몰렸어. 이에 내물왕은 다급히 고구려에 원군을 요청했어.

광개토 대왕은 군사 5만 명을 신라로 보냈어. 사태가 심상치 않게 돌아가자 아신왕은 뒤로 물러나 방어 자세로 들어갔어. 백제가 뒤로 빠지자 고구려 군은 가야와 왜를 뒤쫓기 시작했어. 왜는 황급히 바다를 건너 달아나 버렸지.

고구려 군은 가야의 땅을 마구 휩쓸고 다녔어. 혼란스러운 상황에서 신라는 때를 놓치지 않고 가야 여러 지역을 자기 땅으로 만들었지. 가야는 고구려 군의 공격으로 엄청난 피해를 입었어.

교역로를 잃고 약해져 가던 금관가야는, 고구려에 짓밟히고 신라에 바닷가 중요 지역을 빼앗기며 완전히 힘을 잃었어. 교역로가 살아 있다면 그걸 지지대 삼아 다시 일어서겠지만 그마저 사라진 금관가야는 이제 다른 나라의 선택에 자신의 운명을 맡기는 신세가 되었단다.

가야 연맹의 두 번째 중심, 대가야

금관가야가 힘을 잃자 경상북도 남서부의 고령에 자리 잡은 대가야(가라국)가 가야의 중심이 되어 가야 연맹을 이끌었어. 이 지역은 해안 지역 왕국들보다 고구려의 공격으로 인한 피해를 덜 받았어.

고령 지역은 동쪽으로는 낙동강이, 중앙으로는 낙동강의 가장 큰 지류인 회천이 흘러. 이외에도 크고 작은 하천들이 많아 수량이 풍부하지. 물이 풍부하다 보니 넓고 비옥한 평야 지대가 조성되어 있었고 많은 농산물이 생산되었어. 이런 자연 환경 외에 대가야는 금관가야와 마찬가지로 뛰어난 철기 문화를 보유하고 있었지.

마침 대가야의 철기 제작 기술을 더욱 발전시키는 일이 벌어졌어. 금관가야가 교역로를 잃고 생산한 철을 팔 수 없게 되자 금관가야의 기술자들이 대가야로 들어온 거야. 기존의 철기 제작 기술에 금관가야의 기술까지 가세한 거지.

음악을 통해 통합을 꾀하다

가야 하면 우리나라의 대표적 전통 악기 가야금이 가장 먼저 떠오를 거야.

『삼국사기』에 따르면, 가야금은 대가야의 가실왕이 만들었다고 해. 가실왕은 우륵에게 가야금 12곡을 작곡하라고 했어. 여기서 눈여겨볼 만한 게 있어. 가야금은 12줄로 되어 있고 거기에 맞춰 12곡을 작곡하라니 12라는 숫자가 묘하게 겹치잖아?

가야금의 12줄은 가야의 열두 나라를 의미해. 그 가야금으로 12곡을 연주한다는 것은 열두 나라가 가야금 12줄이 어우러지듯이 서로 힘을 합치자는 뜻을 담고 있지.

여기서 우리는 두 가지를 알 수 있어. 첫 번째는 대가야가 가야의 다른 나라들에 통합을 요구할 만큼 강한 영향력을 미치고 있었다는 거야. 두 번째는 혼자서는 감당할 수 없는 외부 세력이 등장했다는 것.

488년 백제 동성왕은 가야 영토인 섬진강 너머를 강제로 차지해. 이 일로 백제와 가야는 완전히 사이가 틀어지지. 가야는 백제를 멀리하고 대신 신라를 가까이하게 돼. 신라는 백제로부터 가야를 지켜 준다며 백제와 국경을 맞댄 가야 서쪽 지역에 자기 백성들을 이주시켜 살도록 해. 이것은 신라가 가야 땅을 맘대로 지나다닐 수 있는 구실이 되지. 백제 견제 세력이 필요한 가야는 이를 받아들일 수밖에 없었지.

신라와 손을 잡긴 했지만 영토를 넓히려는 고구려, 백제, 신라의 위협으로부터 결코 벗어날 수는 없었어. 가실왕은 뿔뿔이 흩어져 있는 가야 연맹의 나라들을 통합해 이에 대응하려 했지. 그러나 가실왕의 죽음으로 모든 노력은 물거품이 되었지.

뒤를 이은 대가야 이뇌왕은 신라와 결혼 동맹을 맺어 위협에서 벗어나려 했어. 하지만 신라는 이를 일방적으로 파기하고 가야를 공격, 낙동강 유역에 있는 여덟 개의 가야 성을 빼앗아 버렸지.

힘을 잃은 가야는 삼국의 상황에 따라 백제, 신라와 번갈아 손을 잡는 외교적 방법으로 위기를 벗어나려 했어. 그러나 다른 나라의 힘으로 나라를 지키는 것은 사실상 불가능한 일이었지.

가야 연맹이 삼국에 휘둘리는 상황에서 532년 신라의 압력을 못 견딘 금관가야 구형왕이 신라에 항복하고 말아. 가야 역사의 시작이자 전기 가야 연맹을 이끈 수로왕의 금관가야가 멸망한 거지.

가야, 역사의 뒤안길로 사라지다

한편 고구려의 공격으로 위기에 몰린 백제 성왕은 신라·가야·왜와 동맹을 맺어 반격할 계획을 세웠어. 그리고 551년 백제·신라·가야 연합군이 고구려 평양 근처까지 밀고 올라가는 큰 승리를 거두지. 그리고 잃어버렸던 한강 유역을 신라와 함께 차지하게 돼.

그런데 북쪽에서 쳐들어온 돌궐을 정리한 고구려는 무서운 기세로 반격을 해왔어. 그러자 신라는 마음을 바꿔 고구려와 손을 잡고 백제를 공격해서 백제가 차지한 한강 이북 백제 땅을 모조리 차지해 버렸어.

신라에 대한 복수를 다짐한 성왕은 왜와 가야를 끌어들였어. 가야 입장에서는 백제에 휘둘리는 꼴이었지만 백제의 손을 뿌리칠 수 없었어. 당시 진흥왕의 영토 확장으로 심각한 위기에 처해 있었거든. 백제와 손잡고 신라를 막지 않으면 살아남기 힘든 상황이었지.

백제·가야·왜 연합군은 물밀 듯이 신라로 쳐들어가 관산성에서 승리를 눈앞에 두고 있었어. 그런데 연합군의 힘을 북돋아 주러 오던 백제 성왕이 숨어 있던 신라군에 잡혀 그 자리에서 전사했지. 전쟁의 중심인 성왕이 죽자 연합군은 싸울 의지를 잃었어. 이 순간을 놓치지 않고 신라는 대대적인 반격을 퍼붓지.

결국 백제군 3만 명이 죽는 엄청난 피해를 입었어. 가야의 피해가 얼마나 컸는지 기록엔 없지만 백제에 못지 않았을 거야. 신라가 백제군만 죽이고 가야군은 내버려두었을 리 없으니 말이야.

이 전투로 가야는 완전히 힘을 잃고, 가야의 여러 나라들은 하나하나 신라에 정복당해. 후기 가야 연맹에서 가장 강했던 두 나라도 멸망의 길로 들어섰어. 561년엔 아라가야가, 562년엔 대가야가 신라에 멸망하지. 이로써 520년 동안 경상남도 지역에서 번성해 온 가야는 역사의 뒤안길로 사라지게 되지.

📌 단원정리문제

1. 빈칸에 들어갈 알맞은 말을 쓰시오.

가야는 [ㄱ   ]의 작은 나라에서 시작해 [ㄴ   ]를 제작하고 유통하며 발전했다. 초기 가야 연맹은 김수로왕이 이끄는 [ㄷ   ]가야가 이끌었는데, 고구려 [ㄹ   ]의 공격으로 쇠퇴했다. 후기 가야 연맹은 [ㅁ   ]가 이끌었는데, [ㅁ   ]의 왕 [ㅂ   ]은 우륵에게 [ㅅ   ]을 만들게 하는 등 가야 연맹이 힘을 합쳐 위기를 극복했다.

2. 다음 유물을 생산한 나라에 대한 설명으로 맞지 않은 것은?

① 뛰어난 철기 기술을 가졌다.
② 김수로왕이 건국했다.
③ 진한의 작은 나라에서 시작되었다.
④ 광개토 대왕의 공격으로 쇠퇴했다.
⑤ 지금의 경상남도 지역에서 발원했다.

삼국을 통일한 신라

OI 신라의 성립과 성장

세 성씨가 지배한 신라

백제가 삼한 중 마한의 여러 나라에 속한 하나의 작은 나라에서 출발했듯, 신라 역시 진한에 속한 12개의 작은 나라 가운데 하나인 사로국에서 출발했어. 신라의 건국 신화도 고구려나 백제와 비슷해.

신라의 시조인 박혁거세는 우물가에 놓여 있던 알에서 태어났다고 해. 알은 태양을 의미하고 알에서 태어났다는 건 곧 하늘에서 온 고귀한 사람을 의미하지.

박혁거세란 이름에서 성씨 '박'은 태어난 알이 둥근 박 모양이라서 붙여진 거고, '혁거세'는 '세상을 밝힌다'는 뜻이야.

신라 초기엔 박씨, 석씨, 김씨가 번갈아 가며 왕이 돼. 제3대 유리왕은 박씨였는데 그 뒤를 이은 탈해왕은 석씨였어.

석탈해는 유리왕이 나라의 힘을 키우는 데 도움을 준 사람이야. 석탈해의 유능함을 알고 있던 유리왕은 왕위를 석탈해에게 물려준 거야. 나중엔 김알지가 시조인 김씨도 왕위에 오르게 돼.

금관총 금관
경주 금관총에서 출토된 금관이야. 신라의 화려하고 정교한 세공 기술을 엿볼 수 있어.

박씨, 석씨, 김씨가 이렇게 번갈아 가며 왕이 된 것은 세 성씨가 대표하는 집단이 사로국의 지배층을 이루고 있었다는 걸 의미해. 또 세 성씨 중 어느 하나가 두드러지게 큰 힘을 가지지 않은 상태였다는 걸 알 수 있지. 어느 하나가 다른 집단을 억누를 정도로 힘이 세지면 그 집단만이 왕이 되고 나머진 그 아래 신하가 되었을 테니까.

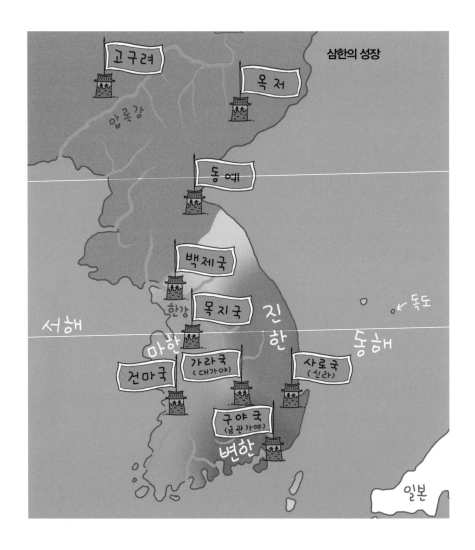

삼한의 성장

고구려

옥저

압록강

동예

백제국

한강 목지국

진한

서해 마한 독도

동해

건마국 가라국
(대가야)

사로국
(신라)

구야국
(금관가야)

변한

일본

내물왕, 김씨 왕조를 열다

　하나의 성씨가 왕위를 이어 가기 시작한 시기는 제17대 왕인 내물왕 때부터야. 이것은 곧 김씨가 석씨와 박씨 세력을 누르고 권력을 잡았다는 것을 뜻해. 내물왕은 이사금으로도 불리고 마립간으로도 불렸어. 능력으로 왕이 되고(이사금) 나중에 가장 강한 힘을 가진 우두머리가 되었다(마립간)는 의미일 거야. 내물 이사

금은 진한 지역 대부분을 병합했는데 이때부터 김씨가 왕의 자리를 독차지했고 마립간이라고 불렸어.

내물왕(마립간) 때부터 권력이 하나로 집중되며 나라의 기틀이 잡히기 시작했어. 하지만 당시 신라의 상황은 그리 좋지 않았어. 그즈음이 언젠고 하니 백제의 전성기인 근초고왕 시대부터 고구려의 전성기인 광개토 대왕 때까지였어. 백제와 고구려는 이제 겨우 연맹 왕국에서 벗어난 신라가 감당하기엔 너무 버거운 상대들이었지. 다행히 두 나라가 서로 엎치락뒤치락 싸우느라 바빠 신라를 내버려두긴 했지만.

위협은 두 나라뿐이 아니었어. 극성스러운 왜가 수시로 쳐들어와서 나라를 쑥대밭으로 만들곤 했지. 왜의 침입을 도저히 막을 수 없는 지경이 된 신라는 고구려 광개토 대왕에게 도움을 청했어. 광개토 대왕은 군사 5만 명을 보내 왜군을 모두 몰아내 주었지.

덕분에 위기는 면했지만 공짜는 없는 법. 신라는 나라를 구해 준 값으로 고구려에 조공을 바치며 머리를 조아려야 했어. 고구려는 신라 나랏일에 사사건건 간섭했고 신라 왕자를 볼모로 데려가기도 했어. 정말 나라 체면이 말이 아니었지.

신라 천년 역사의 기초를 다진 지증왕과 법흥왕

시간이 흘렀어. 고구려 장수왕이 남쪽으로 세력을 넓히자 위기에 몰린 백제는 신라에 힘을 합치자고 손을 내밀었고 신라도 이에 응했어. 신라 역시 고구려에게서 위협감을 느끼고 있었으니까. 또 고구려에 조공을 바치며 온갖 굴욕을 당한 신라로서는 상황을 뒤집을 계기가 필요했지. 두 나라는 혼인을 통해 관계를 다졌고 고구려와의 싸움에서 위기에 처할 때마다 서로 도왔지. 그 덕에 신라는 고구려의 간섭에서 벗어날 수 있었어.

이때 혼인정책으로 백제와 사이를 돈독히 한 신라 왕은 제21대 소지왕이야. 소지왕의 뒤를 이은 지증왕은 나라 이름을 신라로 바꾸고 마립간에서 왕으로 지배자의 호칭도 바꿨어.

나라의 상황을 정확히 볼 줄 안 지증왕은 당시 성행하던 순장을 금지시켰지.

일을 해서 나라를 부강하게 만들 백성을 함부로 죽이지 못하게 한 거야. 그와 함께 농업을 발전시키기 위해 우경(소를 이용해 밭을 가는 농경법)을 널리 퍼뜨렸어. 소에 쟁기를 달아 땅을 깊숙이 가니 곡식이 잘 자라 수확량이 늘었지.

또 신라의 수도 금성에 '동시'라는 큰 시장도 열어 사람들이 서로 필요한 것을 사고팔기 쉽게 했지. 그리고 지방 구석구석까지 왕의 명령이 미칠 수 있도록 해서 나라 전체를 잘 다스릴 수 있었어.

지증왕은 영토를 넓히는 데도 신경을 써 가야의 일부를 신라의 영토로 만들었고, 이사부를 보내 지금의 울릉도와 독도인 우산국을 무릎 꿇렸어.

지증왕의 아들 법흥왕은 아버지가 다져 놓은 국력을 바탕으로 신라가 한 단계 더 도약할 방법을 찾았어. 그래서 율령을 반포해 백성 모두에게 나라의 법을 알렸지. 율령은 지금의 형법과 행정법에 해당해. 율령에 관해선 고구려 소수림왕을 공부할 때 이야기한 적 있지? 지은 죄에 대해 벌을 줄 때는 일정한 원칙과 기준이 있어야 해. 아니면 자신이 한 행동이 잘못된 건지 아닌지 모를 테고, 똑같은 죄에 대해 누군 벌을 주고 누군 그냥 두면 불만이 쌓이겠지.

율령 반포를 통해 공평하게 법이 집행되자 백성들은 자연스럽게 왕의 뜻에 따르게 되었고 그럼으로써 나라의 기틀이 확실히 잡혔어. 그리고 병부를 설치하고 관등제를 정비해 국가의 체제를 잡았지.

그런데 법률을 널리 알렸다고 법흥왕이라 생각할 수 있는데, 사실 법흥왕에서 법은 법률의 법이 아니라 부처님 법, 즉 불법을 의미해. 불교는 법흥왕 이전에 이미 신라에 들어왔지만 법흥왕 때 이르러서 불교가 나라의 종교로 공인되었지.

신라는 옛날부터 내려오는 토속 신앙의 힘이 아주 강했어. 법흥왕은 불교를 통해 사람들의 뜻을 모으고 '왕이 곧 부처'라는 생각을 심어서 왕의 권위를 높였어.

법흥왕은 고구려 소수림왕이 그랬듯 율령과 불교로 나라의 힘을 하나로 모은 거야. 그 힘으로 금관가야를 정복하고 낙동강 하류까지 영토를 확장했지.

법흥왕 때 강력한 나라가 된 신라는 법흥왕의 외손자인 진흥왕에 이르러 전성기를 맞이하게 돼. 삼국의 경쟁 속에서 전성기를 맞이한 나라들의 공통점은 한강 유역을 차지한 거, 기억하지?

02 신라의 발전

한강을 차지하고 역사의 중심에 선 신라

당시 한강을 지배하고 있던 나라는 고구려야. 신라는 백제와 손잡고 고구려를 공격해 한강 일대를 빼앗어. 한강 상류 지역은 신라가, 하류 지역은 백제가 나눠 가졌지. 그런데 얼마 뒤 진흥왕은 백제를 공격해 한강 하류마저 차지했어. 백제 성왕은 배신감에 치를 떨며 신라를 공격했지. 그러나 오랫동안 힘을 키워 온 신라를 당해 낼 수 없었고 성왕은 전투에서 죽고 말았어.

신라 진흥왕은 한강 유역 전역을 차지하고 삼국의 경쟁에서 주도권을 잡으며 전성기를 맞이했어. 한강에서 서해로 이어진 바닷길을 통해 중국과도 직접 교류할 수 있게 되었고 말이야. 진흥왕은 기세를 몰아 대가야를 무너뜨리고 나머지 가야들도 모두 정복했단다.

신라 영토는 점점 넓어져 북쪽으로는 함경도 땅에 이르렀고 지금의 강원도와 서울을 포함한 경기도, 충청도 일부까지 차지했어. 거의 한반도의 절반에 해당하는 땅이 신라 영토가 된 거야. 진흥왕은 새롭게 차지한 땅에 4개의 순수비와 단양 적성비를 세웠어. 순수비는 왕이 두루 보살피며 돌아다닌 곳을 기념하는 비석이야.

그리고 진흥왕은 훗날의 큰 그림을 위해 화랑도를 국가 조직으로 재편하여 나라의 미래를 책임질 인재를 양성했어.

신라의 어려운 시기를 견뎌 낸 선덕 여왕

진흥왕이 한껏 영토를 넓힌 신라지만 안으로는 어려움이 많았어. 오랜 전쟁으로 농토는 황폐해졌고 먹을 것이 없어진 백성들은 반란을 일으켰지. 신라에 당한 고구려와 백제도 가만히 있지 않았어. 특히 백제는 자신들의 뒤통수를 친 신라에 복수하기 위해 이를 악물었어.

우리나라 최초의 여왕인 선덕 여왕은 이런 어지러운 상황 속에서 왕위에 올랐어. 쉽지 않은 상황에서 선덕 여왕은 나라가 편안해지도록 애를 썼지. 선덕 여왕은 하늘의 움직임을 살피는 천문대인 첨성대를 만들었어. 이를 통해 날씨를 예측해 농사에 도움을 주려 했지. 또 황룡사 구층 목탑도 세웠어. 부처님의 자비로 어려운 상황을 이겨 내길 바라는 간절한 마음에서 말이야.

그러나 상황은 쉽게 나아지지 않았어. 백제 무왕이 죽고 왕위에 오른 의자왕은 더욱 거세게 신라를 몰아붙였지. 백제의 공격을 겨우겨우 막아냈지만 미래를 장담할 수 없었어.

선덕 여왕에게는 천명 공주라는 동생이 있었어. 천명 공주의 아들 김춘추는 다른 나라와의 외교에 뛰어난 능력을 갖고 있었지. 위기에 처한 선덕 여왕은 김춘추를 고구려로 보내서 도움을 청했어.

당시 고구려의 권력을 잡고 있던 연개소문은 먼저 신라가 빼앗아 간 한강 유역을 내놓으라고 했지. 한강 유역을 내놓는다는 건 삼국의 경쟁에서 뒤떨어진다는 걸 의미하잖아? 결국 김춘추는 고구려의 도움을 얻지 못하고 빈손으로 신라로 돌아왔어.

백제의 공격은 점점 거칠어지고 신라는 점점 구석에 몰렸지. 불행 중 다행으로 신라에는 아주 뛰어난 장군이 있었어. 금관가야의 마지막 왕 구형왕은 신라에 항복해서 신라 사람이 되었는데, 구형왕의 증손자 김유신이 바로 그 장군이야.

김유신이 백제와 밀고 밀리는 전투를 이어가며 시간을 버는 동안 이번에 김춘추는 당나라에 도움을 청하러 갔어. 고구려 공격에 실패한 당나라 태종은 고구려를 무너뜨릴 생각에 골몰하고 있던 참이었지. 당 태종은 신라를 이용하면 고구려를 꺾을 수 있겠단 생각이 들었어. 또 고구려가 무너지면 한반도 전체를 먹는 건 식은 죽 먹기라고 생각했지.

신라, 삼한 통일을 이루다

당나라 소정방이 이끄는 13만 명의 군사와 신라 김유신이 이끄는 5만 명의 군사가 백제의 수도인 사비로 물밀듯이 공격해 들어갔어. 백제 장군 계백이 이끄는 5,000명의 결사대는 황산벌에서 죽기를 각오하고 싸웠어. 하지만 결국 전멸하고 말았고 이렇게 백제는 멸망하게 돼. 고구려도 바닥난 국력과 내부 분열로 나·당 연합군에게 멸망하게 되지.

백제와 고구려를 멸망시킨 당나라는 시커먼 속을 드러냈어. 고구려 땅에 도호부, 백제와 신라 땅에 도독부라는 기관을 두어 한반도의 모든 땅을 지배하려 했지. 신라는 당나라를 몰아내기 위한 전쟁을 일으켰어.

신라군은 지금의 양주(연천의 대전리 산성이라는 설도 있음)인 매소성에서 20만 명이나 되는 당나라 군을 무찔렀어. 고구려와 백제의 유민들이 당나라에 맞서 무너진 나라를 다시 세우려고 싸운 것도 신라의 승리에 큰 역할을 했지.

또 신라 수군은 금강 하구인 기벌포 전투에서 당나라 수군을 격파하며 대당 전쟁의 종지부를 찍었지. 마침내 7년이나 되는 전쟁에서 이겨 당나라를 몰아낼 수 있었단다.

그렇게 해서 신라는 삼국 통일을 이루었어. 그런데 엄격히 말해 삼국 통일이라고 말할 수는 없어. 백제와 고구려를 멸망시켰지만 신라가 차지한 것은 삼한, 즉 마한, 진한, 변한 지역뿐이었으니까. 고구려의 영토에는 발도 들이지 못했지. 그러니까 삼국 통일이 아니라 삼한 통일이라고 하는 게 더 정확할 거야.

중국을 끌어들여 같은 민족의 나라를 멸망시킨 것도 신라의 삼한 통일이 가진 한계야. 그러나 대동강 이남 지역이나마 민족이 하나가 되었다는 것과, 그럼으로써 우리 민족 문화가 하나로 녹아들어 합쳐졌다는 건 의미 있는 일이야.

1. (가)의 왕과 (나) 업적을 연결하시오.

(가)   (나)
내물왕   율령 반포, 불교 공인
지증왕   한강 유역 전역 차지, 화랑도 양성
법흥왕   김씨 왕위 세습
진흥왕   국호 신라, 왕호 왕으로 확정

2. 단양 적성비를 세운 시대에 대한 설명으로 맞지 않은 것은?

① 화랑도를 국가 조직으로 재편하여 인재를 양성했다.
② 한강 유역 전역을 차지했다.
③ 대가야를 정복했다.
④ 순수비를 건립했다.
⑤ 김씨가 왕위를 독점 세습했다.

5 삼국과 가야의 문화

01 삼국 시대 종교와 학문

불교

원시 시대부터 사람들은 영혼을 숭배하고 자연신을 믿었으며 무속을 통해 소원을 이루려 하는 등 다양한 토속 신앙을 가지고 있었어. 믿음의 대상이나 종류는 집단이나 지역마다 갖가지였지. 그러다 보니 국가 구성원들의 마음을 하나로 모으기 어려웠어.

고구려, 백제, 신라의 왕들은 왕권을 강화하기 위해 사상을 통합하고 왕실의 권위를 높임과 동시에 지배의 정당성을 부여할 필요가 있었어. 그래서 모두가 믿을 만한 체계화된 종교가 필요했지. 그래서 삼국의 왕들은 불교를 적극적으로 수용하고 널리 퍼뜨리려 노력했어.

왕과 귀족으로부터 일반 백성들 일상에까지 불교는 깊이 스며들었고, 그에 발맞춰 아름다운 예술품들이 많이 만들어졌어.

백제의 불교 예술품으로는 익산 미륵사지 석탑, 부여 정림사지 5층 석탑, 서산 용현리 마애 여래 삼존상이 있고, 고구려의 불교 예술품으로는 금동 연가 7년명 여래 입상이 있어. 특히 신라는 황룡사 9층 목탑, 경주 분황사 모전 석탑, 경주 배동 석조 여래 삼존 입상 등 수많은 불교 예술품을 만들었단다.

도교

중국에서 도교도 전래되었어. 특히 자연을 숭배하는 신앙과 불로장생을 추구하는 신선 사상 등이 귀족 사회를 중심으로 유행했지. 도교 관련 문화유산으로는 고구려 고분 벽화에 그려진 사신도, 백제의 산수무늬 벽돌과 백제 금동 대향로 등이 있어.

유교

종교라고 분류하진 않지만 삼국 시대 사람들의 정신 세계에 큰 영향을 미친 것으로 유교가 있어. 유교는 한자가 보급되면서 전래되었어. 고구려 소수림왕은 인재 양성을 위해 수도에 태학을 세워 유교 경전을 가르쳤어. 장수왕 때는 지방에 경당을 세워 학문과 무예를 가르쳤지. 백제에서는 오경박사를 두어 유교를 가르쳤고, 신라의 화랑도는 유교 경전을 공부했어. 그러나 당시 유교는 학문으로서가 아니라 국가의 통치 이념으로 활용되는 측면이 강했지.

삼국은 역사서도 만들었는데 고구려의 역사서로는 『유기』와 『신집』 5권, 백제의 역사서로는 『서기』, 신라의 역사서로는 『국사』가 있었어.

02 삼국과 가야 사람들의 생활

의식주

옷은 활동하기 편하도록 남녀 모두 바지를 즐겨 입었어. 여기다 여성은 잔주름을 넣은 치마를 덧입었지. 신분에 따라 색깔이나 모양도 다르고 옷감에도 차이는 있었어. 지배 계급은 비단이나 명주로 만든 옷을 입었고 피지배 계급은 삼베옷을 입었지.

먹을거리로 보면 백성들은 대부분 보리밥이나 조밥 등을 먹었어. 쌀밥은 지배층이나 먹을 수 있었지. 고기 역시 일반 백성보다는 지배층의 밥상에나 오르는 귀한 음식이었어. 반찬으로는 김치를 먹었는데 오늘날처럼 고춧가루를 넣어 빨갛고 맵게 만든 게 아니라 소금으로 절인 것이었어. 콩을 발효시켜 된장과 간장도 만들어 먹었지.

주거 생활로 일반 백성은 초가집에서 살았고 귀족은 기와집에서 살았어.

고구려에서는 방 한구석에 난방을 위해 쪽구들을 놓았어. 쪽구들은 돌을 양옆으로 세워 놓고 그 위에 넓고 평평한 돌을 얹은 다음 아래에 불을 지피면 달궈진 돌에서 열이 공기 중으로 퍼져 집 안이 따뜻해지는 난방 방식이야. 그런데 방바닥 전체를 덥히는 온돌이 아니어서 바닥에서 올라오는 냉기를 피해 침대에서 잤어. 또 차가운 맨바닥에 그냥 앉으면 엉덩이가 시리니까 의자에 앉아 생활했지.

장례 문화

고대 사람들은 죽은 뒤에도 삶이 이어진다고 생각해서 무덤 안에 죽어서 사용할 물건을 껴묻거나 모시는 사람을 함께 묻기도 했어. 특히 지배층은 무덤의 규모도 거대하고 껴묻거리도 화려하고 다양했지. 죽은 사람을 모시라고 산 채로 묻히는 사람의 수도 많았고.

무덤의 형태로 보면, 고구려는 초기에 장군총처럼 계단식 돌무지무덤을 만들었는데 나중엔 무용총과 같은 굴식 돌방무덤으로 변했어. 굴식 돌방무덤 안에는 벽화를 그려 넣기도 했지.

백제 역시 고구려처럼 처음에는 계단식 돌무지무덤을 만들었어. 석촌동 고분이 그런 고분이야. 이것으로 백제가 고구려로부터 비롯된 나라라는 걸 알 수 있지. 웅진으로 수도를 옮긴 뒤에는 주로 돌방무덤을 만들었는데, 무령왕릉은 특이하게도 벽돌무덤이야. 이것은 중국 남조에서 유행한 무덤 양식인데 이걸로 보아 백제와 중국 남조가 활발하게 교류했음을 알 수 있단다.

신라는 천마총처럼 주로 거대한 돌무지덧널무덤을 만들었어. 6세기 이후에는 굴식 돌방무덤이 주로 만들어졌지. 가야는 구덩식 돌덧널무덤을 만들다가 백제나 신라처럼 굴식 돌방무덤으로 바뀌었어.

🎯 단원정리문제

1. (가)의 나라와 (나) 역사서를 연결하시오.

(가)   (나)
고구려   『서기』
백제   『유기』『신집』
신라   『국사』

2. 삼국과 가야의 의식주에 대한 설명으로 맞지 않은 것은?

① 일반 백성들은 초가집에서 살았다.
② 고춧가루가 빠진 김치를 먹었다.
③ 남녀 모두 바지를 즐겨 입었다.
④ 초기 구들 형식이 나타났다.
⑤ 벼농사가 발달하여 모두 쌀밥을 먹었다.

1. 평양 천도가 이루어진 시기에 대한 설명으로 옳지 <u>않은</u> 것은?

① 신라와 백제가 손을 잡았다.
② 고구려가 한강 유역 전역을 차지했다.
③ 광개토 대왕릉비가 건립되었다.
④ 백제가 웅진으로 수도를 옮겼다.
⑤ 고구려의 공격으로 금관가야가 쇠퇴했다.

2. 이차돈이 순교한 시기와 나라의 왕에 설명으로 옳지 <u>않은</u> 것은?

① 율령을 반포했다.
② 금관가야를 병합했다.
③ 불교를 공인했다.
④ 우산국을 복속시켰다.
⑤ 관등제를 정비했다.

3. 무령왕 또는 무령왕릉에 관련된 설명으로 옳지 <u>않은</u> 것은?

① 한국에서 보기 드문 벽돌무덤이다.
② 22담로에 왕족을 파견했다.
③ 중국 남조와 교류했다.
④ 백제 왕의 왕릉이다.
⑤ 수도를 사비로 천도했다.

4. 가야 판갑옷을 만든 나라에 대한 설명으로 옳지 <u>않은</u> 것은?

① 변한의 작은 나라에서 시작되었다.
② 덩이쇠를 화폐로도 사용했다.
③ 질 좋은 철이 생산되어 왜에 수출했다.
④ 고구려의 낙랑군 점령으로 교역로가 열렸다.
⑤ 중앙집권화에 실패하여 연맹왕국에 그쳤다.

5. 북한산 순수비를 세운 왕에 대한 설명으로 옳은 것은?

① 금관가야를 병합했다.
② 한강 유역 남쪽을 차지했다.
③ 독자적인 연호를 사용했다.
④ 단양 적성비를 건립했다.
⑤ 관등제를 정비했다.

3부
남북국 시대와 후삼국 시대

 # 1. 통일 신라

01 왕권을 강화한 문무왕과 신문왕

　당나라의 지원을 얻어내 삼국 통일의 첫걸음을 뗀 김춘추는 정치적 동지인 김유신의 도움으로 진골 출신 가운데 처음으로 왕이 되었어. 바로 태종 무열왕이지. 무열왕 다음으로는 그의 직계 자손이 왕위를 이어 나가며 통일 신라의 왕권을 강화해 나갔어.

　문무왕은 백제를 멸망시킨 태종 무열왕에 이어 고구려를 멸망시키고 나당전쟁을 승리로 이끌면서 마침내 삼국 통일을 이룬 왕이야. 국가의 운명을 건 전쟁 과정에서 왕권이 크게 강화되었지. 통일을 완성한 뒤 문무왕은 멸망한 고구려와 백제의 지배층을 신라의 지배 체제에 들임으로써 삼국의 융화에 노력했단다.

　문무왕은 살아생전에 나라를 위해 많은 일을 했지만 죽은 다음에도 나라를 위해 일을 하고 싶어 했어. 그래서 동해의 용이 되어 나라를 지키겠다며 자신의 시신을 화장하여 유골을 동해에 묻어 달라고 했지.

　문무왕의 아들 신문왕은 아버지의 뜻을 이어받아 대왕암에 유골을 묻고, 근처에 감은사라는 절도 완성했어. 감은사 금당 밑에는 용이 드나들 수 있는 구멍을 만들어 놓았지. 감은사는 지금 삼층 석탑 두 개와 절터만 남아 있어.

　신문왕은 그의 장인인 김흠돌의 반란을 진압하며 진골 귀족 세력을 숙청했어. 거기다 귀족들의 녹읍을 폐지하여 그들의 경제적 특권을 빼앗았어. 반면 왕의 명령 체제 아래 속해 있는 관리들에게 관료전을 지급하여 왕의 명령에만 움직이는 세력의 기반을 다져 주었지. 이렇게 왕권을 강화한 신문왕은 국학을 설치하여 유학을 보급하고 인재를 양성했어. 왕에게 충성하는 것을 신하로서의 도리로 여기는 유교적 덕목은 왕권 강화의 사상적 기반이 되었단다.

신문왕과 관련된 재미있는 설화가 있어. 만파식적 이야기야. 만파식적은 '만 개의 거친 파도를 호수처럼 잔잔하게 만드는 피리'라는 뜻이지.

동해에 사는 용이 신문왕에게 대나무를 선물했어. 이 용은 다름아닌 문무왕이 었지. 신문왕은 그 대나무로 피리를 만들어 불었어. 그러자 세상의 모든 근심이 사라졌대.

이 이야기의 속뜻은 정복 전쟁으로 어지러웠던 삼국 시대가 끝나고 전쟁 없는 평화로운 시대에 살게 되었다는 거야. 이렇게 평화를 찾았으니 출신을 따지지 말 고 열심히 살라는 거지.

신문왕은 왕권을 강화하는 한편 여러 제도를 새롭게 정비했어. 전국을 9주로 나누고 지방의 주요 지역에 특별 행정 구역인 5소경(다섯 개의 작은 서울)을 두어 수도가 경상도 해안 지역에 치우쳐 있음으로써 생기는 문제를 해결하려 했지. 주 아래에는 군과 현을 설치하고 지방관을 파견했어. 행정 구역 중 가장 낮은 단위 인 촌은 토착 세력인 촌주가 다스리게 했지. 이렇게 마련한 지역에 백제, 고구려 사람들을 살게 했어. 지금까지는 적국으로 싸웠지만 이제 신라라는 나라에서 함 께 잘 살자고 그들을 껴안은 거야.

군사 제도도 정비해 중앙군으로는 9서당을 두고 지방군으로는 10정을 두었어. 9서당에는 고구려 백제 유민에 말갈인까지 포함해서 민족 융합을 도모했지. 10 정의 구성을 보면 9주에 1정씩 설치했는데 국경 지역인 한주에는 2정을 배치하 여 외적의 침입에 대비했단다.

오르고자 해도 오를 수 없는 장벽, 골품 제도

골품 제도란 골과 품으로 나누어진 신라의 신분 제도를 말해. 골은 왕이 될 수 있는 귀족인 성골과 왕이 될 수 없는 귀족인 진골로 나뉘었지. 품은 높은 순으로 6두품부터 1두품까지 있었는데 품 역시 올라갈 수 있는 벼슬이 정해져 있었어. 그래서 아무리 능력이 뛰어나도 원하는 자리에 오를 수 없었지.

특히나 6두품의 불만이 많았어. 최치원이 그 대표적인 예야. 최치원은 당나라 로 유학해 열여덟 살이라는 어린 나이에 빈공과에 합격할 정도로 뛰어난 천재였어. 신라로 돌아와 뜻을 펼치려 했지만 신분제 때문에 불가능했지. 또 정성을 다해 왕에게 올린 상소문조차 받아들여지지 않았어.

골품제가 미치는 영향은 벼슬뿐이 아니었어. 옷, 그릇, 집 등 생활에 필요한 모든 것에 기준을 정해 두고 그 기준을 함부로 넘지 못하게 했단다.

02 통일 신라의 문화

부처님의 나라를 표현한 불국사

불국사가 중요한 이유는 불국사와 석굴암은 신라 건축의 아름다움 중 가장 높은 단계를 보여 주기 때문이야.

신라의 문화재에는 절이나 불상, 탑, 범종 등 불교와 관련된 것이 많아. 불교문화가 활짝 꽃피었을 때 신라는 전성기를 맞이하고 있었지. 통일 신라의 전성기인 경덕왕 때 만들어진 불국사는 석굴암과 함께 1995년 유네스코 세계 문화유산으로 지정되었어.

세계가 신라의 불국사와 석굴암의 아름다움을 인정한 것이지. 불국사는 한마디로 불교의 이상 세계를 표현한 사원인데 '불국'이란 말도 부처님의 나라라는 뜻이야. 불국사를 지은 건 신라가 부처님의 나라처럼 평화롭기를 바라서였을 거야.

불국사 대웅전 앞 오른쪽에 있는 탑은 다보탑인데 화려한 아름다움이 있어. 반면 왼쪽에 있는 석가탑은 단아한 아름다움이 있지. 특히 석가탑에서는 세계에서 가장 오래된 목판 인쇄물인 무구정광대다라니경이 발견되어 의미가 한층 더 깊어. 무구정광대다라니경에는 부처님 말씀인 불경이 새겨져 있지.

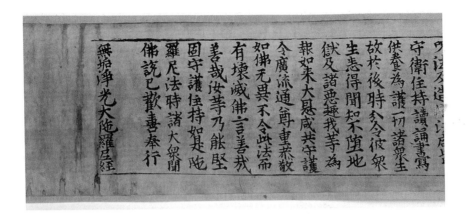

무구정광대다라니경
석가탑 안에서 발견된 불경이야. 세계에서 가장 오래된 목판 인쇄물로 알려져 있어. 우리 조상들의 뛰어난 인쇄술이 자랑스럽지 않니?

돌로 쌓아 만든 아름다운 인공 석굴, 석굴암

석굴암은 돌로 쌓아 만든 인공 석굴이야. 흔히 석굴이라면 바위를 뚫거나 파내 만드는 게 보통인데, 인공 석굴은 사람이 직접 수백 개의 돌을 적당한 크기로 일일이 자르고 서로 어긋나지 않게 정확히 잘 짜 맞추어 만든 거야. 이런 석굴암의 구조는 인도나 중국에서는 볼 수 없는 석굴암만의 독특한 특징이야.

불국사와 석굴암은 김대성이 부모를 위해 지었는데, 전생의 부모를 위해서는 석굴암을 지었고, 현생의 부모를 위해서는 불국사를 짓기 시작했다고 해.

불국사는 김대성이 완공하지 못하고 죽자 경덕왕이 완공했고, 석굴암도 경덕왕의 명을 받아 짓기 시작했다고 해. 이건 『삼국유사』에 기록되어 있는 내용이야. 개인이 아니라 나라가 나서서 지은 절이라는 얘기지.

불교의 발전

통일 이후 불교는 신라의 불교에 고구려 백제의 불교가 융화되면서 더욱 성숙하게 발전했어. 불교 교리에 대한 연구가 본격적으로 이루어진 것도 발전의 이

석굴암

김대성이 불국사와 함께 만든 사찰이야. 경주 토함산에 있는 인공 석굴로 가운데 본존불과 둘레의 보살상들은 신라 예술의 최고 경지를 보여 준단다.

유야. 연구는 불교의 대중화에도 이어져 불교가 일반 민중으로 널리 퍼져 나가는 데 큰 역할을 했지.

불교를 대중화시킨 대표적 승려는 원효야. 그는 '나무아미타불'만 외우면 극락정토에 갈 수 있다는 아미타 신앙을 전파하여 불교 교리를 어렵게 느끼던 일반 민중들이 불교에 쉽게 접근할 수 있도록 했어. 또 일심사상을 통해 종파간 사상 대립의 조화를 추구했지.

원효의 아미타 신앙처럼 불교의 대중화에 큰 영향을 미친 승려는 의상이야. 그는 언제든 부르기만 하면 관세음보살이 나타나 도와준다는 관음 신앙을 통해 민중들이 쉽게 불교를 받아들일 수 있도록 했지. 또 '하나가 전체이고, 전체가 하나'라는 화엄 사상을 정립하여 통일 직후 분열된 사회를 통합하려 애썼어.

인도에 다녀온 혜초는 직접 자신이 경험한 내용을 『왕오천축국전』이란 책을 통해 남겼단다.

유학의 발달

통일 신라는 유학으로 지배의 정당성을 확보하여 왕권 강화를 도모했어. 신문 왕은 국학을 세워 유교 경전을 가르쳤고, 원성왕은 유교 경전의 이해 정도를 평가 기준으로 삼아 관리를 선발하는 독서삼품과를 실시했어.

유학의 장려와 그에 따른 발달로 뛰어난 유학자들이 많이 등장했어. 외교 문서 작성에 능했던 강수, 이두를 정리한 설총, 당나라 과거인 빈공과에 합격한 최치원 등이 그들이야. 특히 최치원은 당에서 빼어난 문장으로 이름을 날렸지.

03 통일 신라 사람들은 어떻게 살았을까?

왕과 귀족들의 호화로운 생활

석빙고

반달 모양의 성터가 반월성인데 궁전은 하나도 남아 있지 않지만 조선 시대에 만들어진 석빙고가 있지. 석빙고란 얼음을 보관하는 창고야.

신라 시대에도 얼음을 보관하는 창고가 있었어. 지증왕 때부터 석빙고에 얼음을 보관하고 필요할 때마다 꺼내 썼어. 그런데 얼음을 보관하거나 꺼낼 때는 제사를 지냈지. 그만큼 얼음은 귀한 거였단다. 그리고 겨울이 따뜻해 얼음이 얼지 않을 때도 제사를 지냈지.

얼음은 귀족이나 왕족들만 먹었어. 일반 백성들은 구경조차 하기 어려웠지.

안압지

안압지는 자연 호수가 아니라 사람이 인위적으로 만든 인공 호수야. 이 호수의 넓이만 봐도 통일 신라의 왕이나 귀족들이 얼마나 풍족하고 사치스럽게 살았는지 알 수 있지.

왕은 여기서 신하들에게 잔치를 베풀거나 손님을 맞이했어. 호수가 넓고 화려해 풍류를 즐기기에 좋았지. 『삼국사기』에 보면 '궁 안에 못을 파고 섬을 만들고 꽃을 심고 기이한 짐승들을 길렀다'고 기록되어 있어.

금동초심지 가위, 보상화무늬전, 귀면와, 금동삼존판불, 주철 빗, 금동 대접 등, 이것들을 비롯해 3만여 점의 유물이 이곳에서 발견되었어.

백성들의 고달픈 삶을 엿볼 수 있는 에밀레종과 민정 문서

일반 백성들의 힘들고 고달픈 생활을 알 수 있는 것 중 하나가 에밀레종이야. 에밀레종은 '성덕 대왕 신종' 또는 봉덕사종이라고도 부르지.

에밀레종에는 아름다운 소리를 내기 위해 아기를 넣어 만들었다는 전설이 있어. 종소리에서 '에밀레 에밀레' 하고 엄마를 찾는 듯한 소리가 난다고 해서 에밀레종이라는 이름이 붙은 거지. 물론 아기를 넣었다는 건 어디까지나 전설일 뿐 사실은 아니야. 종의 성분을 조사했을 때 사람 뼈에 있는 인 성분이 발견되지 않았거든.

그런 전설이 생긴 이유는, 백성들의 생활이 너무나 힘들고 고통스러웠기 때문이지. 부처님에게 공양하고자 했던 아기 엄마가 아무것도 없자 자기 목숨과도 같은 아기를 바쳐야 했을 정도로 말이지.

백성들은 에밀레종의 아기 엄마처럼 대부분 힘들게 살아야 했어. 그걸 짐작하게 하는 게 바로 이 민정 문서야. 민정 문서에는 마을 이름, 마을 사람 수, 농사짓는 땅의 넓이, 가축 수, 뽕나무 수, 잣나무 수 등이 자세히 적혀 있어.

이렇게 꼼꼼하게 기록한 이유는 백성들에게 쌀 한 톨, 뽕나무 열매 한 알까지 물 샐 틈 없이 세금으로 거둬들이기 위해서야. 세금은 곡식뿐만 아니라 몸으로도 때워야 했어. 백성들은 나라에서 부르면 급한 농사일도 제쳐 두고 노역을 해야만 했지.

백성들의 고통스러운 삶을 엿볼 수 있는 설화도 있어. 『삼국사기』에 기록된 효녀 지은 설화가 그것이야. 지은은 홀어머니를 모시고 살았어. 효심이 깊었던 지은은 어머니를 모시기 위해 서른두 살이 되도록 시집을 가지 않고 남의 집 일을

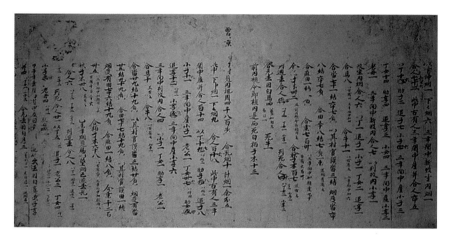

신라 민정 문서
백성들에게 세금을 거두기 위해 만든 토지 문서야. 촌락의 토지 크기, 인구수, 소와 말의 수, 토산물 등을 모두 기록해 놓았어.

해 주면서 근근이 먹고 살았지. 그런데 살림이 어려워지자 부잣집의 몸종이 되어 어머니를 봉양하게 되었어. 이 사실을 알게 된 어머니는 대성통곡을 했고 지은도 함께 울었지.

　이야기 속 지은 말고도 실제로 가난해서 노비가 되는 경우가 많았어. 귀족들이 기와집에서 쌀밥을 먹고 배를 두드리며 살 때, 일반 백성들은 초가집에서 굶주리며 배를 움켜쥐고 살았지.

국제적으로 교류한 나라, 신라

　경주는 인구 100만에 금으로 입힌 집들이 즐비했어. 길은 바둑판 모양으로 넓고 반듯하게 나 있었고. 또 굉장히 번화한 도시라 시장이 여러 개 섰어. 그래서 신라 사람들은 물론이고 중국, 일본, 멀리 서역의 상인들까지 드나들었지. 당시 금성은 거대한 국제적인 도시였지.

　계림로 14호분에서 출토된 보검은 금으로 된 검이 아니라 철로 만들었는데 검

천마총에서 출토된 유리잔

신라 고분인 천마총에서 유리잔이 출토되었어. 신라에서 만든 건 아니고 비단길이나 바닷길을 통해 멀리 서역에서 가져온 유물로 추정하고 있지.

을 넣는 칼집은 금판으로 장식했어. 장식을 한 기하학무늬 속엔 석류석, 유리, 금가루를 박아 놓아 정말 화려하지. 이 보검은 신라에서 출토된 여느 검들과는 다른 구조로 되어 있어. 아마도 중앙아시아에서 만든 것으로 추측하고 있지.

신라가 서역과 교류했다는 걸 보여 주는 물건으로 괘릉 남쪽에 세워 놓은 무인상이 있는데 이 상의 얼굴도 서역인 모습을 하고 있어. 괘릉은 원성왕의 무덤이야. 석상에 서역인을 새겨 넣을 정도면 서역인의 얼굴이 낯설지 않았다는 거지. 그 정도로 서역인의 왕래가 잦았다는 걸 알 수 있어.

국제도시는 어느 날 갑자기 뚝딱 만들어진 게 아니야. 나라와 나라 사이에 무역이 바탕이 되어야 해. 이런 노력을 한 대표적인 사람이 바로 완도에 청해진을 설치하고 국제 무역을 주도한 장보고지.

장보고, 국제 해상 무역을 주도하다

장보고는 엄청난 재력을 자랑하는 상인이면서 군인이기도 했어.

일찌감치 당나라로 건너가 무관으로 활약했던 그는 해적에게 잡혀 온 신라 사람들이 노비로 팔리는 걸 보고 완도로 돌아왔지. 신라 흥덕왕을 찾아가 1만 명의 군사를 얻어 청해진을 설치했어. 장보고는 당의 해적들을 무찔렀을 뿐 아니라 당나라, 왜, 신라를 연결하는 국제 해상 무역을 주도한 거야.

장보고는 신무왕을 왕위에 오르게 한 공을 내세워 자기 딸을 신무왕에 이어 왕위에 오른 문성왕의 아내로 만들려고 했어. 이 사실을 알아챈 귀족들은 귀족도 아닌 천한 섬사람이 왕의 장인이 되게 할 순 없다고 분노하며 자객을

경주 원성 왕릉 석상

경주 원성 왕릉의 무인 석상은 눈망울이 부리부리하고 콧날이 크고 오뚝해 서역인을 표현한 것으로 추정하고 있어.

보내 암살한 거지.

   귀족들이 꾀를 내어 장보고의 옛 부하인 염장을 끌어들였어. 장보고는 염장이 반가운 나머지 함께 술을 먹다 취해 쉽게 피살당한 거야. 장보고의 죽음과 함께 그가 주도한 해상 무역도 시들해졌지.

04 신라 말 사회 동요와 후삼국 시대

신라 말 정치적 혼란과 농민 봉기

   신라가 통일 후 융합 정책을 펼쳤다고는 하지만 백제인과 고구려인 누구도 신라인과 같은 권리를 누리진 못했어. 차별을 받으며 스스로 신라의 백성이길 바라는 백제인과 고구려인은 없었을 거야. 소수의 백제인과 고구려인이 관직에 오르긴 했지만 형편없이 낮은 지위에 만족해야 했지.

   신라는 골품제라는 아주 폐쇄적인 신분 제도가 지배하는 나라로 소수의 귀족에게만 특권이 집중되었지. 귀족이 아닌 사람들의 삶은 통일 전이나 후나 달라진 게 없었어.

   전쟁이 끝났으니 평화로운 세상이 돼서 살기 좋아졌을 거라 생각하지만 아니었어. 다른 나라와의 싸움은 끝났지만 사실 더 고통스러운 전쟁이 신라 안에서 벌어졌어. 그것은 먹고살기 위한 전쟁이었지.

   주변으로부터 위협이 사라지자 귀족들은 사치와 향락에 빠져들었어. 기와로 지붕을 올려 집을 짓고 벽을 금으로 입혔어. 또 당나라에서 들여온 비단옷을 입고, 서역의 양탄자를 깔고 살았지. 아주 비싼 유리로 만든 병을 쓰기도 했어. 할 수 있는 온갖 사치는 다 부린 거지. 거기에 쓰일 비용은 모두 백성들의 피와 땀이었어.

   귀족은 농민의 땅을 빼앗아 드넓은 토지를 차지했어. 땅을 잃은 농민은 귀족의 노비가 되는 것 말고는 살아갈 방법이 없었어. 먹을 것이 없어 귀족에게 노비로 자식을 파는 일까지 벌어졌지. 나라의 모든 백성이 귀족의 노비가 될 지경이었어. 3,000명이나 되는 노비를 소유한 귀족이 있을 정도였으니까.

당시 노비는 가축보다 나은 게 없었어. 사고팔 뿐만 아니라 굶어 죽지 않을 정도로 아주 적은 끼니를 먹이고, 날마다 죽기 직전까지 일하는 데 부려 먹었어. 또 마음에 안 들면 때리고 죽이기까지 했지.

그럼에도 귀족의 집에 스스로 노비로 들어갈 정도라면, 농민으로 산다는 게 지옥보다 더 힘들었다는 거지.

백성이 나라에서 요구하는 여러 힘든 일을 받아들이는 것은, 자신과 그의 가족의 안전을 나라에서 지켜 준다는 믿음이 있기 때문이지. 그러나 당시 신라의 왕은 그럴 생각이 전혀 없었어. 왕 자리를 차지해 백성의 피땀으로 사치스러운 부귀영화를 누릴 궁리만 했지. 진골 귀족은 왕이 되어 재산과 권력을 더 소유하려고 서로 죽고 죽이며 싸웠어. 왕이 되어도 얼마 안 가 죽임을 당하거나 쫓겨났지. 백성은 안중에도 없었던 거야. 자기 땅에서 농사를 지은 수확물로 세금을 내던 농민들이 몰락하자 나라의 곳간도 비어 갔어.

신라 정부는 세금을 낼 농민의 수가 줄어 나라 곳간이 비어 가자, 겨우겨우 살아남은 농민들에게 더 많은 세금을 거둬 곳간을 채웠어. 귀족들은 온갖 사치품을 사들이고 사병을 키울 돈을 만들기 위해 수단과 방법을 가리지 않고 백성의 피땀 어린 수확물을 빼앗았지.

백성들은 자신들의 소망을 담아 이렇게 주문을 외웠어. '나무망국 찰나나제' 이렇게 말이야. '나무망국 찰나나제'는 '신라야, 망해라!' 라는 뜻이야.

백성들에게 신라는 더 이상 나라가 아니었어. 백성들은 한을 품고 산으로 숨어들었고 먹고살기 위해 도적이 되었어. 논과 밭에 남아 버티던 농민들도 세금 내기를 거부하고 봉기를 일으켰어. 농민군은 단결과 투쟁의 의지를 나타내기 위해 붉은색 바지를 입고 신라 수도 서부까지 쳐들어가기도 했지. 이들을 붉은 바지 농민군이라고 해. 또 사벌주(지금의 경상북도 상주시)에서는 원종과 애노 같은 농민들이 봉기를 일으켰어.

농민 봉기가 신라 전역으로 번지자 지방으로 밀려나 있던 귀족이나 촌의 우두머리, 지방을 지키던 군인들은 스스로 성을 쌓고 군사를 모아 그 지역을 다스렸어. 그들은 신라를 멸망시키고 새로운 나라를 세우자며 농민군을 자기편으로 끌어들여 세력을 키웠지. 자신을 성주나 장군 등으로 부르던 그들은 그 지역에서 세금을 거두고 군사를 거느리며 왕과 같은 힘을 가지게 되었어. 그들을 호족이라고 부른단다.

호족이 등장해 나라를 세우다

이때 힘센 호족 중에는 새로운 나라를 세우는 사람도 있었지. 전라도 지역에서는 견훤이 백제를 세웠고, 강원도 철원 지역에서는 궁예가 고구려를 세웠어. 그런데 신라의 삼국 통일 전에 있던 고구려, 백제와 구분해야 하니까 후고구려, 후백제 이렇게 부른단다. 위만이 정권을 잡은 조선과 구분하기 위해 그 전에 있던 조선을 고조선이라고 했듯이 말이야.

견훤은 경상북도 상주에 사는 농민의 아들로 신라의 하급 장교였어. 견훤은 신라 출신이었지만 그가 나라를 세우고 도읍을 정한 곳은 완산주, 즉 지금의 전주야. 그곳은 옛 백제의 땅이었지. 견훤은 백제 지역 사람들의 지지를 얻기 위해 나라 이름을 후백제라고 한 거야. 그 뒤 전라도, 충청도, 경상도 서쪽 지역까지 영토를 넓혔어.

궁예야말로 진짜 신라 출신인데 그것도 신라 왕자였어. 궁예는 신라의 왕과 이름 없는 궁녀 사이에서 태어났어. 당시 신라 왕실은 복잡한 권력 싸움 속에 있었지. 궁예처럼 어머니 신분이 낮은 아이가 멀쩡히 버텨낼 수 있는 곳이 아니었어.

귀족들은 왕족의 피를 더럽힌 궁예를 죽이기로 했어. 병사가 궁예를 죽이러 오자 궁예의 유모가 어렵게 궁예를 구해 달아났어. 그 과정에서 한쪽 눈을 다친 궁예는 평생 애꾸눈으로 살아야 했지. 유모의 손에 몰래 키워진 궁예는 나중에 자신의 출생 비밀을 듣고 절로 들어가 승려가 되었어. 언제 신라 왕실에서 자신을 죽일지 몰라서였지.

그러다 반란을 일으킨 양길 밑으로 들어갔어. 자신을 버리고 죽이려 한 신라에 복수할 기회가 온 거야. 뛰어난 지도력을 지닌 궁예는 곧 반란군의 중심이 되었고 나중엔 양길을 몰아내고 우두머리가 되었어. 궁예는 신라의 중부와 북부 지방을 차지하고 송악(지금의 개성)에 도읍을 정하고 후고구려를 세웠단다.

궁예가 자신이 세운 나라의 이름을 고구려라고 정한 것도 옛 고구려 지역 사람들의 지지를 얻기 위해서였어. 그가 도읍을 정한 송악도 옛 고구려 영토였고, 그 뒤 철원으로 도읍을 옮기고 경기도, 충청도, 강원도 일부까지 영토를 차지했어.

이때 송악의 호족인 왕륭과 그의 아들 왕건 부자는 스스로 궁예에게 찾아가 신하가 되고 싶다고 했지. 궁예의 부하가 된 왕건은 수많은 전투에서 큰 활약을 했어. 이후 왕건은 고려를 세우고 후삼국을 통일해. 이 이야기는 고구려의 뒤를 이은 고려 때 하기로 하자.

그런데 진짜 고구려인으로서 고구려의 뒤를 이은 나라는 발해야. 통일 신라가 남쪽에 있는 우리 민족의 나라라면 발해는 북쪽에 있는 우리 민족의 나라였지. 그래서 이 시대를 남북국시대라고 한단다.

단원정리문제

1. 빈칸에 들어갈 알맞은 말을 쓰시오.

나당전쟁을 승리로 이끌면서 마침내 삼국 통일을 이룬 [㉠   ]은 삼국의 융화에 노력했다. 그의 아들 [㉡   ]은 김흠돌의 반란을 진압하고 귀족들의 [㉢   ]을 폐지하여 진골 귀족 세력의 경제적 특권을 빼앗았다. 또 관리들에게 관료전을 지급하여 왕의 명령에만 움직이는 세력의 기반을 다졌다. 그리고 [㉣   ]을 설치하여 유학을 보급하고 인재를 양성했다. 아울러 통치 제도도 정비해 전국을 [㉤   ]로 나누고 지방의 주요 지역에 특별 행정 구역인 [㉥   ](다섯 개의 작은 서울)을 두었다.

2. 빈칸에 들어갈 알맞은 말을 쓰시오.

불교를 대중화시킨 대표적 승려 [㉠   ]는 '나무아미타불'만 외우면 극락정토에 갈 수 있다는 아미타 신앙을 전파했다. 불교의 대중화에 큰 영향을 미친 또 하나의 승려는 [㉡   ]으로 언제든 부르기만 하면 관세음보살이 나타나 도와준다는 관음 신앙을 전파했다. 인도에 다녀온 [㉢   ]는 자신이 직접 경험한 내용으로 [㉣   ]이란 책을 썼다.

3. 다음 내용에서 그는 누구인지 쓰시오.

일찌감치 당나라로 건너가 무관으로 활약했던 그는 해적에게 잡혀 온 신라 사람들이 노비로 팔리는 걸 보고 완도로 돌아왔다. 신라 흥덕왕을 찾아가 1만 명의 군사를 얻어 청해진을 설치했다. 그는 당의 해적들을 무찔렀을 뿐 아니라 당나라, 왜, 신라를 연결하는 국제 해상 무역을 주도했다.

2. 해동성국 발해

01 고구려 영토를 되찾은 발해

발해의 건국으로 남북국 시대가 열리다

삼국을 통일한 뒤 신라의 영토는 대동강 남쪽에 그쳤어. 옛 고구려 땅에는 발도 못 들였지. 나라를 잃은 대부분의 고구려 사람들은 당나라로 강제로 끌려가서 살게 되었어.

당나라로 끌려간 고구려인 중에 옛 고구려 장수 출신 대조영이라는 사람이 있었어. 대조영은 당나라 요서 지방 영주에 살고 있었는데 당시 영주 땅은 강제 이민자의 땅으로 거란족, 말갈족, 고구려 유민 등이 모여 살고 있었지. 그중 거란족이 반란을 일으켰어. 그 틈을 타 대조영과 그의 아버지 걸걸중상은 핍박받고 있던 고구려 유민과 말갈족을 이끌고 영주를 탈출해 동쪽으로 이동했어.

요동 지방에 이르렀을 때 뒤쫓아 온 당나라 군사들에게 아버지를 잃었지만 대조영은 무리를 이끌고 천문령에서 당나라 군사를 무찌르고 계속 동쪽으로 향했지. 그러다가 발길을 멈춘 곳은 동모산이었어. 698년, 대조영은 이곳에서 새 나라를 세웠는데 나라 이름을 '진'이라고 했어. '발해'라고 부른 건 당나라가 대조영을 '발해군왕'이라고 부르면서부터야. 발해의 왕은 자신이 고구려의 왕이라며 고구려를 이은 나라임을 분명히 했단다.

동모산은 현재 중국 길림성 돈화현에 위치한 곳으로 옛 고구려 땅이야. 그러니까 발해는 고구려 사람이 고구려 옛 땅을 되찾아서 세운 나라라고 할 수 있지.

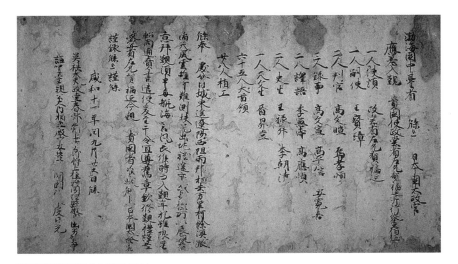

발해가 일본에 보낸 외교 문서

이 외교 문서에 발해는 스스로 고구려라고 말하고 발해의 왕을 고구려 국왕이라고 표현하고 있어. 이는 발해가 고구려를 계승했다는 증거가 되지.

고구려의 온돌(위)과 발해의 온돌(아래)

온돌은 중국에는 없는 우리나라만의 독특한 난방 방식이야. 발굴된 발해의 온돌 유적이 고구려 양식과 유사해 문화적으로 고구려를 계승했다는 사실을 알 수 있어.

고구려 수막새(왼쪽)와 발해 수막새(오른쪽)
수막새는 기와지붕 끝에 붙이는 장식을 말해. 그런데 고구려 수막새와 발해 수막새의 문양이 아주 비슷하다는 것을 알 수 있어.

고구려 옛 땅을 회복하고 해동성국을 이루다

발해가 고구려 옛 땅을 회복하고 계승하여 발전한 나라라는 사실은 유적을 보면 알 수 있어. 온돌은 우리 고유의 난방 방식인데, 상경성의 궁궐터에서 나온 온돌이 고구려 유적지에서도 발견되었어. 그리고 무덤, 수막새, 부처상, 돌사자상 등의 유물도 고구려와 비슷한 점이 많아. 발해가 일본에 보내는 외교 문서에도 스스로를 고구려라 칭하고 있는데, 이걸로 미루어 보아 발해는 고구려를 계승하여 세운 나라임을 알 수 있지.

대조영을 이은 무왕은 고구려의 광개토 대왕, 장수왕 같은 정복 왕으로 옛 고구려 땅을 대부분 되찾았어. 선왕 때 이르러서는 발해 건국 이후 가장 넓은 땅을 차지했는데 옛 고구려 땅보다 더 넓었지. 당나라가 나중에 해동성국이라고 부를 정도로 발해는 막강한 나라가 되었어. 해동성국이란 '바다 동쪽에 위치한 성대하게 발전한 나라'라는 뜻이야.

당나라, 신라와의 관계

무왕은 일본은 가까이했지만 당나라와는 대립했어. 신라는 크게 성장한 발해

발해의 영토와 교역로

거란

쑹화강

거란도

발해

동모산

상경

당

영주도

중경

동경

서경

두만강

백두산

솔빈부

압록강

남경

조공도

묘향산

일본도

평양

신라

한강

금성

낙동강

담비의 길

일본

에 부담감을 느끼며 당나라 쪽으로 가까워졌고, 당은 이런 신라와 흑수말갈을 이용해 발해를 견제했어. 그러자 무왕은 돌궐, 일본과 대당 대신라 전선을 구축하고 장문휴를 앞세워 산둥지방의 등주를 공격했지.

무왕의 뒤를 이은 문왕은 나라의 안정을 위해 당나라와의 싸움을 멈추고 친선 관계를 맺었어. 그러면서 당나라 문화를 받아들여 고구려 문화와 함께 발해만의 문화를 발전시켰어. 또한 문왕은 상경성으로 천도하고 중앙과 지방의 통치 제도를 정비했지.

그리고 주변 여러 나라들과 교류하며 문화의 꽃을 활짝 피웠단다. 뿐만 아니라 관계가 좋지 않은 걸로만 알고 있던 신라와도 동해안을 따라 교류의 길을 열어 두었어. 이 길을 통해 사신과 상인들이 왕래했단다.

수도인 상경을 중심으로 사방으로 여섯 개의 길이 만들어져 있어. 발해의 수도는 동모산이지만 발해는 신라의 경주처럼 처음 수도가 마지막까지 가지는 않았어. 수도를 여러 번 옮긴 뒤 마지막으로 상경에 터를 잡았지.

상경을 중심으로 길이 사방으로 뻗어 나가 상경이 교통의 중심지 역할을 한 거야. 사방으로 뻗어 나간 여러 길을 통해 국제 무역으로 주고받은 물품들이 상경으로 모여들었을 거야.

발해의 통치 제도

발해는 당의 제도를 수용해 중앙은 3성 6부로 조직하고 지방은 5경 15부 62주로 편성했어. 당의 제도를 수용했지만 자신들 실정에 맞춰 독자적으로 운영했지.

중앙 정치 조직의 최고 권력 기관은 정당성, 선조성, 중대성인데 그 중 정당성이 핵심적으로 정책을 집행했어. 정당성 아래 '충 인 의 지 예 신'이라는 명칭의 6부를 두어 행정 실무를 수행하도록 했지. 6부의 명칭은 유교에서 중요하게 여기는 덕목으로 발해가 유학을 중시했다는 걸 알 수 있어.

지방 행정 조직인 5경은 지방 요충지에 설치했는데 상경, 중경, 서경, 동경, 남경이 그것이야. 그리고 지방 행정 중심지에 15부 62주를 설치했는데 주 아래에는 현을 설치하고 주와 현에 지방관을 파견하여 다스리게 했단다.

02 발해의 문화

고구려를 계승하고 당나라, 말갈 문화를 더하다

발해는 건국 초부터 고구려 계승 의식을 내세웠으며, 이러한 사실은 여러 사료와 유물 유적에서 확인할 수 있어. 발해는 국호로 고구려를 뜻하는 '고려'를 종종 사용했어. 무왕이 일본에 보낸 외교 문서에서 발해는 고구려의 옛 땅을 회복한 나라라고 소개했지. 일본 또한 발해를 '고려'라 칭했고, 발해의 왕을 '고려왕'이라고 기록했어. 당시 중국과 일본에서도 발해를 고구려 유민이 건설한 나라로 인식했어.

아래 사진은 문왕의 넷째 딸인 정효공주 무덤의 벽화야. 먼저 죽은 딸이 죽은

정효공주 무덤에 그려진 벽화
발해 문왕의 딸 정효공주 무덤에서는 벽화가 발굴되었어. 당시 발해 사람들의 옷차림과 생활상을 엿볼 수 있는 귀중한 자료야.

문자가 새겨진 발해 기와
발해의 기와에는 독특한 문자 무늬가 새겨져 있어. 이것은 발해에서만 발굴되는 고유한 양식의 유물이야.

뒤에도 행복하라고 정성스레 벽화를 그려 넣었지. 정효공주의 무덤 내부는 벽돌을 쌓아 만들었고 천장은 긴 돌을 엇갈려 계단 모양으로 쌓았어. 무덤 내부는 당나라 문화를 받아들인 것이고 천장은 고구려 문화를 받아들인 것이야.

한 무덤 안에 두 나라 문화가 섞여 있는 거지. 이런 사례는 또 있는데, 발해 수도 상경성은 당나라 수도 장안성을 본떠 만들었지만 상경성 터에서 발견된 온돌은 고구려의 것과 같아.

이렇듯 여러 문화가 섞인 것이 있는 반면, 발해 고유의 문화를 엿볼 수 있는 유물도 있어. 위는 발해의 기와인데 독특한 문자 무늬가 있어. 이 문자 무늬 기와는 발해에서만 출토되는 고유한 유물이야.

발해는 고구려 사람과 말갈족이 함께 산 나라이니 말갈 문화도 발견되었어. 땅을 파서 관 없이 시신을 직접 묻는 움무덤이 그것이지.

정리해 보면, 발해는 고구려를 계승하여 세운 나라인 만큼 고구려 문화를 바탕으로 삼았어. 발해 고유의 문화에 말갈 문화도 받아들이고 당나라 문화까지 더해 여러 나라의 문화가 섞인 독특한 문화를 이루었지.

발해 사람들의 의식주

발해 성터에서는 불에 탄 잡곡의 낱알이 많이 발굴되었어. 이것으로 발해 사람들이 쌀보다는 잡곡을 주로 먹고 살았다는 사실을 알 수 있지. 실제로 발해는 추운 곳에 위치해 있어 논농사를 짓기에 적합하지 않았어. 그래서 콩, 보리, 메밀, 수수 등 다양한 작물을 심어 밭농사를 많이 지은 거야. 각종 농기구와 저장 창고도 발견되었단다. 잡곡 외에 해산물도 먹었지. 음식을 담을 땐 구름 모양의 자배기 등 다양한 형태의 그릇을 사용했어. 그리고 가축을 길러 단백질 공급원으로 삼았지.

주거 생활을 살펴보면, 귀족은 화려하게 장식한 기와로 지붕을 얹은 집에서 살았고 평민은 땅 위나 반지하로 집을 짓고 살았어.

귀족은 고구려와 당 문화의 영향을 받은 옷을 입었어. 여자들은 머리에 비녀와 빗을 꽂아 장식하고 장신구로 몸을 꾸몄지. 정효공주 무덤 벽화에 나오는 무사와 악사들은 남장을 한 여자인데 당시 남장을 하는 것이 유행했던 것 같아.

종교를 보면 발해 사람도 신라 사람처럼 불교를 믿었어. 함화 4년명 비상, 이불병좌상, 불교를 상징하는 꽃을 새겨 넣은 연꽃무늬 기와와 벽돌, 발해 석등 등을 통해 발해의 불교문화를 엿볼 수 있지. 유물에서 보듯 소박한 고구려의 불교 예술을 그대로 이어받고 있어.

발해 이불병좌상
이불병좌상이라는 건 두 명의 부처가 함께 앉아 있는 불상이라는 뜻이야. 이것도 고구려의 영향을 받은 불상 양식이야.

발해가 멸망하면서 만주 땅을 잃다

발해는 926년에 갑자기 멸망했어. 당나라가 멸망하자 이때다 싶었는지 거란이 그동안 키운 힘을 밖으로 확 뻗치기 시작한 거야. 숨겨 왔던 발톱을 드러낸 야수처럼 발해를 공격해 순식간에 멸망시킨 거지.

전성기에 해동성국이라는 말을 들을 정도로 번영을 누렸던 막강한 발해가 그것도 순식간에 멸망한 데는 거란의 전투력이 굉장했다고 생각할 수 있는데 그 이유만은 아니야. 거란 사람이 쓴 역사책을 살펴보면 거란이 발해와 싸우지도 않고 이겼다고 적혀 있거든.

연개소문의 아들 남건과 남생이 최고 권력자 자리를 두고 싸웠던 것처럼, 발해 사람들도 권력에 눈이 멀어 서로 싸웠지. 결국 수도였던 상경성은 종이로 만든 성보다 쉽게 무너졌어. 이후 발해 유민들은 발해를 계승하여 나라를 세우려고 노력했지만 안타깝게도 성공하지 못했어. 발해의 멸망으로 만주 땅은 우리 영토에서 제외되고 말았지.

발해 왕자 대광현 등 유민의 상당수는 고려로 귀환했어. 발해 사람이 곧 고구려 사람이니 고구려 뒤를 이은 고려로 가는 게 당연한 일이었을 거야.

고구려나 발해의 역사도 만주 벌판에서 먼지처럼 사라진 게 아니라 같은 한민족의 나라인 고려로 이어진 셈이지. 고조선에서 삼국으로, 남북국으로, 고려로, 조선으로 그리고 지금의 우리로 이어지고 있지.

🎯 단원정리문제

1. 빈칸에 들어갈 알맞은 말을 쓰시오.

옛 고구려 장수 출신 [㉠   ]은 고구려 유민과 [㉡   ]을 이끌고 영주를 탈출해 동쪽으로 이동했다. 천문령에서 뒤쫓아 온 당나라 군사들을 무찌르고 계속 동쪽으로 향했고, [㉢   ]에 이르러 새 나라를 세웠다. '발해'라고 부른 건 당나라가 그를 '발해군왕'이라고 부르면서부터이다. 발해의 왕은 자신이 [㉣   ]의 왕이라며 [㉤   ]를 이은 나라임을 분명히 했다.

2. 발해에 대한 설명으로 옳지 않은 2가지를 고르시오.

① 무왕은 돌궐 일본을 가까이 하고 당과 신라를 견제했다.
② 문왕은 평양성으로 천도했다.
③ 무왕은 장보고를 보내 당나라를 공격했다.
④ 발해는 당의 제도를 수용해 중앙은 3성 6부로 조직했다.
⑤ 발해는 고구려와 마찬가지로 온돌로 난방을 했다.

3. 후삼국 시대

이 다시 시작된 삼국 시대

왕건, 궁예를 내쫓고 고려를 세우다

통일 신라 말, 사치와 향락을 위해 귀족들은 백성들을 쥐어짰어. 고통받는 백성들의 신음소리가 온 나라에 가득했지. 나라가 어지러워지자 지방에서 힘을 갖고 있던 사람들이 저마다 자기가 어지러운 세상을 바로잡고 신라를 갈아엎겠다고 나섰어.

힘센 호족 중에는 새로운 나라를 세우는 사람도 있었지. 전라도 지역에서는 견훤이 백제를 세우고, 강원도 철원 지역에서는 궁예가 고구려를 세웠어. 이로써 고구려, 백제, 신라가 대결하는 삼국 시대가 다시 열렸어.

이 이야기는 앞서 통일 신라에서 이야기했지? 나중에 송악 호족 왕건이 궁예를 찾아가 부하가 되어 활약했다는 것까지 말이야.

후삼국의 치열한 싸움의 결과는 어떻게 되었을까? 궁예가 이겼을까, 아니면 견훤이 이겼을까, 아니면 다시 신라가 삼국을 통일했을까?

답은 셋 다 아니야. 굳이 승자를 말하자면 후고구려인데 궁예는 아니었지. 후고구려가 최후의 승자인데 궁예는 아니라니, 고개를 갸웃거리는 친구들도 있을 거야.

후삼국 시대 최후의 승자는 궁예의 부하였던 송악 호족 왕건이었어. 왕건은 강압과 폭력으로 신임을 잃은 궁예를 밀어내고 후고구려의 우두머리가 되어 후삼국을 통일했어.

궁예는 영토를 넓히고 힘이 강해지자 아무도 넘볼 수 없는 절대적인 힘을 갖길

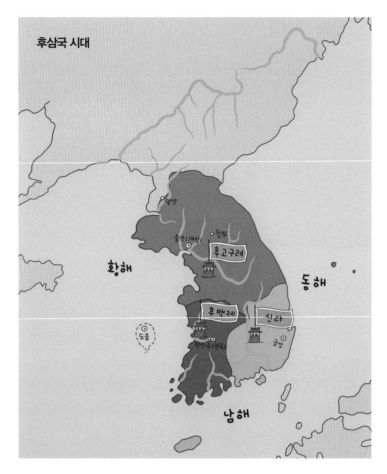

후삼국 시대

황해

동해

남해

송악(개성)

철원

고양

후고구려

후백제

신라

완산주(전주)

금성

도읍

바랐어. 궁예에게는 호족이 자기보다 힘이 강해지는 것은 있을 수 없는 일이었지. 그래서 호족의 힘이 남아 있는 송악을 떠나 도읍을 철원으로 옮기고 나라 이름도 태봉으로 바꾸었어. 그리고 자신을 미륵이라고 하며 사람들이 자신을 부처로 여기길 바랐어. 또 사람의 마음을 읽는 능력이 있다고 하며 조금이라도 의심이 가는 사람이 있으면 마음대로 죽였지. 심지어 부인 강 씨와 두 아들을 죽이는 잔인한 일까지 벌였어.

생명의 위협을 느낀 호족들은 자연스레 궁예의 반대 세력이 되어 갔지. 그러던 중 송악 호족인 왕건을 따르던 홍유, 배현경, 신숭겸, 복지겸 등이 궁예를 몰아내고 918년 왕건을 새 왕으로 세웠어. 결국, 궁예는 궁궐에서 쫓겨났고 왕건은 나라 이름을 '고려'라고 했어. 이듬해에는 수도를 송악으로 옮겼단다.

왕건, 신라를 공격하는 견훤과 싸우다

견훤은 나라를 세운 뒤 영토를 넓히면서 기세가 등등해졌어. 하루는 신라에 기세 좋게 쳐들어가 경주를 습격했지. 궁지에 빠진 신라 경애왕은 왕건에게 구원을 요청했어. 그러나 구원병이 오기도 전에 견훤은 경주를 함락해 버렸지. 견훤이 경애왕에게 스스로 목숨을 끊게 한 뒤 경순왕을 왕위에 앉혔어. 왕건이 서라벌로 왔을 땐 이미 모든 게 끝난 다음이었지.

왕건은 견훤이 공산(지금의 경상북도 팔공산)을 지날 것을 알아냈어. 미리 가서 숨어 있다 기습할 작전을 세웠지. 그런데 왕건의 계획을 눈치챈 견훤이 오히려 군사를 공산에 매복시켰다가 왕건을 공격한 거야.

왕건은 후백제군에게 포위당해 사로잡힐 위기에 빠졌어. 이때 부하 신숭겸이 왕건의 갑옷과 투구를 쓰고 왕건인 척하고 후백제군을 유인했어. 후백제군이 가짜 왕건에게 몰리는 덕분에 왕건은 간신히 목숨을 구할 수 있었지. 그러나 신숭겸은 후백제군에게 목이 잘려 죽었단다.

목숨까지 걸고 왕건을 지킨 걸 보면 왕건에 대한 충성심이 대단했다고 생각할 수 있어. 맞는 이야기지만 이건 단순히 충성심만으로는 설명하기 힘든 부분이야. 아무리 충성을 맹세해도 위급한 상황이 오면 자기 먼저 생각하는 게 사람의 본능이거든.

평소 왕건은 넓은 포용력으로 신하들을 믿고 감싸 안았어. 신하들은 자신을 믿어 주는 왕건을 인간적으로 믿고 따랐지. 바로 이 포용력이 다른 왕들은 갖지 못한 왕건만의 장점이었어. 왕건은 자기 신하들뿐만 아니라 자신의 세력 안으로 들어오지 않은 호족에게도 너그러웠어. 비록 탐욕으로 백성을 도탄에 빠지게 했지만 신라 왕실도 함부로 대하지 않았지. 왕건의 포용력은 후삼국을 통일하고 고려를 세우는 데도 큰 힘이 되었어. 그의 포용력이 공산 전투 뒤 어떤 역할을 하는지 볼까?

공산 전투 때 자신의 잘못된 판단으로 많은 군사와 아끼던 장군을 잃은

왕건의 동상
왕건의 능에서 발견된 동상이야. 발굴될 당시 얇은 비단이 붙어 있던 걸로 보아 비단 옷을 입혀 놓았던 것 같아. 허리엔 띠도 두르고 말이지.

왕건의 후삼국 통일 과정

백두산
두만강
압록강
서경 (평약)

❷ 궁예, 후고구려 건국 (901년)

❹ 왕건, 고려 건국 (918년)

❺ 송악 천도 (919년)

송악 (개성)
철원
고려
황해

❼ 고창 전투 (930년)

동해

❾ 후백제 명망 (936년)

후백제
고창 (안동)

❶ 견훤, 후백제 건국 (900년)

황산 (논산)
완산주 (전주)

웅진 (대구) 공산성
신라

❻ 공산 전투 (927년)

❸ 나주 전투 (910년)

나주

❽ 신라 항복 (935년)

남해

왕건은 다시는 실수를 되풀이하지 않기 위해 철저히 준비했어. 그러던 중 견훤이 고창(지금의 경상북도 안동)을 차지하기 위해 군대를 움직였지. 고창은 경상도 동북 지역의 요충지였어.

당시 경상도 지역은 서라벌 일대를 빼고는 대부분 고려나 후백제의 영향 아래 있었지만, 고창은 아직 신라 편에 있었어. 만약 이 지역을 견훤이 차지하면 고려의 턱밑까지 후백제가 치고 들어올 수 있는 상황이었지. 그러나 승승장구하는 후백제군을 막기는 쉽지 않았어.

그때 평소 왕건의 포용력에 좋은 감정이 있었던 재암성(지금의 경상북도 청송 진보) 장군 선필이 왕건에게 귀순했어. 그 지역 지리를 잘 알고 백성들의 지지를 받던 선필의 합류는 고려군에게는 천군만마와 같았겠지.

게다가 고창 성주와 신라 왕족 출신 지역인이 이끄는 신라군이 고려군에 합류했어. 상대를 힘으로 누르려는 견훤이 고창 지역을 차지하게 두느니 평소 포용력으로 사람을 대하는 왕건에게 힘을 보태는 게 낫다고 판단한 거지.

여기저기서 힘을 받은 왕건은 결국 후백제와 맞붙은 고창 전투에서 크게 승리했어. 많은 사람이 왕건에게 힘을 보태자 신라에 가까운 호족들도 속속 왕건의 편에 섰어. 심지어 백제 쪽 호족들도 흔들리기 시작했고 견훤의 측근인 장군 공직도 왕건에게 항복했지. 이를 계기로 왕건은 후삼국을 통일하는 데 속도를 낼 수 있었단다.

02 후삼국 통일과 고려 건국

고창 전투 뒤 견훤은 고려와의 싸움에서 계속 패했어. 그러다 보니 견훤의 지배력도 예전 같지 않았지. 또 나이도 일흔 살에 가까웠던 견훤은 넷째 아들 금강에게 왕위를 물려주려 했어.

이에 불만을 품은 견훤의 맏아들 신검이 다른 두 동생과 반란을 일으켜 권력을 잡았어. 아버지 견훤을 금산사에 가둬 버리고 금강을 처형했어. 견훤은 크게 노했지만 어쩔 수 없었어. 나이가 많이 들어 체력이 약해진 데다 견훤의 지배력에서 벗어난 신하들이 모두 새로이 왕이 된 신검의 편에 섰거든.

견훤은 고려 영토인 나주로 도망친 뒤 왕건이 머무는 송악으로 가서 왕건에게 항복해. 왕건은 오갈 데 없는 견훤을 무시하기는커녕 아버지처럼 존경한다는 뜻에서 상보라고 부르며 극진히 대접하지.

이 소식을 들은 신라 경순왕은 더 이상 나라를 지탱할 힘이 없으니 왕건에게 항복하자고 귀족들에게 말해. 귀족 가운데는 다른 방법이 없다는 걸 알고 찬성하는 사람도 있었지만 반대하는 사람도 있었어. 왕건에게 항복하면 그간 누려온 온갖 부귀영화를 내려놓아야 하니까 말이지. 그러나 반대파도 왕건이 포용력이 있는 사람이니 자신들을 함부로 하지 않을 거라 믿고 경순왕의 뜻을 따르기로 해. 그리하여 경순왕은 천년 왕국 신라를 고려에 바치게 돼.

경순왕이 항복하러 고려 수도 송악에 이르자 왕건은 송악성 바깥까지 나와 경순왕을 맞이해. 그러고는 태자보다 높은 지위를 주고 맏딸인 낙랑공주와 결혼시켜. 또 함께 항복한 신라 귀족들에게도 충분한 대접을 해 준단다.

이제 통일을 위한 마지막 단계가 남았어. 바로 신검의 후백제를 무릎 꿇리는 것. 후백제와의 마지막 전투는 일리천에서 벌어졌어. 신검은 온 힘을 다해 싸웠어. 하지만 아들 신검에게 원한을 품은 견훤을 앞세운 고려군의 총공격 앞에 후백제군은 힘없이 무너졌어. 이렇게 해서 왕건은 936년 후삼국을 통일했단다.

고려의 통일은 후백제와 신라를 포용력을 통해 제 발로 고려의 품으로 들어오게 했다는 데 의미가 있어. 그럼으로써 새로운 나라 고려의 일원으로 녹아들었으니까. 칼날과 배신으로 백제, 고구려를 무너뜨리고 영토를 빼앗은 신라의 통일과는 성격이 다르지. 고려의 통일이 진정한 의미의 민족 통일인 이유는 무엇보다 거란에게 멸망한 발해 사람들을 두 팔 벌려 받아들였다는 점이야. 실제로 후삼국이 통일되기 바로 전인 934년에 왕건은 발해 세자 대광현이 이끄는 발해 백성 수만 명을 반갑게 맞이했어. 이리하여 백제, 고구려, 신라의 지배층과 백성까지 모두 끌어안는 진정한 의미의 한민족 통일을 이룬 거야.

고려의 후삼국 통일은 후백제, 신라를 통일한 데 그치지 않고 발해 유민까지 받아들인 폭넓은 민족 통일이라는 데 의미가 있어. 또 고려는 지방 세력인 호족이 중심이 되어 세운 나라로 지방 세력도 관직에 오를 수 있어 정치에 참여하는 사람들이 늘어났지. 그리고 옛 고구려, 백제, 신라의 문화를 받아들여 새로운 민족 문화를 발전시킬 수 있는 기초를 마련했단다.

1. 괄호 안의 내용 중 알맞은 것에 ○표 하시오.

(1) (궁예, 견훤)는 강원도 철원 지역에 후고구려를 세웠다.
(2) (궁예, 왕건)은 넓은 포용력으로 신하들을 감싸 안았다.
(3) 후백제를 세운 (견훤, 경순왕)은 나중에 고려에 투항했다.
(4) 고려는 (발해, 고조선) 유민까지 받아들여 진정한 민족 통일을 이루었다.

◀ 실전문제 ▪

1. 삼국 통일의 한계에 대한 내용으로 옳은 것은?

① 수도가 경상도 지역에 쏠려 있어 영토 전체를 관리하지 못했다.
② 태종 무열왕은 이전 왕과는 달리 진골 출신이었다.
③ 외세를 끌어들여 통일을 이루었다.
④ 군사 조직인 9서당은 신라인만으로 이루어졌다.
⑤ 고구려 백제 유민을 차별했다.

2. 통일 신라에 대한 설명으로 옳지 않은 2가지를 고르시오.

① 무열왕은 최초의 진골 출신 왕이다.
② 문무왕은 삼국 통일을 완성했다.
③ 신문왕은 망이 망소이의 난을 진압했다.
④ 군사는 9서당 10정으로 조직했다.
⑤ 신문왕은 태학을 설치하여 인재를 양성했다.

3. 발해에 대한 내용으로 옳지 않은 것은?

① 무왕은 당의 산둥 지방을 공격하였다.
② 문왕은 당과 친선을 도모하였다.
③ 선왕 이후 중국으로부터 해동성국이라 불렸다.
④ 무왕 대 최대로 영토를 확장하였다.
⑤ 신라도를 통해 신라와도 교류했다.

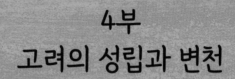

4부
고려의 성립과 변천

1. 고려의 건국과 정치 변화

01 태조의 정책

태조 왕건, 나라 안정을 위해 결혼정책을 펴다

왕건은 신라 말 혼란스러운 상황에서 비롯된 정치적 불안을 해소하기 위해 발해 유민을 적극적으로 받아들이고 옛 신라와 후백제 세력들을 지배 세력으로 편입시켰어. 또 왕건은 여전히 강한 세력을 갖고 있던 호족들을 자기편으로 만들어 나라를 안정시키려 했지. 그래서 세력이 큰 호족들의 딸과 결혼하여 친족 관계를 맺었어.

왕건은 왕권 안정을 위해 호족을 자기편으로 끌어들임과 동시에 견제했어. 지방호족의 자제를 수도에 머물게 해서 지방호족 세력을 통제했는데 이 제도를 기인제도라고 해. 또 지방의 유력한 세력에게 사심관이라는 특수관직을 줘서 사심관이 자기 출신 지역의 제반 사항을 통제하게 했어. 지방 호족이 고려 정부에 대해 행여나 딴맘 먹지 못하도록 스스로 지켜보게 하는 셈이었지.

왕건은 호족들을 잘 끌어들이고 훌륭하게 견제해 나라를 안정시키는 동시에 백성을 살폈지. 백성들은 신라 귀족들의 수탈과 오랜 전쟁으로 지칠 대로 지친 상태였어. 왕건은 백성의 마음을 얻지 못하면 결국 신라처럼 망한다는 걸 잘 알고 있었단다. 그래서 세금을 10분의 1로 줄여 주는 한편, 호족들이 지나치게 세금을 거두지 못하도록 했어. 왕건은 포용력뿐만 아니라 역사에서 교훈을 찾을 줄 아는 현명함도 지니고 있었던 거야.

훈요10조와 고구려 계승 정신

왕건은 죽기 전에 후대 왕들이 지켜야 할 교훈을 '훈요 10조'로 남겼어. '훈요 10조'를 통해 고려가 나아가야 할 길과 경계해야 할 일을 알 수 있어.

훈요 10조를 간단히 정리하면 다음과 같아.

▶ 백성의 마음을 모으기 위해 불교를 장려하되 함부로 절을 만들지 못하게 하고 승려의 권력이 커지지 않도록 할 것(1조, 2조, 6조)
▶ 북쪽으로 영토를 넓히고 국방을 튼튼히 할 것(5조, 9조)
▶ 옳고 그름을 잘 판단하고 백성의 마음에 귀를 기울일 것(7조)
▶ 열심히 공부하고 역사를 잘 되새겨 잘못된 것을 다시 밟지 말 것(10조)

그럼 훈요 10조가 어떻게 고려 사회에 영향을 미쳤는지 볼까?

왕건이 나라 이름을 고려라고 한 데는 고구려를 계승한다는 뜻이 담겨 있어. 그것은 또 고구려 옛 땅을 되찾는 북진정책을 펴겠다는 의미이지. 북진정책은 5조에 잘 나타나 있어. 서경에 가서 1년에 100일 이상 머물라! 이 내용으로 왕건은 고구려의 수도였던 평양을 '서경(서쪽에 있는 서울)'이라 하고 개경(송악, 개성)만큼이나 중요하게 생각했던 걸 알 수 있어.

왕건은 북쪽 지방에 성을 쌓고 군대를 주둔시켰어. 그리고 청천강에서 영흥만까지 점차 영토를 넓혀 가며 고구려 옛 땅을 되찾겠다는 뜻을 조금씩 이루었어. 한편, 발해 사람들이 거란에게 멸망하고 고려로 내려왔어. 그러자 왕건은 그들을 따뜻하게 맞아 주었으며 살 곳과 땅을 일굴 곳을 마련해 주었지. 여기에도 역시 고구려 옛 땅을 회복하겠다는 뜻과 아울러 진정한 의미의 민족 통일을 이루겠다는 의지가 담겨 있단다.

또 4조에 담긴 거란의 제도를 본받지 말라는 내용으로도 왕건의 북진정책 의지를 엿볼 수 있어.

왕실의 보호를 받아 불교가 크게 발전하다

불교를 장려하기 위한 정책은 훈요 10조 중 6조인 '연등회와 팔관회를 성대히 열 것'에 잘 나타나 있어.

연등회는 매년 봄에 열렸어. 고려 사람들은 전국 방방곡곡에 연꽃 모양의 등불을 밝히고 부처님의 자비와 가르침이 널리 퍼지기를 기원했어.

팔관회는 매년 11월 15일에 개경과 서경(서경 팔관회는 10월 15일)에서 열렸어. 팔관회는 처음에는 여덟 가지 죄를 범하지 않도록 마음을 깨끗이 하는 불교 풍습이었어. 그러나 나중에는 하늘 신, 땅 신, 용신 등 토속 신에게 맛있는 음식을 바치고 축제를 즐기면서 나라의 평안을 비는 행사로 변모했지.

불교 행사를 성대하게 치르고 절을 짓고 불상을 만들면서 불교는 크게 발전했어. 하지만 불교 발전의 가장 큰 이유는 왕실의 불교 보호와 지원이야. 고려가 불교의 나라인 만큼 승려는 사람들의 존경을 받았어.

승려가 얼마나 높은 지위에 있었는가 하면, 신분 높은 왕자나 귀족이 승려가 되는 예도 있었어. 하지만 승려가 되려면 나라에서 치르는 '승과'에 합격해야만 했지.

고려 시대의 절은 불교 의식을 행하는 장소이면서 동시에 경제 활동이 이루어지는 장소이기도 했어. 왕실과 귀족들은 많은 땅을 절에 기증했어. 절이 소유한 넓은 땅에서 풍부한 곡식을 거둬들였고 수확한 곡식을 사람들에게 팔기도 했지. 시간이 갈수록 많은 상인이 절에 모여들었어. 급기야 절이 물건을 사고파는 시장 역할도 함께 하게 되었지.

이렇게 재산이 모이자 절은 백성들에게 땅을 빌려주어 농사짓게 하거나 소, 쌀, 옷감 등을 빌려주기도 했어. 심지어 절은 이런저런 빌려주기 사업으로 이자를 높게 받아 이윤을 많이 챙겼지. 돈이 될 만한 건 다 하다 보니 절은 점점 부유해졌고 절의 수와 규모는 점점 커졌어.

아버지의 사랑을 받은 돗자리 왕 혜종

혜종은 왕건의 맏아들이자 고려의 두 번째 왕이야. 왕건의 왕비들 중 한 명을 제외한 왕비 스물여덟 명은 저마다 자기 지역에서 재력과 군사력을 가진 호족 집안 딸이었어. 그러니 자기 집안 출신 왕비가 낳은 왕자가 왕위를 잇기를 바랐지. 왕건에게는 왕자 스물다섯 명과 공주 아홉 명이 있었어. 그 가운데 세 번째 왕비 신명순성왕후 유 씨의 친정인 충주 유씨 집안은 막강한 권력을 갖고 있었지. 그들은 힘이 강한 자기 집안 출신 왕자가 왕이 되는 게 당연하다고 생각했어.

그런데 왕건은 자신이 가장 사랑했던 왕비인 두 번째 장화왕후 오 씨가 낳은 왕자 왕무를 태자로 정했어. 장화왕후는 스물아홉 왕비 가운데 가장 힘이 없는 집안 출신이었음에도.

훈요 10조 가운데 3조에선 맏아들을 왕으로 삼으라는 말이 있지. 또 맏아들이 능력이 부족하면 다른 왕자를 왕으로 삼으라고 했어.

왕무는 왕건의 두 번째 왕비 장화왕후에게서 태어났는데 왕건의 맏아들이었어. 첫 번째 왕비는 자식이 없었거든. 혜종(왕무)은 태자로 봉해진 뒤 아버지 왕건과 전쟁터를 누비며 많은 공을 세운 능력 있는 사람이야. 그러니 왕무는 왕건의 맏아들인 데다가 능력까지 갖춰 3조의 기준에 부족함이 없었지. 문제는 개인의 능력이 아니라 집안이라는 배경에 있었어.

혜종의 얼굴엔 돗자리 자국 같은 게 있었대. 사람들은 그것을 장화왕후가 왕무를 돗자리 위에서 낳는 바람에 새겨진 거라고 수군거렸대. 돗자리에서 아이를 낳을 정도로 가진 것 없고 별 볼 일 없는 신분이라고 힘 있는 세력들이 험담하면서 견제한 셈이지. 이 얘길 들으면서 왕건은 과연 무슨 생각을 했을까?

왕건은 자신이 죽은 뒤 태자가 겪을 상황을 짐작하고 있었어. 그래서 측근이자 중신인 박술희에게 왕무, 즉 혜종을 도울 것을 당부했지. 왕건이 죽자 신명순성왕후 유 씨의 아들인 왕요와 왕소는 서경 세력의 핵심인 왕식렴과 손잡고 혜종을 압박해. 그래서 왕요, 왕소, 왕식렴 등 서경을 기반으로 한 세력을 서경파라고 해. 반대로 혜종, 박술희 등 개경을 중심으로 한 세력을 개경파라고 하지.

서로 으르렁거리며 맞서던 중 박술희는 모함을 받아 귀향 갔다 살해당해. 혜종을 보호할 방패가 사라져 버린 거지. 그러던 어느 날 혜종의 침실로 자객이 들이

닥쳐. 혜종은 전쟁터에서 싸운 실력으로 자객을 물리쳤지. 그러나 왕요 일파는 끊임없이 혜종을 위협했어. 혜종은 언제 죽을지 모른다는 불안감 속에서 하루도 마음 편할 날이 없었어. 결국 혜종은 왕위에 오른 지 2년 4개월 만에 병으로 죽어. 사람들은 그가 병이 아니라 독살당한 게 아닌가 의심하기도 해.

죽음의 땅 개경을 떠나라

혜종이 죽자 기다렸다는 듯이 서경파는 개경파 신하 수백 명을 죽이고 왕요를 왕으로 세워. 그가 고려 제3대 왕 정종이야.

정종은 강하고 고집스러운 성격이었어. 다른 사람이 뭐라고 해도 잘 듣지 않고 자기 생각대로 했지. 융통성이 별로 없었단 말이야. 그것은 서경파라는 강력한 세력이 뒤에 버티고 있었기 때문에 가능했지. 정종은 즉위하자마자 수도를 서경으로 옮기겠다고 선언해. 태조의 유언대로 고구려의 옛 땅을 되찾겠단 명분이었지만 사실은 다른 이유가 있었어. 정종은 겉으론 강했지만 속마음은 달랐어. 왕이 되기 위해 수많은 사람을 죽인 데 대한 죄책감이 컸어. 또 그로 인해 민심이 돌아서서 늘 불안해했지. 민심이 돌아서면 그 끝이 어찌 되는지 알았거든. 그래서 죽음의 그림자가 드리워진 개경을 떠나 서경에서 새 출발을 하고 싶었던 거야.

정종은 서경으로 도읍지를 옮기겠다고 선언해. 그러고는 개경의 백성들과 식량 및 자재를 모두 동원해 서경에 궁궐을 짓게 하지. 수많은 개성 백성들의 고통과 원망의 목소리를 정종은 들은 척도 하지 않았어.

이 무렵 정종은 거란이 침입한다는 보고를 받아. 그래서 호족 연합군인 광군을 조직하는데 군사의 수가 무려 30만 명에 달했어. 정종은 이 군대를 자신의 권력을 강화하는 데 이용하려 했어. 자신의 잘못을 무력으로 덮으려 한 거야. 자신을 강하게 보이려는 행동은 속으로는 죄책감과 불안감이 더욱 커지고 있단 걸 의미하지.

어느 날 정종이 여진족이 올린 진상품을 살피고 있을 때였어. 갑자기 시커먼 먹구름이 몰려오더니 엄청난 천둥 번개가 내리쳤어. 정신적으로 약해져 있던 정종은 경기를 일으켜 쓰러졌지. 그러고는 시름시름 앓기 시작했어. 백성들은 정종이 병을 이기지 못하고 빨리 죽기를 바랐어. 그래야 어깨에 짊어진 고통스러운 노역에서 벗어날 수 있으니까. 마치 신라 말기 진성 여왕을 향해 저주의 주문을 외던 신라 백성들처럼 말이지. 수많은 사람의 바람대로 정종은 죽고 말아. 정종이 죽은 뒤 서경 천도 계획은 없었던 일이 되고 궁궐 공사도 멈추게 되지. 백성들의 신망을 잃지 말라고 한 아버지의 유언 훈요 10조를 깊이 새기지 못한 탓이야.

02. 광종의 정책

노비안검법으로 호족의 힘을 누르다

정종(왕요) 다음으로 고려 제4대 왕이 된 광종은 정종의 친동생 왕소야. 광종은 형 정종과는 성격이 달랐어. 정종이 자기 맘대로 일을 저지르고 고집 세게 밀어붙이는 성격이라면, 광종은 조심스럽고 치밀했지. 그러다 뭔가 기회다 싶으면 그때 과감하게 밀어붙였어.

광종은 즉위한 뒤 7년 동안은 특별히 무슨 일을 벌이지 않았어. 나라 살림을 호족들이 끌고 가도록 내버려두었지. 광종은 왕권을 강화하는 데 가장 큰 걸림돌이 호족이라는 사실을 잘 알고 있었어. 호족들을 함부로 대했다가 그들이 반란을 일으킨다면 막을 방법이 없다는 것 역시 잘 알고 있었지.

광종은 『정관정요』란 책을 읽으면서 어떻게 호족들의 힘을 약하게 만들까 궁리했어. 그러면서 민심을 자기편으로 돌리려고 조심스럽게 움직였지. 그는 백성들이 마음을 의지할 절을 여러 군데 지었어. 또한 화엄종 승려 균여와 친하게 지내며 불교를 통해 백성들 마음에 다가가려 노력했단다.

시간이 지나 광종은 마침내 개혁의 칼을 빼 들 준비가 되었어. 광종은 호족 중심인 조정에선 자기의 개혁을 실행할 인재가 없다는 걸 알고 있었지. 관료들은 하나같이 호족이거나 호족의 편에 선 자들이었거든. 그래서 광종은 중국에서 주도권을 잡고 있는 후주와 외교 관계를 맺었어. 후주에서 개혁 작업에 큰 역할을 했던 쌍기를 신하로 삼았지. 물론 후주의 황제 세종에게 양해를 구하고 말이야.

왕권 강화를 위해 광종이 맨 처음 실시한 정책은 노비안검법이야. 한자를 풀면, 노비를 살피고 검사하는 법이란 뜻이야.

노비는 호족에게 재산이면서 군사력이었어. 노비는 일을 해서 호족의 재산을 불려 주고 호족이 군대가 필요할 땐 무기를 들고 군사가 되었지. 그런 노비를 양인으로 만들면 호족은 재산과 군사력을 동시에 잃게 된단다. 또 노비를 양인으로 만들면 나라에 큰 도움이 돼.

노비안검법은 호족의 재력과 군사력을 빼앗아 힘을 약하게 만들었어. 동시에 나라의 수입을 늘리고 호족의 군사를 왕 밑으로 모아서 왕의 권력을 강하게 만들었지.

광종은 백성의 지지를 바탕으로 그에게 반발하는 호족들은 조정에서 몰아냈어. 그리고 그 빈자리에 쌍기뿐만 아니라 후주의 관료들과 고려에 귀화한 외국인들까지 고려 조정에 들였어. 호족들을 쫓아내도 나라를 운영하는 데 큰 문제가 없도록 해 놓은 거지. 그리고 관리를 새롭게 뽑을 방법도 미리 준비해 놓았단다.

과거제 실시

노비안검법으로 호족들의 힘을 약하게 만든 광종은 호족이 다시는 힘을 얻지 못할 정책을 펴. 그게 바로 과거제야.

노비안검법과 과거 제도를 통해 왕권은 강력해졌고 호족들은 중앙에서 밀려났어. 고려는 마침내 왕이 중심이 되어 모든 것이 흘러가는 왕권 중심 체제를 이룬 거야.

호족들은 광종의 정책으로 자신들의 손발이 없어지자 크게 반발했어. 노비안검법으로 호족의 힘을 약화시키며 백성들의 지지를 얻은 광종은 불만을 터뜨리는 호족들을 지위가 높거나 지난날 공이 있다고 해도 죽음의 구렁텅이로 몰아넣었지. 죽음의 그림자는 왕족이라고 해도 예외가 없었어. 광종은 왕의 권위에 도전하는 세력은 누구라도 용서하지 않았단다. 호족들이 다시 일어설 싹을 아예 밟아 버린 거지.

과거제의 과거시험은 문과, 잡과, 승과 이렇게 세 분야로 나누어 치러졌어. 이 중에서 문과는 문관을 선출하는 시험으로 제술과와 명경과로 이루어져 있었어. 제술과는 문학적인 글을 쓰는 능력과 정책을 묻는 시험이었고 명경과는 유학경전을 얼마나 이해하고 있는가를 묻는 시험이었지.

잡과는 법률, 회계, 의술, 지리 등의 분야의 기술관을 뽑았어. 마지막으로 승과는 승려 대상 시험으로 합격하면 품계를 받을 수 있었지. 무관은 과거 시험이 아니라 무기를 잘 다루고 신체 조건이 뛰어난 사람을 무관으로 임명했어.

고려의 관리를 뽑는 제도에는 과거제 말고도 음서가 있었어. 음서란 왕족이나 공신, 5품 이상 고위 관리의 자손은 과거를 치르지 않아도 관리로 임명하는 제도야. 그러나 과거 합격을 명예롭게 여기는 분위기여서 음서를 통해 관리가 된 사람이 과거 시험을 보는 경우도 있었어.

한편 광종은 노비안검법과 과거제를 실시하여 호족들의 세력을 약화시킴과 아울러 왕권에 도전하는 호족들과 공신을 숙청했어. 또 황제 칭호를 썼으며 광덕, 준풍 등 독자적 연호를 사용하고 관리들의 공복을 제정했단다.

경종, 전시과

경종은 광종의 맏아들이었지만 외가가 힘 있는 호족이어서, 호족 세력을 모조리 없애려는 광종에게 언제 죽을지 모르는 불안감 속에 살았어. 그가 죽음을 면한 건 순전히 대를 이을 아들이 경종 하나밖에 없었기 때문이야.

경종은 왕위에 오르자 귀양 간 신하를 조정으로 다시 불러들이고 감옥에 갇힌 사람을 풀어 주었어. 또 벼슬을 빼앗긴 사람들 지위를 돌려주었어. 이것은 호족을 없애려고 피바람을 일으킨 광종 시대의 비극을 끝내려는 의지였지. 경종 역시 광종의 공포 정치로 힘겨운 시간을 보냈기에 이제는 화합을 이룰 때라고 여겼어.

그러나 경종의 마음과는 다르게 호족들은 다시 세력을 되찾으려 일어났어. 호족들은 자신이 당한 고통이 억울하다며 자신들에게 피해를 준 가해자에게 복수할 수 있는 법을 만들어 달라고 압박했어. 광종 때 왕실을 등진 호족들을 달래기 위해 경종은 '복수법'을 허락하고 말았지.

그러자 엄청난 피의 복수극이 벌어져. 복수의 대상은 광종 때 과거를 통해 조정에 들어온 신진 관료들이었어. 호족들의 복수는 정도를 넘어 왕의 집안 어른인 효성태자와 원녕태자를 살해하기에 이르러. 그제야 심각함을 깨달은 경종은 '복수법'을 금지하지만 이미 많은 사람이 죽은 다음이었어. 정신을 차린 경종은 권력이 어느 한쪽에 집중되지 않도록 노력해.

나라의 기틀을 잡기 위해 경종은 전시과라는 토지 제도를 만들었어. 전시과란 토지를 관리 지위에 따라 '전지'와 '시지'로 나누어 지급하는 토지 제도를 말해. 여기서 전지는 곡물을 거둘 수 있는 토지, 시지는 땔감을 얻을 수 있는 토지를 말하지. 그런데 경종이 전시과 제도를 통해 관리에게 준 건 땅이 아니라 전지와 시지에서 나는 생산물을 거둘 수 있는 권리야. 그래서 관직에서 물러날 땐 나라에 토지를 다시 돌려줘야 했어.

그런데 갑자기 경종이 무슨 땅이 생겨서 관리들에게 나눠 주었냐고? 경종의 아버지 광종은 수많은 호족을 없애 버렸어. 그러니 주인 없는 땅이 여기저기 널려 있었지. 정확히 말하면 주인 없는 땅이 아니라 다 나라 땅이었지만. 경종이 전시과를 실시한 것도 광종이 칼을 마구 휘두르며 호족을 없애 버린 덕분이야.

그러나 왕의 권력이 강해질수록 호족 세력은 자신들의 과거 영광을 되찾으려 도전했고 경종은 역모죄를 씌워 그들을 없애 버리지.

그러다 갑자기 경종은 나랏일을 팽개치고 흥청망청 놀기만 했어. 나름대로 조정을 화합하고 나라를 발전시키려 애를 썼지만, 결국 피바람으로 끝나는 상황에 염증이 났던 거야. 그러던 경종은 병에 걸려 죽고 말지.

03 성종, 유교 정치를 펴다

경종의 뒤를 이은 왕은 그의 아들이 아니라 사촌 동생인 개령군이었어. 개령군이 바로 고려 왕조의 기틀을 다진 성종이야.

광종은 호족 세력을 약하게 만들어 왕권을 강화했고, 경종이 지배 세력들을 화합시키고 토지 제도를 왕 중심으로 바꾸었다면 성종은 그 바탕 위에서 고려라는 나라를 이끌 사상과 사회 체제를 확실하게 세웠어.

982년(성종 1) 성종은 신하들을 모아 놓고 정치를 개혁할 상소를 올리라는 명령을 내렸어. 신하들은 여러 가지 의견을 내었고 그 가운데 최승로의 시무 28조가 채택되었어. 최승로는 시무 28조에서 고려가 당면한 과제에 대해 자신의 견해를 밝혔지.

28조 중 13조에서 최승로는 백성들의 고된 노역을 줄여 주라고 했어. 백성의 고통을 덜어 주어야 나라가 안정되고 발전할 수 있다는 말이지. 또 최승로는 연등회와 팔관회를 축소해야 한다고 말했어. 연등회와 팔관회를 열기 위한 준비를 모두 백성들을 끌어다 시켰거든. 또 절을 함부로 짓지 못하게 해야 한다고 주장했는데, 절을 짓는 데 백성들을 마구 부려먹었기 때문이야. 절에서 고리대금업을 하는 것도 막아야 한다고 주장했어. 비싼 이자를 내고 돈을 빌리는 사람은 곧 가난한 백성들이니 절에서 하는 고리대금업을 막지 않으면 백성들 삶이 피폐해지기 때문이지.

시무 28조 중 가장 핵심적인 항목은 20조야. '유교가 나라를 다스리는 근본'이라고 하면서 정치를 바로 세우기 위해 유교를 정치의 중심 사상으로 삼아야 한다고 주장했기 때문이야. 그 방안으로 왕이 불교에 지나치게 의존하는 걸 경계하고, 왕은 교만하지 않고 아랫사람에게 공손하며, 신하들의 옷도 지위에 따라 다르게 하는 등 유교를 통해 체제를 바로잡을 것을 건의했어.

성종은 7조의 '지방에 관리를 파견할 것'이라는 조항을 받아들여 전국에 12목을 두고 지방관을 파견했어.

그 밖에 시무 28조에는 '북방의 오랑캐에 대비하여 군사를 훈련할 것' 등의 내용도 들어 있지.

성종은 최승로의 상소를 받아들여 유교 사상을 바탕으로 여러 가지 제도를 마련했어. 유교는 이미 삼국 시대에 들어왔지만, 최승로의 건의에 따라 고려 시대에 비로소 정치의 중심 사상이 되었단다.

행정 조직을 바로잡다

고려 초기에는 호족이 지방을 다스리다 보니 왕의 명령이 지방으로 제대로 전달되지 않았어. 전대에 강화된 왕권을 바탕으로 성종은 나라 구석구석까지 왕의 생각이 전달될 수 있는 체제를 만들었어. 그것이 바로 2성 6부제와 12목 설치야.

2성 6부는 중앙 정부 체제를 가리켜. 당의 3성 6부제를 받아들여 고려 실정에 맞게 고쳐 운영한 제도가 2성 6부야. 여기서 2성이란 중서문하성, 상서성으로, 중앙 행정의 중심이라 할 수 있어. 중서문하성은 고려의 최고 관청으로 국가 정책을 총괄했는데 중서문하성 장관을 문하시중이라고 불렀지. 상서성 아래 있던 6부는 이부, 호부, 예부, 병부, 형부, 공부로, 나라를 다스릴 때 필요한 각 분야를 다루는 조직들이야. 상서성은 이 6부를 통해 중서문하성에서 결정한 정책들을 집행하는 역할을 했어. 병부는 지금의 국방부, 공부는 국토교통부, 예부는 문화체육관광부처럼 말이야. 조선 시대의 행정 조직인 6조(이조, 호조, 예조, 병조, 형조, 공조)도 고려에서 그대로 이어진 거야. 끝에 붙는 말이 '부'에서 '조'로 바뀌었을 뿐 하는 일은 거의 같아. 조선 시대에도 쓰일 중앙 행정 조직을 만든 성종, 진짜 대단하지?

중추원은 국왕의 비서기관으로 군사기밀을 다루고 왕명을 전달했어. 어사대는 관리들 비리를 감찰하는 기관이었고, 삼사는 국가재정 회계와 출납을 맡았어.

한편 고려에서 만든 독자적인 기구인 도병마사와 식목도감을 두었어. 이 두 기구에서는 중서문하성과 중추원의 고위 관료들이 모여 나라의 중대한 일들을 논의했어. 이 중 도병마사는 국방과 군사 문제에 대한 회의를 했고, 식목도감은 각종 제도와 시행 규칙을 제정했지. 왕과 고위 관료를 견제하는 역할을 하는 대간이 있었는데 대간은 중서문하성의 낭사와 어사대를 함께 가리켰어.

2성 6부제로 중앙 정치 조직을 질서 있게 정리한 성종은 지방 조직도 정비해. 그게 바로 12목이야. 12목은 지방에서 왕의 명령을 받아 실행하는 행정 조직으로 성종은 이곳에 각각 지방 관리(조선 시대 목사, 지금의 광역시장 정도)를 보내. 지방에서 힘 있는 세력이 스스로 다스리던 것을 중앙에서 파견한 관리가 다스리게 한 거야. 이제 지방 구석구석 왕의 손길이 닿지 않는 곳이 없어졌어. 전국 곳곳에 뿔뿔이 흩어져 있던 나라의 힘이 중앙으로 모이게 된 거야.

그리고 전국을 경기, 5도, 양계로 나누고 중요한 지역에는 3경을 설치했어. 경기는 개경을 둘러싸고 있는 지역을, 5도는 일반 행정 구역을, 양계는 군사 행정 구역을 가리켜. 5도에는 안찰사를, 양계에는 병마사를 파견했지.

5도 밑으로는 군현을 두어 지방관인 수령을 파견했고 군현을 단위로 세금을 부과했어. 그런데 모든 군현에 지방관이 파견된 것은 아니야. 오히려 지방관이 파견되지 않은 군현인 속현이 더 많았어.

양계는 북쪽 국경 지역에 국경 방어를 위해 설치된 북계와 동계를 말해. 5도와 마찬가지로 양계 아래에 군현을 설치했고 외부의 침략 가능성이 높은 곳에는 진을 쌓았어.

또 특수 행정 구역인 향, 소, 부곡이 있었는데 이 중에서 부곡은 농업에 종사하고, 소는 수공업에 종사했어. 이 구역에 사는 사람들은 일반 군현 사람들보다 더 많은 세금을 내고 이사를 갈 수 없는 등 많은 차별을 받았지. 특수 행정 구역과 속현은 공통적으로 지방관이 파견되지 않아 지방관이 파견된 주현을 통해 중앙과 연결되었어. 그러나 실질적 행정 담당자는 그 지방의 향리였어. 향리는 지방 호족 출신으로 그 지방에서 태어날 때부터 쭉 살아왔던 세력을 말해.

다음으로 군사 제도! 중앙군으로는 궁궐과 왕실 호위를 맡은 2군과 개경과 국경 지역 방어를 담당하는 6위가 있었어. 그리고 지방군으로는 5도에 주둔한 주현군과 양계 지역에 주둔한 주진군이 있었단다.

교육으로 나라의 기반을 다지다

성종이 지방에 관리를 파견하면서 함께 보낸 사람들이 있었어. 바로 경학 박사와 의학 박사지. 그들은 지방에 내려가 사람들을 교육하게 돼. 경학 박사는 유교 경전을 가르치는 학자이고, 의학 박사는 의술을 가르치는 학자야. 그들이 한 가장 큰 일은 유학을 널리 퍼뜨리는 것이었어. 고려 전체에 유학을 가르치는 기관을 만든 거지. 지방에 있는 교육 기관을 향교라고 해.

지방에 향교가 있었다면 수도 개경엔 국자감이라는 국립 대학이 있었어. 국자감에는 유교 경전을 가르치는 유학 학부와 법률, 수학, 회계, 서예 등을 가르치는

고려의 성균관 대성전
개성에 있는 성균관은 고려의 최고 교육 기관이야. 992년에 처음 생겼는데 국자감이라고 불렀다가 나중에 성
균관으로 바뀌었지. 지금은 고려 역사 박물관으로 이용되고 있단다.

기술 학부가 있었어. 유학 학부는 7품 이상의 자제가 입학했고, 기술 학부는 8품
이하의 자제나 일반 백성이 입학했어.

성종은 충효 사상이 기본인 유학을 적극적으로 교육했어. 유학을 과거 시험 과
목으로 삼아 관리가 되어 성공하려는 사람은 열심히 유학을 공부하게 되었지.
이로써 나라에 대한 충성이 모든 사람이 지켜야 할 덕목이 되었고 왕권은 더욱
강화되었단다.

국자감은 나중에 국학, 성균감, 성균관 등으로 이름이 바뀌었는데 결국 성균관
이란 이름으로 조선 시대까지 이어졌어. 지방 교육 기관인 향교도 마찬가지고.

성종이 만든 중앙 및 지방 행정 조직, 교육 기관 등은 이후 고려는 물론 조선까
지 그대로 이어지게 돼. 그야말로 대대손손 이어질 나라의 뼈대를 만든 셈이지.

거란의 제1차 침입과 외교의 달인 서희

고려의 북쪽에는 거란이란 유목 민족이 있었어. 발해를 멸망시킨 그 민족이
야. 일찍이 태조 왕건은 훈요 10조에서 거란을 경계하라고 했어. 왕건은 거란이
반드시 고려를 침입할 것을 이미 알고 있었던 거야.

성종 때 이르러 왕건의 염려는 현실로 나타났어. 송나라를 치고 중국을 차지하

려던 거란이 그에 앞서 송나라
와 국교를 맺은 고려를 먼저 공
격해 왔어.

거란이 고려에 처음 침입한
건 993년이야. 총사령관 소손녕
을 앞세운 거란의 80만 대군이
고려를 침입해 항복을 요구했
어. 고려 조정은 항복하자는 쪽
과 서경 이북 땅을 떼어 주고 평
화를 챙기자는 쪽으로 의견이
나뉘었지.

이때 서희는 두 가지 의견이
모두 굴욕적이라고 생각해 참을
수가 없었어. 그래서 성종에게 자기가 외교 사절로 나서겠다고 했어.

드디어 소손녕의 숙소에서 담판이 시작되었어.

서희의 외교 담판
서희는 적장 소손녕과 외교 담판을 벌여 거란으로부터 고려가 고구려의 후
계자임을 인정받았고, 압록강 유역의 강동 6주도 확보할 수 있었어.

소손녕: 고려는 옛 신라 땅에 세워진 나라이고 고구려의 옛 땅은 우리 것이다. 또
우리와 접해 있으면서도 오히려 바다 건너 송을 섬기고 있으므로 너희를 치러 왔
다. 지금 너희가 차지하고 있는 우리 땅을 바치고 국가간 관계를 바로잡는다면 무
사하리라.
서희: 고구려를 이어받은 것은 우리다. 그래서 나라 이름도 고려로 정한 것이다.
…… 너희와 교류하지 못하는 것은 여진이 가로막고 있기 때문이니 여진을 몰아
내고 우리의 옛 땅을 돌려주어 길이 열리게 된다면 당연히 거란과 가까이하지 않
겠는가?

— 〈고려사〉

위 고려사 내용으로 알 수 있듯이 소손녕은 "고구려 옛 땅은 거란 것인데 고려
가 차지하고 있다. 당장 그 땅을 내놓아라.' 하며 으름장을 놓았어. 이에 서희는
"고려는 고구려를 계승한 나라다. 그래서 나라 이름을 고려라고 한 것이다. 그러

니 고구려의 옛 땅이 우리 영토가 되는 것이 마땅하다"며 당당히 맞선 거야.

그런데 소손녕은 "국경을 맞대고 있는 거란과는 국교를 맺지 않고 먼 나라, 송과 친하게 지내는 이유는 무엇인가?" 하고 물었어. 이에 서희는 "여진을 몰아내고 성을 쌓을 수만 있다면 송과의 관계를 끊고 능히 거란과 국교를 맺을 수 있다"고 대답했지.

서희는 거란이 고려에 쳐들어온 속셈을 처음부터 꿰뚫어보고 있었어. 고려의 항복을 받아 내는 것이 아니라 송과의 관계를 끊는 데 있다는 것을. 이에 거란은 고려와 화해하고 돌아갔어. 그 후 고려는 압록강 유역에 성 여섯 개를 쌓고 여진을 몰아내 강동 6주를 확보했지. 강동 6주는 개경으로 통하는 길목이자 천연의 요새이며 교통 무역의 중심지였어.

서희의 담판을 통해 고려의 영토는 압록강까지 넓어졌고, 나중에 조선이 영토를 압록강과 두만강 이북까지 넓히는 기반이 되었지. 결국 천재 외교관 서희의 뛰어난 능력 덕에 고려는 거란과의 전쟁을 피하고 땅을 넓힐 수 있었어.

성종 시대의 대외 정책은 이처럼 거란과 군사적 외교를 펼치고 송나라와 문화·정치적 외교를 펼쳐 선진 문물을 들여오는 등 실리주의 정책이었어.

성종은 유학적 정치 이념에 바탕을 두고 개혁을 단행해 고려의 중앙 집권 체제를 완성한 동시에 실리적인 대외 정책을 성공적으로 실행함으로써 개국 이래 최대의 공적을 남겼지.

1. 빈칸에 들어갈 알맞은 말을 쓰시오.

태조 왕건은 민생 안정을 위해 [㉠   ]을 십분의 일로 줄여 주고 가난한 백성을 구제했다. 또 [㉡   ]를 계승한다는 의미로 나라 이름을 '고려'라고 했고 수도인 개경 말고도 서경, 즉 [㉢   ]을 중시했다. 그리고 후대 왕들이 지켜야 할 교훈인 [㉣   ]를 남겼다.

2. 훈요10조에 대한 설명으로 맞지 않은 것은?

① 태조 왕건이 후대 왕들에게 남기는 열 가지 가르침이다.
② 연등회와 팔관회를 성대히 치르라는 등 불교를 중시했다.
③ 북진정책의 일환으로 거란을 배척했다.
④ 중국의 문화를 무조건 받아들이라고 했다.
⑤ 불교 이외에 유교나 풍수지리설도 존중했다.

3. 빈칸에 들어갈 알맞은 말을 쓰시오.

광종이 왕권 강화를 위해 맨 처음 실시한 정책은 [㉠   ]이다. [㉠   ]은 노비를 살피고 검사하는 법이란 뜻인데 이 법을 시행함으로써 호족의 [㉡   ] [㉢   ] 기반을 약화시켰다. 또 광종이 왕권강화를 위해 펼친 또 하나의 정책은 [㉣   ]이다. 이 제도를 통해 광종은 [㉤   ]실력을 갖춘 인재를 뽑아 관리로 앉혔다. 이 제도는 문과, [㉥   ],승과로 나뉘어 실시했다.

4. 빈칸에 들어갈 알맞은 말을 쓰시오.

성종은 정치를 개혁할 상소문을 올리라고 명령한 뒤 최승로의 [㉠]를 채택했다. 그리고 [㉠   ]를 통해 [㉡   ] 통치 이념을 확립했다. 교육기관으로 개경에 [㉢   ], 지방에 [㉣   ]를 두었다. 또 나라의 구석구석까지 왕의 생각이 전달될 수 있는 체제를 만들었다. 중앙 정치제도는 [㉤   ]와 지방행정 제도로는 12목을 설치하여 [㉥   ]을 파견했다.

5. 빈칸에 들어갈 알맞은 말을 쓰시오.

성종 때 거란이 침입해 왔을 때 [㉠   ]가 [㉡   ]과 담판을 하여 뛰어난 외교 술로 [㉢   ]를 확보했다.

2 고려의 대외 관계

이 고려 전기, 고려와 주변 나라와의 관계

고려는 전기에 주변국과 어떤 관계였을까? 먼저 거란! 앞서 성종 때 고려를 침입했던 거란 이야기를 했지? 만주에 살던 유목 민족 거란은 중국 북쪽까지 세력을 넓히고 여러 부족을 통일한 뒤 요나라를 세웠어. 926년 발해를 멸망시킨 나라도 거란이었다는 사실 기억할 거야.

발해를 멸망시킨 거란에 부정적이었던 고려는 거란 대신 송나라와 국교를 맺었단다. 고려는 거란에서 보낸 사신을 귀양 보내고 선물로 가져온 낙타를 만부교 밑에서 굶어 죽게 했지. 이 사건 이후 거란과의 사이가 더 나빠졌지.

그다음은 송나라! 송나라는 당나라가 망한 뒤 혼란스러운 중국을 통일한 왕국이야. 송나라는 거란과는 전쟁을 벌이는 사이였지만 고려와는 국교를 맺고 친하게 지냈어.

다음은 여진! 만주 동부에 살던 민족 여진은 처음에는 고려를 부모 나라로 섬겼어. 요나라가 힘이 약해지자 여진은 금나라를 세우고 요나라를 멸망시켰어. 세력이 커지자 고려에 자기네 나라를 섬기라고 요구했지. 그래서 고려와는 적대적 사이가 되었단다. 마지막으로 일본! 일본과 고려는 비교적 잘 지낸 편이었어.

거란의 제2차 침입과 양규의 활약

제1차 침입 때 서희의 능란한 외교술에 당해 강동 6주를 내준 거란은 후회가 막심했어. 강동 6주는 개경으로 통하는 길목이자 천연의 요새이며 교통 무역의 중심지였으니까. 그래서 어떻게든 강동 6주를 되찾아야겠다고 벼르고 있었지.

1010년, 거란은 강동 6주를 돌려달라며 2차로 침입해 왔어. 당시 강동 6주의 하나였던 흥화진을 지키던 장수가 양규였어. 흥화진을 포위한 거란군은 항복하라고 위협했지만 양규는 성을 굳건히 지켰지. 이에 거란은 흥화진을 그대로 두고 통주로 갔어. 통주에서 강조 장군이 이끄는 고려군을 친 뒤 다시 흥화진으로 한 장의 편지를 보냈지. 양규더러 항복하라고 권하는 내용으로, 강조 장군이 직접 쓴 것처럼 꾸민 가짜 편지였어. 양규는 편지는 받았지만 지시를 따를 수 없다며 항복하지 않았어. 그런데 거란도 끈질겼지. 포로로 잡은 노전을 보내 항복을 권하게 했어. 양규는 노전을 잡아 놓고 역시 항복하지 않았지.

양규가 그토록 성을 굳게 지켰지만 거란의 침입으로 고려는 심각한 피해를 입었어. 개경도 함락되고 현종은 나주로 피난 갔을 정도니까. 거란군은 고려 왕이 거란에 직접 찾아와 인사하겠다는 약속을 받고서야 겨우 물러났어. 하지만 거란군은 돌아가는 길에 고려를 침입한 대가를 톡톡히 치러야 했어. 양규는 길목을 지키고 있다가 본국으로 돌아가는 거란군을 습격했어. 양규는 이 전투로 거란군에게 큰 피해를 주고, 끌려가던 많은 고려 백성을 구해 냈어.

거란의 제3차 침입과 강감찬의 활약

1018년 총사령관 소배압을 앞세운 거란의 10만 정예군이 압록강을 건너 다시 고려에 쳐들어왔어. 이에 고려는 강감찬 장군에게 거란군을 막게 했지. 흥화진 전투는 강감찬 장군이 쇠가죽으로 강물을 막아 거란군을 물리친 전투로 유명해.

흥화진은 강동 6주의 하나로 개경으로 가는 통로야. 강감찬은 흥화진 동쪽에 강이 하나 있다는 사실을 알고 있었어. 그 강을 이용하면 거란을 물리칠 수 있을 거라고 확신했지. 그래서 쇠가죽을 여러 장 모아 강 상류에서 강물을 막고 거란군이 지나갈 때까지 군사들을 몰래 숨겨 놓았지.

낙성대 앞의 강감찬 동상
서울시 관악구 봉천동에 있어. 강감찬이 태어났을 때 하늘에서 큰 별이 떨어졌다고 해서 낙성대라는 이름이 붙여졌대.

강에 도달한 거란군은 아무 의심 없이 강에 뛰어들었어. 강물이 얕아 건널 만하다고 생각했던 거야.

강감찬은 이때다 하고 막아 놓았던 강물을 텄어. 거란군이 한꺼번에 쏟아져 내려오는 물살에 놀라 어쩔 줄 몰라 하는 사이 강감찬은 맹공격을 퍼부었어. 이렇게 강감찬은 흥화진에서 승리를 거두었지.

그러나 흥화진에서 패한 소배압은 멈추지 않고 있는 힘을 다해 개경으로 내달렸어. 고려 수도 개경을 무너뜨리면 결국 승리할 수 있다고 생각했기 때문이야. 그런데 거란군이 겨우겨우 개경에 도착했을 때 논밭은 모두 불타고 재만 날리고 있었어. 고려군이 적이 지나가는 곳에 식량과 물을 모두 없애 적을 지치게 만드는 청야 전술을 썼거든. 먹을 것이 다 떨어진 거란군은 그만 다리가 풀리고 말았지. 게다가 왕과 신하들은 개경의 성문을 굳게 닫고 철벽처럼 방어하고 있었어. 결국 소배압의 군대는 개경 공격을 포기하고 발길을 돌릴 수밖에 없었지.

거란군이 군사를 돌리자 강감찬이 숨겨 둔 고려군의 공격이 시작되었어. 고려군은 치고 빠지기를 반복하며 거란군을 야금야금 무너뜨렸어. 그러다 소배압의 거란군은 귀주에서 강감찬이 이끄는 고려군과 정면 대결을 하게 되었지. 고려군의 공격으로 많은 피해를 입었지만 거란군은 엄청난 수의 정예군이었어. 힘이 엇비슷한 두 군대는 엎치락뒤치락하며 싸웠고, 승패가 쉽게 결정되지 않았지.

그런데 때마침 고려군 쪽에서 거란군 쪽으로 바람이 불기 시작했어. 강감찬은 이때를 놓치지 않고 거란을 향해 화살을 쏘아 댔어. 바람을 타고 날아오는 화살에 거란군은 속수무책으로 쓰러졌고 고려군은 크게 승리했단다. 거란의 10만 군사 중 수천 명만 겨우 살아서 돌아갔을 뿐이야. 이 전투가 바로 강동 6주의 하나였던 귀주에서 벌어진 귀주대첩이지.

귀주대첩으로 거란의 성종은 힘으로 고려를 굴복시키겠다는 야망을 버렸어. 또한 강동 6주를 되돌려 받겠다는 요구도 더 이상 하지 않게 되었어.

이후 오랜만에 평화를 되찾은 고려는 북방 민족이 재침입할 것을 대비해 서쪽으로 압록강 하구에서 동쪽으로 도련포까지 이르는 천리장성을 쌓았지. 천리장성은 돌로 쌓았는데 그 길이가 이름처럼 천 리가량 돼. 천 리나 되는 성을 하나하나 차례대로 쌓은 건 아니고, 이미 있는 성과 성 사이에 새로 성을 쌓아 이으며 완성해 갔어. 현재 북한에는 천리장성의 유적이 여러 군데 남아 있어.

윤관, 여진을 정벌하고 동북 9성을 쌓다

여진은 만주 동부에 살던 퉁구스 계통 민족이야. 여진은 수나라와 당나라 때는 말갈로 불렸지. 발해에서 고구려 출신 사람들과 함께 살던 말갈족이 바로 여진이야. 여진족은 여러 부족이 있었는데, 발해가 망한 뒤 떨어져 나온 여진은 흑수말갈이라고 불러. 여진은 처음엔 고려를 부모의 나라로 섬겼어. 그런데 만주 하얼빈 쪽에서 살던 여진족의 한 부족인 완안부의 추장 영가가 여진족을 통일하며 힘이 세지자 태도가 완전히 돌변했어. 고려 북쪽 지역을 조금씩 침범하기 시작한 거지. 고려는 여진을 그냥 두면 안 되겠다고 생각해 1104년부터 여진 정벌에 나섰지만 실패했어. 이에 총사령관 윤관은 여진을 정벌하기 위해서 별무반을 조직해야 한다고 건의했지.

별무반이란 기병 중심의 특별 부대인데 신기군, 신보군, 항마군으로 구성된 군대를 말해. 이렇게 별무반이 기병 중심으로 구성된 이유는 여진의 군대가 기병 중심이기 때문이야. 눈에는 눈, 이에는 이! 기병을 이기려면 기병으로 맞서야 승산이 있다는 거지.

별무반에서 신기군은 말을 가지고 있는 사람만 될 수 있었어. 말을 가지고 있지 않은 사람은 신보군, 승려들은 항마군이 되었어. 이렇게 윤관은 별무반을 조직해 북쪽으로 나아가 여진을 몰아내고 함경도 주요 지점에 동북 9성을 쌓았어.

『고려사』에는 동북 9성을 함주, 영주, 웅주, 복주, 길주, 통태진, 숭녕진, 진양진, 공험진 등이라고 기록하고 있어. 하지만 그 위치가 어디인지 정확히 알려지지는 않았지.

그러나 공들여 쌓은 동북 9성은 여진이 계속 공격해 오자 결국 돌려주고 말았어. 자연히 별무반도 해체되었지. 여진은 점차 세력을 키워 거란을 멸망시키고 금나라를 세운 뒤 고려에 금나라를 큰 나라로 섬길 것을 강요해 왔어. 고려는 날로 강성해지는 금나라와의 전쟁을 피하기 위해 어쩔 수 없이 국교를 맺었지.

척경입비도(고려대 박물관 소장)
윤관이 여진을 정벌하고 개척한 9성에 고려의 국경이라고
선언하는 비를 세우는 장면을 그린 그림이야.

02 세계 속의 코리아

고려는 주변 여러 나라와 활발히 교류했어. 당시 아주 잘나가던 국제 무역항이 고려의 수도인 개경 근처에 있었다는 걸 보면 바로 이해가 갈 거야. 그 국제 무역항 이름은 '벽란도'! 벽란도는 예성강 입구에 있는 나루터 이름이야. 예성강은 서해로 흘러드는 강으로 외국 상인들은 배를 타고 서해를 건너와 예성강 입구 벽란도에 쉽게 닿을 수 있었어. 벽란도에서 조금만 가면 수도인 개경에 쉽게 닿을 수 있었고 말이야.

덕분에 벽란도에는 송나라 상인, 거란 상인, 여진 상인, 일본 상인, 동남아시아 상인, 아라비아 상인까지 활발히 드나들었단다. 그 중 송나라와의 무역이 가장 활발하게 이루어졌어.

월드컵 응원가, '오 필승 코리아!'에서 '코리아'는 아라비아 상인이 고려에 다녀간 후 부른 고려의 이름이야. 그때부터 서양인들이 아라비아 상인을 따라서 우리나라를 코리아로 부르게 되었어.

벽란도의 유명세 덕에 벽란도와 가까운 개경은 국제도시가 되었어. 고려에서 팔관회가 열리면 세계 여러 나라에서 축하사절단이 된 세계의 상인들이 들어왔지. 또 개경은 국제도시답게 여러 곳에 시장이 있었는데 시장은 시전과 일반시장으로 나뉘었어. 시전은 큰 상점으로 나라에서 운영했고 일반시장은 일반 백성들이 물건을 사고파는 시장이었지.

시전은 남대가라고 하는 큰 길가에 있었는데 남대가를 따라 종이 파는 가게, 기름 파는 가게, 만두 파는 가게 등 다양한 가게들이 쭉 늘어서 있었어.

시장에는 돈이 오가게 마련이지. 고려 성종 때에는 우리나라 최초의 동전인 건원중보를 만들었어. 건원중보 한 닢이면 남대가에서 만두를 사 먹을 수 있었던 거야.

동전의 모양은 지금의 동전처럼 동그란 모양에 한가운데 네모난 구멍이 뚫려 있지. 동전의 동그란 테두리는 하늘을 본뜬 것이고, 네모난 구멍은 땅을 본뜬 거야. 즉 하늘과 땅 사이에서 두루두루 널리

건원중보

쓰이라는 의미지. 하지만 널리 쓰이라고 동전을 만든 뜻과는 달리 그렇게 널리 쓰이지는 않았어. 고려 사람들은 물건을 사고팔 때 주로 쌀이나 옷감을 사용하는 데 익숙했기 때문이야.

건원중보가 만들어진 이후 동국통보, 해동통보, 삼한통보, 은병 등 다양한 화폐를 발행했어. 하지만 무역할 때 은병을 사용한 것을 빼고는 역시 널리 사용되지 않았어.

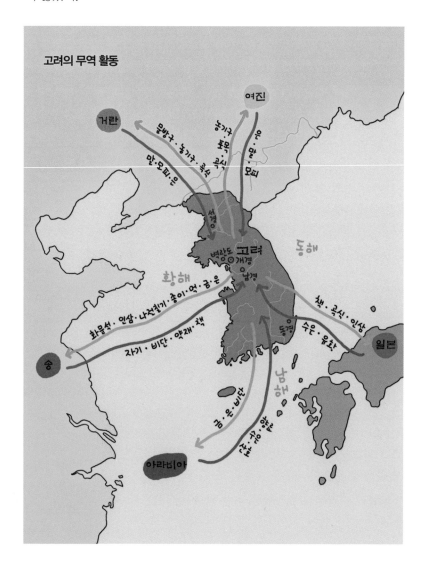

고려의 무역 활동

고려, 세계 여러 나라와 활발히 교류하다

고려는 세계의 여러 나라와 활발하게 무역을 했어. 고려가 가장 활발하게 무역한 나라는 어디였을까?

가장 활발히 교류한 나라는 송나라였어. 송나라에서 비단, 자기, 차, 약재, 책 등 주로 왕실이나 귀족이 필요로 하는 물건들을 수입했단다. 이 중 가장 많이 가지고 온 것은 비단이었지. 고려는 송나라로 금, 은, 나전칠기, 화문석, 인삼, 종이, 먹, 삼베, 모시 등을 수출했어. 이 중 인삼이 약효가 좋아 가장 인기가 있었어.

고려 배가 새겨진 청동 항해 무늬 거울
돛을 올린 배가 파도를 헤치고 항해하는 모습이 그려져 있어. 고려 시대의 바닷길을 통한 활발한 교류를 보여 주는 유물이야.

인삼뿐 아니라 먹, 종이도 질이 좋기로 이름이 났단다. 거란과 여진에서는 은, 모피, 말 등을 수입했고 농기구, 곡식, 문방구 등을 수출했지. 일본에서는 수은, 유황 등을 수입했고 곡식, 인삼, 서적 등을 수출했어. 아라비아 상인은 송나라와 무역이 활발해지면서 송나라 상인들과 함께 벽란도에 들어왔어. 아라비아 상인에게서 고려는 수은, 향료, 산호 등을 수입했고 금, 은, 비단 등을 수출했어.

03 고려시대 사람들의 생활과 문화

태조 왕건처럼 백성들도 이름 앞에 성을 붙이다

태조 왕건의 이름은 왕건이었어. 왕건은 성씨 없이 이름만 왕건이었다는 거야. 그러다가 왕건은 자신의 이름 '왕건'에서 앞 글자 한 자를 뚝 떼어 성씨로 삼았지. 즉 성을 '왕씨'로 정하고 이름은 '왕건'에서 '건'으로 바꾼 거야.

왕건은 또 자신의 성인 '왕씨'를 지방 호족들에게 선물로 내려 주기도 했어. 왕씨 말고 다른 성씨를 내려 주기도 했지. 태조 왕건과 귀족들이 성을 갖게 되자 백성들도 이를 따라 했어. 이렇게 해서 백성들이 이름 앞에 성을 붙이게 된 거야.

자식들은 아버지의 성을 따르는 것이 원칙이었지만 왕의 딸의 경우 외가 쪽의 성씨를 따르기도 했어.

고려 백성은 어디에 사느냐에 따라 지위가 달라졌다

고려 사람은 자신이 사는 곳을 '본관'이라고 했어. 나라에서는 본관이 어디냐에 따라 세금도 달리 거둬들이고 관직에 나아갈 수 있는 사람인지 아닌지를 결정했어. 예를 들면, 지방의 특수 행정 구역인 향·부곡·소가 본관인 사람은 다른 구역 사람보다 세금을 더 많이 내야 했고 거기에 더해 특산물까지 바쳐야 했지.

고려 사람들은 본관과 성을 함께 썼어. 그래서 본관과 성을 대면 그 사람의 사회적 지위를 바로 알 수 있었지.

일반 백성과 달리 천인은 본관도 성도 없이 달랑 이름 하나만 있었어.

둔마리 벽화 속 여인
무덤에 있는 여인의 그림으로 피리를 입에 물고 손에는 과일이 담긴 그릇을 들고 있어. 무덤 주인을 하늘나라로 데려가는 천상의 선녀를 그린 것으로 보이는데, 고려 시대 여성들의 생활이나 복장 등을 엿볼 수 있지.

고려 시대 여성의 지위는 조선 시대보다 높았다

고려 시대에는 자녀가 부모에게 재산을 상속받을 때 딸도 아들과 똑같이 받았어. 조선 시대와 비교해 보면 여성의 지위가 조선 시대보다 훨씬 높았다는 걸 알 수 있어. 조선 시대에는 딸이 결혼하면 출가외인이라고 해서 친정집에서 한 푼도 받지 못했거든.

조선 시대, 특히 후기에 이르러 오히려 여성의 지위가 퇴보한 셈이야. 고려 시대에는 아내가 친정집에서 물려받은 재산이 있다면 그건 여전히 아내 자신의 소유였어. 혼인을 했더라도 아내와 남편이 각각 자신의 재산을 소유할 수 있었던 거야.

제사를 모시는 일도 재산 상속과 마찬가지로 딸과 아들이 똑같이 했어. 또 족보에 올리는 것도 남녀 차별 없이 했고 여성도 호주가 될 수 있었어.

장가를 가서 장인 장모 집에 살다

고려 시대에는 일부일처제가 원칙이었고 결혼하면 남편이 아내의 집으로 가서 살았어. 남자가 결혼할 때 '장가간다'고 표현하지? 여기서 '장가간다'는 말은 결혼한 남자가 장인 장모의 집으로 간다는 뜻이야.

고려 시대 남자들은 장인 장모 집에서 아내와 함께 살다가 자식을 낳고 키워 아이들이 성장하면 그때 자기 집으로 가서 살았어. 이런 풍습은 고려에 와서 생긴 게 아니라 삼국 시대에도 있었어.

솔직한 감정을 노래하다

고려 가요란 고려의 시와 노래를 말해. 고려 사람들은 그 시대를 살아가는 자신들의 마음과 감정을 고려 가요에 담아 노래했어. 특히 남녀 간의 사랑을 솔직하게 표현한 노래를 많이 불렀지. 평민들은 〈쌍화점〉 외에도 〈동동〉, 〈이상곡〉 등에서 남녀 간의 사랑을 진솔하게 담아 노래했어.

〈쌍화점〉은 만두 가게 주인인 회회아비와 여자 손님 사이의 사랑을 다룬 노래야. 회회아비란 서쪽에서 온 이슬람교도를 일컫는 말이야. 그러니까 쌍화점은 외국인과 고려 여인의 사랑 노래지. 사랑 노래가 있으면 이별 노래도 있겠지? 〈가시리〉는 사랑하는 사람을 떠나 보내는 슬픔을 담은 이별 노래야.

고려 가요는 입에서 입으로 노래로만 전해지다가 조선 시대에 와서야 글로 기록되었어. 그런데 조선 시대 유학자들은 고려 가요가 지나치게 솔직해서 점잖지 못하다고 여겼어. 그래서 많은 고려 가요를 빼고 기록하는 바람에 오늘날까지 전해지는 고려 가요는 얼마 없지.

화장은 있어도 고려장은 없다

고려 시대에는 부모님이나 조부모님이 돌아가시면 장례를 주로 절에서 치렀어. 절에서 시신을 화장한 뒤 유골을 절에 모셔 두었다가 항아리에 담아 땅에 묻거나 산이나 강에 뿌렸지. 이런 장례 풍습은 고려에 불교를 믿는 사람들이 많았기 때문에 등장했어. 장례 행사조차 불교의 영향을 받은 거지. 한편, 불교 경전 『잡보장경』에는 '노인을 버리는 나라'에 대한 이야기가 실려 있어.

이 이야기가 널리 알려지면서 사람들은 고려장 이야기와 연결하여 생각하기도 했어. 고려장이란 부모님이 늙으면 부모님을 지게로 지고 가 산속에 버리는 풍습을 말해. 하지만 실제로 고려 시대에는 고려장이라는 풍습이 없었어. 고려장을 했다던 장소만 말로 전해질 뿐 구체적인 유물이나 유적이 발견되지 않았거든.

🎯 단원정리문제

1. 빈칸에 들어갈 알맞은 말을 쓰시오.

거란은 만주에 살던 유목민족으로 여러 부족을 통일한 뒤 [㉠   ]를 세웠다 거란이 고려에 2차 침입했을 때 [㉡   ] 등의 활약으로 거란을 물리쳤다. 거란이 고려에 3차 침입했을 때에는 [㉢   ] 이 귀주대첩에서 크게 승리했다. 고려는 거란 침입 후 국경 방어를 위해 [㉣   ]을 쌓았다.

여진은 만주 동부에 살던 민족으로 거란의 힘이 약해지자 거란을 멸망시키고 [㉤   ]를 세웠다. 여진이 북쪽지역을 침범하자 윤관은 별무반을 조직해 여진을 몰아내고 함경도 주요 지점에 [㉥   ] 을 쌓았다.

3. 무신 정권과 몽골의 침입

이 칼로 나라를 지배한 무신들

문벌 귀족을 꺾으려면 서경으로 천도해야 한다

인종의 고문인 묘청은 인종에게 개경은 이미 기운이 다했으니 이제는 기운이 좋은 서경을 수도로 삼아야 한다고 주장했어. 묘청의 말에 인종은 일리가 있다고 고개를 끄덕였어. 묘청은 승려이면서 풍수지리설과 음양의 이치에 밝았기 때문에 그의 말은 꽤 설득력이 있었거든.

또 묘청은 고려도 금나라처럼 왕을 황제라 부르고 연호를 독자적으로 써야 한다고 주장했어. 인종은 금나라를 섬겨야 한다고 주장하는 문벌 귀족들이 판을 치는 세상에서 과감히 문벌 귀족과 정반대 주장을 하는 묘청이 무척이나 기특했어. 인종은 1126년에 일어난 이자겸의 난을 떠올렸어. 자신의 외할아버지이자 장인인 이자겸이 자기 대신 권력을 휘두르더니 급기야는 스스로 왕이 되려고 난을 일으켰던 일이지. 정지상, 김부식, 묘청 등의 도움을 받아 이자겸을 제거했지만, 개경에는 여전히 입김이 센 문벌 귀족이 많았단다. 이자겸을 제거한 세력은 둘로 나뉘어 묘청, 정지상을 중심으로 서경세력이 이루어졌고 김부식 등의 개경 세력이 형성됐어. 인종은 서경세력에 마음이 기울어져 서경으로 수도를 옮기려 마음먹고 서경에 새 궁궐인 대화궁을 짓게 했어.

문벌 귀족은 서경 천도에 크게 반대했지. 서경으로 수도를 옮기면 문벌 귀족이 자신의 기반을 잃어 버리게 될까 두려웠기 때문이야. 인종이 개경에 있을 때 문벌 귀족이 묘청의 주장에 끊임없이 반대하자 인종은 할 수 없이 서경 천도를 미루었어. 그러자 묘청은 1135년 서경 지방의 군대를 동원해 반란을 일으켰지.

서경에 나라를 세우고 나라 이름을 '대위국'이라 하고 연호를 '천개'라고 했지만 자신을 황제라고 하진 않았어. 여전히 인종을 황제로 받들었지. 하지만 이 소식을 들은 인종은 문벌 귀족 김부식에게 진압 명령을 내렸고 얼마 뒤 묘청 세력은 진압되었어. 수도를 서경으로 옮기려 했던 이 운동은 금나라를 섬기자는 편과 자주적인 국가를 원했던 편의 싸움이었다고 볼 수 있어. 또 당시 문벌 귀족의 힘이 얼마나 셌는지 알 수 있는 사건이기도 해.

문신이 무신의 수염을 태우고 뺨을 때리다

인종 때 일어난 일이야. 귀신을 쫓는 궁중 의례인 나례가 열렸어. 견룡군 장교였던 정중부는 왕과 함께 나례에 참석했지. 내시인 김돈중이 장난삼아 정중부의 턱수염을 촛불로 태워 버리는 사건이 발생했어. 고려 시대의 내시는 국왕 옆에서 시종하는 꽤 높은 직책의 문관이었거든. 게다가 김돈중은 묘청의 난을 진압한 문벌 귀족인 김부식의 아들이었지. 아버지의 배경을 믿고 함부로 행동한 거야. 정중부는 머리끝까지 화가 났지만 왕이 말려 참을 수밖에 없었어.

또 하나의 사건은 의종 때 일어났어. 의종은 궁궐 밖으로 소풍을 나가는 일을 좋아했어. 하루는 신하들을 데리고 보현원으로 향했지. 의종은 가던 길을 멈추고 무신들에게 수박희를 겨루게 했어. 수박희는 주로 손을 써서 상대를 공격하는 무술인데 오늘날 스포츠 종목으로 치면 택견과 비슷해. 경기에는 이소응 장군이 선수로 출전했어. 이소응 장군의 상대는 힘이 팔팔한 젊은 무신이었고. 이소응 장군은 환갑이 넘은 나이여서 끝까지 싸우기에는 힘에 부쳐 기권을 했어. 그러자 문신 한뢰가 느닷없이 다가와 이소응의 뺨을 후려친 거야.

문신은 무신에 대해서 자기들이 갑이라고 생각했을 거야. 이를 지켜보던 무신들은 차별받던 지난 일을 하나하나 떠올렸어. 의종이 잔치를 열 때마다 문신에게는 술을 권하고 함께 즐기는 동안 무신들은 보초만 서게 했던 일, 무과는 거의 시행되지 않았고 최고 오를 수 있는 자리는 정3품까지라는 사실, 심지어는 군대의 최종 지휘권을 가진 사람도 무신이 아닌 문신이라는 사실 등을 떠올렸지. 이에 정중부는 이의방, 이고와 함께 문신들을 몰아낼 결심을 했어.

공민왕릉의 문신상과 무신상
공민왕릉에 세워져 있는 문신상과 무신상이야. 왼쪽 위에 있는 석상이 문신이고 오른쪽 아래에 있는 석상이
무신이야. 고려 시대 문신과 무신의 차별을 무덤 석상을 통해서도 알 수 있지.

무신들이 반란을 일으키다

소풍을 마친 의종의 행렬이 보현원에 이르렀어. 무신들은 오래전부터 꼼꼼하
고 치밀하게 준비해 온 반란 계획을 실행에 옮기기로 했지. 문신들이 왕을 모시
고 보현원 안으로 들어갔을 때 무신들은 들어가지 않았어. 문신들은 무신들이
문밖에서 기다리고 있는 줄은 꿈에도 몰랐지. 무신들은 문신들이 나오는 대로
모두 칼로 베어 버렸어.

문신들은 무신들에 대한 차별의 끝이 죽음이 될 줄은 꿈에도 몰랐을 거야. 그
후 의종과 태자는 귀양을 보내 버렸어. 그리고 의종의 아우를 명종으로 세운 뒤
무신 정권을 세웠지. 무신들이 반란에 성공한 거야.

100년 동안 이어진 무신 정권

반란에 성공한 무신은 권력을 100년 동안 손에 쥐었어. 무신이 정권을 잡자 농

민은 무신들에게 큰 기대를 걸었어. 문벌 귀족이 농민의 땅을 강제로 빼앗아 살기가 어려웠다면 무신은 농민을 잘 돌볼 거라고. 문신에게 차별받는 것에 분노했던 무신이었으니 적어도 문신처럼 농민을 대하진 않을 거라고. 하지만 무신은 처음부터 그 기대를 무참히 꺾어 버렸어. 농민은 전혀 돌보지 않았을 뿐더러 권력을 차지하려고 서로 다투기만 했거든.

처음에는 문신이 공공의 적이었지만 무신 정권이 들어선 뒤에는 권력을 차지하려는 욕심으로 서로가 적이 되었어. 서로 죽고 죽이는 피비린내 나는 싸움이 시작되었지. 최고 권력자는 이의방, 정중부, 경대승, 이의민으로 이어졌어.

이들 초기 무신 정권은 원래 있던 정치기구를 대신해서 무신들의 최고 회의기구인 중방을 최고의 권력기관으로 삼았어.

그다음의 최고 권력자는 이의민을 죽이고 권력을 잡은 최충헌이었어. 최충헌 이후로 최씨가 4대를 이어 가며 권력자가 되어 최씨 가문은 무려 60년 동안 권력을 휘둘렀지.

최충헌은 권력을 잡은 후 초기에는 봉사10조를 사회개혁안으로 제시하면서 개혁을 주장했어. 하지만 최고 정치기구인 교정도감을 두어 나라의 중요정책을 결정하는 등 막강한 권력을 행사했어. 또 사병 집단인 도방을 이용해서 권력을 지켜 나갔어.

최충헌의 아들 최우는 정방을 설치하여 관리의 인사행정을 담당하게 했어. 정방은 교정도감과 함께 최씨정권 이후 김준, 임연, 임유무 정권, 즉 무신 정권이 끝날 때까지 이어지는 지배기구가 되었어.

또 최우는 도둑을 잡기 위해 야별초를 조직했는데 결국 최씨정권의 권력을 지켜 나가기 위한 군사적 기반이 되었지. 이 야별초는 좌별초와 우별초로 나뉘고 몽골 포로로 잡혀 있다가 탈출한 군사들로 이루어진 신의군과 합해 삼별초가 되었어.

한편 최우는 문신들의 숙위기관인 서방을 설치하여 정책의 자문을 받기도 했어. 이규보와 같은 문신을 등용한 것도 이때 일이지.

무신이 정권을 쥔 100년 동안 농민과 노비의 봉기가 쉼 없이 이어졌어. 그리고 몽골군의 침입으로 온 나라가 황폐해졌지.

죽을지언정 노예가 되지 않으리니!

무신이 정권을 잡으면서 나라 정치가 혼란스러워지자 지방에 대한 통제력이 약해졌어. 그 때문에 집권자들이 힘없는 백성들의 땅을 빼앗아 자신들의 농장을 거대하게 키웠고 감당하기 힘들 정도의 세금을 거둬들였어. 백성들의 삶은 이전보다 더 피폐해져 전국에서 저항운동이 일어났지.

농민 봉기는 무신 정권이 중방으로 지배하던 시기인 1176년에 공주 명학소에서 일어났어.

명학소에는 망이와 망소이라는 형제가 살고 있었어. 망이와 망소이는 자신들이 농민들보다 세금을 더 내는데도 천대받는 것에 불만을 품었어. 그래서 망이와 망소이는 뜻을 같이하는 사람들을 모아 봉기를 일으키기로 했지. 먼저 봉기하고자 하는 무리와 함께 공주를 공격해 함락시켰어. 이에 놀란 조정에서는 대책을 마련하기 시작했어. 그 결과 놀랍게도 명학소를 충순현으로 승격시켜 주었단다. 이 소식을 들은 봉기군은 너무나 기쁘고 반가웠어.

개성 흥국사 탑
흥국사는 노비들이 모여 봉기를 준비하던 곳이야.

봉기를 접고 각자 집으로 돌아갔지. 그런데 조정이 봉기군의 뒤통수를 치는 일이 벌어졌어. 봉기군이 집으로 돌아가는 동안 봉기군의 가족들을 감옥에 잡아 가두어 버린 거야.

봉기군은 분노해 또다시 봉기를 일으켰어. '죽을지언정 항복하여 노예가 되지 않으리니!'라고 하면서 말이야. 하지만 이번에는 조정에서 보낸 군대에 진압당하고 말았어. 충순현으로 승격되었던 것도 원래의 행정 구역인 명학소로 강등되었단다. 미끼로 삼았던 상마저 빼앗아 버린 거지.

하지만 농민의 저항은 이어져 1193년 운문에서 김사미의 난, 같은 해 초전(울산으로 추정됨)에서 효심의 난이 일어났어.

왕후장상의 씨가 따로 있겠소

농민이 봉기하는 동안 노비도 난을 일으켰어. 1198년 노비 만적이 개경에서 난을 일으켰지. 만적이 누구냐 하면 무신 정권의 최고 권력자인 최충헌의 노비였어. 만적은 어느 날부터인가 노비 신분에서 벗어나고 싶은 꿈을 가지게 되었어. 그래서 개경의 북산에서 뜻을 같이하는 노비들과 만나기로 했지. 그러고는 북산에 모인 노비들 앞에서 이렇게 말했어. "높은 벼슬아치는 천인과 노비에서도 많이 나왔소. 왕후장상의 씨가 따로 있겠소. 때가 오면 누구든 할 수 있는 것이오." 하고 말이야.

실제로 무신 정권 최고 실력자였던 이의민도 노비 출신이었어. 이렇게 서로 결의를 다진 다음, 약속한 날 각자의 주인을 죽이고 노비 문서를 불태우기로 했어.

하지만 계획은 실패로 돌아가고 말았어. 난에 함께 가담했던 순정이라는 노비가 겁이 나서 주인에게 모든 것을 실토해 버렸거든. 최충헌은 이 일에 가담한 노비를 잡아들여 모두 죽여 버렸어.

만적의 봉기는 비록 실패했지만 신분차별을 벗어나려 했다는 점에서 무신 정권 아래에서 하층민들의 사회의식이 성장했다는 사실을 알 수 있어.

그 밖의 천민의 저항운동으로는 전주 관노의 난이 있어. 만적의 난보다 조금 앞선 시기인 1182년에 지방관의 횡포에 저항하여 일어났지.

02 몽골의 침략과 고려의 저항

몽골, 세계 대제국으로 성장하다

몽골은 원래 말을 키우며 살았던 유목 민족이었어. 칭기즈칸이 몽골족을 통일하면서부터 몽골은 세계의 대제국으로 성장했지. 몽골은 가는 곳마다 승리에 승리를 거듭해 사방으로 영토를 넓혔어. 몽골은 어떻게 가는 곳마다 승리했을까?

몽골은 원래 유목 민족이라 어릴 때부터 누구나 말을 잘 탔기 때문에 날쌔고 용감한 기병을 키울 수 있었어. 이 기병이야말로 제일 강력한 군사 무기가 되었지. 몽골의 기병이 지나간 곳은 모두 초토화되다시피 했어. 몽골이 차지한 영토가 얼마나 넓었는지 보면 가까이는 금나라, 멀리는 유럽까지였어.

몽골과 처음 외교관계를 맺은 것은 거란 때문이었어. 몽골이 금나라를 공격했을 때 금의 지배를 받던 거란족이 반란을 일으켰어. 거란이 몽골군에 쫓겨 고려에 침입했는데 고려가 몽골과 연합해 거란군을 물리친 것이 계기가 되었던 거야.

몽골은 대제국을 이루었지만 만족하지 않고 고려도 자기 땅으로 만들고 싶었어. 1225년 몽골 사신 저고여가 고려에 왔다가 돌아가는 길에 죽임을 당하는 일이 생겼단다. 몽골은 이때다 싶었지. 고려를 침략할 구실로 삼기로 한 거야. 실제로 그때부터 몽골은 고려에 침략하기 시작했어.

무신 정권, 백성은 내팽개치고 강화도로 떠나다

1231년 고려와 몽골의 전쟁이 시작되었어. 그때 고려의 최고 권력자는 최우였어. 몽골군이 쳐들어오자 고려 사람들은 몽골이라는 이름만 들어도 벌벌 떨며 두려워했어. 하지만 고려의 군인과 백성들은 두려움을 금방 떨쳐 버리고 당당히 맞서 싸웠지. 귀주성에는 박서 장군이 지키고 있었어. 몽골군이 아무리 공격해도 귀주성은 철옹성처럼 꿈쩍도 하지 않았지. 박서 장군이 백성과 함께 몽골군의 공격을 끝까지 막아 냈거든. 그러자 몽골군은 귀주성을 결코 허물 수 없는 성이라 생각하고 그대로 둔 채 개경으로 내려갔지.

몽골군이 개경을 함락하자 고려는 몽골에 화해를 청했어. 이에 몽골군이 물러나자, 1232년 무신 정권은 수도를 강화도로 옮기기로 했어. 강화도를 택한 이유는 몽골은 유목민이어서 기병을 앞세운 평지 전투에서는 강하지만 바다에서는 약할 것으로 생각했기 때문이야. 몽골은 물과 갯벌을 무서워했고 강화도가 있는 서해안 지역이 조수 간만 차에 따라 바닷물 수위가 달라져 배를 띄우는 데도 어려움을 겪었다고 해. 한마디로 몽골이 쳐들어오기 힘든 곳으로 수도를 옮긴 거야.

그런데 임금인 고종과 신하들 반대가 만만치 않았어. 백성을 두고 떠난다는 것은 백성을 버리겠다는 것이나 마찬가지였으니까. 하지만 최우는 독불장군처럼 그 누구의 이야기도 듣지 않고 강화도로 옮길 뜻을 굽히지 않았지.

육지에 남겨진 백성들, 목숨 걸고 싸우다

고려 정부가 강화도로 수도를 옮기자 몽골이 고려에 다시 쳐들어왔어. 백성을 지켜 줄 정부가 없으니 백성이 자기 스스로를 지켜야 했지. 백성들은 죽지 않으려면 용감해질 수밖에 없었어. 특히 처인 부곡의 백성들이 용감했어.

김윤후
처인성 전투에서 몽골군의 장수 살리타를 화살로 쏘아 전사시켰어.

같은 백성이라도 '소'와 마찬가지로 '부곡'에 사는 사람도 농민보다 천대를 받고 살았지. 승려 김윤후는 몽골군이 쳐들어오자 부곡 사람들에게 함께 싸우자며 용기를 북돋우고 격려했어. 이에 처인 부곡 사람들은 김윤후와 한마음이 되어 몽골군과 맞서 싸웠지. 전투 중 몽골군 사령관 살리타가 김윤후가 쏜 화살에 죽자 몽골군은 기가 꺾여 바로 물러갔지.

몇 년 뒤 몽골이 다시 쳐들어왔을 때 충주성에서 몽골군에 맞서 싸운 노비들이 있었어. 그들도 처인 부곡 사람들만큼 용감했지. 이 싸움에서도 김윤후의 격려가 큰 힘이 되었어. 김윤후는 충주성의 노비들에게 힘껏 싸워 이기기만 하면 노비 문서를 불태워 없애고 벼슬까지 주겠다고 했어. 김윤후가 이렇게 노비들의 사기를 북돋아 주자 노비들은 힘이 불끈 솟아올랐지. 김윤후와 충주의 노비들은 역시 한마음이 되어 몽골군과 온 힘을 다해 싸웠어. 결국, 몽골군을 물리치는 데 성공했단다.

백성들의 끈질긴 저항으로 몽골과의 전쟁이 끝나다

몽골은 고려에 일곱 차례나 침입했어. 하지만 고려 백성들은 끈질기게 저항하며 용감히 싸웠지. 몽골은 세계 대제국을 이루었지만 고려 백성처럼 끝까지 저

처인성 전투 기록화
격렬했던 처인성 전투를 그린 기록화야. 왼쪽에 처인성 전투를 이끈 승려 김윤후가 활을 쏘는 모습이 보여.

항하는 사람들은 본 적이 없었다고 해. 결국 몽골은 싸움을 끝내기로 하고 고려 조정에 화해를 청해 왔어.

　몽골은 화해하는 데 두 가지 조건을 달았어. 고려 왕 원종은 곧 조건을 이행했지. 전쟁을 끝내려면 어쩔 수가 없었거든. 우선 태자가 칭기즈칸의 손자인 쿠빌라이를 찾아가 직접 인사하게 했어. 1270년, 수도도 다시 개경으로 옮겼지. 이렇게 고려가 몽골에 항복한 해는 1259년이고 개경으로 돌아올 때까지 고려 조정은 강화도에서 39년 동안 머물렀어.

　강화도에 있던 왕궁들은 고려 조정이 수도를 다시 개경으로 옮긴 다음에 모두 불태워 버렸어. 고려 조정이 강화도에서 개경으로 돌아가게 되자 왕이 다시 정치의 중심이 된 거지. 100년 동안 이어진 무신 정권이 드디어 무너진 거야.

개경으로 돌아오지 않은 삼별초

무신 정권을 호위하는 군대 삼별초는 수도를 강화도로 옮겼을 때 최고 권력자였던 최우가 처음 만들었지. 도적을 잡는 부대인 좌별초와 우별초, 몽골 포로였다가 도망 온 사람들로 이루어진 신의군, 이 셋을 합쳐 삼별초라고 해.

그런데 좌별초가 잡은 도적은 물건을 훔치는 도둑이 아니라 무신 정권의 횡포 아래 망이·망소이처럼 먹고살기 어려워 봉기를 일으킨 사람들이었어.

초기 삼별초는 오늘날 경찰 조직과 비슷했어. 그러다 나중에는 군사 조직으로 굳어졌지. 무신 정권과 함께 강화도로 갔던 삼별초는 수도를 개경으로 다시 옮기자 개경으로 돌아가기를 거부했지. 무신 정권이 막을 내린 마당에 개경으로 돌아가 봤자 무신 정권의 군대인 자신들도 끝장날 것이 불 보듯 뻔했기 때문이야.

원종이 삼별초에 해산 명령을 내렸지만 삼별초는 그 명령을 따르지 않았고 오히려 반란을 일으켰단다. 우두머리인 배중손을 중심으로 새 왕을 세우고 새 조정을 만든 거야. 새 정부를 만든 삼별초는 강화도를 떠나 진도로 갔어. 진도는 꽤 큰 섬으로 농사짓기에도 좋고 방어하기에도 유리했어. 삼별초는 진도에서 근처 섬들은 물론이고 전라도와 경상도 일부를 점령하며 세력 범위를 넓혀 나갔어.

고려 조정은 삼별초를 없애기로 했어. 한 나라 안에 두 조정을 둘 수 없는 일 아니야? 1271년 고려군은 몽골군과 연합해 진도로 쳐들어갔어. 삼별초는 여·몽 연합군에 패배하고 쫓겨 탐라로 갔어. 그런데 결국 탐라에서도 패배하고 말았지.

부처님의 힘으로 몽골을 물리치자, 팔만대장경

팔만대장경은 몽골과 싸우기 위해 만들어졌어. 물론 팔만대장경이라는 경전이 용감한 군대처럼 싸움터에 나갈 수 있다는 건 아니겠지. 몽골의 침략을 부처님의 힘으로 이겨 내기 위해서 만들어졌다는 뜻이야. 대장경이란 부처님의 말씀과 불교의 규칙, 그리고 이 둘을 해석한 글을 모아 놓은 경전을 말해. 팔만대장경은 국보 제32호로 경상남도 합천군 해인사에 보관되어 있지.

팔만대장경을 만든 기간은 1236년부터 1251년까지 무려 16년이야. 사실 고려

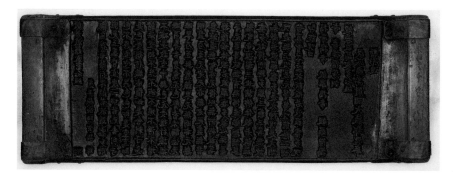

대장경판
불교 경전이나 불교와 관련된 서적을 한데 모은 대장경을 책으로 인쇄하기 위해 만든 목판이야.

사람들은 외적의 침입을 받을 때마다 대장경을 만들었어. 시초는 고려 현종 때 만든 초조대장경이야. 초조대장경은 거란의 침입을 물리치고자 하는 염원으로 만들어진 것인데 안타깝게도 몽골의 침입으로 불타 버리고 말았어. 황룡사 9층 목탑이 불타 버린 것도 몽골 침입 때 받은 피해 중 하나야.

팔만대장경은 불교 경전을 새긴 목판의 수가 8만 장이 넘어 팔만대장경이라고 불러. 대장경의 목판은 많은 사람이 함께 새겼지만, 글자 모양이 고르고 틀린 글자도 거의 없다고 해. 또 장경판전에 보관되어 목판이 뒤틀리거나 썩지 않게 잘 보존할 수 있었어. 대장경판은 세계 기록 유산으로 등재되었고 장경판전은 세계 문화유산으로 등재되었어.

세계 최초로 금속 활자를 발명하다

고려 사람들은 팔만대장경 같은 목판도 잘 만들었지만 금속 활자도 잘 만들었어. 오늘날 세계에서 가장 오래된 금속 활자본은 『직지심체요절』이야. 고려의 승려 백운화상이 지은 책인데 깨달음을 얻기 위해 취해야 할 마음가짐과 행동에 관해 썼어. 작가와 내용도 중요하지만 『직지심체요절』은 우리나라의 인쇄 기술이 얼마나 앞섰는지 보여 준다는 데 의미가 커.

『직지심체요절』은 1377년에 간행되었는데 서양 최초의 금속 활자본인 독일

고려의 금속 활자
고려의 금속 활자는 서양 최초인 독일의 구텐베르크 금속 활자보다 훨씬 앞
서 제작되었어. 고려의 활자 기술이 참 대단했지?

구텐베르크의 성경보다 무려 70년이나 앞서 인쇄되었단다. 이 책은 그 가치를 인정받아 세계 기록 유산으로 등재되었지.

금속 활자본은 가장 오래된 것과 최초의 것이 달라. 금속 활자를 이용한 최초의 책은 1234년에 인쇄된 『상정고금예문』이지만 안타깝게도 현재 전해지지 않고 있어.

『직지심체요절』의 표지 제목은 한자로 '직지'라고 되어 있고 책 제목 글자 옆에 프랑스어로 이렇게 적혀 있어. '1377년에 금속활자로 인쇄된 가장 오래된 한국 인쇄본'이라고. 고려에 쓰인 책인 '직지'에 프랑스어가 적힌 이유는 이 책을 수집한 프랑스인이 자기나라 모국어로 적어 넣었기 때문이야. 이 책을 처음으로 찾아내 세상에 알린 사람은 1972년 당시 프랑스 국립 도서관에서 근무하던 박병선 선생님이야. 그분은 도서관에서 근무하던 중 우연히 서고 한구석에서 먼지를 뒤집어쓴 채 끼어 있던 한 권의 고색창연한 책을 발견했어. 그 책이 바로 『직지심체요절』이었던 거야. 그분은 유네스코가 후원한 국제 도서 전시회에 이 책을 소개해 세상을 깜짝 놀라게 했지.

고려의 비색은 천하제일이다

송나라 사람이 고려청자를 두고 '고려의 비색은 천하제일'이라고 말했어. 비색이란 고려청자의 은은한 푸른빛을 말해. 이렇게 송나라 사람이 감탄하고 칭찬할 만큼 고려청자는 무척이나 아름다운 예술품이야. 고려 시대 자기는 그릇 중 최고급품으로 인정받았단다. 또 실용적이고 아름다워 다양한 생활용품으로 만들어졌지. 일상생활에서 쓰이는 찻잔, 접시, 항아리, 주전자뿐 아니라 벼루, 연적 같은 문방구, 기와 같은 건축 자재도 만들어졌어.

　고려 사람들은 초기에는 당, 송의 기술을 받아들여 맑고 투명한 빛깔의 순청자를 만들었지만 12세기 중엽에 가서는 독창적인 기법의 상감 청자를 만들었어.

　상감 청자란 청자의 표면에 그림을 그리고 모양대로 파낸 다음 다른 색 흙을 메우고 유약을 발라 구워 낸 청자를 말해. 아무 무늬가 없는 청자가 은은하고 그윽한 아름다움을 지녔다면 다양한 무늬와 색상이 들어간 상감 청자는 다채롭고 화려한 아름다움을 뽐내지.

　고려 사람들은 상감 기법의 청자 말고도 청동의 표면에 그림을 그리고 모양대로 파낸 다음 흙 대신 은을 채워 넣는 은입사 기법의 그릇도 만들었어.

청자 상감운학문 매병
구름과 학 문양이 상감되어 있는 대표적인 고려청자 매병이야.

다양한 역사서를 편찬하다

　『삼국사기』는 김부식이 인종의 명령을 받고 만든 책이야. 김부식은 유학자였기 때문에 유교적 합리주의의 관점에서 『삼국사기』를 썼어. 그래서 신화나 전설처럼 현실성이 떨어지는 이야기는 자세히 다루지 않았지. 고구려, 백제, 신라 세 나라의 역사 이야기는 기록했지만 단군 신화는 싣지 않은 이유야. 『삼국사기』는 지금까지 전해 오는 역사책 중 가장 오래된 책이야.

　『삼국유사』는 『삼국사기』가 나오고 130년 뒤에 일연 스님이 쓴 책이야. 일연은 몽골의 지배 아래 있는 백성에게 희망을 줄 수 있는 역사책을 써야겠다고 생각했어. 그래서 백성들에게 전해 오는 여러 가지 이야기를 모아 『삼국유사』를 썼지. 일연은 삼국의 역사뿐 아니라 가야의 역사, 그 이전의 고조선 이야기도 썼고, 역사 외에도 김부식이 다루지 않은 신화, 전설, 불교 고승에 관한 이야기 등을 다양하게 모아 『삼국유사』를 편찬했어.

　이승휴는 고조선부터 고려 충렬왕 때까지의 역사를 기록한 『제왕운기』를 썼어. 『제왕운기』는 『삼국유사』와 마찬가지로 단군을 우리 역사의 시작으로 기록

했어.

또 이규보는 고구려의 역사와 민족적 전통을 알리기 위해 고구려의 주몽 이야기를 다룬 「동명왕편」을 썼어.

단원정리문제

1. 빈칸에 들어갈 알맞은 말을 쓰시오.

서경의 승려 [㉠   ]은 인종에게 [㉡   ]을 꺾으려면 수도를 서경으로 옮겨야 한다고 주장했다. 인종은 묘청의 의견을 받아들이고 서경에 새 궁궐까지 짓게 했지만 개경에 있는 [㉢   ] 등 문벌귀족들의 반발로 실패로 돌아가고 말았다.
무력으로 문신들을 몰아내고 세운 정권을 [㉣   ]이라고 한다. 최충헌은 권력을 잡은 초기에는 개혁을 주장했지만 최고 정치기구인 [㉤   ] 을 두어 나라의 중요정책을 결정하는 등 막강한 권력을 행사했다. 최충헌의 아들 최우는 [㉥   ]을 설치하여 관리의 인사행정을 담당하게 하고 이후에 삼별초가 되는 [㉦   ]를 조직하여 권력을 지켜 나가기 위한 군사적 기반을 마련했다.

2. 다음 내용 중 맞는 것을 모두 고르시오.

① 묘청은 고려의 왕을 황제라 부르고 독자적 연호를 써야 한다고 주장했다.
② 개경 세력인 문벌 귀족은 서경 천도에 반대했다.
③ 서경 세력인 묘청, 정지상 등은 금에 사대해야 한다고 주장했다.
④ 노비 만적은 신분해방을 주장하며 개경에서 난을 일으켰다.
⑤ 최우는 서방을 설치하여 무신들에게 정책의 자문을 받았다.

3. 다음 내용 중 옳은 것을 모두 고르시오.

① 김윤후는 충주성의 노비들과 한마음이 되어 몽골군과 싸웠다.
② 삼별초는 수도를 강화도로 옮겼을 때 최충헌이 처음 만들었다
③ 초조대장경과 황룡사 9층 목탑이 불타 버린 것은 몽골 침입 시기다.
④ 세계에서 가장 오래된 금속 활자본은 『상정고금예문』이다.
⑤ 고려 초기에 처음부터 독창적인 기법의 상감 청자를 만들었다.
⑥ 김부식은 유학자였기 때문에 유교의 관점에서 『삼국사기』를 썼다.
⑦ 『삼국유사』는 지금까지 전해 오는 역사책 중 가장 오래된 책이다.

4. 개혁을 시도하다

이 몽골의 지배를 받다

고려 왕자들, 원나라 공주와 결혼하다

원나라는 고려의 독립을 인정해 주는 대신 고려 정치에 시시콜콜 간섭했어. 우선 원나라는 고려 왕자들을 어려서부터 원나라에 가서 살게 했는데, 고려가 다른 마음을 먹지 못하도록 인질로 삼은 거야. 고려 왕자들은 왕위에 오르기 전에 원나라 공주와 무조건 결혼해야 했어. 원하든 원하지 않든 상관없이 말이지.

또 원나라는 고려 왕실에서 쓰는 용어를 한 단계 격하시켰어. '폐하'를 '전하'로, '태자'를 '세자'로 부르게 했을 뿐 아니라 왕이 자신을 가리키는 말인 '짐'은 '고'로 바꿔 말하게 했어. 그리고 고려 왕의 이름 앞에 '충성 충(忠)'자를 붙이게 했어. 딴생각 하지 말고 원나라에만 충성하라는 뜻이지. 충렬왕, 충선왕, 충숙왕, 충혜왕, 충목왕, 충정왕 이 여섯 왕은 그렇게 해서 붙여진 이름이야. 원나라는 고려 왕이 맘에 들지 않으면 제멋대로 갈아치웠어. 왕위에서 쫓겨나지 않으려면 원나라의 눈치를 보지 않을 수 없었지.

몽골의 일본 원정을 돕느라 고려 백성의 등골이 휘다

원나라는 고려에 정동행성을 설치하고 두 차례에 걸쳐 일본 원정에 나섰어. 그때마다 고려는 여러모로 원나라를 도와야 했지. 백성들은 출정에 필요한 배, 식량, 무기를 대야 했고, 몽골과 연합군이 되어 전쟁터에 나서야 했어. 고려 백성들은 몽골의 일본 원정을 돕느라 등골이 휠 정도였지. 일본 원정을 추진하기 위해 만든 정동행성은 고려 말까지 없어지지 않고 고려의 내정 간섭에 쓰였어.

두 번의 일본 원정이 모두 실패로 돌아가면서 그 피해는 더욱 컸어. 전쟁이 아닌 때에도 고려는 매년 원나라에 수많은 물품을 바쳐야 했지. 원나라가 금, 은, 인삼, 청자, 매 등을 바치라고 요구해 왔기 때문이야.

또 원나라는 우리 땅을 빼앗아 직접 지배했어. 화주에 쌍성총관부, 서경에 동녕부, 제주에 탐라총관부를 설치한 건 그 때문이야. 그뿐만 아니라 고려의 젊은 여자들을 공녀로 뽑았어.

원나라는 고려의 처녀들을 뽑아 원나라로 강제로 데려갔는데 이때 끌려간 처녀들을 공녀라고 해. 고려에서 공녀로 뽑아 간 사람은 일반 백성에서부터 관리나 왕족에 이르기까지 다양했어. 예를 들면 수령옹주의 외동딸도 공녀로 끌려갔지.

공녀로 끌려가는 걸 막기 위해 고려에서는 딸을 낳으면 숨겨 놓고 어른이 되기도 전에 일찍 결혼시키는 조혼 풍습이 생겼어.

고려에서는 몽골풍, 몽골에서는 고려양

고려 왕자와 결혼한 원나라 공주가 고려로 들어오면서 많은 사람이 따라왔어. 상인, 유학자, 승려 등 다양한 사람들이 고려로 들어왔지. 외국 사람들이 들어오면 그들의 문화도 함께 들어오는 법! 그래서 몽골의 문화도 함께 들어왔어.

가장 먼저 눈에 띄는 것은 변발하는 사람들이 늘어났다는 거야. 공민왕이 그린 〈천산대렵도〉에서 말을 타고 있는 사람의 머리를 보면 변발을 하고 있어. 변발이란 남자들이 앞머리는 완전히 깎고 머리의 뒷부분만 남긴 다음 하나로 땋아 늘어뜨리는 스타일을 말해.

남자가 변발을 했다면 여자는 머리에 족두리를 썼어. 연지 곤지를 붙이고 귀에 귀고리를 단 것도 마찬가지로 몽골식이야.

머리 모양뿐 아니라 옷도 몽골식으로 입는 사람들이 늘어났어. 위아래가 붙은 옷인 철릭이나 발립이 대표적인 몽골식 복장이야. 먹거리 역시 원나라 음식이 유행했지. 지금 흔하게 먹는 설렁탕, 소주, 만두도 몽골에서 전해졌다고 해.

공민왕의 〈천산대렵도〉
공민왕이 그린 〈천산대렵도〉야. 말을 탄 인물의 머리가 몽골 전통 형태인 변발이야.

'수라'나 '마마', '무수리' 같은 몽골어도 들어와 널리 사용되었어. 지금 흔히 사용하는 '아가씨', '마누라', '장사치', '벼슬아치', '그 치' 등 끝에 '치'가 붙는 말도 몽골어야. 이처럼 원나라 풍속이 고려에 들어와 널리 유행한 것을 '몽골풍'이라고 해.

반대로 원나라에서도 고려의 풍속이 유행했는데 고려의 옷, 과자, 쌈채소 등 일상생활과 연관된 것이 많았어. 또 몽골에서 지위가 높은 집안에서는 살림살이를 고려 취향으로 꾸몄어. 이것은 '고려양'이라고 했지.

권문세족, 새로운 지배세력으로 성장하다

원나라에 끌려갔던 공녀 중에는 기황후가 있었어. 공녀의 대부분은 원나라에 끌려가 하녀나 몸종이 되었는데 기황후는 달랐어. 원나라 황제인 순제의 눈에 띄어 황후가 되었지.

기황후가 황후가 되자 고려에 사는 기황후의 아버지 기자오와 오빠 기철의 운명도 바뀌었어. 하루아침에 권세가가 된 거지. 원나라 황후가 내 딸이고 내 여동생이라고 생각하면 가만히 있어도 저절로 어깨에 힘이 들어갔을 거야.

이렇게 원나라가 고려를 간섭하는 기간 동안 원나라에 기대어 권력을 거머쥔 무리를 부원세력이라고 해. 이들 부원세력에는 사냥용 매를 훈련해 원에 바치는 일을 하던 응방의 관리나, 몽골어 통역관 등 원과 관련된 일을 하는 사람들이 포함되었어. 이들은 문벌세력, 무신정권 시기에 등장한 가문과 함께 권문세족을 형성했어.

권문세족은 원나라의 힘을 믿고 온갖 횡포를 부렸어. 백성의 땅과 재물을 함부로 빼앗거나 백성을 노비로 만들어 버려 백성의 원성이 자자했어.

불교문화가 어떻게 변화되었을까?

고려의 불교는 후기에 선종이 유행했어. 고려 전기의 승려인 대각국사 의천이 교종을 중심으로 선종을 통합하고자 했다면 고려 후기의 승려인 보조국사 지눌은 선종을 중심으로 교종을 포용하고자 했지. 또 불교가 세속화되는 것을 비판하고 불교개혁 운동을 벌였단다.

고려 전기에는 지방 호족 세력이 자신의 힘을 과시하기 위해 거대한 석불을 제작했다면 고려 후기에는 왕실이나 권문세족이 그려 달라고 요구한 불화가 주로 만들어졌어. 〈수월관음도〉를 보면 문양이 정교하고 채색이 아름다운 불화라는 것을 알 수 있어. 특히나 값비싼 금가루로 빛나게 채색해 한껏 화려함을 자랑하고 있지.

고려의 석탑과 승탑은 신라의 양식을 계승한 것, 송의 영향을 받은 것, 원의 영향을 받은 것 등 다양한 형태로 만들어졌어. 여주 고달사지 승탑은 신라의 승탑 형태인 '팔각 원당형'을 계승했고, 고려 전기의 대표 석탑인 평창 월정사 8각 9층 석탑은 송의 영향을 받았으며, 고려 후기의 대표 석탑인 개성 경천사지 10층 석탑은 원의 영향을 받았어.

02 쓰러지는 고려를 다시 세우려는 공민왕

지금이야말로 원나라의 간섭에서 벗어날 때다

고려의 왕자였던 공민왕은 원나라에서 노국 대장 공주와 결혼한 뒤 고려로 돌아왔어. 공민왕이 왕위에 올라 고려를 다스리던 시기에 중국에는 명나라가 들어서면서 원나라는 몽골 본토로 밀려나게 돼. 공민왕은 어려서부터 원나라에 있으면서 중국 내 세력의 변화를 주시했고 원나라의 힘이 약해지고 있다는 걸 알고 있었어. 그래서 명나라에 몰린 원나라가 고려를 공격할 여력이 없다는 걸 잘 알았지.

'지금이야말로 원나라의 간섭에서 벗어날 때다'라고 생각한 공민왕은 몽골식 머리 모양과 몽골식 옷부터 벗어 던졌어. 신하들과 백성들에게도 몽골식 머리 모양과 몽골식 옷을 금지했고 이를 본

공민왕과 노국 대장 공주의 초상
공민왕과 그의 왕비 노국 대장 공주가 함께 그려진 초상화야. 노국 대장 공주는 원나라 출신이지만 공민왕과 고려를 사랑했고 공민왕도 노국 대장 공주를 많이 아꼈다고 해.

받지 말라고 상소를 올린 신하에게도 큰 상을 내렸지.

공민왕, 개혁 정치를 펼치다

공민왕은 몽골식 풍습을 금지한 뒤 개혁 정치를 시작했어. 공민왕이 가장 먼저 한 일은 부원 세력을 내쫓은 일이었어. 원나라의 힘을 믿고 횡포를 부리던 부원 세력을 없애는 것이야말로 개혁을 위한 첫 번째 일이라고 생각한 거지. 그래서 부원 세력의 우두머리인 기왕후의 아버지와 오빠를 처벌했어.

공민왕은 더 이상 원나라로 공녀를 보내지 않았어. 또 원나라가 설치했던 정동 행성을 축소해 더 이상 원나라가 내정간섭을 할 수 없도록 했어. 그리고 쌍성총관부를 공격해 원나라에게 빼앗겼던 철령이북 땅을 되찾아 영토도 크게 넓혔지.

그러나 남아 있는 부원 세력도 자기들 기반이 하나둘 무너져 가는 걸 보고만 있지 않았어. 마침 홍건적의 침입으로 피난 갔던 공민왕은 엉망이 된 궁궐 대신 개성 근처에 있는 흥왕사에 머물고 있었어. 부원 세력과 손을 잡은 김용은 이때를 노려 공민왕을 죽이려 달려들었지.

공민왕을 지키던 군사들은 모두 죽고 아무도 없었어. 그때 노국 대장 공주가 목숨을 걸고 김용 패거리를 가로막았어. 부원배들은 원나라 공주인 노국 대장 공주가 결사적으로 막아서자 어쩔 줄 몰랐어. 공주를 해쳤다간 자신들의 지원자인 원나라가 가만히 두지 않을 게 뻔했거든. 김용 패거리가 허둥지둥하고 있을 때 공민왕의 위급한 상황을 들은 최영 장군이 달려와 공민왕을 죽이려던 자들을 제압했어. 노국 대장 공주가 아니었으면 공민왕은 죽음을 면치 못했을 거야.

노국 대장 공주는 공민왕을 깊이 사랑했고 공민왕의 나라인 고려도 사랑했지. 그래서 원나라를 밀어내고 고려를 바로 세우려는 공민왕에 힘을 보탰어.

사랑하는 사람이자 정치적인 동지였던 노국 대장 공주가 아이를 낳다가 죽자 공민왕은 점점 나랏일에서 마음이 멀어졌어. 그렇다고 개혁을 아예 팽개친 건 아니야. 공민왕은 승려인 신돈을 등용해 개혁을 맡겼어. 공민왕이 승려인 신돈을 등용한 것은 신돈이 부원 세력과는 전혀 상관없는 인물이라 개혁을 이끌어 가기에 가장 적합한 사람으로 생각했기 때문이야.

공민왕은 신돈과 함께 새로운 관청인 전민변정도감을 세웠어. 부원 세력에게 억울하게 땅을 빼앗긴 사람들에게 땅을 되돌려 주고 노비가 된 사람들을 노비에서 풀어 주는 일을 했지. 백성들은 신돈을 환영했지만 아직 남아 있는 부원 세력에게는 신돈이 눈엣가시 같은 존재였어. 그래서 그들은 신돈을 무척 미워했지.

급기야 부원 세력은 신돈에게 반역죄를 씌우고 신돈을 처벌했어. 얼마 뒤 공민왕도 암살했지. 결국 전민변정도감에서 주도한 일은 실패로 돌아가고 만 거야.

문익점의 목화솜으로 한겨울을 따뜻하게!

우리가 지금 입고 있는 면 옷은 목화솜을 원료로 만들어졌어. 목화솜은 문익점이 목화씨를 원나라에서 붓두껍에 몰래 숨겨서 가지고 온 덕분에 우리나라에서도 재배할 수 있게 되었다고 알려져 있어. 그러나 그것은 사실이 아니야. 길가에 핀 목화를 보고 목화씨를 그냥 주머니에 넣어 왔지.

문익점은 공민왕 때 과거에 급제해 원나라에 사신으로 갔어. 거기서 원나라 사람들이 목화로 지은 옷을 입고 겨울을 따뜻하게 지내는 모습을 보게 되었지. 문익점은 고향의 가족들과 고려 사람들을 떠올렸어. 고려 사람도 원나라 사람처럼 목화로 겨울을 따뜻하게 보냈으면 하는 생각이 든 거야. 귀족은 비단이나 가죽으로 옷을 지어 입었지만 일반 백성은 모시나 삼베로 옷을 지어 입었지. 귀족은 한겨울 추위에도 아무 걱정이 없었지만 일반 백성은 사정이 아주 달랐던 거야. 삼베나 모시는 여름에는 바람이 잘 통해서 시원하지만 겨울에는 추위를 막아 낼 수 없어 얼어 죽기 십상이었어.

원나라에서 가져온 목화씨를 심자 처음에는 단 한 송이의 목화만 꽃피웠어. 하지만 실패를 거듭하는 동안 목화 재배법을 확실하게 터득했기 때문에 아무 문제가 되지 않았어. 해가 갈수록 점점 더 많은 목화가 피어 전국으로 퍼져 나갔지.

그 결과 일반 백성도 목화만 있으면 무명천을 만들어 면 옷을 지어 입고, 목화솜으로 속을 넣은 따뜻한 이불을 덮을 수 있었어.

03 무너지는 고려

왜구를 막는 데는 화약만 한 게 없다

고려 말에는 왜구가 끊이지 않고 연달아 쳐들어왔어. 왜구란 일본의 해적을 말하는데 이들은 배를 타고 고려의 바닷가 마을로 쳐들어와 큰 피해를 입혔어. 곡식과 물건을 빼앗고 많은 사람을 마구 죽였지. 이렇게 왜구는 잔인하기 이를 데 없는 놈들이었어. 고려 말의 무관인 최무선은 왜구의 노략질을 막는 데는 화약만 한 것이 없다고 생각했지.

화약은 하루아침에 만들어진 것이 아니야. 사실 화약을 먼저 발명한 나라는 중국이지만 중국은 그 제조법을 비밀로 했어. 화약 제조법을 어디 가서 배우고 싶어도 배울 데가 없었던 거지.

최무선은 할 수 없이 홀로 연구하고 실험했어. 그러던 어느 날 원나라 상인 이원의 도움을 받아 화약의 원료 중 하나인 염초를 만드는 데 성공했어. 마침내 최무선은 화약의 원료로 쓰이는 염초, 유황, 숯, 이 세 가지의 비율을 알아냈지. 이제 화약을 만들 수 있게 된 거야!

최무선은 화약 무기를 만들 관청을 설립하자고 나라에 건의했어. 이 건의가 받아들여져 화통도감이 설치되었지. 화통도감에서는 화포, 불화살 등 여러 종류의 화약 무기를 만들었어. 이렇게 만들어진 화약 무기는 왜구를 소탕하는 데 맹활약했단다. 최무선은 1380년 금강 어귀의 진포에 왜구가 쳐들어왔을 때 화약 무기로 왜구를 무찌르고 큰 승리를 거두었어.

남쪽에는 왜구! 북쪽에는 홍건적!

최무선이 화약으로 진포에서 왜구를 소탕한 전후로 왜구의 침입이 잦았어. 자, 그럼 누가 어디에서 왜구를 소탕했는지 활약상을 볼까? 1376년 최영은 홍산에서 왜구를 소탕했고, 1380년 이성계는 황산에서 왜구를 소탕했어. 또 1389년 박위는 대마도를 공격해 왜구를 토벌하고 대마도에 잡혀 있던 고려 사람들을 데리고 왔지.

이렇게 고려 말 남쪽 해안에서 왜구와 싸움이 벌어지는 동안 북쪽에서는 홍건적과 싸움이 벌어졌어. 홍건적은 원나라에 반란을 일으킨 중국의 한족이야. 머리에 일제히 붉은 수건을 두른 모습을 보고 홍건적이라고 했지. 홍건적은 원나라에 반란을 일으키고 원나라군에 쫓기자 고려로 쳐들어왔어. 다행히 1359년 서경에서 이방실이, 1361년 개경에서 정세운과 이성계가 활약해 홍건적을 물리칠 수 있었지.

철령 이북의 원나라 땅을 내놓아라!

중국에서는 주원장이 원나라를 북쪽으로 몰아내고 명나라를 세웠어. 중국의 새 주인이 된 명나라는 고려에 조공을 요구했지. 또 철령 이북 땅을 내놓으라고 으름장을 놓았어. 철령 이북 땅은 원래 원나라 땅이었으니 명나라가 들어선 이상 이젠 명나라 땅이라는 거야.

철령 이북 땅은 원나라의 쌍성총관부가 있던 땅인 것은 맞아. 그러나 공민왕이 되찾아 고려의 땅이 되었으니 철령 이북 땅이 명나라의 땅이라는 것은 옳지 않은 말이야. 명나라가 옳지 않은 주장을 하고 있다는 것을 알고 있음에도 고려 정부는 명나라가 혹시나 쳐들어오지 않을까 걱정했어.

아예 요동을 정벌하자!

고려는 명나라의 요구를 들어주면 안 된다고 생각했어. 게다가 아예 요동을 정벌해야 명나라의 철령 이북 땅에 관한 이야기가 쏙 들어갈 것이라 여겼지. 우왕과 최영은 이와 뜻을 같이했지만 반대하는 사람도 있었어. 그 사람은 철령 이북 땅을 찾는 데 큰 활약을 한 이성계였지.

이성계는 요동 정벌에 반대하는 이유를 네 가지로 들었어. 첫째, 작은 나라가 큰 나라를 치는 것은 잘못이다. 둘째, 그사이에 왜적이 쳐들어올 수 있다. 셋째, 여름철이므로 농사를 지어야 한다. 넷째, 장마철이라 활에 먹인 아교가 풀리고 군사들이 전염병에 걸릴 수 있다. 하지만 이성계의 주장은 받아들여지지 않았지. 우왕과 최영이 요동 정벌을 실행에 옮기기로 한 거야. 우왕은 이성계를 우군도통사에 임명했어. 이성계는 자신이 반대했던 일의 맨 앞에 서게 된 거지.

이성계는 울며 겨자 먹기로 군사들을 이끌고 출정해 위화도라는 섬에 도착했어. 압록강에 있는 위화도에서 강 하나만 건너면 바로 요동이었지. 이성계는 여전히 강을 건너 요동을 공격할 생각이 없었어. 그래서 우왕과 최영에게 군사를 돌리겠다고 했지. 하지만 우왕과 최영은 이를 허락하지 않았단다. 오히려 서둘러 진격하라는 명령을 내렸어. 그런데 이성계는 진격하라는 명령을 따르지 않았어.

이성계는 부하들을 모아 놓고 이렇게 설득했단다.

"지금 강을 건너 명나라 땅에 쳐들어가면 나라와 백성에게 좋지 않은 일이 생길 것이다. 그러니 내 청을 들어주지 않는 임금과 요동 땅을 정벌하라고 주장한 사람들을 제거해야 한다."

이 말을 들은 부하들은 이성계의 명령에 따르기로 했어.

이성계, 위화도에서 군사를 돌리다

이성계는 위화도에서 군사를 돌려 개경으로 향했어. 서경에 있던 우왕과 최영은 이성계가 위화도에서 회군해 개경으로 향하고 있다는 소식을 들었어. 놀란 우왕과 최영은 황급히 개경으로 돌아갔지. 하지만 최영은 이성계를 막지 못했어. 결국, 이성계는 개경을 차지하고 반란에 성공했어. 최영은 이성계에게 처형되었는데 죽는 그 순간까지도 반역자인 이성계를 무섭게 나무랐어. 백성들은 최영이 죽었다는 소식을 듣고 매우 슬퍼했지.

이성계는 우왕을 내쫓고 이어 왕위에 오른 창왕도 쫓아낸 뒤 공양왕을 왕위에 앉혔어. 공양왕은 무신 정권 시대의 왕들처럼 이름만 왕일 뿐 실제 권력은 이성계에게 있었지.

이성계의 위화도 회군 사건이 벌어진 뒤 명나라가 돌연 태도를 바꾸었다는 소식이 사신으로부터 전달됐어. 철령 이북 땅을 내놓으라는 요구는 더 이상 하지 않겠다고 말이지.

요동 정벌은 이루어지지 않았지만 요동을 정벌하려던 일이 있었다는 사실 하나만으로 명나라는 움찔했던 거야. 결국 철령 이북 땅 이야기는 쏙 들어가고 깔끔하게 해결됐어.

신흥 무인 세력과 신진 사대부가 손을 잡다

이성계의 위화도 회군이 성공했던 데는 신흥 무인 세력의 힘이 컸어. 신흥 무인 세력이란 이성계처럼 고려 말 홍건적과 왜구를 물리치고 공을 세운 무인들이야. 그들은 위화도 회군 전후로 이성계를 지지하고 힘을 보태 주었어.

또 정도전, 조준 등 신진 사대부는 이성계와 함께 고려 사회를 개혁하려고 했지. 신진사대부란 대부분 지방향리나 하급관리의 자제 출신으로 공민왕의 개혁에 힘입어 고려말에 등장한 새로운 정치세력이야. 성리학을 공부했고, 과거에 합격해 벼슬에 올랐으며 명과 가까이 지낼 것을 주장했어. 그리고 자주적인 개혁정책을 펼칠 것을 주장했기 때문에 권문세족과 큰 갈등을 겪었지.

신진 사대부는 권문세족이 불법으로 가지고 있던 토지를 거두어들이고 토지 개혁을 단행했어. 토지 개혁을 단행하자 나라 살림이 넉넉해지고 농민의 세금 부담은 줄어들었지.

토지 개혁이 끝날 무렵 신진 사대부 중 정도전, 조준 등은 고려를 무너뜨리고 새 왕조를 세워야 한다고 주장했어. 한편 신진 사대부 중 이색, 정몽주 등은 고려를 그대로 유지한 채 개혁해야 한다고 주장했지. 결국, 새 왕조를 세우는 데 반대한 세력은 제거되고, 1392년 이성계를 새 왕으로 추대하는 새 왕조가 세워졌어.

단원정리문제

1. 빈칸에 들어갈 알맞은 말을 쓰시오.

공민왕은 원나라의 지배에서 벗어나기 위한 개혁 정치를 펼쳤다. 부원 세력을 내쫓고 더 이상 원나라로 공녀를 보내지 않았으며 원나라가 설치했던 [㉠   ]을 없애고 원나라가 빼앗았던 [㉡   ]의 땅을 되찾아 영토를 크게 넓혔다.
또 신돈과 함께 새로운 관청인 [㉢   ]을 세워 부원 세력에게 억울하게 땅을 빼앗긴 사람들에게 땅을 되돌려 주고 노비가 된 사람들을 노비에서 풀어 주는 일을 했다.
[㉣   ]은 공민왕 때 과거에 급제해 원나라에 사신으로 갔다가 목화씨를 고려로 가지고 왔다. 덕분에 일반 백성도 목화로 [㉤   ] 옷을 지어 입고, 목화솜으로 속을 넣은 따뜻한 이불을 덮을 수 있었다.

2. 빈칸에 들어갈 알맞은 말을 쓰시오.

고려 말에는 [㉠   ]에는 왜구, [㉡   ]에는 홍건적이 쳐들어 왔다.
왜구는 고려의 바닷가 마을로 쳐들어와 큰 피해를 입혔는데 최무선은 왜구를 막는 데는 [㉢   ]만 한 것이 없다고 생각했다. 그래서 화약제조법을 연구해 찾아내고 화약 무기를 만들었다. 그 결과 금강 어귀의 [㉣   ]에 왜구가 쳐들어왔을 때 화약 무기로 왜구를 무찌르고 큰 승리를 거두었다. 또 [㉤   ]은 홍산에서, [㉥   ]는 황산에서 왜구를 소탕했다. 또 박위는 [㉦   ]를 공격해 왜구를 토벌하고 그곳에 잡혀 있던 고려 사람들을 데리고 왔다.
남쪽 해안에서 왜구와 싸움이 벌어지는 동안 북쪽에서는 홍건적이 침입했다. 서경에서 이방실이, 개경에서는 [㉧   ]과 [㉨   ]가 활약해 홍건적을 물리칠 수 있었다.

3. 빈칸에 들어갈 알맞은 말을 쓰시오.

중국에서는 주원장이 원나라를 북쪽으로 몰아내고 [㉠   ]를 세웠다. 명나라는 고려에 조공을 요구하면서 [㉡   ] 이북 땅을 내놓으라고 했다. 이에 고려는 아예 요동을 정벌하기로 하고 우군도통사인 이성계를 보냈다. 하지만 이성계는 요동정벌에 반대해 요동 땅을 눈앞에 두고 [㉢   ]에서 군사를 돌려 개경으로 향했다.
이성계의 위화도 회군이 성공했던 것은 [㉣   ]의 힘이 컸다. 또 정도전, 조준 등 [㉤   ]는 이성계와 함께 고려 사회를 개혁하려고 했다.

1. 다음 왕의 정책이 아닌 것은?

넓은 포용력으로 후삼국을 통일하고 고려를 세우고
나라 이름을 고려라고 했다.

① 나라를 안정시키기 위해 결혼정책을 펼쳤다.
② 백성들의 마음을 하나로 모으기 위해 불교를 장려했다.
③ 후대의 왕들이 지켜야 할 가르침을 세워 놓은 훈요 10조를 남겼다.
④ 유교를 나라 다스리는 기본정신으로 삼았다.
⑤ 고구려 옛 땅을 되찾는 북진정책을 폈다.

2. 고려와 교류한 나라들에 대한 설명 중 맞지 않은 것은?

① 벽란도에는 송, 거란, 여진, 일본, 동남아시아, 아라비아 상인까지 드나들었다.
② 여러 나라들 중 송나라와의 무역이 가장 활발하게 이루어졌다.
③ 코리아는 동남아시아 상인이 고려에 다녀간 후 부른 고려의 이름이다.
④ 거란과 여진에서는 은, 모피, 말 등을 수입했다.
⑤ 고려는 송나라로 금, 은, 나전칠기, 화문석, 인삼, 삼베, 모시 등을 수출했다.

3. 몽골의 침략에 대한 고려의 항쟁으로 옳은 것은?

① 서희가 능란한 외교술로 강동 6주를 확보했다.
② 강감찬이 귀주대첩에서 크게 승리했다.
③ 2차 침입 때에는 양규의 활약으로 적을 물리쳤다.
④ 윤관이 별무반을 만들어 적을 몰아내고 동북 9성을 쌓았다.
⑤ 처인성에서 승려 김윤후와 부곡 사람들이 맞서 싸웠다.

4. 고려후기의 불교문화에 관한 설명 중 옳지 않은 것은?

① 고려 후기의 불교는 교종이 유행했다.
② 지눌은 불교개혁 운동을 벌였다.
③ 고려 후기의 불화는 주로 왕실이나 권문세족의 요구로 만들어졌다
④ 〈수월관음도〉는 문양이 정교하고 채색이 화려하면서 아름답다.
⑤ 개성 경천사지 10층 석탑은 원의 영향을 받았다.

5. 다음 중 공민왕이 실시한 개혁정책으로 옳지 않은 것은?

① 원나라가 설치했던 정동행성을 없앴다.
② 신돈을 등용해 전민변정도감을 세웠다.
③ 부원 세력을 내쫓고 원나라로 공녀를 보내지 않았다.
④ 원나라가 빼앗았던 철령 이북의 땅을 되찾았다.
⑤ 노비안검법을 실시했다.

6. 다음 중 권문세족에 대한 설명으로 옳은 것은?

① 응방의 관리나 몽골어 통역관 등이 포함되었다.
② 명나라의 힘을 믿고 온갖 횡포를 부렸다.
③ 과거와 음서, 혼인을 통해 중앙 지배층이 되었다.
④ 무신에 대한 차별대우로 난을 일으켰다.
⑤ 공민왕의 개혁에 힘입어 고려 말에 등장한 새로운 정치세력이다.

5부
조선의 성립과 발전

1. 새 나라의 기틀을 다진 사람들

이 고려의 멸망

위화도 회군으로 권력을 잡은 이성계는 정도전 등 신진 사대부와 함께 과전법을 통해 토지 제도를 개혁했어. 권문세족들이 백성들로부터 빼앗은 땅을 거둬들여 나라의 땅으로 삼는 거였어. 그리고 그 땅을 관리들의 녹봉(봉급)으로 주었는데 땅 자체를 주는 게 아니라 농민들이 그 땅에서 농사를 짓게 하고 거기서 거둬들인 것을 세금으로 받을 권리를 준 거야. 그리고 백성들이 낼 세금도 낮춰 주었어. 그럼으로써 백성들은 농사지을 땅이 생기고 신진 사대부들은 먹고살 봉급을 받게 된 거지. 그전엔 권문세족들이 모든 땅을 차지해 권문세족이 아닌 관리들은 형편없이 낮은 봉급을 받을 수밖에 없었고 나라 살림이 엉망이었거든. 이 개혁으로 신진 사대부는 힘을 얻었고, 나라를 자기들 이익대로 쥐고 흔들었던 권문세족은 힘을 잃었어. 백성들은 이전처럼 가혹한 착취가 없는 상태에서 농사지을 땅을 얻게 된 거고. 이렇게 나라 살림이 안정되고 백성들의 삶도 나아졌어. 그러자 이성계와 정도전은 이미 기울어진 고려 대신 새로운 나라를 세울 생각을 해.

그러나 신진 사대부들 중에는 정도전처럼 새로운 나라를 꿈꾸는 사람들과 생각이 다른 사람들도 있었어. 그들은 고려라는 나라를 그대로 둔 채 개혁을 통해 바로잡아 나가면 된다고 생각했어. 이런 사람들의 리더가 바로 고려의 마지막 충신 정몽주야. 이성계의 아들 이방원은 그런 정몽주에게 새로운 나라를 세우자고 설득해. 그들의 생각을 담은 시조가 〈하여가〉와 〈단심가〉야.

정몽주의 생각이 변하지 않을 것을 눈치챈 이방원은 부하를 시켜 선죽교에서 정몽주를 죽이고 공양왕을 왕위에서 끌어내려 얼마 후 없애 버리지. 이로써 고려는 멸망하고 이성계가 왕이 되어 새로운 나라가 세워진단다.

02 조선을 세운 태조 이성계

이성계는 나라 이름을 그대로 고려로 하고 도읍지도 그대로 개경으로 두었어. 공양왕을 죽이고 왕이 된 이성계에 대해 백성들이 좋지 않게 생각하고 있는 상황에서, 섣불리 나라 이름을 바꾸고 도읍지를 옮기면 민심이 돌아설까 봐 염려한 거야. 그러나 새로운 나라를 세운 마당에 언제까지 망한 나라의 이름과 도읍지를 그대로 쓸 수는 없었어.

새 술은 새 부대에 담으란 말처럼 이성계는 나라 이름을 조선으로 정하고 오늘날의 서울인 한양으로 천도하여 도읍지로 삼았어. 조선이란 이름은 이성계가 세운 나라가 그 옛날 고조선을 이어받은 정통성 있는 나라라는 걸 주장하기 위해 지은 거야.

그리고 한양을 도읍지로 삼은 이유는 말이야. 한양의 북쪽으로는 커다란 산이 있어 외적의 침입을 막기 좋았어. 또 남쪽에는 한강이라는 큰 강이 흘러 전국에서 거둬들인 세금을 옮기기 좋고 넓은 평야가 펼쳐져 있어 농사짓기도 좋았지. 그리고 무엇보다 고려 때부터 한양이 새 도읍지가 된다는 예언이 퍼져 백성들로부터 새 도읍지를 인정받기 쉽다는 점도 선택의 조건이 되었어.

역사적으로 거대한 문명이나 나라는 큰 강을 중심으로 세워졌어. 삼국과 가야를 공부할 때도 한강을 차지한 나라가 주도권을 잡고 크게 발전했던 거 기억나지?

자, 도읍지를 정했으니 다음은 성을 쌓고 궁궐을 지어야겠지. 이성계를 도와 조선을 세운 정도전이 새 도읍지의 설계를 맡았어. 정도전은 고려 시대 수많은 잘못을 저지른 불교를 버리고 유교를 나라의 근본 정신으로 삼아야겠다고 생각했어. 그래서 성과 궁궐을 유교의 가르침에 따라 지었지.

그래서 맨 처음 세운 궁궐이 으뜸 궁궐인 경복궁이야. 경복궁을 중심으로 부속 건물들이 세워지고 도로도 정비했지.

광화문은 경복궁의 정문인데 광화란 말의 뜻은 '임금의 덕이 빛

정도전
신진 사대부의 리더 역할을 한 정도전은 이성계와 함께 고려를 개혁하려고 했어.

광화문 광장의 이순신 장군 동상
광화문역에서 나오면 이순신 장군 동상과 세종로가 나타나. 조선 시대에 육조 거리가 있던 곳이야. 지금은 양옆으로 정부서울청사, 미국 대사관 등이 들어서 있어.

처럼 널리 퍼져 세상 사람들을 올바르게 살도록 만든다'라는 뜻이야.

광화문 앞 세종 대왕 동상과 이순신 동상이 있는 커다란 길이 세종로인데, 폭이 100미터로 우리나라에서 가장 넓은 도로야.

세종로는 조선 시대에도 있던 길이었어. 그때 이름은 세종로가 아니라 육조 거리라고 불렀지. 육조 거리는 이조, 호조, 예조, 병조, 형조, 공조 등 여섯 관청이 있었던 거리라는 뜻이야. 그 외에도 의정부, 한성부, 사헌부, 중추부, 기로소 등도 육조 거리에 있었어. 한마디로 조선을 움직이는 관청들이 모두 이 거리의 양쪽으로 늘어서 있었던 거야.

이 길을 따라 계속 가면 서울 시청과 덕수궁이 나와. 그리고 더 가면 성문이 하나 나오지. 남대문이야. 한양을 둘러싼 성에는 동서남북 방향으로 성문이 하나씩 있었어. 남대문은 이름 그대로 남쪽으로 난 문으로 원래 이름은 숭례문이야.

유교에선 사람이 갖춰야 할 성품으로 '인의예지'를 꼽아. 이 말의 뜻은, '인(仁)'은 어질어야 함이고, '의(義)'는 의로워야 함이며, '예(禮)'는 예의 발라야 함이고, '지(智)'는 지혜로워야 함을 이르는 거야.

동대문의 원래 이름은 흥인지문인데 인을 흥하게 하라는 뜻이고, 서대문의 원래 이름은 돈의문으로 의를 깊이 새기라는 뜻이야. 북대문의 원래 이름은 소지문으로 지(혜)를 밝히라는 뜻이지.

정도전은 한양을 성으로 두르고 네 방향에 문을 낸 뒤 이렇게 유교의 덕목을 이름에 넣어 조선이 유교 사상으로 세워진 나라임을 널리 알린 거야.

이렇듯 정도전은 유교의 가르침으로 나라를 다스려야 한다고 생각했어. 핵심은 임금을 만드는 하늘이 바로 백성이라고 하면서, 백성들의 뜻을 잘 아는 재상이 정치를 이끌어야 한다고 말했지. 즉 재상 중심의 정치를 주장한 거야.

그러자 왕실에서는 조선이 "이씨의 나라냐, 정씨의 나라냐"라며 불만을 터뜨렸지. 특히 조선을 세우는 데 큰 역할을 한 태조 이성계의 다섯째 아들 이방원의 분노는 상상을 초월할 정도였어. 그는 태조를 이어 왕이 될 사람이 자기라고 생각했지. 그런데 신하들이 나라를 좌지우지한다면 자기는 허수아비 왕이 될 테니 화가 날 만도 해.

이런 상황에서 이방원의 분노에 기름을 붓는 일이 생겨. 이성계는 정도전의 주장을 받아들여 여덟 아들 가운데 막내인 이방석을 세자로 삼아. 더는 참지 못한 이방원은 군사를 일으켜 방석을 세자로 삼는 데 뜻을 같이한 정도전, 남은, 심효생(세자 방석의 장인) 등을 죽여 버려. 게다가 자기 동생들인 세자 방석과 세자의 형 방번 역시 죽이지. 이방원의 손에 자신의 측근을 모두 잃어버린 이성계는 어찌지 못하고 왕위에서 물러날 수밖에 없었어. 그러자 이방원은 자기 형인 이방과를 왕으로 세우는데, 그가 바로 조선의 제2대 왕인 정종이야.

그런데 왜 이방원은 그렇게 오르고 싶었던 왕위를 형에게 양보했을까?

이방원은 동생들을 죽이고 아버지를 내쫓은 불효막심한 사람이잖아. 그런 사람이 왕이 된다면 백성들이 어떻게 생각하겠어. 그래서 백성들이 난리를 잊을 만한 시간을 좀 벌자는 속셈이었지. 정종은 피비린내 나는 왕위에 앉고 싶지 않았지만 동생의 말을 안 들었다간 무슨 일이 생길지 몰라 할 수 없이 왕이 되었어.

얼마 지나 넷째 방간이 왕이 되고자 방원을 없애려 했어. 하지만 되레 이방원에게 죽임을 당해. 정종 이방과는 피비린내 나는 형제간 싸움에 질려 왕위를 이방원에게 넘기려 하지. 그러나 방원은 여러 차례 사양해. 자기가 왕 자리가 탐나서 동생을 죽이고 아버지를 쫓아낸 게 아니란 걸 사람들에게 보이려 한 거지. 정종은 어서 왕 자리에서 도망가고 싶어 방원에게 제발 왕이 되어 달라고 사정해. 그제야 방원은 어쩔 수 없다는 듯 왕 자리를 받아들이지.

왕 자리에서 물러난 정종은 풍경 좋은 곳으로 놀러 다니며 하늘이 준 목숨이 다하도록 행복하게 살았어. 원치 않는 왕 자리에 앉아 동생이 언제 칼을 겨눌지 몰라 눈치만 보던 생활을 내려놓으니 그야말로 살 만했겠지.

이렇게 해서 이방원이 왕이 되는데 그가 바로 조선 제3대 왕 태종이야.

03 조선의 기틀을 다진 태종

태종은 왕위에 오르자마자 국왕 중심의 중앙 집권 체제를 확립하고, 왕권 강화를 위한 정책들을 펼쳐 나갔어. 이를 위해 가장 먼저 공신들이나 왕족들의 사병을 혁파했지. 사병은 나라의 소속이 아닌 개인이 거느린 군사를 말해. 태종은 사병이 왕권에 얼마나 위험한 것인지 누구보다 잘 알고 있었어. 아버지 태조도 사병을 토대로 고려를 멸망시켰고, 태종 자신도 사병으로 반대 세력인 세자 방석과 정도전 등을 죽이고 왕이 되었거든. 그러니 다른 누가 사병을 데리고 있다면 자기에게 목숨을 빼앗긴 사람들처럼 자기도 당할 수 있었지. 태종은 사병을 해산하고 그들을 관군에 집어넣음으로써 왕권을 강화시켰어.

군대를 손안에 쥔 태종은 다음으로 신하들을 다잡을 궁리를 해. 그래서 정도전이 신하들 중심으로 정치를 펼치기 위해 취한 의정부 서사제를 6조 직계제로 바꿔 버리지.

의정부 서사제란 국가 기관 가운데 가장 높은 곳인 의정부에서 6조의 보고를 받아 검토한 뒤 왕에게 보고하는 체계야. 왕은 의정부가 결정한 결과만 듣고 따를 수밖에 없지. 즉, 왕의 힘이 약해지는 거야.

반대로 6조 직계제란 6조에서 이런저런 나랏일을 왕에게 직접 보고하고 왕이 직접 처리하는 체제야. 가장 높은 자리를 차지한 의정부 정승들은 나랏일에 관해 결정할 수 없게 돼. 정치적 힘이란 나라의 일에 관해 결정할 수 있는 권한에서 나오는데 그게 없으니 신하들 힘이 크게 약해질 수밖에 없지. 결국 왕이 펼치려는 정책에 대해 이래라저래라 못 하게 되는 거야.

여기서 조선의 중앙 정치 제도를 알아보자.

조선은 국왕이 중심이 되어 운영되는 중앙 집권 국가였지만, 유교적 통치 이념에 맞춰 왕권과 신권의 조화를 이루고자 노력했어. 중앙 정치는 영의정·좌의정·우의정의 3정승이 모여 정책을 결정하는 의정부와, 결정된 정책을 이조·호조·예조·병조·형조·공조의 6조가 집행하는 방식으로 운영되었어.

또한 왕과 신하 어느 한쪽으로 권력이 치우치는 것을 막기 위해 3사를 두고 언론의 역할을 담당하도록 했는데, 관리를 감찰하는 사헌부, 국왕의 잘못을 비판하는 사간원, 국왕을 자문하는 홍문관으로 이루어져 있었단다.

군대와 관리들을 왕의 권위 아래 두게 된 태종은 전국을 8도로 나눈 뒤 각 도에 관찰사를 파견했어. 그리고 도 아래에는 부·목·군·현을 설치하고 수령을 보내 다스리게 했지. 전국 방방곡곡 왕의 힘이 미치지 않는 곳이 없도록 한 거야.

그리고 16세 이상 남자에게 호패를 가지고 다니게 하는 호패법을 시행했어. 호패는 오늘날 주민등록증과 비슷한 것으로, 이름, 신분, 사는 곳, 하는 일 등이 표시되어 있었어. 이것은 전국의 인구를 파악하여 세금을 거두고, 요역을 시키는 데 이용했어.

특히 군대 복무의 의무를 지우는 데도 이용되었는데, 16세 이상 60세 미만의 양인 남자들은 일정 기간 군사 훈련을 받거나 국방 비용을 부담해야 했지. 군대 조직으로는 중앙군인 5위와 지방군인 병영과 수영이 있었는데, 5위는 한양과 궁궐을 수비했고 육군과 해군인 병영·수영은 각 도에 설치되어 외적의 침입에 대비했어. 또 위급한 상황을 신속히 알리기 위해 봉수대를 정비했지.

또한 세금으로 거둔 물자를 바다와 강으로 운송하는 조운 제도를 정비했고, 물자 운반을 비롯해 중앙과 지방의 명령과 보고를 원활하게 통신하기 위해 역참 제도를 정비했단다.

호패
16세 이상의 남자가 차고 다녔는데, 신분에 따라 재질과 모양이 달랐어.

이렇듯 태종은 왕권을 강화하고 왕이 나라를 다스리는 데 문제가 없도록 많은 제도를 만들고 또 바꿨어. 태종은 여기서 멈추지 않고 나중에 걸림돌이 될 만한 세력들을 제거했지. 다음에 자기 아들이 왕이 되어 나라를 다스릴 때 왕에게 간섭할지 모를 사람들을 없앤 거야.

태종이 훌륭한 나라를 만들어 나가는 길에 장애물이 될 만한 것은 모두 치워 준 덕분에 세종은 빛나는 업적을 세울 수 있었어.

조선 시대의 대학, 성균관

조선 시대 최고의 교육 기관은 성균관이야. 지금의 국립 대학에 해당하지. 성균관은 고려 시대에도 있었는데, 처음엔 국자감이라고 불렸다가 고려 말에 성균관으로 불렸고 이것이 조선 시대로 이어진 거야.

성균관은 나랏일을 맡을 인재를 키워 내기 위해 한양에 세운 최고의 교육 기관이었어.

성균관에 들어갈 수 있는 조건은, 과거에서 1차 시험을 통과하거나 사학 출신 중 일정한 시험을 통과한 사람, 학문적으로 상당한 수준에 이르렀거나 할아버지나 아버지가 나라에 공을 세운 사람 등으로 상당히 까다로웠는데 양반 사대부가 아니면 들어갈 수 없었지. 성균관 유생들은 열심히 학교 생활을 하면 과거에서 특별한 혜택을 받을 수 있었고, 추천을 받아 관리가 될 수도 있었어. 성균관은 재학 기간이나 졸업하는 날이 정해져 있지 않았어. 대과(문과)에 합격하는 날이 바로 졸업 날이었지.

성균관은 공자의 제사를 지내는 대성전, 학생들이 공부하는 명륜당, 기숙사인 동재와 서재 등으로 구성되어 있었어.

조선 시대의 관리 등용 방식

벼슬을 얻으려면 과거에 합격해야 했어. 과거는 원칙적으로 천민이 아니면 누구나 볼 수 있었지. 그런데 온종일 힘겹게 일을 해야 겨우 먹고사는 일반 백성들이 공부를 해서 과거를 본다는 건 거의 불가능했지. 또 사회적으로 교육을 받을 기회도 없고 부모도 배운 것이 없는 마당에 과거란 그림의 떡보다 가망 없는 일이었어. 따라서 과거는 결국 기득권을 가진 양반들을 위한 제도였던 셈이야.

과거 시험에는 문과, 무과, 잡과가 있었어. 문과는 문반 관리가 되기 위한 시험으로 주로 양반 자제들이 응시했어. 유교 경전을 외우거나 글을 짓는 것으로 시험을 보았지. 무과는 무반 관리가 되기 위한 시험으로 조선 시대에 생긴 거야. 고려 시대엔 문과만 있었지. 무과 시험은 주로 양반, 서얼, 상민들이 응시했어. 활쏘기, 말 타며 활쏘기, 말 타며 창 다루기 등 주로 전투에서 사용할 무술 실력을 평가해 뽑았어. 잡과는 의학, 통역, 천문학을 맡아 보는 기술관을 뽑는 시험이야. 주로 중인들이 응시했지.

과거 시험은 3년에 한 번씩 치러졌는데 필요에 따라 특별 시험도 수시로 치러졌어. 과거에는 예비 시험인 소과와 본시험인 대과가 있었어. 소과에 합격해야만 대과를 볼 수 있었고, 대과에 합격하면 관리가 되었어.

04 위대한 성군 세종

세종은 우리 역사상 가장 많은 업적을 남긴 왕이지. 그렇게 많은 업적은 그냥 이루어진 게 아니고 열심히 일했기 때문에 남길 수 있었어. 세종은 책벌레라고 할 만큼 학문에 관심이 많았고 열심히 책을 읽었는데 아버지 태종이 밤까지 책을 읽는 걸 금지할 정도였지. 밤새워 책을 읽다 자칫 건강을 해칠까 걱정한 거야. 세종은 자신이 깨우친 학문을 신하들과 토론하는 걸 좋아했어.

세종은 왕과 신하 즉 왕권과 신권이 조화를 이루어야 나라가 잘 운영된다고 생각했어. 태종이 왕권을 강화하기 위해 실시한 육조 직계제를 의정부 서사제로 바꾼 것도 그 때문이야. 세종은 왕과 신하가 학문을 토론하는 경연에 힘쓰는 등 신하들과 끝없이 소통했어. 이렇게 힘을 모아 나라를 발전시키기 위해 밤낮으로 노

력했지.

신하들이 왕의 생각과 반대되는 의견을 낼 수 있도록 했고, 충분히 자기 생각을 이해시키려 노력했어. 그러다 신하들의 생각이 옳다고 판단되면 주저 없이 받아들였지. 신하들의 의견을 존중한 거야. 또 신하들의 재능을 잘 파악해서 그들이 자신의 능력을 충분히 펼칠 수 있도록 도왔어.

세종 대왕
누구보다도 탁월한 리더십을 발휘한 군주야. 각자가 가진 재능을 잘 발휘할 수 있게 했을 뿐만 아니라 시너지 효과가 날 수 있도록 팀을 잘 조직했지.

학문 연구와 인재 양성의 요람, 집현전

세종은 집현전을 설치해 젊은 학자들이 학문 연구에 전념할 수 있도록 했어. 집현전 학자들은 여러 분야의 연구를 함께해서 수많은 성과를 냈단다. 그런데 연구한 내용이 아무리 많아도 그것을 기록으로 남기지 못하면 아무 소용 없겠지. 그래서 세종은 갑인자라는 금속활자를 만들게 해.

금속활자는 고려 시대에도 있었지만 더 보기 좋은 글자 모양으로 더 많은 책을 만들기 위해 발전을 거듭했어. 태종도 주자소를 세우고 계미자라는 금속활자를 만들게 했어. 그런데 계미자는 기술적 문제로 글자가 가지런하지 못하고 비뚤어지는 경우가 많았지. 세종은 쇠를 잘 다루던 무인 출신 과학자 이천을 시켜 더욱 효율적이고 단정하며 아름다운 활자를 만들었는데 그것이 바로 갑인자야.

세종은 한층 발달된 인쇄 기술로 역사책인 『고려사』와 『고려사절요』, 지리책인 『팔도지리지』, 도덕책인 『삼강행실도』, 농업 기술 책인 『농사직설』, 의학 책인 『향약집성방』 등 다양한 분야의 책을 펴냈어. 또 한글이 창제된 이후에는 일종의 시집인 『용비어천가』, 『월인천강지곡』을, 언어학 책인 『훈민정음』, 『훈민정음해례』 등을 펴냈지.

이러한 학문 연구와 인쇄 기술의 발달은 다음 왕들에게도 이어져 『조선왕조실록』, 『경국대전』, 『악학궤범』, 『동국여지승람』 등 역사적으로 중요한 책들이 발간되었단다.

과학 기술의 발전

세종은 조선 시대 최고의 기술자 장영실에게 명해서 해시계인 앙부일구을 만들었어. 앙부일구는 시간뿐만 아니라 24절기도 알 수 있는 시계야. 세로로 새겨진 시각선을 가로지르는 가로줄 열세 개가 있는데 제일 바깥쪽 줄은 동지 때 해 그림자가 지나가는 길이고, 맨 아래 줄은 하지 때 해 그림자가 지나가는 길이야. 이것만 봐도 절기와 시간을 한꺼번에 알 수 있지.

세종은 여기서 그치지 않고 흐린 날이나 밤에도 정확한 시간을 알 수 있는 시계를 만들라고 명하지. 그게 바로 물시계야. 장영실이 만든 물시계의 이름은 자격루야.

자격루란 스스로 울리는 물방울이란 뜻이야. 원리는 시간이 흘러 물이 차오르면 부력에 의해 떠오른 막대기가 구슬을 밀어 떨어뜨리고 그 구슬이 떨어져 지렛대를 누르면 그 힘으로 인형이 종, 북, 징을 자동으로 울리는 식이야. 즉 물의 힘을 이용해 자동으로 시간을 알려주는 시계인 거지.

또 태양과 달 그리고 행성들이 운행하는 길과 위치를 관측하는 천문 기구인 혼천의도 만들었어. 그런데 이 모든 과학적 발명의 결정판은 바로 칠정산이야.

칠정산은 산 이름 같지만 산이 아니라 달력이야. 이전까지 우리나라는 중국의 달력을 가져다 썼어. 중국은 우리와 위도와 경도가 다르니 달력이 맞지 않았지. 세종은 우리에게 맞는 달력을 만들 필요가 있다고 생각했어. 세종의 명에 따라 집현전 학자들은 원나라, 명나라, 아라비아 등의 천문 계산법을 연구했어. 그리고 세종 시대에 발명한 앙부일구와 자격루로 정확한 시간과 절기를 재고, 혼천의로 해와 달, 행성의 움직임을 측정해 일 년과 한 달의 시간을 쟀어. 이렇게 우리의 하늘에서 벌어지는 일을 우리 입장에서 측정한 달력을 만들었으니 그것이 바로 『칠정산』이란다.

600년 전 세종 때 만들어진 『칠정산』에서는 일 년을

자격루
자동으로 시간을 알려주는 물시계야. 나무 인형이 종, 북, 징을 쳐서 시간을 알려 줘.

365.2425일로, 한 달을 29.530593일로 정했어. 이것은 일 년이 365.2425일, 한 달이 29.530588일이라고 정한 오늘날의 달력과 소수점 네 자리까지 똑같아. 이렇게 정밀하게 우주와 시간을 관측하고 일 년과 한 달의 길이를 정할 수 있는 나라는 당시에 세계 최고의 과학 수준을 가진 중국과 아라비아밖에 없었어. 정말 대단하지?

이 모든 과학적 노력이 마침내 이루고자 하는 목적은 무엇이었을까? 그것은 바로 백성들의 편안한 삶이야!

백성들의 생활에서 답을 찾다

달력이 가장 필요한 사람이 누굴까? 그건 바로 농사를 짓는 백성들이야. 농사는 언제 씨를 뿌리고 모내기 하고 피를 뽑고 추수하는지, 또 언제 날이 더워지고 추워지는지, 일 년 중 언제 자주 비가 내리고 가무는지 등 정확한 시간과 날짜를 아는 것이 중요해. 달력을 통해 백성들은 정확한 일 년 계획을 세우고 일을 할 수 있었지. 예전에 중국 달력을 쓸 땐 중국 절기에 맞춰져 있어 우리 농사에 쓰기에는 불편한 것이 많았단다.

아울러 세종은 정초에게 제대로 된 농사법 책을 만들라고 지시해. 당시에도 농사법 책이 있긴 했지만 중국에서 만든 것이거나 이론만 늘어놓은 것이라 직접 농사짓는 백성들에겐 큰 쓸모가 없었지. 정초는 사람들을 나라 곳곳에 보내 곡식을 재배하는 방법을 조사해 오게 했어. 또 자신도 농민들을 직접 만나 생생한 경험담을 들었지. 이를 바탕으로 조선의 자연환경과 농사 조건에 맞고 실용적인 농사법 책을 만들었는데 그 책이 바로 『농사직설』이야.

세종이 백성들을 위해 만든 발명품에는 측우기도 있어. 측우기는 비가 내리는 양을 재는 기구야. 측우기를 통해 날마다 비 내리는 양을 기록한 것을 모아 두면 나중에는 일 년 중 비가 많이 오는 시기를 대략 짐작할 수 있지. 다시 말하지만 이것은 한 달과 일 년의 시간을 정확히 측정할 때 의미가 있어. 그렇지 않으면 비가 온 양을 재도 그 시기가 언제인지 정확히 알 수 없으니까 말이지. 이렇게 칠정산, 측우기, 앙부일구, 자격루 등 과학 발명품과 『농사직설』 같은 책 등을 통해 곡식의 생산량이 많이 늘어났어.

세종은 백성들이 건강하게 살 수 있게 하는 데도 노력을 기울였어. 세종은 『향약집성방』이란 책을 만들어 우리 땅에서 나오는 약초를 모두 모아 그 효능을 알수 있도록 했지. 이전까지는 중국의 약재를 썼기 때문에 약값이 비싸 일반 백성들은 아파도 약을 지어 먹기 어려웠어. 그런데 이 책을 통해 우리 땅의 약재를 쓰니 더 많은 백성이 병을 고칠 수 있게 되었지.

민본 정치의 꽃, 훈민정음

백성을 위해 많은 책을 펴낸 세종이었지만 근본적으로 해결할 문제 때문에 고민해. 아무리 백성들에게 쓸모 있는 책을 만들더라도 그걸 읽지 못하면 아무 소용이 없잖아. 특히 한자를 몰라 법률에 관한 글을 알지 못하는 경우가 큰일이었어. 몰라서 법을 어기고 벌을 받는 일이 아주 많았거든. 세종은 일단 옛날부터 있었던 표기법인 이두로 법전을 만들어 반포하도록 했지. 그런데 이두 역시 한자를 알아야 뜻을 이해하는 표기법이라 일반 백성이 읽기엔 너무 어려웠어.

세종은 직접 백성들이 쉽게 읽을 수 있는 글자를 만들겠다고 다짐하고 여러 언어에 대한 연구를 시작해. 그래야 언어가 어떻게 만들어지고 어떤 구조로 쓰이는지 알 수 있을 테니까. 세종은 중국, 일본, 여진, 말갈, 티베트, 인도, 아랍 등 각나라의 언어에 대한 책을 모두 구해 무려 7년 동안이나 연구했어. 그러고는 마침내 한글, 즉 훈민정음을 완성해 내지.

그런데 문제가 생겼어. 한자를 공부한 양반들이 훈민정음을 반포하는 걸 반대했지. 글을 아는 걸 자기들만의 특권으로 생각했기 때문이야. 자기들보다 신분이낮은 백성들이 글을 배워 세상의 이치를 깨닫는 게 싫었던 거지.

양반들의 처지를 대변해 최만리 등 일곱 명의 집현전 학자들이 반대하는 상소를 올려. 반대하는 이유는 한글이 이상하고 천박하게 생겼으며, 백성들이 글을통해 법을 알면 법을 피해 나쁜 짓을 한다는 거야.

세종은, 만약 백성들의 심성이 악하다면 왕과 신하가 세상을 악하게 살 수밖에없게 만들어서 그런 것이라며 무섭게 꾸짖었어. 세종은 주위의 반대를 물리치고 마침내 훈민정음을 반포하게 돼.

한글이 만들어진 원리는, 기본 자음인 ㄱ, ㄴ, ㅁ, ㅅ, ㅇ은 발음 기관의 모양을 본떠서 만들었고, 기본 모음인 ㅏ, ㅑ, ㅓ, ㅕ, ㅗ, ㅛ, ㅜ, ㅠ, ㅡ, ㅣ는 세상을 이루는 '천(하늘), 지(땅), 인(사람)'에서 따왔어. 이 기본 자음과 모음이 다양하게 조합되면서 모든 소리를 글로 나타낼 수 있단다. 기본 자모만 알면 되니까 배우기도 쉽지. 이렇게 과학적이고 독창적이며 배우기까지 쉬운 글자가 바로 훈민정음이야. 훈민정음의 진정한 의미는 우리만의 글자가 생겼다는 것이고, 양반뿐만 아니라 백성들도 글을 써서 자기의 생각을 표현할 수 있게 되었다는 거지. 세종이 훈민정음을 만듦으로써 언어 사용에서만큼은 평등을 이루었다는 것도 큰 의미가 있어. 훈민정음의 창제는 민본 정치 사상의 꽃이라 할 수 있단다.

세종은 또 압록강 지역에 최윤덕을, 두만강 지역에 김종서를 파견하여 4군 6진을 개척하며 영토를 확장했어. 왜구를 소탕하기 위해 이종무를 보내 쓰시마 섬을 정벌하기도 했지.

명과는 조공·책봉 관계를 맺어 사대 정책을 펼쳤는데 이는 세종의 아버지 태종 때부터였어. 사대는 작은 나라가 큰 나라를 섬긴다는 뜻이지만 일방적으로 명을 섬기는 것이 아닌 국가적 실리를 추구하는 외교 정책의 하나라고 할 수 있지.

유교 윤리의 보급

세종은 효도를 행하는 풍습을 널리 알릴 수 있는 책을 만들어 백성들이 항상 읽을 수 있도록 하라는 명을 내렸어. 이는 조선의 통치 이념인 유교의 윤리를 사회에 널리 보급하려는 노력의 일환이었지. 그리하여 성리학의 기본 윤리인 삼강오륜을 담은 『삼강행실도』가 편찬되었어. 이 책에는 왕과 신하, 부모와 자식, 남편과 아내, 어른과 아이, 친구 사이에서 지켜야 할 도리가 글과 그림으로 설명되어 있어.

이후 사림을 통해 성리학 연구가 활발히 진행되었는데 특히 명종과 선조 때 이황과 이이는 성리학을 크게 발전시켰어.

성리학의 발전은 학문적 성과뿐만 아니라 사회 질서를 확립하는 역할을 했는

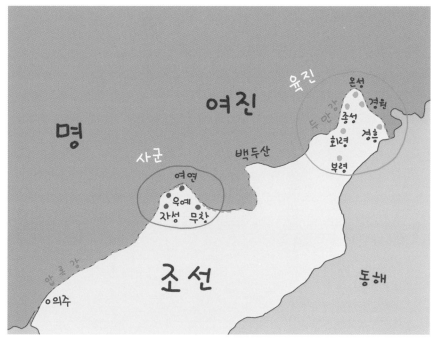

4군 6진

조선은 초기에는 여진과 좋은 관계를 유지했어. 하지만 여진족은 부족한 식량과 생활필수품을 얻기 위해 자주 국경을 넘어와 조선 사람들의 생명과 재산을 빼앗았어. 이에 세종은 여진을 정벌해 압록강 유역에 4군을, 두만강 유역에 6진을 설치하고 조선의 영토를 압록강과 두만강까지 넓혔어.

데, 각자의 사회적 위치에 따라 해야 할 역할과 윤리를 규정하게 되었어. 이는 곧 신분제를 강화하는 결과로 이어졌지.

1. 조선의 건국 과정을 순서대로 바르게 배치한 것은?

(가) 한양 천도 (나) 과전법 실시 (다) 조선 건국 (라) 위화도 회군

① (가) – (나) – (다) – (라)
② (다) – (라) – (나) – (가)
③ (라) – (나) – (다) – (가)
④ (라) – (다) – (나) – (가)
⑤ (라) – (가) – (나) – (다)

2. 왕의 업적이 <u>잘못</u> 연결된 것은?

① 태조 – 과전법 실시
② 태종 – 호패법 실시
③ 세종 – 집현전 설치
④ 세조 – 경국대전 완성
⑤ 성종 – 홍문관 설치

3. 다음 중 태종이 실행한 정책이 <u>아닌</u> 것은?

① 과전법을 실시했다.
② 호패법을 실시했다.
③ 전국을 8도로 나누었다.
④ 사병을 혁파했다.
⑤ 의정부 중심의 정치를 했다.

4. 조선의 중앙 정치 기구에 대한 설명으로 옳지 <u>않은</u> 것은?

① 의정부는 3정승이 합의로 정책을 심의 결정하는 최고 기구이다.
② 6조는 정책을 집행하는 실무 기구이다.
③ 3사는 권력의 독점과 부정을 막는 언론 기구이다.
④ 성균관은 역사서를 편찬하고 보관하는 기구이다.
⑤ 승정원은 국왕의 비서 기구이다.

2 유교적 질서로 안정을 이루다

01 업적을 이을 왕의 실종

세종 대왕 뒤를 이은 왕은 문종이야. 문종은 아버지 세종 대왕처럼 열심히 공부했고 아버지를 도와 많은 일을 해냈지. 똑똑한 아버지 뒤를 똑똑한 아들이 이었으니 이제 조선의 앞날은 창창하게 밝아 보였어. 그런데 안타깝게도 문종은 세종 대왕이 세상을 떠난 지 얼마 지나지 않아 그 뒤를 따라갔어. 원래 몸이 안 좋은 데다 아버지의 삼년상을 치르느라 체력이 고갈된 탓이었지. 효를 다한 것은 훌륭한 행동이고 조선의 통치 이념인 유교의 정신을 몸소 실천한 것이니 어쩌면 당연한 일이야. 그런데 그로 인해 세종 대왕의 업적을 이을 왕은 실종되고 말았어.

문종이 죽고 왕위에 오른 건 조선 제6대 왕 단종이야. 그런데 단종은 열두 살 아주 어린 나이에 왕이 되었어. 왕이 어리면 나랏일을 제대로 돌볼 수 없기 때문에 왕의 어머니인 대비나 할머니인 왕대비가 왕 뒤에서 대신 정치를 하는 게 예로부터 내려온 관습이야. 그런데 단종의 어머니는 그를 낳자마자 죽었어. 또 할머니, 즉 세종의 왕비이자 문종의 어머니 소헌왕후도 단종이 왕이 되기 몇 년 전 세상을 떠난 상태였어. 그야말로 돌봐 줄 가족이 아무도 없었던 거야.

단종은 나이가 너무 어렸기 때문에 왕이라는 이름만 가진 허수아비였어. 대신 정치를 해 줄 어머니나 할머니도 없었고. 그래서 의정부와 육조가 모든 것을 결정했어.

의정부의 세 재상인 김종서, 정분, 황보인은 단종의 셋째 삼촌인 안평대군과 나랏일을 자주 의논했어. 그런데 이 모습을 곱지 않은 시선으로 지켜보던 이가 있었지.

바로 단종의 둘째 삼촌인 수양대군이야. 수양대군은 어린 조카인 단종이 앉은 왕의 자리가 탐났어. 그래서 자신이 왕위에 오르는 데 방해가 되는 안평대군과 세 재상을 모두 제거했어. 그리고 왕위를 내놓으라 어린 단종을 협박했지.

두려움에 떨던 단종은 결국 수양대군에게 옥새를 넘겨. 수양대군은 마침내 원하던 왕위를 차지하게 되는데, 그가 바로 조선 제7대 왕 세조야.

단종은 어리고 힘이 없어서 삼촌에게 왕위를 빼앗기고도 아무 말도 하지 못 했어. 하지만 세조의 행동이 도리에 맞지 않는다고 생각하는 신하들이 있었어. 그들은 단종에게 왕위를 되찾아 주려 하다가 들켜서 죽임을 당하고 말아. 이 일을 빌미 삼아 세조는 사람도 거의 다니지 않는 강원도 영월 깊은 산골에 단종을 유배 보내지. 그리고 얼마 후 세조는 단종에게 사약을 내려 목숨을 끊게 했어.

02 나라의 통치 체제를 만들기 시작하다

조카인 단종을 죽이고 왕이 된 세조는 왕권을 강화하기 위해 할아버지 태종이 했던 것과 똑같은 일을 했어. 뭔가 왕권에 도전할 기미가 보이면 가차 없이 처단했지. 그리고 태종이 그랬듯 육조직계제를 실시해 육조에서 바로 보고를 받았어.

한술 더 떠 단종을 다시 왕위에 올리려던 사람들이 집현전 출신이라며 세종이 인재를 키워 내기 위해 공들여 만든 집현전 문을 닫아 버려. 그리고 왕 앞에서 신하들이 훈계하지 못하도록 경연도 없애. 그러면서 자신이 왕이 되는 과정에 공을 세운 한명회, 권람, 신숙주 등 측근들의 말만 듣고 그들에게 온갖 혜택을 다 몰아 주지.

세조는 자기가 그랬던 것처럼 다른 누군가가 자기에게 도전할 것을 염려해 측근 외에는 다 의심해. 이렇게 세조의 뒷배를 받아 부와 권력을 잡은 사람들을 훈구파라고 해. 훈구파는 재산을 늘리기 위해 뇌물 등 온갖 부정한 방법을 동원하지. 이러다 보니 부정부패가 판을 쳐 나라 꼴이 말이 아니었어.

그러나 세조는 조선 시대 통치의 기준이 된 최고의 법전『경국대전』편찬을 통해 통치 체제를 만들기 시작했어.

단종을 죽인 것에 대한 죄의식 때문인지, 세조는 정신적으로 지치고 쇠약해져 이상한 꿈에 시달리게 돼. 단종을 낳자마자 죽은 단종의 어머니 현덕왕후가 꿈에 나타나 세조가 자기 아들을 죽였듯이 세조의 자식들을 죽이겠다고 했다는 거야. 그런데 실제로 세조의 장남 의경세자가 그 꿈 이후 이유 모르게 죽어. 또 세조의 뒤를 이어 왕이 된 둘째 아들 예종도 어린 나이에 죽지. 현덕왕후는 다시 꿈에 나타나 세조에게 침을 뱉는데 이후 꿈에서 침이 닿은 자리에 지독한 피부병이 생겨. 세조는 피부병으로 고통 받다가 50세가 조금 넘은 나이에 세상을 떠나게 돼.

세자인 의경세자가 어린 나이에 죽은 뒤 그의 동생이자 세조의 둘째 아들이 왕위에 오르는데 그가 예종이야. 당시 예종은 열아홉 살이었어. 그래서 예종의 어머니인 대비 정희왕후가 수렴청정을 했는데, 당시는 훈구파들이 권력을 주무르던 때라 그들의 의견도 무시할 수 없었지.

그런데 예종이 왕이 된 지 얼마 안 돼서 죽자 훈구파들과 함께 의경세자의 아들인 자을산군을 왕좌에 앉혀. 그가 바로 성종이야. 성종이 왕위에 올랐을 때 나이는 열세 살이었어. 정희왕후는 예종에 이어 성종도 수렴청정을 했어.

03 조선 시대 법전을 완성한 왕, 성종

성종이 성년이 될 때까지는 대비가 수렴청정을 했고 신하들이 왕을 대신해 정치를 했어. 영민했던 성종은 그들이 정치를 하는 걸 보면서 많은 걸 배웠어. 성인이 되어 직접 정치를 하게 된 성종은 예종처럼 훈구파에 휘둘리는 허수아비가 되지 않으리라 마음 먹었지.

성종은 나라를 바로잡기 위해 유교 정치를 강화했어. 그 방편으로 김종직 같은 사람들을 관리로 뽑아 정치에 참여시켰지.

사림은 고려 말의 신진 사대부로부터 비롯된 사람들이야. 이들은 조선이 건국될 때 건국에 참여하지 않고 지방으로 내려가 성리학을 연구하고 교육에 힘쓴 사람들이야. 쉽게 말해 정몽주의 후예라고 생각하면 될 거야.

성종은 세조가 폐지한 집현전을 계승할 홍문관을 설치하여 왕에게 자문할 수 있도록 했고, 경연도 부활시켜 신하들과 소통의 창구를 열었어. 또한 의정부서사제를 부활시켜 왕권과 신권의 조화를 꾀했지.

성종은 사림을 통해 세조 이후 왕실을 쥐락펴락하는 훈구파를 견제했어. 성종은 재물을 늘리려 온갖 부정부패를 일삼아 온 훈구파를 멀리하고 학문이 높은 사림들을 가까이 두었던 거야.

성종은 학문을 사랑해 여느 학자보다 더 깊이 공부했고 학자들에게는 많은 책을 편찬하게 했어. 이때 편찬된 책으로 『동국여지승람』, 『동국통감』, 『삼국사절요』, 『동문선』, 『악학궤범』 등이 있지.

무엇보다도 성종 시대에 『경국대전』 편찬이 완료되었다는 게 큰 성과였어. 『경국대전』은 조선 시대 통치의 기본 법전인데 세조 때 편찬하기 시작해 성종 때와서 완성되었어. 이로써 유교 중심의 중앙 집권적 통치 질서를 확립하게 되었지. 이렇게 성종 시대에는 정치, 경제, 문화적으로 성숙해 태평성대를 이루었어.

조선은 유교의 나라!

성종이 훈구파 견제를 위해 사림을 발탁했다고는 하지만 그렇지 않더라도 사림은 조선에 필요한 사람들이었어. 조선을 건국한 세력은 유학을 공부한 사람들이었고, 그들은 유교를 나라의 근본으로 삼았잖아? 그런 나라에서 유교를 공부한 사람을 조정에 들이는 것은 당연한 일이었지.

조선은 왕은 물론 백성들까지 유교적 가르침을 실천하며 살았어. 왕은 아침 일찍 일어나 가장 먼저 왕실의 웃어른께 문안 인사를 드렸어. 유교의 '효' 정신을 실천한 거지. 백성들도 집안의 행사를 치를 때 유교의 예에 따랐어. 15세가 넘으면 어른이 되었음을 알리는 의식을 치르는 관례, 남녀가 혼인을 하는 혼례, 돌아가신 사람의 장례를 치르는 상례, 부모가 돌아가신 후에 제사를 지내는 제례 등 집안의 행사 모두 유교의 예에 따랐던 거야.

또 조선 시대 사람들은 유교의 기본 덕목인 삼강오륜을 실천하기 위해 노력했어. 그런데 삼강오륜은 무엇일까?

삼강오륜 중 삼강은 군위신강(임금은 신하의 본보기가 되어야 한다), 부위자강(아버지는 자식의 본보기가 되어야 한다), 부위부강(남편은 아내의 본보기가 되어야 한다) 등 세 가지 덕목을 말하고, 오륜은 군신유의(임금과 신하 사이에는 의리가 있어야 함), 부자유친(부모와 자식 사이에는 친함이 있어야 함), 부부유별(부부 사이에는 구별이 있어야 함.), 장유유서(어른과 아이 사이에는 차례가 있어야 함), 붕우유신(친구 사이에는 믿음이 있어야 함) 등 다섯 가지 덕목을 가리켜.

조선 시대의 신분 제도

조선 시대는 엄격한 신분제 사회였어. 신분은 크게 양인과 천민으로 나뉘었는데, 양인은 다시 양반, 중인, 상민으로 구분되었지. 양반은 과거 시험을 치르고 관리가 되어 나랏일에 참여했어. 땅과 노비 등 재산을 가지고 있으면서 여유 있고 풍요로운 생활을 했지. 중인은 양반과 상민의 중간 계층을 말해. 병을 고치는 의관, 법률을 다루는 사람, 외국어를 통역하는 통역관, 양반을 도와 관청에서 일하는 사람 등이 중인에 속했어. 상민은 농업, 어업, 상공업에 종사하는 사람으로 대부분이 농민이었어. 상민은 군인이 되어 나라를 지키고 세금을 냈지. 천민은 대부분 노비였고, 백정, 광대, 무당, 기생도 천민에 속했어.

04 애써 다진 기틀이 흔들리다

폭군 연산군

성종의 뒤를 이은 왕은 폭군으로 유명한 연산군이야. 성종 때 사약을 받고 죽은 폐비 윤씨의 아들인 연산군은 어머니의 죽음과 관련된 사람들을 닥치는 대로 죽였어. 심지어 할머니를 머리로 받아 죽음에 이르게 하고, 백성들의 삶의 터전을 사냥터로 만들어 버리는 등 온갖 폭정을 일삼았지. 그러다가 결국 연산군에게 원한을 품고 있던 세력들이 군대를 일으켜 연산군을 왕위에서 끌어내렸고 강화도로 유배된 연산군은 그곳에서 최후를 맞이하게 돼.

연산군을 폐위시킨 세력들이 추대한 왕은 중종이야. 중종은 성종처럼 사림을 끌어들여 훈구파를 견제하려 했지만 결국 뜻을 이루지는 못해.

중종이 죽고 뒤를 이은 왕들은 외척들에 의해 좌지우지되며 존재 자체가 희미했어. 나라는 외척들의 권력 싸움과 부정부패로 엉망이 되어 가고 엎친 데 덮친 격으로 왜구들이 출몰하고 산적들이 들끓었어.

산적들 가운데는 임꺽정처럼 권력을 가진 자들의 재산을 빼앗아 나눠 주는 등 백성들의 편에 선 의적도 있었어.

조광조를 통해 나라를 바로잡고자 한 중종

중종반정으로 성종의 둘째 아들 진성대군이 왕위에 올랐는데 그가 바로 조선 제11대 왕 중종이야. 중종은 자신을 왕위에 올린 훈구파의 기세에 눌려 왕권이 미약했어. 조정을 훈구파들이 모두 장악하고 있었기 때문이야. 그런데 연산군 시대에 사화를 당하고 관직에서 물러났던 사림들이 훈구파를 비판하는 상소를 올리기 시작했어.

중종은 사림파와 힘을 합쳐 훈구파가 망가뜨린 나라를 다시 일으켜야겠다고 생각했지. 사림 중 조광조라는 사람이 있었어. 조광조는 관리가 되기 전부터 학문적 평판이 높았어. 과거에 급제한 뒤 바로 정6품이라는 높은 벼슬을 얻었고 3년 만에 사헌부의 장관인 대사헌이 되었어.

과거 시험을 봐서 합격한 사람이 처음 맡을 수 있는 직책은 보통 종9품부터였고 장원 급제자라 하더라도 종6품부터 시작했거든. 그리고 3년 만에 대사헌이 되었다는 건 오늘날로 치면 초고속 승진에 해당하지. 중종은 학문적 평판이 높고 부당함을 날카롭게 지적할 줄 아는 조광조가 자신의 개혁 의지를 실현해 줄 파트너라는 걸 알았어.

조광조는 현량과를 실시하자고 중종에게 건의했어. 현량과란 학문이 깊고 인격이 높은 선비를 과거를 거치지 않고 추천받아 관리로 등용하는 제도야.

이를 통해 실력 있는 사림들이 중앙에 많이 진출했어. 그들로 인해 조광조는 강한 힘을 갖게 되고 그 힘으로 개혁에 속도를 붙였어. 조광조는 훈구파들이 공을 세운 대가로 받은 훈장과 직위를 없애 어려운 나라 살림을 회복해야 한다고 주장했지. 중종은 훈구파들의 반발이 거세게 일자 주저하지만 조정에 들어온 사림과 학자들의 지지를 받는 조광조의 의견을 듣지 않을 수 없었어. 그래서 결국 전체 공신의 75퍼센트를 공신 명부에서 삭제했지.

궁지에 몰리던 훈구파는 조광조를 없앨 음모를 꾸몄어. 어느 날 훈구파 홍경주의 딸인 후궁 희빈이 중종에게 나뭇잎을 내밀었어. 나뭇잎에는 벌레가 갉아먹은 자국이 있는데 그것은 놀랍게도 한자로 '주초위왕(走肖爲王)'이라는 글자였어.

주(走)와 초(肖)를 합하면 조(趙)라는 글자가 돼. 조광조의 성씨지. 이것은 곧 조광조가 왕이 된다는 뜻이야. 훈구파가 나뭇잎에 글자 모양을 따라 꿀을 발라 놓았고 벌레가 그 꿀을 따라 나뭇잎을 파먹었던 거야.

사실 중종도 그게 사실이 아니란 걸 눈치채고 있었어. 그러면서도 조광조에 대한 의심을 거두지는 못했지. 조광조의 세력이 생각보다 커졌기 때문이야. 또 과감하고 신속한 개혁 정책에 부담을 느끼기도 했고.

중종이 흔들리는 기미를 보이자 기다렸다는 듯이 훈구파들이 중종을 찾아와 조광조가 반역을 꾀한다고 모함했어. 마침 개혁 정책이 부담스러웠던 중종은 조광조와 그를 따르는 사람들을 모두 유배시키거나 사약을 내렸어. 이 사건은 1519년 기묘년에 일어났다고 해서 '기묘사화'라고 불러.

조광조가 죽자 조정은 훈구파들의 세상이 되었어. 그러나 그들도 나이 먹고 죽거나 다른 경쟁자들의 모함에 죽었지. 이제 궁은 다른 세력이 권력을 둘러싸고 다투게 돼. 그들은 바로 세자의 외가인 윤임 일파와, 세자의 어머니가 죽자 왕비가 된 문정왕후의 윤원형 일파야. 두 집안 다 윤씨여서 윤임 쪽을 '대윤', 윤원형 쪽을 '소윤'이라고 불러. 두 파의 다툼으로 나라는 점점 더 어지러워졌어. 나라를 개혁하기를 포기했던 중종은 난장판이 되어 가는 궁중을 걱정스럽게 바라보며 세상을 떠났어.

대비의 저주로 죽은 인종

중종의 뒤를 이어 조선 제12대 왕 인종이 왕위에 올랐어. 그의 외척은 대윤 윤임이야. 조카가 왕이 되자 윤임은 권력을 잡고 나랏일을 쥐락펴락하지. 그러자 중종의 세 번째 왕비인 문정왕후는 어떻게 해서든 자기가 낳은 아들 경원대군을 왕으로 만들기 위해 인종을 달달 볶아. 인종은 어질 인(仁)자가 들어간 이름에서 알 수 있듯이 어질고 효심이 깊은 사람이었어. 그래서 아무리 문정왕후가 모질게 굴어도 참고 효도를 다하려 애썼어. 그럴수록 문정왕후는 끝없이 인종을 괴롭혔지. 인종에게 심한 스트레스를 줘서 제거하고 싶었던 거야. 문정왕후의 표독스러운 괴롭힘 때문인지 인종은 원인을 알 수 없는 병으로 왕이 된 지 8개월 만에 죽었어. 문정왕후의 소원대로 된 거야. 떠도는 말로는 인종이 자경전에 문안하러 갔을 때 문정왕후가 독이 든 떡을 먹여 죽음에 이르게 했다고 해. 뭐, 사실인지 아닌지는 알 수 없지만.

외척들 때문에 못살겠다! 명종

인종이 죽자 1545년 문정왕후가 꿈꿨던 대로 드디어 경원대군이 왕위에 올랐어. 그가 바로 명종이야. 명종은 12세밖에 되지 않아 대비인 문정왕후가 수렴청정을 했어. 문정왕후가 정치에 나서면서 가장 먼저 한 일은 소윤파인 동생 윤원형과 손을 잡고 대윤파인 윤임을 제거할 음모를 세운 거였어.

대윤파 윤임을 향한 음모는 이랬어. 윤원형이 수상한 편지 한 통을 썼어. 그 편지를 받는 수신인은 죽은 인종의 왕비인 인성왕후라고 썼고. 대궐에 일부러 떨어뜨린 이 편지를 상궁이 주워 문정왕후에게 바쳤지. 편지에는 놀랍게도 성종의 아들 계림군을 왕으로 세우자는 내용이 적혀 있었어.

문정왕후는 이 가짜 편지를 빌미 삼아 윤임과 자기를 비판하는 사림들을 모두 잡아다가 귀양 보내거나 처형했어. 이 사건은 1545년 을사년에 일어났다고 해서 '을사사화'라고 해.

1553년 명종이 20세 어엿한 성인이 되어 직접 정치를 하기 시작했어. 하지만 독립하긴 쉽지 않았어. 문정왕후는 수렴청정에서 물러난 후에도 사사건건 명종을 간섭했고 문정왕후의 동생 윤원형이 조정 대신 중에 가장 윗자리인 영의정을 차지하고 있었기 때문이야.

명종에겐 외갓집 사람이 문제였어. 왕의 어머니 쪽 친척을 외척이라고 하는데 명종 때는 외척들 때문에 조정이 어지러웠어.

1565년 문정왕후가 65세 나이로 죽음을 맞이하자 백성들은 무척 기뻐했어. 명종이 윤원형을 평민으로 전락시키자 윤원형은 금부도사가 자신들을 죽이러 오고 있다는 말에 지레 겁을 먹고 스스로 목숨을 끊었지.

왜구가 쳐들어오고, 의적 임꺽정이 관아를 털다

안으로는 외척들 때문에 조정이 어지러울 때 밖에서는 왜구가 침략해 들어왔어. 1544년 남해안에 왜구가 침략해 사량진왜변을 일으켰지. 1555년에는 선박 70척을 앞세우고 몰려와 남해안 백성들을 약탈했는데, 이때 일어난 왜변을 을묘왜변이라고 해. 조정에서는 토벌대를 조직해 몰아내려 했지만 대패하고 2차 토벌대를 파견해 왜구를 겨우 막아 냈어.

왜변은 거기서 그치지 않고 큰 왜란으로 발전해. 이 왜변으로부터 37년 뒤인 1592년에 일본이 임진왜란을 일으키게 되지.

조정에서는 외척이, 밖에는 왜구가 들끓는 바람에 백성들의 삶은 더욱 어렵게 되었어. 그러자 전국 곳곳에서 산적들이 무리를 지어 다니면서 양민을 약탈하는 사태가 벌어졌어. 그 산적의 무리를 결합해 의적을 일으킨 이가 있었으니 바로 임꺽정이야.

임꺽정은 경기도 양주의 백정 출신으로 황해도 구월산에 본거지를 두고 활동했어. 경기도와 황해도 일대의 관아를 습격해 창고의 곡식을 꺼내서 백성들에게 골고루 나누어 주었어.

임꺽정은 백성들 사이에선 의적으로 통했지. 임꺽정의 활동은 1559년부터 3년간 지속되다가 1562년 그의 부하였던 서림의 배반으로 붙잡히면서 끝을 맺었어.

문정왕후가 죽은 뒤 나름대로 나라를 이끌어 갈 기회를 잡은 명종이었지만 이번엔 시간이 그를 가만히 두지 않았지. 오랜 시간 어머니와 삼촌들에게 억눌려 살며 얻은 마음의 병으로 그 역시 곧 죽음을 맞이하게 돼. 명종이 나라를 다스린 시대는 외척들이 나라를 어지럽히고 백성들은 고통에 신음했던 불행한 시기였어. 그런데 불행은 여기서 끝나지 않아.

단원정리문제

1. 성종의 업적으로 옳지 않은 것은?

① 유교 정치를 강화했다.
② 사림을 관리로 들여 훈구파를 견제했다.
③ 『경국대전』을 편찬하기 시작했다.
④ 경연을 부활시켰다.
⑤ 자문 기관인 홍문관을 설치했다.

2. 빈칸에 들어갈 알맞은 말을 써 넣으시오.

조선은 왕은 물론 백성들까지 [㉠   ]적 가르침을 실천하며 살았다. 왕은 아침 일찍 일어나 가장 먼저 왕실의 웃어른께 문안 인사를 드림으로써 [㉡   ]의 '효'정신을 실천했다. 백성들도 집안의 행사를 치를 때 [㉢   ]의 예에 따랐다. 15세가 넘으면 어른이 되었음을 알리는 의식을 치르는 관례, 남녀가 혼인을 하는 혼례, 돌아가신 사람의 장례를 치르는 상례, 부모가 돌아가신 후에 제사를 지내는 제례 등 집안의 행사 모두 [㉣   ]의 예에 따랐던 것이다.

3. 빈칸에 들어갈 알맞은 말을 써 넣으시오.

[㉠   ]은 조선 시대 통치의 기본 법전으로 세조 때 편찬하기 시작해 성종 때 와서 완성되었다. 이로써 유교 중심의 중앙 집권적 통치 질서를 확립하게 되었다.

3. 왜란과 호란을 극복하다

이 선조와 붕당 정치

명종이 죽고 선조가 왕위에 올랐어. 선조는 어릴 적부터 학문을 무척 사랑해 공부에 정진했지. 16세 어린 나이에 왕위에 올랐는데도 단 1년만 수렴청정을 받았을 뿐 곧바로 직접 정치를 할 정도로 총명했거든.

집권 초기에는 성종과 선조가 비슷한 점이 많아. 성종도 학문을 사랑해 학자들 못지않게 열심히 공부했고 훈구파를 견제하기 위해 학문이 높은 사림들을 조정에 들였다고 했잖아. 선조도 마찬가지야. 선조가 학문을 사랑했다는 건 아까 얘기한 거고 또 하나는 성종처럼 학문이 높은 사림들을 중앙에 끌어들였다는 거야.

선조가 사림을 들이기 시작한 지 얼마 지나지 않아 사림 출신 학자들이 조정을 장악하게 되었어.

그렇다면 사림의 기반은 어디에 있었을까? 조선 건국과 함께 지방으로 떠난 유학자들은 서원을 세우고 성리학을 연구하고 여론과 학파를 형성했는데 바로 이 서원이 사림의 기반이었어. 이들은 또 지방에 향약이라는 향촌 자치 규약을 만들어 퍼뜨렸어. 향약은 상부상조 풍속에 유교 윤리를 더한 것으로 풍속을 교화하고 사회 질서를 유지하는 역할을 했지. 향약의 보급으로 사림의 향촌 사회 주도권이 강화되었지.

그런데 중앙 정치 체제에 들어선 사림들은 서로 뜻을 맞춰 잘 지내지 못하고 붕당을 시작했어. 붕당은 뜻이 같은 사람들끼리 편을 갈라 서로 싸우는 걸 말해. 그 시작은 자리 때문이었어.

이조의 정랑 자리가 비자 선조는 김효원을 그 자리에 임명했어. 그런데 그걸 못마땅해 여기던 심의겸이 선조에게 상소를 올렸지. '김효원에게 이조의 정랑 자리를 준 것은 옳지 못하다.' 하고 말이야. 얼마 후 신하들이 심의겸의 동생 심충겸을 이조 정랑 자리에 앉히라고 추천했어. 그런데 이번에는 김효원이 심충겸을 추천하는 걸 반대했지.

이조의 정랑은 조정의 인사를 담당하는 아주 중요한 자리였어. 인사란 누구를 뽑느냐 누구를 물러나게 하느냐 등의 일을 처리하는 것을 말해. 이 사건으로 두 사람 사이는 아주 나빠졌고 사림들이 두 편으로 갈라지게 됐어. 그 후 김효원과 뜻을 같이하는 사람들을 동인이라 부르고, 심의겸과 뜻을 같이하는 사람들을 서인이라고 불렀어.

이렇게 부른 이유는 김효원의 집이 도성의 동쪽에 있었고 심의겸의 집이 도성의 서쪽에 있었기 때문이야.

동인, 서인이라는 붕당 이름에 동쪽과 서쪽, 서로 반대 방향이 들어 있듯이 사상도 서로 달랐어. 동인, 서인을 시작으로 붕당 시대가 열렸는데, 이후 동인은 남인과 북인, 서인은 노론과 소론으로 다시 갈라져 4색 붕당이 형성되지.

붕당을 말린 사람이 있었어. 바로 율곡 이이였지. 이이는 선조가 무척 존경했던 인물이야. 이황과 더불어 나라의 스승으로 삼았을 정도로. 이이가 양쪽을 화해시키고 한동안 조정은 잠잠해졌어. 하지만 이이가 죽자 조정에서는 다시 동인과 서인으로 갈라져 치열한 다툼이 벌어지기 시작했어.

02 임진왜란이 일어나다

조선이 동인과 서인으로 갈라져 싸우고 있을 때 일본에서는 중대한 일이 벌어졌어. 도요토미 히데요시가 일본 열도를 통일한 거야. 도요토미는 자기 나라를 통일한 후 대륙 진출을 위한 전쟁을 준비했어. 그 후 일본은 1592년 4월 14일, 20만 대군을 동원해 조선을 쳐들어왔어. 임진왜란이 일어난 거야.

일본의 조선 침략 명목은 '명나라를 치겠으니 길을 터 달라.' 하는 거였어. 하지만 사실상 도요토미가 일본을 통일한 뒤 정적들의 관심을 외부로 돌리고, 아울러 영토를 확장하려는 것이 목적이었지.

임진왜란이 일어나기 2년 전, 1590년 일본의 요청으로 통신사를 보냈어. 그런데 1년 후 돌아온 통신사 일행의 보고 내용이 서로 달랐어. 전쟁이 일어난다, 전쟁이 일어나지 않는다, 두 가지 내용이었지. 선조는 상반된 보고를 듣고 어찌할 바를 몰라 하다가 결국엔 이렇게 판단했어. '전쟁이 일어나지 않는다고 말하면 백성들이 안심하겠지?' 하고 말이야. 사실 당시에는 성곽을 쌓고 일본의 침략에 대비하던 중이었는데, 선조의 판단 하나로 모든 게 중단되어 버린 거야.

이렇게 아무 대비도 없이 전쟁이 시작되자 왜군이 상륙한 지 하루도 안 되어 부산성이 함락되었고 13일 만에 충주까지 치고 올라왔어. 그리고 곧 한양이 함락되었고 두 달 만에 평양이 함락되었어. 조정 대신들과 선조는 도망치기 바빴지.

거북선
판옥선의 윗부분에 거북이 등딱지 같은 덮개를 덮은 전투선이야. 임진왜란 때 맹활약을 했지.

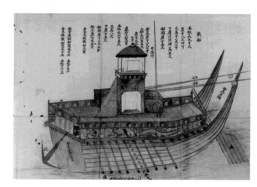

판옥선
조선 수군의 대표적인 전투선이야. 포를 설치할 수 있고 배의 바닥이 평평해. 윗부분에는 판옥(옥상)을 만들었어.

이순신이 판옥선과 거북선으로 맹활약을 펼치다

일본의 침략으로 온 나라가 불안과 공포에 휩싸였어. 한양은 함락되었지, 선조는 수도를 버리고 도망쳤지, 경복궁은 불타 잿더미가 되어 버렸지, 왕자인 임해군, 순화군은 일본군의 포로가 되어 버렸지. 그야말로 나라 전체가 아비규환이었어.

왜선
일본의 배는 바닥이 뾰족한 역삼각형 구조여서 빠르게 이동할 수 있었지만, 포를 설치할 수 없고 배가 견고하지 못했어.

이때 희소식 하나가 아비규환을 뚫고 날아왔어. 이순신 장군이 연이어 왜선을 격파했다는 거야.

이순신은 1545년에 태어나 임진왜란이 일어났을 때 48세였고, 1591년부터 전라좌도 수군절도사를 맡고 있었어. 이순신은 이미 왜군이 쳐들어올 것을 예측하고 있었지. 그는 절도사를 맡은 뒤부터 꾸준히 판옥선과 거북선을 만들고 군비를 확충해 군대를 철저하게 훈련시켰어. 1592년 이순신의 예측대로 임진왜란이 일어난 거야. 이순신은 싸울 때마다 연전연승이었지.

이순신 하면 바로 떠오르는 게 있다면 아마 거북선일 거야. 거북선은 해전에서 맹활약했는데, 왜군들에게는 전설 같은 존재로 알려져 거북선의 거자 소리만 들어도 왜군은 벌벌 떨고 달아날 지경이었지.

전국 각지에서 의병이 일어나 왜군을 무찌르다

바다에서 이순신이 맹활약하고 있을 무렵 선조에게 또 하나의 희소식이 전해졌어. 전국 각지에서 의병이 일어나 왜군을 격퇴하고 있다는 소식이었어. 함경도에서는 정문부가 의병을 이끌었고 평안도에서는 승려 휴정이 승병을 이끌었으며, 호남에서는 김천일과 고경명이, 충청도에서는 조헌과 승려 영규가, 경상도에서는 곽재우와 정인홍이 의병을 일으켜 왜군과 싸웠어.

아낙들도 행주치마 두르고 함께 싸우다! 행주대첩

한편 명나라는 조선에 구원병을 보냈어. 이여송이 지휘하는 명나라 군대는 조선의 군대와 연합해 평양을 되찾았어. 여세를 몰아 한양까지 되찾으려 했지만 한양 바로 위쪽 벽제관에서 왜군에 대패했지. 그다음부터 명나라 군대는 겁을 먹고 임진강 아래쪽으로는 내려올 생각을 못 했어. 결국 이여송이 이끄는 명나라 군대는 평양으로 회군하고 말았고.

그런데 바다에 이순신 장군이 있다면 육지에는 권율 장군이 있었어. 당시 전라 감사였던 권율은 수도를 되찾기 위해 북쪽으로 올라왔어. 그러고는 행주산성에 배수진을 치고 왜군을 기다렸지. 왜군이 행주산성을 지나갈 것을 미리 알았던 거야. 권율이 예상했던 대로 왜군이 행주산성을 에워싸고 공격하기 시작했어. 권율 휘하엔 명나라 군대와 의병, 관군 등 2,000여 명의 군사가 있었어. 이에 비해 왜군의 숫자는 3만여 명이나 되었지.

싸움이 시작되자 군인들은 물론 아낙들은 행주치마에 돌을 담아 나르고 아이들까지 나서서 왜군들을 향해 돌을 던지며 맹렬히 싸웠어. 결국 권율이 승리를 이끌었어. 이 싸움을 '행주대첩'이라고 해.

행주치마는 부엌일을 할 때 옷을 더럽히지 않기 위해 앞쪽을 가리는 치마인데 오늘날 앞치마라고 생각하면 돼. 부엌일은 주로 여자가 했기 때문에 주로 여자가 둘렀고, 행주치마를 두른 여자들이 집안일만 하지 않고 전쟁을 도와야 할 정도라면 전쟁이 얼마나 치열했는지 알 수 있어. 전쟁이 불리해지자 일본은 명나라에 강화를 제안했어. 당사자인 조선은 쏙 빼놓고 말이야.

이걸 보면 일본은 임진왜란을 명나라와의 싸움이라고 생각했는지도 몰라. 일본이 조건으로 내세운 내용이 너무 비현실적이어서 강화는 이루어지지 않았어. 강화 내용 중 하나가 '조선 8도 중 남쪽의 4도는 일본에게 넘겨준다'는 거였어. 정말 얼토당토않은 조건이지?

일본의 2차 침략, 정유재란

1597년 일본의 2차 침략이 시작되었어. 전쟁은 1598년까지 이어졌는데 이를 '정유재란'이라고 해. 동원된 왜군은 15만 명이었어. 이때 이순신은 모함을 받아 옥살이를 한 뒤 백의종군하고 있었지.

백의종군이란 벼슬 없이 군대를 따라 싸움터로 가는 것을 말해. 이순신을 대신해 삼도 수군통제사를 맡고 있었던 사람은 원균이었어. 원균이 칠천량에서 싸우다가 전사하자 선조는 이순신을 다시 수군통제사로 임명했어.

그렇지만 이순신에게는 배가 겨우 12척뿐이었어. 하지만 이순신은 명량해협에서 왜선 133척을 맞아 대승을 거두었어. 명량은 간조와 만조 때 급류가 소용돌이치면서 흐르는 좁은 목이었어. 그래서 이곳을 울돌목이라고도 하는데 이순신은 명량의 급류를 이용해 승리를 이끌었던 거야.

그 후 왜군에게 도요토미가 죽었다는 급보가 전해졌어. 1598년 8월, 왜군은 퇴각을 시작했지. 하지만 이순신은 달아나는 왜군을 가로막고 끝까지 싸웠는데 이 싸움이 노량해전이야. 1598년 11월 18일, 이순신은 적이 쏜 탄환에 맞아 숨지고 말았어. 이순신의 조카 이완이 이순신을 대신해 지휘했고 승리를 거두었어.

전쟁의 결과와 영향

임진왜란은 조선에 막대한 피해를 입혔어. 전쟁으로 많은 사람이 죽거나 다친 건 물론 농경지 황폐화로 농민의 생활과 나라 재정이 심각하게 악화되었지. 경복궁, 불국사 등 문화재가 불에 탔고 왜군에게 약탈당했어. 또 노비 문서의 소실로 신분 질서가 흔들리기 시작했지.

일본에서는 도요토미 히데요시가 죽고 도쿠가와 이에야스가 집권하며 에도 막부가 수립되었어. 그리고 조선에서 약탈한 문화재와 납치한 조선인 기술자를 통해 문화적 발전의 기반을 다졌지.

명은 임진왜란 참전으로 막대한 전쟁 비용이 발생하고 국력이 크게 쇠퇴하면서 여진족이 후금을 세우게 되었지. 이후 청으로 나라 이름을 바꾼 후금은 명을 멸망시켰단다.

03 국내외 어려움을 극복하려 한 광해군

광해군의 중립 외교

선조 뒤를 이어 왕위에 오른 사람은 광해군이야. 이 무렵 만주에서는 1616년 누르하치가 여진족을 통일해 후금을 건국했어. 후금의 세력은 날로 강해져 명나라를 위협했지. 1618년 후금이 명나라를 공격하자 명나라 황제는 조선에 원군을 요청했어. 당시 명나라는 이미 쇠락하고 있는 나라여서 패배할 가능성이 컸어. 하지만 광해군은 그 사실을 알고도 병력 1만 3,000명을 내주었지.

임진왜란 때 명나라가 군대를 보낸 사실을 외면할 수 없었기 때문이야. 그리고 광해군은 강홍립에게 '만일 명나라가 전쟁에 패한다면 누르하치에게 항복하라' 고 명했어.

명나라가 지원군을 요청해 일단 보내기는 하겠지만 명나라 편에 서지는 않겠다는 뜻이지. 동시에 후금과의 관계를 두텁게 하겠다는 거지.

명나라와 후금 사이에서 어느 편에도 치우치지 않는 중립을 취한 거야. 이른바 중립 외교지! 중립 외교를 펼친 목적은 조선이 실질적인 이익을 얻기 위해서고. 실제로 광해군의 명령을 받은 강홍립은 군사를 거느리고 누르하치에게 항복해 융숭한 대접을 받았어.

반면 서인 세력은 명나라를 버리면 곧 나라가 망한다고 생각했어. 그게 바로 '친명배금' 사상이야. 명나라를 섬기고 후금을 배척한다는 뜻이지.

서인 세력은 광해군의 중립 외교가 못마땅한 나머지 반란을 일으켜 인조를 왕위에 앉혔어. 그리고 광해군을 대궐에서 내쫓고 강화도로 유배 보냈다가 다시 제주도로 유배 보냈어. 광해군은 제주도에서 살다가 결국 죽고 말았지.

친명배금 사상은 광해군을 왕좌에서 끌어내렸을 뿐 아니라 '호란'이라는 커다란 먹구름을 몰고 오게 해.

대동법 시행

광해군은 중립 외교를 통해 전쟁을 막고자 안간힘을 쓴 한편, 임진왜란으로 무너진 궁궐을 다시 지었어. 그리고 굶주린 백성들을 위해 개간 사업으로 경작지를 늘리고 대동법을 시행했어.

대동법이란 농민이 부담했던 온갖 세금을 토산물 대신 쌀 등으로 통일하여 거둬들이는 것을 말해.

어느 마을에 생산되지 않는 토산물이 있는데 그 토산물을 나라에서 공납하라고 한다면 어떨까? 그 마을 사람들은 공납하라는 물품을 구하지 못해 발을 동동 구르겠지. 이걸 보고 토산물을 대신 납부하고 값을 받는 사람이 생겨났어. 이런 행위를 '방납'이라고 해. 그런데 방납을 하는 사람에게만 큰 이익을 안겨 주었어. 하지만 토산물 대신 쌀로 세금을 낸다면 방납하는 사람을 찾을 필요가 없고 방납에 드는 비용도 생기지 않겠지.

또 집집마다 내야 했던 기준에서 토지의 크기에 따라 내는 걸로 세금 내는 기준도 바꿨어. 그렇게 되면 토지를 얼마 가지고 있지 않은 농민이나 토지가 없는 농민은 세금을 조금만 내도 되겠지. 그럼으로써 농민들의 공납 부담을 줄인 거야.

하지만 백성들의 어려움을 줄이지는 못했어. 광해군 시기에는 경기도에 한해 대동법을 실시했는데, 이에 반대하는 사람들이 많아서 전국적으로 실시되지는 못했거든.

한편 광해군은 선조 때 편찬하기 시작한 『동의보감』을 완성하고 보급하여 백성들의 고통을 줄여 주려 노력했단다.

04 정묘호란과 병자호란

반정으로 왕위에 오른 인조

광해군이 쫓겨나고 그다음으로 왕위에 오른 사람은 광해군의 조카인 능양군인데 그가 바로 인조야. 인조반정에 가담했던 사람들은 모두 서인 세력이었어. 평소 서인 세력은 광해군의 중립 외교를 못마땅해 했다고 했지? 서인은 명나라를 버리면 나라가 망한다고 생각하는 사람들이었지.

서인들은 광해군이 명나라를 섬기지 않는 데다가 인목대비를 평민 신분으로 떨어뜨려 서궁에 가두고 영창대군을 죽이는 일까지 벌어지자 거사를 떠올렸어. 지금이야말로 광해군을 왕위에서 끌어내리고 능양군을 왕위에 앉혀야 할 때라고 생각한 거야. 1623년 3월 12일 밤, 반정은 계획했던 대로 착착 진행되었어. 능양군이 대궐을 장악하자 광해군은 궁궐 밖으로 달아났어. 그러다가 붙잡혀 결국 유배 가는 신세가 되고 말았지.

능양군은 서궁에 갇힌 인목대비를 풀어 주고 인목대비의 교지를 받아 왕위에 올랐어. 이렇게 인조반정은 성공적으로 마무리되었던 거지.

정묘호란과 병자호란이 벌어지다

한편 1627년 1월, 명나라를 가까이하고 자신들을 배척하는 인조를 못마땅하게 여기던 후금이 조선에 쳐들어왔어.

후금의 장수 아민은 군대 3만을 이끌고 조선을 공격했는데 이 전쟁을 '정묘호란'이라고 해.

장수 아민의 기세는 대단했어. 아민은 압록강을 넘어 황해도까지 순식간에 내려왔는데 불과 11일 만이었어. 이때 인조는 강화도로 피난을 가야 했지.

그런데 장만의 군대가 개성에 진을 치고 있고 전국 각지에서 의병이 일어나 청을 치기 시작하자 판세가 달라졌어. 아민이 조선에 화의를 제의해 온 거야.

화의 내용은 조선은 후금과 '형제의 나라가 된다, 조선은 후금과 청나라의 전쟁에 중립을 지킨다'였어. 하지만 얼마 지나지 않아 청나라는 먼저 약속을 깨고 조선에 무리한 요구를 했지.

아 참, 이 대목에서 변동 사항이 하나 있어. 후금은 만주족 족장 누르하치가 세웠는데 그가 죽자 뒤를 이은 홍타이지는 나라 이름을 청나라로 바꿨거든.

청나라의 요구는 '명나라와의 전쟁에 군대를 지원해 달라'는 거였어. 그리고 '형제의 나라에서 군신의 나라로 관계를 변경하자'는 요구도 덧붙였지.

조선 조정에서는 청나라를 공격하자는 목소리가 높았어. 이를 눈치챈 청나라는 1636년 12월, 두 번째로 조선에 침입해 왔는데 이 전쟁을 '병자호란'이라고 해. 청 태종 홍타이지는 직접 12만 명의 군대를 이끌고 압록강을 건넜어. 단 6일 만에 한양이 무너지고 인조는 남한산성으로 피신했지.

원래는 강화도로 피신하려다가 길이 막혀 못 가서 대신 남한산성으로 간 거야. 남한산성으로 피난 간 걸 보고 청 태종은 기뻐했어. 지금이야말로 전쟁을 승리로 이끌 수 있는 좋은 기회라고 생각한 거야. 그래서 병력을 더 증가시켜 20만의 병

병자호란 기록화
청나라 군대 20만 명이 남한산성을 에워쌌어. 조선군은 47일간 항전했지만 결국 청나라에 항복하고 말았지.

력으로 남한산성을 에워쌌어.

완전히 독 안에 든 쥐나 마찬가지가 된 거지. 남한산성 안에 있던 조정 대신들은 수세에 몰려 화친하자는 쪽과 끝까지 싸우자는 쪽으로 갈려 서로 다투었지. 이런 가운데 강화도가 함락되었다는 소식까지 들려오자 결국 인조는 항복하겠다는 뜻을 전했어.

1637년, 인조는 한강 동쪽 삼전도에서 무릎을 꿇고 절을 하며 신하의 예를 갖춰야 했어. 이를 '삼전도의 굴욕'이라 불러. 청 태종은 물러가면서 소현세자, 봉림대군, 청나라와 끝까지 싸워야 한다고 주장했던 대신들, 또 수많은 조선 여인들을 청나라로 끌고 갔어.

의문의 죽음을 당한 소현세자

청나라에 볼모로 잡혀갔던 사람들은 어떻게 됐을까? 그중 소현세자는 8년 동안 청나라에 인질로 잡혀 있었어. 그런데 소현세자가 청나라에 머문 동안 나쁜 일만 있었던 건 아니야. 청나라에서 서구 문물을 배웠을 뿐 아니라 능수능란한 외교력을 발휘했거든.

1645년 소현세자는 인질 생활을 마치고 조선으로 귀국했어. 귀국하면서 서양의 천문학, 수학, 천주학, 지구의, 망원경, 화포 같은 것을 가지고 들어왔어. 그리고 조선에 새 학문과 사상을 널리 퍼뜨리겠다는 결심도 했지.

그러나 인조는 '나에게 삼전도의 굴욕을 안긴 나라의 물품들을 들고 왔느냐.' 하고 소리치며 그것들을 모두 불태워 버렸어. 그 후 인조는 소현세자를 박대했고 소현세자는 귀국한 지 두 달 만에 병으로 죽고 말았어.

효종의 북벌 정책

소현세자가 죽자 인조는 청나라에 있던 소현세자의 동생 봉림대군을 불러들여 세자로 삼았어. 그가 바로 효종이야.

봉림대군은 소현세자와 나란히 청나라에 끌려가 볼모 생활을 했어. 그런데 봉림대군은 소현세자와는 달리 볼모 생활 중에 온갖 고초를 겪으며 청나라에 대한 반감을 키웠어.

귀국 후 효종이 가장 먼저 한 일은 청나라와 친한 세력을 제거하는 일이었어. 그리고 송시열의 건의에 따라 북벌 계획을 세웠지.

북쪽 청나라를 정벌한다는 뜻이야. 효종은 북벌을 위해 군대를 확충하고자 했어. 그런데 신하들의 반대로 뜻을 이룰 수 없게 되었지.

군비를 확충하려면 돈이 드는데 나라의 재정 상태가 어려운 데다가 이 사실을 알면 청나라가 쳐들어올 수 있다는 게 이유였어.

효종은 뜻을 굽히지 않았어. 북벌을 위해 강력한 무기를 만들어야겠다고 생각했어. 효종이 생각한 무기는 조총이야. 그래서 조총 부대를 창설하고 조총을 만드는 데 심혈을 기울였어. 마침 제주도에 표류한 네덜란드 선원들이 있었는데 그들을 한양으로 데려와 조총 만드는 작업에 투입시켰어. 덕분에 조총의 화력을 높일 수 있었지. 당시 네덜란드 선원 중 한 사람이 바로 『하멜 표류기』를 쓴 하멜이야. 조총 부대는 청나라 국경 지대의 골칫거리인 러시아 군대를 격퇴하는 데 큰 성과를 거두었어.

청나라를 정벌하겠다고 조총을 만든 효종이 오히려 청나라를 도운 꼴인데, 효종의 속셈은 조총이 얼마나 대단한지 그 위력을 시험해 보고 싶었던 거야.

그러나 효종은 북벌의 뜻을 이루지 못했어. 재정의 어려움을 계속 겪었고, 러시아군을 정벌한 지 1년 만에 병에 걸려 죽고 말았거든.

단원정리문제

1. 빈칸에 들어갈 알맞은 말을 쓰시오.

조선 건국과 함께 지방으로 떠난 유학자들은 [㉠   ]을 세우고 성리학을 연구하고 여론과 학파를 형성했는데 바로 이 [㉠   ]이 사림의 기반이었다. 이들은 또 지방에 [㉡   ]이라는 향촌 자치 규약을 만들어 퍼뜨렸다. [㉡   ]은 상부상조 풍속에 유교 윤리를 더한 것으로 풍속을 교화하고 사회 질서를 유지하는 역할을 했다. [㉡   ]의 보급으로 사림의 향촌 사회 주도권이 강화되었다.

2. 빈칸에 들어갈 알맞은 말을 쓰시오.

선조에 의해 중앙 정치 체제에 들어선 사람들은 [㉠   ]을 시작했다. [㉠   ]은 뜻이 같은 사람들끼리 편을 갈라 서로 싸우는 걸 말하며, 그 시작은 [㉡   ] 자리 때문이었다.
[㉡   ]은 조정의 인사를 담당하는 아주 중요한 자리였다. 인사란 누구를 뽑느냐 누구를 물러나게 하느냐 등의 일을 처리하는 것이다. 이 사건으로 사람들은 동인과 서인 두 편으로 갈라지게 되었다.

3. 빈칸에 들어갈 알맞은 말을 쓰시오.

임진왜란의 영향으로, 일본에서는 도요토미 히데요시가 죽고 도쿠가와 이에야스가 집권하며 [㉠   ]가 수립되었다. 그리고 조선에서 약탈한 문화재와 납치한 조선인 기술자를 통해 문화적 발전의 기반을 다졌다.
명은 임진왜란 참전으로 막대한 전쟁 비용이 발생하고 국력이 크게 쇠퇴하면서 여진족이 [㉡   ]을 세우게 되었다.

1. 임진왜란이 미친 영향으로 옳지 않은 것은?

① 농경지가 황폐해져 백성과 나라의 경제가 어려워졌다.
② 전쟁을 겪으면서 신분제가 강화되었다.
③ 일본은 납치한 조선인 기술자로 문화가 발달했다.
④ 명은 전쟁 비용 때문에 국력이 크게 약해졌다.
⑤ 여진족이 후금이라는 나라를 세웠다.

2. 인물과 한 일이 잘못 연결된 것은?

① 선조 – 사림을 중앙 정치에 들였다.
② 도쿠가와 이에야스 – 명을 치러 가겠다며 조선에게 길을 트라고 요구했다.
③ 권율 – 행주산성에서 왜군을 물리쳤다.
④ 광해군 – 명과 후금 사이에서 중립 외교를 펼쳤다.
⑤ 인조 – 친명배금 정책으로 후금의 침입을 자초했다.

3. 광해군이 한 일로 옳지 않은 것은?

① 『동의보감』을 완성하고 보급했다.
② 경기도에 한해 대동법을 실시했다.
③ 중립 외교를 통해 전쟁을 막고자 애썼다.
④ 왜란으로 무너진 궁궐을 다시 지었다.
⑤ 명나라를 가까이하고 후금을 배척했다.

6부
조선 사회의 변동

 **붕당정치의 전개**

이 붕당 정치의 변질

예송논쟁에 휩쓸리다! 현종

1659년 효종이 죽자 그의 장남 현종이 왕위에 올랐어. 현종은 조선의 평화를 위해 효종이 추진했던 북벌 정책을 완전히 중단시켰어.

외부 침략의 위험이 없어지자 나라는 평화로워졌어. 하지만 나라 안 조정은 서인과 남인으로 나뉘어 '예송 논쟁'이라고 하는 정치 논쟁을 벌이기 시작했어.

예송 논쟁이란 '예법에 관한 논쟁'이라는 뜻이야. 1659년 효종이 죽자 인조의 왕비인 장렬왕후 즉 대비가 몇 년 동안 상복을 입어야 하는지를 두고 서인과 남인이 서로 치열하게 다퉜어. 현종은 서인의 손을 들어 주었지.

남인과 서인이 예법을 주장할 때 그냥 마구잡이로 억지를 부린 건 아니야. 그들에게는 각기 다른 학문적인 근거가 있었거든. 그러니까 왕이 그들의 학문적인 근거를 들은 후 남인과 서인 중 누구의 손을 들어 주느냐에 따라 누가 나랏일을 맡느냐가 결정되었던 거야.

두 번째 예송 논쟁은 1673년 효종의 왕비 인선왕후가 죽었을 때 벌어졌어. 이번에도 인조의 왕비인 장렬왕후가 몇 년 동안 상복을 입어야 하는지를 두고 남인과 서인이 또다시 서로 다투었지. 현종은 이번에는 남인의 손을 들어 주었어.

현종이 이렇게 중심을 잡지 못하고 왔다 갔다 하는 모습은 붕당의 정치적 대립을 부추기는 결과를 가져왔어. 예송 논쟁은 현종에서 끝나지 않고 숙종 시대까지 지속되었어.

붕당은 나의 정치적 도구다! 숙종

현종이 죽자 장남 숙종은 14세 어린 나이에 왕위에 올랐어. 숙종은 어리지만 조숙하고 똑똑해서 수렴청정도 받지 않고 직접 정치를 했지. 하지만 숙종은 왕위에 오르자마자 커다란 문제에 부딪혔어. 바로 붕당 때문이야.

1674년 현종이 승하했을 때 상복 문제를 두고 또다시 예송 논쟁이 벌어졌어. 서인 송시열이 올린 상소가 논쟁의 시작을 알렸지. '현종이 예송 논쟁 때 남인의 손을 들어 준 것이 잘못된 일이다'라는 내용의 상소를 올린 거야. 그러자 숙종은 아버지인 현종의 뜻을 받들어 송시열을 유배 보내고 남인의 손을 들어 주었지.

숙종은 남인 중심으로 조정을 이끌어 갔어. 그러자 남인의 힘이 지나치게 커졌지. 숙종은 이번에는 남인을 견제하려고 서인 중심으로 조정을 이끌어 갔어. 이젠 서인 세상이 된 거지.

그런데 후궁 장옥정(훗날 빈으로 봉해진 뒤 장희빈이라 불림)이 왕자 윤을 낳으면서 사건이 벌어졌어. 숙종은 장옥정을 정1품인 빈으로 삼고 윤을 왕위를 이을 원자로 세웠지. 그런데 이 일에 서인들이 반대하고 나섰어. 그러자 숙종은 서인들을 숙청하면서 장옥정을 아예 왕비로 임명하고 왕비인 인현왕후를 궁궐에서 내쫓았어.

이 일에는 정치적인 이유도 작용했지. 서인을 내쫓고 남인을 등용하려고 했던 거야. 그래서 그다음엔 남인 세상이 되었어.

그런데 얼마 후 인현왕후 복위 운동이 일어났어. 남인들은 이 일을 비판했어. 그러자 숙종이 이번에는 남인을 숙청하고 장옥정에게도 사약을 내렸어. 인현왕후는 궁궐로 들어와 왕비로 복권되었지. 다시 서인의 세상이 된 거야.

이렇듯 숙종은 정치적으로 필요할 때마다 붕당을 이용했지. 숙종 때 권력을 잡은 붕당이 수시로 바뀌는 환국으로 인해 붕당 정치가 크게 변질되었어.

어부 안용복, 울릉도와 독도를 지키다

지금 일본이 독도를 자기네 땅이라고 우기듯 과거에도 그랬어. 조선 숙종 때 일본은 울릉도와 독도를 자기네 땅이라고 주장했지. 그때 일본으로부터 울릉도와 독도를 지켜낸 사람이 있었어.

안용복이야. 안용복은 고기 잡는 어부였어. 1693년 어느 날 울릉도로 고기 잡으러 갔다가 어이없는 일을 당했어. 고기를 잡던 일본 어부들이 안용복을 일본 오키 섬으로 끌고 간 거야. 안용복이 일본의 허락 없이 고기잡이를 했으니 따끔한 맛을 보여 주겠다는 거였어.

일본에 붙잡혀 간 안용복은 일본 어부들에게 기죽지 않았어. 오히려 당당하게 위엄 있는 목소리로 말했지. "울릉도와 독도는 우리 땅이다."라고 말이야. 일본 어부들은 안용복의 기세에 놀라 사실을 인정했고 일본 막부 장군이 직접 써 준 울릉도와 독도가 조선 땅임을 인정한다는 내용의 문서를 들고 귀국 길에 올랐어. 하지만 안타깝게도 그 문서는 돌아오는 길에 대마도 도주에게 빼앗기고 말았지.

일본은 이후로도 쭉 울릉도와 독도에서 고기잡이를 했어. 안용복은 아무래도 안 되겠다 싶어 결판을 내기 위해 울릉도로 출동했어. 안용복은 일본 어부들이 울릉도에서 고기를 잡고 독도에서 집을 짓고 살고 있다는 것을 알게 되었어. 안용복은 관복을 차려입고 일본 태수를 직접 찾아가 이렇게 말했지. "나는 울릉도와 독도의 감세관이다. 3년 전에 막부 장군으로부터 울릉도와 독도가 조선 땅임을 인정한다는 내용의 문서를 받았다. 그런데 그 문서를 대마도 도주가 빼앗아 갔으니 그 일을 막부 장군에게 고발하겠다." 하고 말이야.

태수는 겁을 잔뜩 집어먹고 울릉도와 독도를 다시는 침범하지 않겠다고 약속했지. 이후 1697년 일본은 울릉도 독도가 조선 땅임을 인정하는 외교문서를 보냈어. 이렇게 해서 안용복은 독도와 울릉도를 지켜 낸 거야.

몸이 약해 연잉군에게 대리청정을 받다! 경종

1720년 숙종이 죽자 경종이 왕위에 올랐어. 경종은 장희빈이 낳은 숙종의 맏아들이야. 경종은 어머니 장희빈이 사약을 받고 죽었기 때문에 정신적 충격이 컸어. 그 후로 건강이 좋지 않았지. 병약한 상태에서 왕위에 올랐기 때문에 경종의 이복동생인 연잉군(영조)이 대리청정을 했어.

대리청정이란 왕의 허락을 받아 왕세자나 왕세손, 왕세제가 왕 대신 정치를 하는 것을 말해. 연잉군은 경종의 동생, 즉 왕세제가 되어 대리청정을 하게 되었던 거야. 경종을 지지하는 세력은 소론이었고 연잉군을 지지하는 세력은 노론이었기 때문에 소론과 노론은 연잉군의 세자 책봉 문제를 놓고 서로 대립했어.

02 붕당을 극복하려는 움직임

탕평책으로 붕당의 정치적 대립을 극복하겠다! 영조

영조는 1724년 경종이 죽자 왕위에 올랐어. 경종 시대에 노론과 소론이 대립해 소론이 힘을 얻었지만 영조가 왕위에 오르자 그를 지지하던 노론이 힘을 얻었어. 하지만 영조는 노론만 등용한 건 아니야. 어느 붕당이든 한 붕당이 조정을 온통 차지하고 있으면 나라가 위태로워질 것이라고 생각했지. 그래서 영조는 각 붕당의 인재를 골고루 등용하기 위해 탕평책을 실시했어.

탕평책이란 어느 편에도 치우치지 않는 정책을 말해. 예를 들면 이런 방식이었지. 영의정 자리에 노론 대신을 앉히고 좌의정 자리에 소론 대신을 앉혀 균형을 맞추고, 이조 판서 자리에 소론을 기용하면 호조 판서 자리에는 노론을 기용하여 균형을 맞추는 거야.

그런데 영조는 어느 순간 깨달았어. 네 개의 붕당 대신들을 숫자에 맞게 앉히다 보니 능력보다는 파벌만 따지게 된다는 거야. 그래서 노론, 소론, 남인, 북인 등 붕당에 구애받지 않고 재능을 중심으로 인재를 골고루 등용했어. 하지만 탕평책으로 붕당의 정치적 대립을 완전히 뿌리 뽑지는 못했어.

영조의 뒤를 이을 사도세자가 죽자 조정 대신들은 다시 둘로 갈라져서 싸웠어. 사도세자의 죽음이 억울하다는 쪽은 시파, 사도세자의 죽음이 당연하다는 쪽은 벽파가 된 거지. 영조가 사도세자의 아들인 세손에게 왕위를 물려주려 하자 벽파는 세손의 즉위를 반대하고 나섰어. 하지만 영조는 반대 세력에도 불구하고 세손을 끝까지 믿고 세손에게 왕위를 물려주었어.

노론 벽파와 시파의 싸움은 세손이 정조가 된 후에도 이어졌어. 정조는 영조의 탕평책을 이어받아서 시행했어.

탕평책 외에도 영조는 1746년에 그동안 공포된 법령 중 시행할 만한 법령을 추려 『속대전』을 편찬했어. 1750년에는 균역법을 시행했지. 균역법이란 1년에 2필을 내던 군포를 1필로 줄여 준 제도를 말해.

내가 뒤주에 갇혀 죽은 건 붕당 때문이었다! 사도세자

사도세자는 영조의 맏아들이야. 영조가 나이가 들고 건강이 나빠지면서 사도세자에게 대리청정을 맡겼어. 그러자 영조를 지지했던 노론 세력이 불안해지기 시작했어. 사도세자를 지지하는 사람들은 노론이 아니라 소론이었거든. 당연히 사도세자와 노론은 사이가 좋지 않았지. 그러던 중 노론과 사도세자 사이가 아주 나빠지는 계기가 생겼어. 1757년 영조는 왕비 정성왕후가 죽자 15세의 어린 정순왕후를 새 왕비로 임명한 거야.

당시 사도세자 나이는 25세! 그러니까 자기보다 열 살이나 어린 여자를 어머니라고 불러야 했겠지. 그렇다고 그 자체가 문제는 아니었어. 진짜 문제는 사도세자는 소론의 지지를 받는 사람이었는데 정순왕후는 노론 측의 사람이었다는 거야. 사도세자와 정순왕후는 정치적으로 대립하는 위치에 있었던 거지.

정순왕후와 노론의 신하들은 세자를 폐위시켜야 한다고 생각했어. 자신들의 정치적 적이 왕이 되는 것을 앉아서 가만히 지켜볼 수는 없었겠지. 이를 위해 노론은 영조와 사도세자 사이를 이간질하기 시작했어. 세자가 밤에 궁궐 밖으로 나가 누군가를 만나고 온다, 소론이 동궁에 드나들면서 정치에 간섭한다, 사도세자는 영조가 경종을 시해했다고 생각한다는 등의 소문을 퍼뜨렸어.

사도세자는 그런 일이 없다고 영조에게 말했지만, 그런 이야기들이 자꾸 이어지자 영조도 사도세자에게 신뢰를 보낼 수만은 없었지. 사도세자를 두고 온갖 안 좋은 말들이 퍼지고 정치적 대립이 격렬해졌어. 그렇게 칼날 같은 말들이 궁궐 안을 어지럽게 나돌던 끝에 결국 영조의 명으로 세자는 뒤주에 갇혀 8일 만에 죽고 말았어. 격렬하게 대립하던 붕당 때문에 안타깝게 희생된 셈이지.

1. 효종 사후 대비가 몇 년 동안 상복을 입어야 하는지를 놓고 벌어진 논쟁은?

① 붕당
② 탕평
③ 북벌
④ 친명배금
⑤ 예송

2. 다음 문장의 빈칸에 들어갈 알맞은 말로 짝지워진 것은?

숙종은 정치적으로 필요할 때마다 [㉠   ]을(를) 이용했지. 숙종 때 권력을 잡은 붕당이 수시로 바뀌는 [㉡   ]로(으로) 인해 붕당 정치가 크게 변질되었어.

① ㉠ 붕당 ㉡ 반정
② ㉠ 과거 ㉡ 이조전랑
③ ㉠ 붕당 ㉡ 환국
④ ㉠ 예송 ㉡ 환국
⑤ ㉠ 예송 ㉡ 상소

3. 영조가 한 일이 아닌 것은?

① 탕평책 실시
② 속대전 편찬
③ 균역법 시행
④ 대동법 실시
⑤ 대리청정 수행

2. 조선을 다시 세우려 한 사람들

이 전쟁의 피해를 이겨내다

농업과 상업이 눈에 띄게 발달하다

임진왜란과 병자호란이라는 두 차례 전쟁은 나라를 황폐하게 만들었어. 그럼에도 백성들은 좌절하지 않고 황무지가 된 땅을 다시 일구었지. 물이 부족해 농사를 망치지 않도록 저수지나 보도 만들었어. 여기에 모내기법 같은 농사법을 적극적으로 이용했단다. 이전에는 직파법이라고 해서 논에 볍씨를 바로 뿌렸어. 그러다 보니 싹이 많이 튼 곳에는 벼가 너무 많이 자라서 문제고, 싹이 안 튼 곳은 빈 공간이 되어 땅을 제대로 활용하지 못했지. 하지만 모판에 볍씨를 싹 틔워 튼튼하게 자라게 한 뒤 논에 옮겨 심으니 뿌리를 튼튼히 내려 잘 자랄 수 있었어. 또 벼가 제대로 자랄 수 있도록 적당한 간격을 둘 수 있었고, 쓸데없이 빈 공간이 생기지 않았지.

그런데 여기서 모심기의 가장 중요한 효과! 줄을 맞춰 일렬로 벼를 심으니까 사람들이 오가기 수월해 잡초를 뽑기에 좋았어.

조선 시대에는 제초제가 없었기 때문에 농업에서 가장 중요한 것이 잡초 관리였어. 직파법은 흩뿌리기를 하다 보니 잡초와 벼가 함께 싹이 트고 자라서 벼의 생장도 어렵고 잡초 제거도 매우 힘들었지. 그러나 모내기법은 줄 맞추어 많이 자란 벼를 심기 때문에 그 사이로 새로 올라오는 잡초 제거가 매우 편리했어.

모내기법을 통해 수확량이 늘었는데, 이것은 한 사람이 농사 지을 수 있는 논의 면적이 늘어났다는 말이야. 이로써 더 많이 농사를 짓고 더 많은 수확을 거둬 부유해진 농민이 생기게 되고, 이들이 양반 신분을 사서 신분제가 흔들리는 원인이 되기도 했어.

　또 모내기법은 벼의 수확량을 늘리는 데 그치지 않고 같은 논에서 다른 작물도 수확할 수 있게 했지. 벼를 모판에서 키우는 동안에는 논이 비어 있잖아. 그래서 이전 해에 벼를 거두고 난 빈 땅에 보리 씨를 뿌려 두는 거야. 보리가 다음 봄까지 자라면 수확하고, 보리를 거두고 빈자리에 어느 정도 자란 벼를 심어 가을에 거두어들이는 거지.

　쌀과 보리를 한 논에서 거두니 곡식 수확량이 훨씬 많아졌지. 또 전란 이후에 들어온 고구마, 감자, 고추, 담배 등을 재배하면서 먹을거리가 다양해졌고, 남은 작물을 장시에 내다 팔아 짭짤한 소득을 얻기도 했어. 농사법의 개량과 다양한 작물의 재배로 얻는 이익이 크게 늘었지.

　장시가 열리면 각종 채소와 바구니 같은 수공업 제품을 팔려는 사람들과 그것

모내기
〈경직도〉의 일부인 모내기 장면이야. 조선 시대 농민들이 모내기하는 장면을 엿볼 수 있지. 모내기법을 통해 벼의 수확량이 확실히 늘었어.

을 사서 다른 장에 가져다 팔려는 장사꾼들로 북적거렸어. 조선 후기에는 장시가 늘어나고 전국을 돌아다니는 장사꾼도 늘어나면서 상업이 발달했단다. 여기서 보따리를 들거나 등짐을 지고 전국의 장시를 돌며 장사하는 사람을 보부상이라고 했지.

나아지지 않는 농민의 삶과 대동법 확대

농업과 상업이 발달하고 있었지만 일반 백성들의 삶은 여전히 고통스러웠어. 특히 공납이라는 세금 제도가 백성들을 힘들게 만들었지. 공납은 공물, 즉 나라에 필요한 물품을 각 지방의 백성들이 바치는 것을 말해. 공물은 식재료부터 옷감, 수공업품 등 아주 다양했어. 예를 들어 제주도에서 바쳐야 하는 공물로는 귤이 있었지. 그런데 공물이 없거나 부족하면 사서 바쳐야 했어. 그런데 세금을 걷는 관리들은 온갖 구실을 붙여 더 많은 공물을 내게 해 자기 주머니를 불렸지. 또 물품을 가진 상인과 관리들은 서로 짜고 가격을 제멋대로 올려 중간에서 이득을 챙겼어. 세금을 내지 않으면 심한 고초를 당해야 했기 때문에 백성들은 없는 살림에 빚까지 지며 공물을 바쳐야 했단다.

이렇게 부정부패로 백성들이 고통 받던 때였어. 1623년 김육이라는 사람이 충청도 작은 고을의 원님이 되어 내려가게 되었지. 김육은 백성을 잘 보살피겠다고 다짐했어. 원님 김육이 지켜본 농민들의 처참한 삶은 상상 이상이었어.

현장에서 농민들의 실상을 목격한 김육은 중앙 관직으로 나갔을 때 가장 문제가 심각한 공납 제도를 개혁해야 한다고 주장했어. 공물을 소유한 토지 면적만큼 쌀(화폐, 옷감)로 대신 내게 하는 대동법을 확대하자고 했지. 하지만 지주와 관리들은 대동법 확대를 반대했어. 원래 공물은 재산 유무에 관계없이 모든 가구에 부과되었는데, 대동법이 확대되면 소유한 땅만큼 내야 했으니까. 땅이 없거나 적은 사람은 세금 부담에서 벗어날 수 있었지만, 땅을 많이 가진 지주들은 이전보다 세금을 많이 내야 했지. 그러나 김육은 자신의 뜻을 굽히지 않았어. 덕분에 경기도 지역에서만 시행되던 대동법이 전라도와 충청도 지역까지 확대되었어.

그렇지만 농민들의 고통스러운 삶은 크게 나아지지 않았어. 세금이 공물만 있는 게 아니었고, 또 남의 땅에서 농사짓고 절반 이상을 소작료로 바쳐야 하는 상황은 여전했으니까. 지주들은 자기가 내야 할 토지세를 땅을 빌려 농사짓는 농민에게 떠넘기기까지 했지.

대동법 확대로 농민들 부담이 어느 정도 줄어든 건 사실이야. 다만 농민들이 짊어지고 있는 짐이 너무 커서 그것만으로는 부족했던 거지. 대동법 확대는 농민의 짐을 덜어준 것 말고도 다른 긍정적인 영향을 미쳤어.

공물이 왕실과 중앙 관공서에 필요한 물품인데 그것이 쌀로만 들어오게 되니 필요한 물품을 조달할 방법이 필요했겠지? 그래서 등장한 사람이 공인이야. 공인은 필요한 물품을 현지에서 가져다가 중앙에 공급하는 역할을 했어. 공인을 통해서 상업은 더욱 발달했고 많은 물품이 오가다 보니 물품 값을 지불하는 수단으로 상평통보라는 화폐도 자주 사용했고.

상업의 발달은 다시 수공업 발달로 이어져 경제 전체가 발전하는 기반이 되었어. 장시도 더욱 확대되면서 지역마다 일정한 날짜를 간격으로 장이 열렸어. 그중 대표적인 것이 5일장이야.

조선 후기에는 이처럼 농업과 상업, 수공업이 크게 발달하면서 시장 경제가 자리를 잡았단다. 그러자 물건을 사고팔러 장에 오는 사람들의 끼니와 간식을 위해 밥이나 떡, 엿을 파는 사람들도 모여들었어. 신나는 재주를 뽐내러 광대도 오고, 신명나는 노래를 부르러 소리꾼도 왔지. 장터는 물건뿐만 아니라 백성들의 문화가 꽃피는 공간이기도 했어. 온갖 세금과 소작료로 찌들어 살던 사람들은 장터에서 서러운 마음을 풀어 낼 수 있었겠지?

02 서민 문화의 발달

조선 후기, 농업과 상공업 등의 발달로 경제적으로 여유가 있는 서민이 많아졌어. 먹고사는 문제에서 조금 자유로워진 서민들은 교육과 문화에 관심을 갖게 되었지. 그들은 자식을 서당에 보내 글을 익히게 했고, 글을 아는 사람이 많아지자 한글로 된 소설 책이 널리 보급되었어.

풍속화와 민화가 유행하다

그 시대 사람들의 삶을 사실적으로 그린 그림을 풍속화라고 해. 조선 후기에는 풍속화가 크게 유행했어. 이때 그려진 풍속화는 주로 사람들의 생활 모습을 재미있고 현실감 있게 표현한 것이 특징이야. 대표적인 풍속화가로는 김홍도와 신윤복이 있었지.

김홍도의 스승이자 뛰어난 화가였던 강세황은 김홍도의 뛰어난 재능을 궁궐에 알려 그가 도화서에 들어가 그림 그리는 일을 할 수 있도록 했어. 김홍도는 20대에 이미 재능을 인정받아 왕의 초상화를 그릴 정도였지. 정조는 김홍도의 재능을 귀하게 여겨 백성들의 생활을 그리게 했어.

김홍도의 〈씨름〉
서로 지지 않으려 힘을 쓰는 씨름꾼들의 표정과 이 광경을 재미있게 구경하는 사람들의 표정이 진짜 씨름판에 있는 듯이 생생해. 풍속화가인 김홍도가 그린 그림이야.

김홍도의 그림에는 농사를 짓는 장면이나 나들이 가는 장면 등 일반 백성들의 활기찬 일상생활이 담겨 있단다. 또 훈장님께 혼나는 아이의 표정이나 씨름하는 사람들이 힘을 쓰는 동작에서는 마치 살아 있는 듯한 생동감이 느껴지지. 그림에 등장하는 사람들의 표정이 익살스럽기도 해.

김홍도와 쌍벽을 이룬 풍속화의 대가는 신윤복이야. 생전에는 신윤복이 김홍도처럼 유명하지 않았어. 하지만 오늘날 그의 섬세한 표현과 화려한 색감이 알려지면서 그 가치를 다시 평가받고 있어. 신윤복은 여성들의 생활과 양반들을 풍자하는 내용을 그림으로 옮겼어.

풍속화와 함께 조선 후기에 서민들 사이에서 크게 인기를 끈 그림은 민화야. 민화는 대부분 그린 이의 이름이 알려지지 않았어. 민화는 다양한 소재와 형태로 자유롭고 창의적인 그림을 마음껏 그렸어.

민화는 일상에서 쉽게 볼 수 있는 해, 달, 나무, 꽃, 동물 등 다양한 소재로 오래 살기를 바라며 그린 그림, 부부 사이가 좋아지기를 바라며 그린 그림, 자식을 많이 낳기를 바라며 그린 그림 등 다양한 주제로 서민들의 소망을 표현했어. 서민들은 민화를 구입해 벽에 걸거나 병풍으로 만들어 집 안을 장식하기도 했단다.

그런데 백성이란 말을 쓰다가 왜 갑자기 서민이란 말을 사용하는지 안 궁금해?

조선 후기 벼슬아치나 지주처럼 권력이나 큰 땅을 가지진 못했지만, 농업과 상공업의 발달로 어느 정도 여유가 생긴 백성을 서민이라고 생각하면 돼. 땅이 없어 경제적으로 고통 받는 농민보다 좀 더 살 만한 백성들이지. 여기에는 벼슬에 오르지 못하고 물려받은 재산도 얼마 안 되는 양반도 포함시킬 수 있어.

먹고사는 데 여유가 좀 있는 서민들이 장식용으로 병풍이나 그림을 구입하면서 민화도 크게 발전한 거야.

판소리와 탈춤이 유행하다

조선 후기 장시처럼 사람들이 많이 모이는 곳에서는 판소리 공연도 벌어졌어. 판소리는 이야기가 있는 노래인데 소리꾼이 북으로 장단을 맞추며 불렀어. 구경하는 사람들도 다른 공연과는 달리 판소리에 참여했지. 어떻게 참여했냐고? 소리꾼의 소리 중간 중간에 '얼씨구' 하며 추임새도 넣고, 박수로 장단도 맞추면서 함께 즐겼어.

이렇게 적극적으로 참여하며 즐기는 판소리의 재미는 입에서 입으로 전해졌고 나중에는 양반도 판소리를 즐기게 되었어. 그런데 양반이 일반 백성들처럼 땅바닥에 철퍼덕 앉아서 얼씨구절씨구 어깨를 들썩이자니 체면이 서질 않았어. 그래서 공연이 벌어지는 곳을 찾아가는 대신 자기 집으로 소리꾼을 불러다가 판소리를 시켰지. 판소리는 서민뿐만 아니라 양반도 함께 즐기는 조선 사람 모두의 공연 문화로 자리 잡았어.

판소리는 원래 열두 마당이었는데 오늘날까지 전해지는 건 〈심청가〉, 〈흥보가〉,

〈춘향가〉, 〈수궁가〉, 〈적벽가〉 등 다섯 마당이야.

　판소리처럼 사람이 많이 모이는 장소에서는 탈놀이 공연도 벌어졌어. 우리가 흔히 탈춤이라고 부르는 공연이지. 원래 탈놀이는 마을에서 풍년을 기원하며 벌이던 놀이였는데, 그 범위가 넓어져 장시같이 물품과 사람이 많이 흘러드는 곳에서 크게 성행했어. 탈을 쓰고 권력이나 돈을 가진 사람들의 위선을 우스꽝스럽게 비꼬는 내용 때문에 서민들이 아주 통쾌해하고 즐거워했지. 탈놀이 내용은 풍자뿐만 아니라 서민들의 답답한 심정을 뻥 뚫어 주는 이야기와 풍년을 기원하는 이야기 등이 있었어. 오늘날까지 봉산 탈춤, 하회 별신굿 탈놀이, 송파 산대놀이, 고성 오광대놀이 등이 남아 있지.

03 정조, 화성에서 개혁을 꿈꾸다

죽음의 위기를 극복하고 왕이 된 정조

　정조에게 한성은 미래가 보이지 않는 답답하고 가망 없는 도시였어. 당시 권력은 노론이라는 당파가 잡고 있었어. 영조를 왕위에 올리고 기세등등하던 노론은 소론의 편을 드는 사도 세자를 죽음으로 몰고 갔지. 그리고 사도 세자의 아들인 세손 이산을 어떻게 해서든 없애려 했지. 이산은 정조를 말해.

　만약 이산이 왕이 되면 자기 아버지를 죽인 노론을 가만둘 리 없을 테니까. 그래서 노론의 구심점 역할을 하는 영조의 계비 정순왕후 쪽에서 왕위를 이을 방법을 궁리하고 있었어. 그러면서 영조가 죽으면 왕위를 이을 세손의 목숨을 호시탐탐 노렸지. 실제로 정조는 왕이 되기 전 노론이 보낸 자객들에게 몇 번이나 죽을 뻔했단다.

　정조는 수많은 위협 속에서도 꿋꿋이 앉아 열심히 공부했어. 정조는 어려서부터 책을 좋아했는데 어린 나이에 너무 열심히 공부하다가 병이라도 날까 봐 어머니 혜경궁 홍씨는 공부를 그만하라고 타이를 정도였지.

조선은 학문을 가장 높은 가치로 삼는 유교 국가였어. 정조는 열심히 공부해 신하들이 함부로 자신에게 대들지 못할 정도로 학문의 경지에 이른 왕이 되고자 했어. 그래야 미치광이 역적으로 몰려 죽임을 당한 아버지 사도 세자의 누명을 벗길 수 있고 자신이 꿈꾸는 나라를 만들 수 있다고 생각한 거야. 원래 책을 좋아하는 데다 공부를 열심히 해야 할 절박한 이유까지 더해져 정조는 잠도 안 자고 책을 읽었어. 책을 너무 많이 읽어서 바지의 무릎과 버선코가 닳을 정도였지.

세자가 되면 기본적으로 공부해야 하는 것이 유교 경전과 역사인데, 정조는 이뿐만 아니라 책이란 책은 두루두루 보이는 대로 다 읽었어. 특히 유교 경전은 최고의 학자 수준이어서 신하들을 앉혀 놓고 가르칠 정도였지.

거의 세종 대왕 급이지? 정조의 롤 모델이 바로 자신의 선조인 세종 대왕이었어. 세종 대왕이 그러했듯이 백성이 근본인 정치를 하고자 했지. 그런데 한성은 그런 정치를 할 수 없는 곳이었어. 한성에는 백성이 아닌 자기 배 불리기에 여념이 없는 노론 세력과 그들에게 빌붙어 벼슬 하나 얻으려는 자들이 득실거렸거든. 한마디로 온갖 잡초가 깊이 뿌리내려 어떤 씨앗을 뿌려도 싹이 나지 않는 땅과 같았지.

정조는 당시 조선을 '큰 병을 앓아 생명의 기운이 다한 나라'라며 한탄했어. 망하는 나라의 공통점은 일부 특권층이 모든 것을 빼앗아 백성들이 살 수 없게 된다는 거야. 역사를 공부하던 정조도 당시 조선과 같은 상황이라면 조선의 앞날이 어떻게 될지 예상하고 있었어. 백성들을 행복하게 만들어야만 나라가 살 수 있다는 걸 잘 알고 있었던 거야. 그러나 나라가 망하든 말든 자기 당파 자기 집안의 곳간만 불리려는 사람들이 득실거리는 한성은 희망이 없었지.

그래서 새롭게 세운 도시 화성에 희망의 씨앗을 뿌리려 한 거야. 거기서 무럭무럭 자란 작물이 씨앗을 맺고 다른 곳으로 자꾸 퍼져 나가길 정조는 바랐어. 화성은 지금으로 말하면 신도시 같은 곳인데 개혁의 시작점이자 중심점이라고 할 수 있지. 정조는 자신이 꿈꾸는 세상을 민국이라는 단어로 표현했어. 이것은 '백성의 나라'라는 뜻이야. 옛날 왕들이 나라를 자기 소유로 생각했던 것과는 완전히 다르지.

규장각을 설치하고 인재를 양성하다

세종 대왕이 집현전에서 인재를 키웠듯이 정조도 기구를 설치하고 유능하고 바른 인재를 키우고자 했어.

정조는 궁궐 안에 주합루라는 건물을 짓고 1층에 규장각을 설치했어. 규장각은 왕실의 책들을 보관하기 위해 만든 거야. 사실은 우리나라와 이웃 나라 등에서 가치 있는 책을 모두 모아 놓고 젊고 유능한 관리들을 배치해 공부하도록 했지. 정조도 세종 대왕처럼 인재를 뽑는 데 출신을 가리지 않아야 한다고 생각했어. 그래서 능력은 있지만 차별 받던 서얼 출신인 박제가, 유득공, 이덕무, 서이수 등을 규장각 관리로 뽑아 새로운 나라를 만드는 데 힘을 보탤 수 있게 했지.

걸어서 한강을 건넌 정약용

지금의 용산역과 노량진역 사이에는 한강이 있지. 지금은 다리가 있지만 조선 시대에는 없었어. 그래서 몇 명씩 나룻배를 타고 건너야 했어. 그런데 왕의 행차에는 많은 사람이 함께했겠지? 특히 혜경궁 홍씨의 회갑 잔치를 위한 행차 때는 1,779명이나 되

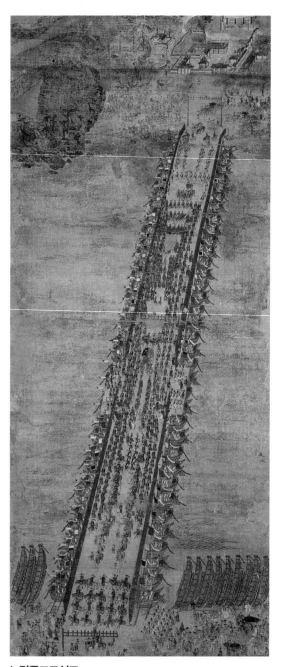

노량주교도섭도
정조가 현릉원을 참배하고 어머니 혜경궁 홍씨의 회갑 잔치를 마친 뒤에 노량진의 배다리를 건너는 장면을 묘사한 그림이야.

는 많은 사람이 동원되었어. 이런저런 일을 도울 사람까지 합하면 6,000여 명에 이르렀다고 해. 그 많은 사람이 나룻배로 건너다간 며칠, 아니 몇 달이 걸릴지 모르지. 그럼 어떻게 했을까?

모두 걸어서 건넜어. 지금과 같은 콘크리트와 철근으로 만든 다리는 아니지만 출렁출렁 아주 재미있는 다리를 만들어서 말이야.

의궤에 나오는 이건 배다리라고 해. 배들을 강 위에 쭈욱 늘어세우고 그 위로 나무판자를 깔아 다리를 놓은 거지. 이 위로 행렬이 걸어서 건넜다는 말씀.

이런 멋진 수상 쇼를 연출한 규장각의 인재는 바로 실학자 정약용이야. 정약용은 당대에 가장 뛰어난 학자이자 관리로 정조의 총애를 한몸에 받던 인물이지. 정약용도 정조처럼 백성들이 고통의 굴레를 벗고 행복하게 살기를 간절히 바랐어. 정약용은 유학뿐만 아니라 다양한 학문에 조예가 깊었단다.

특히 명분과 논리만 따지는 성리학으로는 조선이 처한 문제와 백성들의 어려움을 해결할 수 없다고 생각하고 실제로 나라와 백성에게 쓸모 있는 학문을 연구했지. 이런 학문을 통틀어 실학이라고 해. 실학을 연구한 학자들은 실학자고. 배다리 역시 실생활에서 쓸 수 있는 과학을 통해서 만든 거야.

정약용은 배다리뿐만 아니라 정조의 명령으로 화성을 설계했고, 성을 쌓는 데 꼭 필요한 기계도 만들었어. 정약용의 화성 설계와 건설 이야기는 수원에 가서 듣기로 하고. 지금은 실학이 나오게 된 배경부터 살펴보자꾸나.

한글 소설이 크게 유행하고 청나라 서적이 들어오다

1795년 화성 행차를 그린 의궤를 보면 실학과 직접적인 관련은 없지만 작은 단서 하나를 찾아볼 수 있어. 이날의 행차는 수많은 인원이 함께하는 대규모 행렬이었어. 어마어마한 행렬 중앙에는 혜경궁 홍씨가 탄 가마가 가고 그 뒤에는 정조가 말을 타고 따랐지. 또 그 뒤로는 정조의 누이인 청연군주, 청선군주가 탄 가마가 뒤따랐어. 바로 이 두 군주와 관련된 이야기야.

이 두 군주는 소설을 아주 좋아했어. 얼마나 좋아했으면 10권 10책이나 되는 『곽장양문록』이란 소설을 필사하기까지 했겠어. 소중하게 아끼는 책을 자신만의 것으로 만들고 싶었던 거야.

옛날 궁이나 서민 여인들에게는 이런 소설이 일종의 텔레비전 드라마 같은 것이었어. 나쁜 사람이 잘되면 막 분노하고 착한 사람이 어려움에 처하면 슬퍼하고, 또 나쁜 사람이 벌을 받고 착한 사람이 행복해지면 자기 일처럼 기뻐하는 것은 예나 지금이나 마찬가지야. 판소리나 탈놀이 같은 서민 문화처럼 한글 소설도 서민들의 사랑을 받으면서 발전했어.

먹고사는 데 여유가 생긴 서민들은 자식을 가르치고 문화를 누리고 싶은 마음도 늘어났어. 이런 수요에 따라 서당이 많아지고 책을 빌려주는 곳도 많이 생겼지. 이렇게 서민들이 한글을 익히자 한글로 쓴 소설들이 날개 돋친 듯 팔려 나갔어. 한글 소설은 여성들에게 아주 인기가 있었는데 양반집 딸들도 즐겨 읽었어.

널리 알려진 한글 소설로는 『춘향전』, 『심청전』, 『흥부전』, 『홍길동전』, 『장화홍련전』 등이 있었단다.

글을 모르는 사람들도 한글 소설을 즐길 수 있었어. 전문 이야기꾼이 글을 모르는 사람들을 모아 놓고 소설책을 읽어 주었기 때문이야. 이야기꾼은 단순히 책을 읽어 주는 데서 더 나아가 목소리도 바꾸고 표정과 몸짓까지 섞어서 흥미진진하게 이야기를 풀어 나갔지. 우리나라 사람이 쓴 소설뿐만 아니라 청나라의 소설도 번역되어 널리 읽혔단다.

시간이 많이 흐르면서 청나라에 대한 원한도 많이 사라졌어. 또 많은 사람이 청나라를 오갔고 청나라 책뿐만 아니라 발달된 과학 기술로 만들어진 물품들이 들어왔어. 오랑캐 나라니 원수의 나라니 하며 청나라를 배척하는 것이 전혀 득이 될 게 없다는 걸 깨달았지.

백자
조선 중기에는 선비들 사이에서 하얀 백자가 유행했어. 선비가 추구하는 검소하고 정직한 삶과 잘 어울렸지.

조선 후기에 사용한 공예품

조선 전기에는 청자 겉에 하얀 흙을 덮어 구운 회색빛의 분청사기가 만들어졌어. 또 순백색의 백자가 유행했는데 성리학의 영향으로 내적인 수양을 중요하게 생각하는 분위기 때문에 양반들은 백자를 무척 좋아했어.

조선 후기에는 생활에 필요한 공예품을 많이 만들었는데, 이를 통해 조상들의 멋과 지혜를 엿볼 수 있어. 흰 바탕에 푸른색으로 그림을 그린 청화 백자는 주로 항아리, 술병, 접시, 필통 등 실용적인 것이 많았어. 하얀 백자에 산, 나무, 꽃, 새 등 다양한 무늬를 그린 청화 백자가 널리 유행했지.

조선 시대에는 옹기도 사용했어. 옹기는 자연에서 쉽게 구할 수 있는 흙으로 만들었는데 그 흙에는 작은 돌이 섞여 있었지. 작은 돌은 옹기가 구워지면서 공기가 통할 수 있는 공간을 만들어 옹기가 숨을 쉬게 했어. 서민들은 옹기를 곡식이나 간장, 된장 같은 장류를 저장하는 용도로 많이 사용했단다.

조선 시대 사람들은 다양한 생활 도구를 만들어 사용했어. 이 도구들은 실용적이면서도 훌륭한 예술품이었지. 그럼 대표적인 생활 도구를 살펴볼까?

목공예품은 밥상, 책상, 상자 등 생활용품이 주를 이루었어. 특히 나전 칠기는 옻칠을 한 그릇이나 가구의 나무 표면을 전복, 소라 등의 껍데기를 얇게 잘라 붙여 장식한 조선 후기의 대표적인 목공예품이야. 이를 자개라고도 하지. 우리 조상들은 문서를 담는 함부터 장롱까지 다양한 목공예품을 나전 칠기로 만들었어.

이외에도 떡살, 조각보 등 다양한 생활용품을 만들었지.

떡살은 떡을 눌러 떡에 모양을 내는 도구야. 떡살로 떡을 누르는 순간 예쁜 모양의 떡이 완성돼. 단옷날이 되면 수레 모양을 찍고, 좋은 일이 있을 때는 꽃 모양을 떡에 새겼단다.

조선 시대 사람들은 남은 조각 천을 연결해 보자기를 만들었어. 이를 조각보라고 하는데, 조각 천도 버리지 않고 잘 활용하는 조상들의 지혜와 검소함을 느낄 수 있지.

새로운 문물이 들어오고 중국 중심의 세계관이 무너지다

전란이 지난 뒤 조선은 주변 나라들과 다시 활발한 교류를 시작했어. 청나라로는 매년 연행사를 보냈고, 다시 교류하기를 청한 일본으로는 통신사를 보냈지. 이러한 교류를 통해 조선 사회 내부에서는 변화의 바람이 불기 시작했어.

사신들은 중국에서 세계 지도와 과학 기술 서적, 자명종, 천리경, 화포 등 서양

천리경
오늘날의 망원경에 해당돼. 하늘의 별이나 먼 곳을 살피는 데 썼어.

문물을 들여와 조선 사람들에게 알렸어. 앞서 서양 문물을 접한 이들에겐 청나라를 오랑캐로 배척하기보다는 오히려 배워야 한다는 분위기가 조성되었지.

청나라의 수도 베이징에는 세계 여러 나라 사람들이 넘쳐났어. 이들을 통해 들어오는 새로운 문물로 점점 더 강해지는 청나라를 보고 조선 사람들은 눈이 휘둥그레졌어. 그런 청나라에 맞서느니 발달된 문물을 받아들여 조선을 발전시키자는 주장들이 여기저기서 나온 건 어쩌면 당연한 일일 거야.

한발 더 나아가 중국을 세계의 중심으로 여기던 사람들의 생각에도 큰 변화가 있었어. 이 이야기를 하자면 정조 시대보다 150여 년 전 과거로 돌아가야 해. 본격적으로 청나라에서 서양 문물이 들어오기 전인 1627년(인조 5년), 네덜란드 상인 벨테브레이는 무역을 하러 일본으로 가다가 풍랑에 휩쓸려 제주도에 닿았어. 체포된 벨테브레이는 서울로 끌려왔는데 나중에 조선 여성과 결혼하고 이름을 박연으로 바꿨지. 박연은 조선의 군사 기구에서 총과 대포를 만드는 기술을 가르쳤어. 그는 서양의 군사 기술을 잘 알고 있었거든. 게다가 병자호란이 일어나자 전투에 나가 조선군으로 싸웠단다.

이제 조선 사람들은 중국이 세계의 중심이자 전부라는 의식이 뭔가 크게 잘못되었다고 생각했지. 다른 나라 사람이 중국인보다 뛰어난 지식과 기술을 가지고 있었던 거야. 이런 생각을 하던 차에 조선 후기에 서양 문물을 접하게 된 거지. 조선 사람들은 자연스럽게 중국 외의 더 큰 세상에 대한 궁금증을 품게 되었어.

이탈리아인 마테오리치가 만든 세계 지도 곤여만국전도가 조선으로 들어왔어. 이 지도에는 아시아는 물론이고 유럽, 아프리카까지 나와 있는데 심지어 아메리카 대륙도 그려져 있었어. 조선 사람들은 자신들이 알던 세상은 일부분에 지나지 않고 중국보다 훨씬 더 넓은 세상이 있다는 것을 깨달았어. 중국 중심의 세계관이 통째로 무너지는 순간이었지. 중국이 세계의 중심이 아니고 더 큰 세계가 있다는 걸 깨닫자 근본적으로 생각이 변하기 시작했어. 더불어 성리학이 학문의 모든 것이라는 생각에서 벗어나 다양한 학문에 관심이 많아졌단다.

현실 문제를 탐구하는 실용적인 학문, 실학

농업과 상업의 발달에 따라 생산력이 높아지고 생산량이 많아졌어. 하지만 이득이 모든 사람에게 골고루 돌아가지는 않았지. 아까 대동법 부분에서 말했듯이 땅을 가진 사람은 늘어난 재산으로 더 많은 땅을 사들이고 재산을 늘려 갔지만, 땅이 없는 농민들은 수확한 것의 대부분을 지주와 관리들에게 뜯겨야 했어. 일부 백성들은 어느 정도 경제 발전의 혜택을 보고 서민 문화를 즐길 수 있었지만, 대부분은 힘겨운 삶을 겨우겨우 버텨야 했지.

이때 천주교에서 주장하는 '하느님 앞에 모든 사람이 평등하다'는 사상은 엄격한 신분제의 정당성에 의문을 품게 했어. 신분제의 근거인 유교와 중국 중심의 생각이 서양 문물의 유입으로 이미 흔들린 상태였다는 걸 생각하면 조선이라는 사회를 지탱해 온 기본 질서를 다시 한 번 생각해 봐야 할 때였던 거야. 하지만 기존 성리학은 여전히 명분과 이론에만 빠져 있었어. 빠르게 변화하는 조선의 현실 문제를 더 이상 해결할 수 없었지.

'예로부터 학문은 현실 생활에 쓸모가 있어야 해.'

조선 후기 몇몇 학자들은 당시 학문의 중심인 성리학이 실제 생활에서 벌어지는 문제를 풀어 나가는 데 부족하다는 것을 깨달았어. 현실적인 문제를 해결할 방안을 적극적으로 고민했지. 이 과정에서 등장한 학문이 바로 실학이야. 실학자 정약용은 정조 행차에서 생긴 문제, 즉 한강을 건너는 문제를 현실 생활에 필요한 과학으로 풀어서 보인 거야.

김정희가 대동여지도를 만들다

1861년 김정호는 우리나라 전도인 대동여지도를 만들었어. 대동여지도에서 대동은 '동쪽의 큰 나라'라는 뜻으로 곧 우리나라를 말해. 그러니까 대동여지도는 '우리나라 지도'를 뜻하는 거지. 대동여지도를 만들 때 그동안 제작된 지도를 참고하고 종합했어. 그것도 부족하면 우리나라의 산과 강을 직접 돌아다니며 조사했지. 이 지도는 126개의 목판에 지도를 새긴 다음 종이에 찍어 만들었는데 원본이 목판본이라 필요할 때마다 인쇄해서 쓸 수 있었어. 또 우리나라를 남북으로 22층으로 나눠 22첩의 책으로 만들었고 각각의 책은 동서로 19판으로 이어져 있었어. 이 책들은 지그재그로 접을 수 있어 가지고 다니기에 편리했지. 대동여지도에는 강과 산, 도로 등이 자세히 표시되어 있을 뿐만 아니라 지도표를 사용해 찾아가고자 하는 지역을 한눈에 찾아보기 쉽게 만들었어. 지도표에는 역참, 창고, 봉수, 도로 등이 표시되어 있어. 도로에는 10리마다 점이 찍혀 있어 점의 개수를 세어 보면 실제 거리를 알 수 있겠지?

세계 지도가 사람들의 생각을 바꾸다

세계 지도를 보면 당시 사람들이 세상을 어떻게 이해했는지 알 수 있어. 세계 지도에는 사람들이 무엇을 중심으로 세상을 보고 무엇을 중요하게 여겼는지 나타나 있어. 1402년 제작이 된 혼일강리역대국도지도에서 당시 사람들이 세계가 사각형으로 생겼다고 생각했던 것을 알 수 있어. 이 지도에는 조선, 중국, 일본이 그려져 있고, 아프리카, 유럽까지 들어가 있어. 그런데 조선이 크게 표현되었다는 데서 조선 사람의 시선으로 세상을 보았다는 것을 알 수 있고, 또 지도의 한가운데 중국을 그려 넣었다는 것에서 당시 사람들이 중국을 세상의 중심으로 이해했다는 것을 알 수 있지.

조선 후기의 곤여만국전도는 1708년 중국에서 들여온 곤여만국전도를 보고 그렸어. 혼일강리역대국도지도가 사각형으로 세계를 그렸다면, 곤여만국전도는 세계를 원으로 표현하고 있어. 지구가 둥글다는 지금의 생각과 많이 비슷해졌지? 이 지도의 제작을 계기로 비슷한 세계 지도가 제작되었어. 사람들은 세계 지도를 보면서 더 넓은 세계가 있음을 깨닫게 되었지.

종교를 통해 평등사상이 전파되다

중국에 다녀온 사신들은 조선에 서양의 발달된 문물뿐만 아니라 서양 종교인

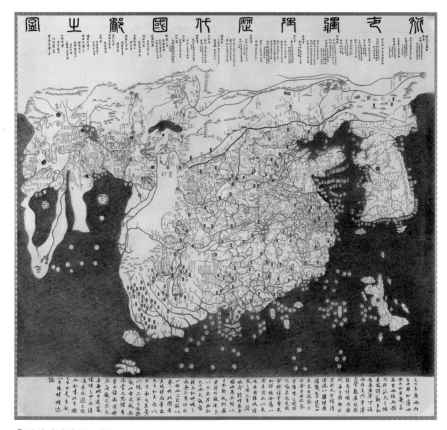

혼일강리역대국도지도

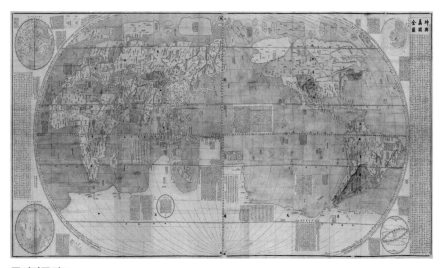

곤여만국전도

천주교도 소개했어. 그러나 초기에 사람들은 천주교를 종교가 아닌 서양 학문으로 받아들였어. 그래서 서양 학문이라 해서 서학이라고 했지.

시간이 지나면서 천주교를 신앙으로 받아들이는 학자들이 생기기 시작했어. 천주교의 교리인 평등사상과 죽음 이후의 '영생'은 사회적으로 차별을 받거나 차별을 옳지 않게 생각하던 사람들에게 깊은 감명을 주었지. 그리하여 양반 신분의 남자들에 비해 차별을 받던 상민과 부녀자들 속으로 퍼져 나가게 되었단다.

그런데 천주교에서는 하느님 외에는 어떤 신도 모시면 안 된다는 교리가 있어서 천주교를 믿는 사람들이 조상을 모시는 제사를 거부하는 일이 벌어졌어.

철저한 유교 국가인 조선에서는 조상에 대한 제사를 거부하는 천주교를 그냥 두고 볼 수 없었어. 게다가 모든 인간이 평등하다는 천주교 교리는 아주 위험한 생각이었어. 조상에 대한 '효'를 강조하고 양반 남자 중심의 엄격한 신분 제도를 바탕으로 한 유교 사회 질서를 어지럽힐 수 있다며 천주교를 금지하고 탄압했지.

그러나 탄압 이면에는 자신의 기득권을 지키고 반대 세력을 없애려는 의도가 크게 작용했단다.

실학은 어떻게 조선의 문제를 해결하려고 했나

실학자들이 관심을 기울인 분야는 다양했어.

농업을 중요하게 생각한 학자들은 핵심 산업인 농업을 바로잡지 않으면 나라의 미래도 백성들의 삶도 나아지지 않을 거라며 토지 제도의 개혁을 주장했어. 또 신분 제도의 문제점을 지적하며 백성의 고통을 덜고 신분 때문에 자신의 능력을 발휘하지 못하는 일이 없도록 해야 한다고 했어.

상공업을 중요하게 여긴 학자들은 조선을 발전시키기 위해 청나라처럼 상공업의 발달이 필요하다고 느꼈어. 상공업의 발달을 위해서는 유통 수단인 수레와 선박을 이용해야 하고, 또 화폐의 사용이 꼭 필요하다고 생각했지. 아울러 청나라의 발전된 문물을 받아들여야 한다고 주장했어.

또 우리의 역사와 문화를 연구하는 학자들도 있었어. 실학자들은 다양한 분야에서 활발한 연구를 통해 나라를 발전시키고 백성들이 잘 살 수 있는 방법을 찾았어.

농업 개혁을 통해 백성의 삶을 개선하자

실학자들이 현실 문제를 해결하기 위해 성리학이 아닌 다른 여러 학문을 연구했다고 했는데, 현실에서 가장 큰 문제는 무엇이었을까? 바로 먹고사는 문제야.

조선은 농업 국가야. 농업을 통해 생산되는 것을 바탕으로 나라가 굴러갔지. 그런데 백성의 대부분인 농민들은 땅을 갖지 못해 큰 고통을 당하고 있었어. 견디다 못한 농민들은 농사를 때려치우고 떠돌이가 되기도 했지. 농업이 중심인 나라에서 농민이 힘들어지면 그 나라의 근본이 흔들리는 것과 같아.

유형원, 이익, 정약용 등의 실학자는 농민의 문제를 잘 알고 있었어. 그들은 "부자의 토지는 엄청난 규모로 늘어나는데 가난한 자는 송곳 하나 꽂을 땅이 없다. 부자는 더욱 부자가 되고 가난한 자는 더욱 가난해진다."라고 했어. 농업 기술이 발달해 생산량이 늘어도 몇몇 지주의 주머니로만 들어간다면 가난한 백성의 문제는 해결되지 않겠지. 대동법처럼 조세 제도를 개선해도 땅 없는 농민이 지주에게 소득의 대부분을 빼앗긴다면 역시 농민들의 삶은 나아지지 않아. 즉, 농민 대부분이 땅을 갖지 못하고 소수에게 땅이 집중되는 것이 가장 큰 문제라는 말이야. 이들은 근본적으로 토지 제도를 바꿔서 실제로 농사를 짓는 농민이 토지를 가질 수 있게 해야 한다고 주장했어.

유형원은 선비, 농민, 상인 등 신분을 고려해 토지를 나누자고 했어. 이익은 생활을 유지하는 데 꼭 필요한 최소한의 땅을 농민들에게 나누어 주자고 했지. 정약용은 마을별로 공동으로 농사를 지어 거둬들인 농산물을 일한 만큼 나누어 가지자고 했단다.

이들은 토지 제도뿐만 아니라 나라를 망가뜨리는 것으로 신분 제도를 꼽았어. 열심히 일하고 노력하면 성공하는 게 아니라 태어날 때부터 주어진 신분대로 살아야 한다면 사회를 이루는 구성원들은 좀 더 나은 세상을 만드는 데 소극적일 수밖에 없지.

운명처럼 애초에 정해진 신분 때문에 그 뜻을 펼 수 없다면 사회적으로 아주 큰 손해가 될 거야. 이런 사회는 결코 발전할 수 없고 다른 나라와의 경쟁에서도 뒤처져 망할 수밖에 없지.

이처럼 농업 개혁을 통해 나라를 바로잡으려는 실학자들이 있었는가 하면 상공업과 기술을 발전시켜 나라를 부강하게 만들자는 실학자들도 있었어. 이들은 청나라의 새로운 문물을 적극적으로 받아들이자고 주장했단다.

상공업을 발달시켜 나라를 부강하게 만들자

실학자 박지원은 청나라에 가서 직접 새로운 문물들을 보았어. 그러고는 조선을 발전시키기 위해 청나라처럼 상공업의 발달이 필요하다고 느꼈지. 박지원은 자신의 생각을 『열하일기』라는 책에 정리해 조선 사람들에게 소개했단다.

한편 사신으로 청나라에 간 박제가는 발달된 문물을 살펴보고 청나라의 학자들과 새로운 학문과 문물에 관한 의견을 주고받았어. 박제가는 조선을 부강한 나라로 만들기 위해 수레, 벽돌, 수차 등을 도입하고, 다른 나라와 적극적으로 교역해야 한다고 생각했어. 박제가는 청나라에서 받아들여야 할 내용을 정리해 『북학의』라는 책에 담았단다.

조선 시대에 지구의 자전을 발견한 홍대용

평소 지적 호기심이 많던 홍대용은 하늘의 별을 관찰하고 우주를 깊이 연구하고 싶었어. 그래서 자기 집 앞에 작은 천문대를 만들어 우주를 관측했지. 하지만 그걸로는 부족함을 느끼던 홍대용은 천문학을 공부하기 위해 청나라로 갔어.

청나라에 간 홍대용은 망원경으로 태양을 관찰했어. 그리고 여러 종류의 천문 기구를 제작하고 사용하는 법을 배웠지.

또 서양 선교사를 통해 구한 서양 천문학 도서를 읽은 홍대용은 지구가 둥글고 스스로 회전한다는 사실을 알게 되었어. 이것은 정말 충격적인 이야기였어. 당시 조선 사람들은 세상이 나무판처럼 평평하고 한가운데에 중국이 있다고 생각했어. 그런데 지구가 둥글고 빙빙 돈다고 하니 믿기 힘들었지. 홍대용은 지전설을 통해 그동안의 세계관이 잘못된 것임을 밝히며 조선 사람들이 더 큰 세상을 보려면 중국 중심의 세계관에서 벗어나야 한다고 주장했어. 또 지구가 하루에 한 번씩 자전하기 때문에 낮과 밤이 생긴다는 사실을 사람들에게 알렸지.

홍대용은 이렇게 말했어.

"지구는 하루에 한 번 돈다. 어느 나라든 하루에 한 번 중심이 된다. 중국만이 지구의 중심이라고 볼 수 없다. 조선 또한 중심이 될 수 있다."

단원정리문제

1. 다음과 같은 농사법의 이름을 적으시오.

모판에 볍씨를 싹 틔워 튼튼하게 자라게 한 뒤 논에 옮겨 심으니 뿌리를 튼튼히 내려 잘 자랄 수 있었다. 또 벼가 제대로 자랄 수 있도록 적당한 간격을 둘 수 있었고, 쓸데없이 빈 공간이 생기지 않았다.

2. 빈칸에 들어갈 알맞은 말을 쓰시오.

[㉠   ]가 열리면 각종 채소와 바구니 같은 수공업 제품을 팔려는 사람들과 그것을 사서 다른 장에 가져다 팔려는 장사꾼들로 북적거렸다. 조선 후기에는 [㉡   ] 가 늘어나고 전국을 돌아다니는 장사꾼도 늘어나면서 상업이 발달했다. 여기서 보따리를 들거나 등짐을 지고 전국의 장시를 돌며 장사하는 사람을 [㉢   ]이라고 했다.

3. 인물과 인물이 지은 저서를 옳게 연결하시오.

박지원   북학의
박제가   발해고
정약용   자산어보
유득공   열하일기
정약전   경세유표

3. 희망과 좌절의 화성

01 화성의 첫 번째 의미
장용영을 통해 병권을 과시하다

조선 후기 최정예 군대 장용영

이번 이야기는 정조의 행렬이 화성으로 들어오는 대목부터야. 화성으로 들어오기 전 정조는 황금 갑옷으로 갈아입었어. 의도적으로 자신의 군사적 위엄을 드러내려 한 거지. 왕이면 나라의 모든 군사가 자기 손아귀에 있을 텐데 굳이 그럴 필요가 있나 싶지만, 당시 상황은 그렇게 간단하지 않았어.

왕권이 약하면 병권도 권력을 쥔 세력의 손에 들어가게 돼 있어. 정조는 영조 때부터 권력을 잡고 있던 노론 세력의 견제 아래 언제나 위협을 당해 왔어. 정조는 밤에도 옷을 그대로 입고 옆에 칼을 두고 잠에 들 정도였어. 그야말로 왕권이 약했던 거지. 그래서 나라의 군사도 노론의 입김 아래 있었어.

정조는 암살 사건 이후 자신을 지킬 부대를 만드는데 이 부대가 바로 장용위야. 이 장용위의 규모가 커져서 장용영이라는 군대가 되었지. 한성에서 화성까지 정조를 호위한 부대도 바로 장용위야. 정조가 개혁의 본거지인 수원 화성에서 황금 갑옷을 입고 군사적 위엄을 드러낸 것은 바로 자신의 의지를 기득권 세력에게 보여준 거야.

개혁을 위해서는 이미 권력을 쥐고 있는 세력이 자신들의 특권을 내려놓도록 만들어야 해. 그런데 정치적인 힘에다 군사적인 힘까지 갖고 있는 자들이 순순히 말을 들을 리 없지. 이런 상황에서 가장 우선해야만 하는 게 병권의 확보야. 그래야만 가진 자들의 양보를 압박할 수 있지. 바로 이것이 수원 화성이 가지는 첫 번째 의미야. 화성은 정조의 군사적 힘을 보여 주는 것으로 그 구체적 실체가 장용영이었지.

장용영은 내영과 외영으로 나뉘는데, 내영은 한성에서 왕을 경호하고 수도를 방어하는 역할을 맡았어. 외영은 이곳 화성에 주둔해 남쪽으로부터 침투하는 외적을 막아 냈지. 장용영 군사들은 무예에 뛰어난 사람들로 뽑았고 훈련도 엄격하게 받은 최고의 정예군이야. 그래서 나라에서 월급도 받으면서 오직 무예 연마에만 집중할 수 있었어.

화성으로 들어온 정조는 이튿날 화성 행궁에서 과거 시험을 실시했어. 우화관에서는 문과 시험을, 낙남헌에서는 무과 시험을 치렀지. 문과 합격자들은 화성의 행정 관리로 일하고, 무과 합격자들은 화성의 장용영에서 장교로 일했어.

02 화성의 두 번째 의미
실학 정신의 구현

왕과 백성이 힘을 모으다

화성 행차 넷째 날, 정조는 갑옷을 입고 말을 타고 화성 장대에 올랐지. 거기서 군사 훈련을 지휘했어. 이 훈련의 하이라이트는 밤에 볼 수 있었어. 캄캄한 밤이 되자 화성의 모든 백성이 저마다 횃불을 들고 군사 훈련에 참여했지. 수많은 횃불이 어두운 밤에 일렁이는 모습을 상상해 봐. 정조의 반대파가 봤으면 간이 콩알만 해졌을 거야.

정조는 군과 민이 함께 힘을 모아 개혁을 이루고 이를 통해 왕권을 바로 세우려고 했어. 또 조선을 침략하는 외적을 물리치겠다는 결의를 다지는 계기도 되었지. 화성의 백성들은 갑옷을 입고 훈련에 앞장서는 왕을 보면서 예전에 백성을 버리고 달아났던 왕들과는 다르다고 생각했겠지. 그래서 왕을 믿고 새로운 도시 화성을 훌륭하게 만들어야겠다는 마음도 먹었을 거야.

정조는 장용영 장교 백동수와 규장각 관리 박제가 등에게 『무예도보통지』라는 훈련 교범을 만들도록 했어. 이 책에는 무예 동작 하나하나를 글과 함께 그림으로 그려 넣어 군사들이 무예를 연마하기 좋게 만들었어. 정조는 외적의 침입으로 나라가 위기에 처하고 백성들이 목숨을 잃는 일이 없도록 하려고 국방 강화에 힘쓴 거야. 화성은 외적의 침입으로부터 나라를 지키려는 목적으로 만든 도시라 할 수 있지. 아무리 백성을 위한 정책을 실행하더라도 외적의 침입을 막아 내지 못한다면 아무 소용이 없을 테니까.

화성의 장안문 모양을 보면 이전에 우리가 보았던 다른 성문과는 달라. 성문이 이중으로 되어 있지. 성문 밖에 둥글게 둘러싼 성을 옹성이라고 해. 성문을 보호하기 위한 목적으로 만든 것인데 '옹성'은 도자기를 잘라 놓은 것처럼 둥글다고 해서 붙여진 이름이야. 화성은 바로 실학의 모든 역량이 집약된 건축물이지. 이 옹성도 바로 그 결과물이고.

조선 실학 사상의 진수, 수원 화성

화성은 정조의 명령으로 실학자 정약용이 설계했어. 정약용은 성리학뿐만 아니라 건축, 수학, 지리, 과학 전 분야에 두루 뛰어났어. 화성을 건축하기 위해 정약용은 우리나라와 외국의 성곽에 대한 각종 자료를 꼼꼼히 검토해 쉽게 무너지지 않으면서도 실용적인 성을 설계했어. 또 필요한 인력과 물자 등도 하나하나 철저히 계산했지.

정약용은 기존의 우리나라 성곽들이 외적의 공격에 쉽게 무너진 것은 성문이 공격에 취약했기 때문이라는 사실을 깨달았어. 현실에서 쓸모 있는 것을 연구하고자 하는 실학적 정신에서 나온 결론인 거야.

옹성은 또 다른 면에서도 실학적 태도를 엿볼 수 있어. 옹성이 둥글게 만들어졌잖아? 기존의 성이 직선으로 구성된 것과는 다르지. 기존의 성곽은 대부분 돌로만 만들었어. 그러다 보니 곡선 같은 유연한 구조를 만들기가 아주 어려웠지. 그런데 정약용은 화성을 설계하면서 돌과 벽돌을 함께 사용하도록 했어. 즉, 아래는 주춧돌 역할을 하는 돌을 쌓고 위로는 벽돌을 올려 다양한 형태로 변형이

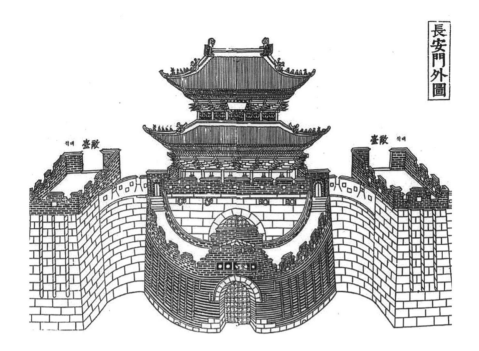

長安門外圖

輮敵 臺敵   臺敵 輮敵

『화성성역의궤』에 실린 팔달문의 모습
『화성성역의궤』에는 수원 화성을 짓는 과정과 설계도 등이 아주 상세히 기록되어 있어. 이것을 보고 훼손된 수원 화성을 당시와 똑같이 복원할 수 있었지. 화성의 남대문인 팔달문은 반원 모양의 옹성인데, 성문을 부수러 달려드는 적군을 사방에서 방어할 수 있게 만들었어. 팔달문에는 이런 군사적 목적뿐만 아니라 물자나 사람이 원활하게 드나들 수 있도록 하여 화성을 유통의 중심으로 삼으려던 정조의 뜻이 담겨 있지. 팔달문은 사통팔달 통하는 문이라는 뜻이야.

가능하도록 만든 거야.

수원 화성을 구성하고 있는 건물과 성곽, 성문 등은 각각 모양이 개성 있으면서도 아름답고 튼튼해. 이 모든 것은 돌과 벽돌을 함께 써서 가능했던 거야. 실학적 입장에서 다양한 학문을 연구하고 받아들지 않았다면 가능하지 않은 일이었지. 정약용은 이뿐만 아니라 돌을 옮기는 데 수레를 적극 활용하고 수레가 다니기에 좋도록 길도 닦았단다.

그냥 주먹구구식으로 백성을 데려다 일만 시키면 된다는 식이 아니라, 실제로 어떤 학문을 활용해야 좀 더 효과적인 결과를 얻을 수 있을지 고민한 거야.

정약용의 수원 화성 건축에서 가장 빛나는 업적은 거중기야. 거중기는 정약용이 예부터 사용하던 녹로를 발전시켜서 만든 거야. 거중기는 도르래의 원리를 이용해 무거운 물체를 작은 힘으로 들어 올리는 도구야. 정약용은 『기기도설』이라는 책에서 도르래의 원리를 연구해 거중기를 만들었어. 성곽을 쌓는 데 가장 힘든 일은 돌처럼 무거운 물체를 들어 올리는 것이었지. 거중기를 이용해 5~6톤이나 되는 바위를 20~30명의 힘으로 옮길 수 있었어. 또 유형거라는 수레를 만들어 무거운 자재를 운반했고, 소 40여 마리가 끄는 대거라는 커다란 수레도 만들어서 큰 돌을 옮기는 데 사용했지.

뿐만 아니라 김홍도를 비롯한 도화서의 화원들이 참여해 정확하고 세밀한 설계도를 그렸어. 머릿속에 있거나 글로 표현된 것을 눈으로 직접 볼 수 있게 만들어 진행 과정에서 생길 수 있는 오류나 오차를 없앨 수 있었던 거야.

화성 성벽에는 당시 성을 쌓는 데 참여한 기술자들의 이름이 새겨져 있어. 전국에서 모여든 각 분야의 전문가들은 자신의 이름을 걸고 일에 참여했지. 공사 지휘도 관리가 아니라 현장 경험이 많은 목수와 석수가 맡아 절차나 형식에 구애 받지 않고 실무 중심으로 일이 진행되었어. 이 역시 실학의 정신이라고 할 수 있지.

철저한 준비와 과학 기술의 이용, 현장 중심의 일 처리 등으로 10년을 예상한 공사 기간을 단 2년 9개월로 앞당길 수 있었어. 한마디로 실학의 위대한 승리였지. 실제 현실에 필요한 학문이라는 실학 정신의 구현이 화성의 두 번째 의미야.

03 화성의 세 번째 의미
백성을 중심에 놓고 생각하라

백성을 생각하는 정책을 만들다

그리고 백성들의 삶을 나아지게 만들고자 하는 정신을 통해 성공적으로 화성을 완성할 수 있었어.

정조는 화성을 건설하는 데 아무나 함부로 데려다가 부리지 않았어. 살기 힘들어 떠도는 농민들에게 일을 시키고 일한 대가도 제대로 주었지. 어려운 백성에게 일자리를 만들어 준 거야. 혹시 몸이 상할까 봐 약을 지어 주기도 했고 추운 겨울

철에는 솜옷과 털모자도 나눠 주었어. 나라의 근본이 백성이라고 한 말이 그저 말뿐인 게 아니었다는 걸 알겠지? 정조와 실학자들의 인간 중심적인 생각을 구현한 것이 화성의 세 번째 의미라 할 수 있어.

정조는 화성을 만들고 그 안에 큰 길을 닦아 상인들이 자유롭게 장사를 할 수 있도록 했어. 다시 말해, 상공업을 발달시켜 백성들이 소득을 얻을 통로를 열어 주고 나라를 부강하게 만들려 했지.

상업과 관련해 정조가 한 일이 있어. 1791년 정조는 금난전권을 폐지했어. 금난전권이 뭘까? 특정 상인이 상권을 독점하고 허가받지 않은 가게인 난전을 금지시킬 수 있는 권리를 말해. 이전에는 시전 상인들이 장사를 독점하고 다른 사람이 장사를 하지 못하도록 불량배들을 시켜 행패를 부렸지. 그런데 정조가 이것을 금지함으로써 많은 상인이 장사를 할 수 있었어. 상공업을 발전시켜 백성과 나라를 부유하게 만들자는 실학자들의 주장과 맞아떨어지는 대목이야.

신도시 화성이 품은 꿈

정조는 화성 성곽 주변에 저수지와 농사지을 땅을 만들어 농민에게 소와 함께 나누어 주었어. 농업과 수공업이 발달한 잘사는 신도시 화성을 만들려고 했던 거야.

그리고 성공적인 개혁 정책을 주변 지역으로 넓혀 가려고 했지. 화성을 일종의 거점 도시로 삼은 거야. 거점이란 어떤 일을 하는 데 근거로 삼는 핵심 지점을 말해. 화성을 개혁의 시작으로 삼아 다른 지역도 발전시켜 나가면서 마침내 조선 전체를 개혁하려 했지. 따라서 화성은 정조와 실학자들의 꿈이 담긴 도시였단다.

화성은 세계인들도 인정하는 가치 있는 문화유산이야. 유네스코 세계 문화유산으로 등재되어 있거든. 세계인들은 화성의 뛰어난 건축 기술과 조형미, 왕궁과 백성의 삶의 터전, 그리고 성곽과 자연의 조화, 높은 과학 기술의 활용 등에 높은 점수를 주었어.

무엇보다 과거 전 세계 어떤 건축 과정에서도 볼 수 없었던 것이 있었지. 바로 화성의 건축 과정과 공사 내용이 완벽하게 기록된 『화성성역의궤』라는 기록물이야. 여기에는 공사 일정, 방법, 경비, 자재와 단가, 도구, 업무 담당자, 논의 내용, 동원된 기술자의 명단과 직종, 기술자들이 일한 장소와 날짜와 지불 임금 등 화성을 만드는 전 과정이 세세하게 적혀 있어. 일제 강점기와 6·25 전쟁으로 화성이 많이 파괴되었지만, 이 의궤가 남아 있어서 옛 모습과 똑같이 복원할 수 있었어. 이처럼 자세한 공사 보고서는 전 세계 어디에도 유례가 없는 인류 기록 문화의 꽃이라 할 수 있지.

굶주린 아이를 먹이고 천대받는 노비를 해방하라

정조의 백성을 위한 정책은 어른에 머물지 않았어. 옛날에 어린이들의 삶은 아주 좋지 않았어. 가난으로 살기 힘들어진 어른들은 고향을 떠날 때 자식을 버리기도 했단다. 또 병이나 가난으로 부모가 죽으면 의지할 데 없이 구걸하며 길바닥을 떠돌았지.

정조는 부모를 잃은 열 살 미만의 아이들을 고을의 수령이 거두어 먹여 주고 재워 주고 공부도 시키게 했지. 버려진 갓난아이는 유모를 찾아 젖을 먹이도록 했고 젖을 준 유모에게는 곡식을 주어 보상했어. 또 이러한 제도를 훈민정음으로 적어 백성들이 알 수 있도록 했어. 백성들이 제도를 몰라 혜택을 받지 못하는 일이 없도록 한 거야.

그리고 정조는 사회적으로 가장 고통 받는 사람이 누구인지 생각했어. 바로 노비였지. 정조는 인간을 귀한 존재와 천한 존재로 나누어서는 안 된다고 여겨 노비 제도는 없어져야 한다고 생각했어. 실제로 노비들은 물건 취급 받았고 대를 이어 노비로 비참한 삶을 살아야 했어. 정조는 우선 노비 제도부터 없애야겠다고 결심했지. 그래서 도망간 노비를 추적해 잡아들이는 노비 추쇄관 제도를 폐지했단다. 그리고 이어서 노비 제도 자체를 없애려 했어.

조선, 나라를 구할 마지막 기회를 놓치다

화성이 완성되고 정조와 개혁 세력이 꿈을 펼쳐 가던 1800년 6월 28일, 정조가 갑자기 죽음을 맞게 돼.

죽음의 원인은 분명치 않아. 반대파인 노론에게 암살되었다는 설, 약을 잘못 써서 의료 사고로 죽었다는 설, 일을 너무 많이 해서 과로로 죽었다는 설 등 의견이 분분하지.

정조의 죽음으로 모든 개혁 정책은 수포로 돌아가 버려. 개혁을 추진하던 사람들은 모두 노론에게 제거되고. 정약용은 유배를 당하고, 박제가 등 규장각 관리들도 쫓겨나지. 정조의 개혁을 뒷받침하고 외적으로부터 나라를 지키려고 만든 최고의 정예 부대 장용영도 해체돼. 노비제 폐지 계획도 관청의 공노비만 해방시키는 것으로 끝나고.

정조 당시 세계는 커다란 변화의 소용돌이 속에 있었어. 프랑스에서는 혁명으로 왕정이 폐지되고 공화정이 세워졌고, 일본은 개혁을 추진해 빠르게 발전해 갔지. 영국에서는 와트가 증기 기관을 개량해 산업혁명이 일어나 대량 생산 시대로 접어들었어. 과학적으로도 비약적인 발전을 이뤄 볼타는 전지를 발명하고 제너는 종두법을 개발해 천연두를 예방할 수 있게 되었지. 아메리카는 영국으로부터 독립해 미국이라는 나라를 만들었어. 미국에서는 증기선이라는 새로운 문물이 물 위를 떠다녔고.

정조의 개혁은 바로 이런 세계사의 흐름에 어느 정도 발맞춘 거라 볼 수 있단다. 하지만 정조가 죽자 모든 권력은 노론의 손으로 들어가고 말아. 노론은 왕실의 외척으로 자리잡고 온갖 방법으로 백성들을 착취해 자기 곳간을 불려 나가지.

역사에서 '만약에'란 말처럼 무의미한 건 없지만, 만약에 정조의 개혁이 성공했다면 조선은 어떻게 되었을까? 하지만 정조와 정약용의 말처럼 병들어 망하게 생긴 조선이 마지막으로 일어설 기회는 이미 사라졌어. 실제로 조선은 정조가 죽은 뒤 100년도 채 되지 않아 망국의 길로 들어서지.

정조가 죽은 이후에도 개혁을 위해 노력한 정약용

정약용은 정조와 함께 개혁을 이루기 위해 노력했어. 그러나 정조가 죽자 정약용을 시기한 사람들이 그를 전라도로 유배를 보냈고 그의 개혁 의지는 꺾이는 듯 싶었지. 하지만 유배지에서 백성들의 어려운 삶을 목격하게 된 정약용은 개혁의 필요성을 절실히 느꼈어. 그래서 끊임없이 학문을 연구했고 500권이 넘는 책을 썼단다.

정약용이 쓴 책 중에서 『경세유표』는 토지 제도를 바꾸고 인재를 고르게 활용해야 나라를 바로잡을 수 있다는 내용이 담겨 있어. 또 『목민심서』에는 지방의 관리가 지켜야 할 도리가 담겨 있지. 『목민심서』에서 정약용은 "수령이 백성을 위해 있는 것이지, 백성이 수령을 위해 있는 것은 아니다."라고 말했단다.

우리의 문화를 연구한 학자들

실학을 통해 중국이 아닌 조선의 입장에서 실용적인 학문을 생각하게 된 학자 가운데는 우리의 문화와 역사를 우리 눈으로 보려고 노력한 사람들이 있었어. 유희는 『언문지』를 써서 잘못된 한자음을 한글로 바르게 적으려 했고 한글의 우수성을 설명했지. 유득공은 『발해고』라는 책을 통해 발해가 중국의 나라가 아니라 고구려를 계승한 우리 민족의 나라임을 밝혔단다.

정약용의 형이자 실학자인 정약전은 유배지인 흑산도에서 『자산어보』라는 책을 썼어. 이 책에는 흑산도 주변 바다에 사는 다양한 생물들이 자세히 기록되어 있지.

김정호는 우리나라 지도인 대동여지도를 만들었어. 대동여지도에는 우리나라의 산이나 강, 길 등이 자세하게 표시되어 있을 뿐만 아니라 다양한 정보를 기호로 표시했는데, 얼마나 정확한지 오늘날의 지도와 비교해도 손색이 없을 정도야. 또 목판으로 만들어 지도를 여러 장 찍어 낼 수 있게 했고 휴대하기도 간편하단다.

1. 빈칸에 들어갈 알맞은 말을 쓰시오.

정조는 최고의 정예군 [㉠   ]을 만들어 개혁을 위한 군사적 힘을 확보하였다. 그리고 정약용을 책임자로 임명해 개혁의 거점이 될 성인 [㉡   ]을 건설하였다. 또 [㉢   ]을 설치하고 서얼을 등용하는 등 인재 양성에 힘썼다.

정약용은 도르래의 원리를 이용해 무거운 물체를 작은 힘으로 들어 올리는 [㉣   ]를 만들고, 유형거라는 수레를 만들어 무거운 자재를 운반하는 등 실학자로서 이 성 건설에 과학 원리를 적극적으로 이용하였다.

이 성은 유네스코 세계 문화유산으로 등재되었다. 세계인들은 이 성의 뛰어난 건축 기술과 조형미, 왕궁과 백성의 삶의 융화, 성곽과 자연의 조화, 그리고 높은 과학 기술의 활용 등에 높은 점수를 주었다.

정조는 특정 상인의 상권 독점을 인정하는 [㉤   ]을 폐지했다. 이를 통해 상공업을 발전시켜 백성과 나라를 부유하게 만들려 했다.

2. 수원 화성과 관련된 설명으로 옳지 <u>않은</u> 것은?

① 장용영을 통해 정조의 군사적 힘을 보여 주었다.
② 정조의 영을 받아 박지원이 설계했다.
③ 거중기 등 과학 원리를 이용한 도구를 사용했다.
④ 건설에 동원된 백성들에게 대가를 지불했다.
⑤ 유네스코 세계 문화유산으로 등재되었다.

4. 세도 정치와 농민 봉기

이 세도 정치의 대두

남인을 없애려 천주교 신자를 박해하다, 신유박해

정조가 갑작스럽게 죽자 순조가 11세의 어린 나이로 왕위에 올랐어. 그러자 영조의 계비이자 대왕대비인 정순왕후가 수렴청정을 시작했지. 정순왕후가 수렴청정을 한다는 것은 노론 벽파 세력이 정권을 잡았다는 걸 뜻해. 정순왕후는 정치를 시작하자마자 노론 벽파 위주로 관리를 등용하고 남인 세력을 제거할 계획을 세웠어. 정순왕후는 남인 세력 중에 천주교 신자가 많다는 점에 주목했단다. 그래서 천주교도를 모두 잡아들이라는 명령을 내렸지.

전국에 있는 수만 명의 천주교도가 잡혀 들어왔고 모두 죽임을 당하거나 유배를 당했어. 이 사건을 1801년 신유년에 일어났다고 해서 '신유박해'라고 불러. 이때 정조 시대에 활발히 활동하던 이가환, 이승훈, 정약종, 정약전 등의 인재들이 죽임을 당했어.

왕권의 몰락과 세도 정치의 시작

벽파 말고 시파 중에 김조순이라는 사람이 있었어. 김조순은 자신의 딸을 순조의 왕비 자리에 앉혔지. 그런데 김조순의 딸이 왕비가 되는 과정은 그리 순탄치 않았어. 왕비가 될 사람의 아버지가 벽파가 아닌 시파라는 이유로 수많은 사람이 반대했거든. 정순왕후도 처음에는 김조순의 딸이 왕비에 책봉되는 걸 반대했어. 그러자 김조순이 정순왕후에게 '나는 당파에는 전혀 관심이 없으니 저를 한 번 믿어 주십시오.' 하고 간청할 때까지 말이지. 결국 정순왕후는 김조순을 믿기로 했어. 이렇게 해서 김조순의 딸이 무사히 왕비 자리에 오른 거야.

1804년 정순왕후가 수렴청정을 거두자 기다렸다는 듯 김조순은 조정을 장악하기 시작했어.

김조순은 순조를 부추겨 벽파 세력을 몽땅 내쫓은 다음 관리들을 안동 김씨 위주로 등용한 거야. 이때부터 안동 김씨의 세도 정치가 시작되었어.

세도 정치란 안동 김씨 같은 왕의 외척이나 왕의 신임을 받은 신하 등 권세를 가진 세력이 권력을 독차지하는 것을 말해. 세도 정치는 순조에서 끝나지 않고 헌종, 철종 때까지 이어졌어.

홍경래의 난

안동 김씨의 세도 정치로 조정은 부정부패가 넘쳐나기 시작했어. 안동 김씨가 조정의 높은 관직을 모두 차지하고 있어서 정작 실력 있는 인재들은 발붙일 곳이 없어졌지. 또 안동 김씨는 나라 살림에는 전혀 관심이 없고 오로지 자기 가문이 부자로 잘 먹고 잘사는 것만 중요하게 생각했어. 가문의 부를 위해 돈을 받고 관직을 사고팔았을 정도였으니까. 그러니 돈 있는 사람들은 벼슬을 하려고 굳이 과거 시험을 볼 필요도 없었던 거야.

이렇듯 나라가 부정부패로 썩어 들어가자 전국에서는 탐관오리가 우후죽순처럼 생겨났어. 탐관오리는 가난한 백성의 재산을 알뜰히도 빼앗아 갔지. 이를 보다 못한 농민들은 전국 각지에서 봉기를 일으켰어. 그중 하나가 1811년에 일어난 홍경래의 난이야. 평안도 양반 출신인 홍경래는 세도 정치와 탐관오리의 부정부패를 더 이상 참지 못하고 "안동 김씨의 씨를 말리고 새로운 세상을 만들자"고 하면서 반란을 일으켰어. 그는 광산 노동자, 가난한 농민, 부랑자를 모아 부대를 만들고 봉기한 지 열흘 만에 청천강 이북 10개 지역을 장악했어. 하지만 그것도 잠시, 관군이 보낸 토벌대에 번번이 패하고 마지막 보루인 정주성마저 무너지고 말았지.

순조는 홍경래의 난과 백성의 봉기가 안동 김씨의 세도 정치 때문이라고 생각하고 한 가지 묘안을 짜냈어. 세자에게 왕권을 넘겨주고 세자빈의 아버지 조만영과 풍양 조씨를 통해 안동 김씨를 견제하도록 한 거야. 하지만 이 방법도 실패로 돌아가고 말았어. 풍양 조씨도 세도 정치를 했거든.

1834년 순조가 죽은 뒤 어린 세손이 왕위에 올랐는데, 그가 바로 헌종이야. 헌종은 왕위에 올랐을 때 나이가 너무 어렸어. 불과 여덟 살밖에 되지 않았지.

그래서 순조의 왕비이자 대왕대비인 순원왕후가 수렴청정을 했어. 1840년 순원왕후의 수렴청정이 끝나자 이번에는 헌종의 어머니인 신정왕후 조씨가 왕권을 휘두르기 시작했어. 이에 풍양 조씨가 세력을 얻어 세도 정치의 바톤을 이은 거야. 이제는 권력을 안동 김씨가 아닌 풍양 조씨가 거머쥐게 된 거지.

바다에 이양선이 출몰하다

나라 안에서 풍양 조씨와 안동 김씨가 엎치락뒤치락하며 권력을 다투고 있을 때 나라 바깥에서는 커다란 변화가 일어나고 있었어. 영국, 프랑스 등 서구 세력이 중국 땅을 노리고 있었고, 일본에는 바다를 통해 미국 군함이 들어와 국교를 맺자고 강요하고 있었어.

1848년에는 서양 배들이 조선에도 나타나기 시작했어. 경상도, 전라도, 황해도, 강원도, 함경도, 제주도 등에 이양선이 나타나 백성들은 알 수 없는 불안에 떨어야 했어. 이양선이란 '이상하게 생긴 배'라는 뜻으로, 조선 백성들이 서양의 배를 보고 느낀 대로 표현한 말이야.

하지만 조선 중앙에서는 이런 와중에도 두 세도 가문이 권력을 차지하기 위해 싸우고 있었어. 헌종은 두 세력 사이에서 중심을 잡지 못하고 이리저리 휩쓸려 다니다가 스물 셋의 젊은 나이에 요절하고 말았지.

세도 정치가 이어지면서 백성들의 삶은 피폐해졌어. 권력을 잡은 자들과 이들에게 줄을 대려는 자들은 각종 세금 제도를 이용해 백성의 피와 땀을 짜내 자신들의 곳간을 채웠지. 생산과 연관된 전정, 병역과 연관된 군정, 일종의 복지 제도인 환정까지, 거의 모든 세금 제도가 백성들을 궁지로 내몰았어. 이에 새로운 종교를 통해 백성들의 어려움을 극복하려는 사람들이 나타났단다.

헌종이 아들도 없이 일찍 죽자 왕위에 오를 사람이 없었어. 이때 안동 김씨인 김수근은 전계군의 셋째 아들인 이원범을 떠올렸어. 이원범은 영조의 하나밖에 남지 않은 혈손이었거든. 그런데 이원범은 낫 놓고 기역자도 모르는 무지렁이 농부였어.

김수근은 무지렁이 농부인 이원범을 허수아비처럼 왕위에 앉혀 놓아야 안동 김씨가 조정을 장악할 수 있다고 생각한 거야. 그래서 이원범을 돌아가신 순조의 양자로 삼아 왕위를 계승하게 했는데, 그가 바로 철종이지.

왕족인 이원범은 어쩌다가 무지렁이 농부가 됐을까. 이원범의 형이 역모 죄로 죽었고 가족들이 모두 강화도에 유배되어 살았어. 그런데 아버지마저 강화도에서 죽자 학문을 배울 기회조차 없이 살았으니 무지렁이 농부가 될 수밖에!

궁에서 온 행렬이 강화도에 들어왔을 때 이원범은 두려움에 떨었어. 형이나 아버지처럼 자기도 영락없이 죽을 거라고 생각한 거야. '왕위를 계승하기 위해 궁으로 들어오라'는 대왕대비 명령서를 들고 온 행렬인 줄은 꿈에도 몰랐던 거지.

철종을 강제로 왕위에 올려놓고 순원왕후가 수렴청정을 했어. 왕비도 철종의 의사를 묻지 않은 채 안동 김씨인 김문근의 딸을 철인왕후로 책봉해 버렸지. 철종은 순원왕후가 수렴청정을 그만둔 뒤에도 조정에 관한 모든 일을 안동 김씨 일파에게 결정하게 했어. 철종은 자신이 허수아비 왕으로 지내는 게 부끄러울 때도 있었겠지. 드디어 그런 날이 다가왔어.

삼정이 문란해져 백성들이 고통에 시달리다

철종이 왕이 된 뒤에 안동 김씨의 세도 정치는 날로 심해졌고, 안동 김씨 세력이 부정부패를 일삼아 백성들은 점점 더 살기 어려워졌어. 특히 삼정이 문란해져 백성들의 고통은 이루 헤아릴 수 없을 정도로 커졌지.

삼정이란 전정, 군정, 환정 세 가지의 세금을 합쳐서 부르는 말이야. 전정은 땅에 매기는 세금인 '전세'를 말하고, 군정은 군대에 들어가야 하는 사람이 군인이 되지 않는 대신 내는 옷감인 '군포'를 말해. 그리고 환정은 나라에서 백성들에게 봄에 식량을 빌려주었다가 가을에 추수한 뒤 곡식을 되돌려 받는 '환곡'을 말하지. 삼정이 문란해졌다는 말은 세금을 걷는다는 명목으로 백성을 착취하는 것을 가리켜.

이에 백성의 분노는 점점 높아졌고, 분노가 폭발해 급기야는 농민 봉기가 일어났어. 1862년 진주 민란을 시작으로 농민 봉기는 전라도, 경상도, 충청도, 함흥, 제주까지 빠른 속도로 퍼져 나갔단다.

철종은 백성이 민란을 일으키는 것을 보면서 생각했어. 백성이 민란을 일으키는 것은 굶기를 밥 먹듯 하기 때문이고 굶기를 밥 먹듯 하는 것은 삼정이 문란해졌기 때문이라고 말이야.

그래서 1862년 삼정 이정청을 설치했지. 삼정 이정청은 삼정이 문란해진 원인을 찾아내고 잘못을 고치기 위해 설치된 임시 관청이야. 삼정 이정청에서 열심히 일한 관리들 덕분에 여러 가지 개혁 내용이 나왔어. 그중 핵심은 삼정의 문란 중 가장 심각한 환곡에 대한 개혁이었어. 환곡을 없애야 한다는 진단이 나온 거야.

환곡을 갚지 못하면 고향에서 살지 못하고 도망쳐 떠돌아다니다가 도적이 되거나 죽기도 했으니까. 하지만 삼정 이정청이 내놓은 개혁안은 삼정의 문란을 바로잡기에는 역부족이었어. 삼정의 문란이 너무 심해 돌이키기 힘든 상태였고, 삼정 이정청은 임시로 세운 관청이었기 때문에 얼마 가지 않아 문을 닫고 말았지.

최제우가 동학을 창시하다

1860년 최제우는 서학과는 다른 새로운 종교와 학문이 필요하다고 생각해 동학을 창시했어. 동학이라는 종교 이름도 당시 나라 안에 퍼져 있던 서학과 맞서 겨뤄야 한다는 의미에서 지어진 거야. 서학은 서양의 학문, 동학은 동양의 학문 정도로 이해하면 되겠지?

동학은 유교, 불교, 도교, 민간 신앙 등 원래 있던 동양 종교들의 장점을 모두 흡수해 만들었어. 동학의 사상으로는 인내천과 후천개벽 사상이 대표적이야. 인내천이란 '사람이 곧 하늘이다'는 뜻이야. 곧 모든 사람이 하늘처럼 고귀하다는 평등사상이지. 후천개벽 사상은 지금의 세상이 끝나고 새로운 세상이 열릴 것이라는 예언 사상이야.

하지만 평등사상과 예언 사상은 당시 조선의 유교 사회에서는 받아들이기 힘든 사상이었어. 조정에서는 '동학은 세상을 어지럽히고 백성을 속이는 종교'라고 하면서 동학 금지령을 내렸지. 급기야 1864년 최제우를 잡아들여 처형했어.

그런데 최제우가 처형당한 뒤에도 동학은 사라지지 않았고, 잉크가 물에 번지듯 농민들 사이로 번져 나갔단다. 이후 1894년에는 동학 농민 운동으로 이어졌지.

최제우
민족 종교인 동학을 창시한 초대 교주야. 동학의 교리를 담은 『동경대전』과 『용담유사』를 지었어.

🎯**단원정리문제**

1. 빈칸에 들어갈 알맞은 말을 쓰시오.

조선을 개혁하려던 정조가 갑작스럽게 죽자 어린 순조가 즉위하였고 정순왕후가 수렴청정을 하였다. 이후 헌종, 철종 등 3대에 걸쳐 왕의 외척 등 소수의 가문이 권력을 독점하여 사적 이익을 위해 함부로 휘두르는 [㉠   ]가 펼쳐졌다. 이로 인해 관리들의 부정부패로 전정, 군정, 환정의 [㉡   ]이 문란해지고 백성들의 삶이 피폐해졌다. 참다못한 농민들은 전국 각지에서 봉기를 일으켰다.

1. 다음 내용의 비를 세운 왕에 대한 설명으로 옳은 것 2개를 고르시오.

두루 사귀고 치우치지 않는 것은 군자의 공평한 마음이고, 치우쳐서 두루 사귀지 않는 것은 소인의 사사로운 마음이다.

① 왕의 친위부대로 장용영을 설치했다.
② 속대전을 편찬했다.
③ 명과 후금 사이에서 중립 외교를 펼쳤다.
④ 북벌 정책을 추진했다.
⑤ 균역법을 시행하여 군역의 부담을 줄여 주었다.

2. 대동법과 관련된 설명으로 옳지 않은 것은?

① 공납의 폐단을 없애기 위해 시행되었다.
② 광해군 때 전국적으로 시행되었다.
③ 공물 대신 쌀, 화폐, 옷감으로 내게 했다.
④ 중앙에 필요한 물품을 공급하는 공인이 등장했다.
⑤ 상업이 발달하고 화폐 사용이 확대되었다.

3. 조선 후기 상황에 대한 설명으로 옳지 않은 것은?

① 중국 중심의 세계관이 널리 퍼졌다.
② 현실 문제를 탐구하는 실학이 대두하였다.
③ 세계 지도가 사람들의 생각을 바꾸었다.
④ 종교를 통해 평등 사상이 전파되었다.
⑤ 상업과 수공업이 발달했고 장시도 확대되었다.

4. 수원 화성을 건설한 왕에 대한 설명으로 옳지 <u>않은</u> 것은?

① 규장각을 설치하고 인재를 양성했다
② 노비와 어린이의 어려움을 해결하려 했다.
③ 친위 부대인 장용영을 설치했다.
④ 금난전권을 적극적으로 보장했다.
⑤ 『무예도보통지』라는 훈련 교범을 만들도록 했다.

5. 조선 후기 문화에 대한 설명으로 옳지 않은 것은?

① 서민들이 교육과 문화에 관심을 갖게 되었다.
② 글을 아는 사람들이 많아지고 한글 소설이 널리 보급되었다.
③ 풍속화와 민화가 유행했다.
④ 김홍도는 여성과 양반의 생활을 주로 그렸다.
⑤ 판소리와 탈춤이 유행했다.

6. 빈칸에 들어갈 알맞은 말을 쓰시오.

농업을 통해 나라를 바로잡으려는 실학자들은 다음과 같이 주장했다.
[㉠   ]은 선비, 농민, 상인 등 신분을 고려해 토지를 나누자고 했고, [㉡   ]은 생활을 유지하는 데 꼭 필요한 최소한의 땅을 농민들에게 나누어 주자고 했다. [㉢   ]은 마을별로 공동으로 농사를 지어 거둬들인 농산물을 일한 만큼 나누어 가지자고 했다.

國三年一月一日
議政院新年祝賀

7부
근대 국가 수립과 민족 운동

1. 국민 국가의 수립

이 조선의 개항

고종 대신 나라를 다스린 흥선 대원군

흥선 대원군은 고종의 아버지야. 서양의 여러 나라가 조선에 통상을 요구하고 나라가 혼란스러울 때, 열두 살의 어린 고종이 왕위에 올랐어. 고종의 아버지인 흥선 대원군은 어린 고종을 대신해 나라를 다스렸지.

겉으로는 조대비가 수렴청정하는 것으로 되어 있지만 실제 나라를 다스린 사람은 고종의 아버지인 흥선 대원군이었어. 이렇게 왕을 대신해 나라를 다스리는 것을 섭정이라고 하지.

당시 조선은 안동 김씨 집안이 권력을 잡고 자기들의 이익을 챙기기에 바빴어. 결국 무거운 세금과 관리들의 부정부패를 견디다 못한 백성들은 여기저기서 봉기를 일으켰지. 흥선 대원군은 이러한 문제를 해결하기 위해 왕권을 강화하고자 노력했어.

흥선 대원군은 먼저 부정부패를 막고 민생을 안정시키기 위한 개혁을 추진했지. 부패한 관리를 내쫓고 능력에 따라 인재를 고루 등용했어. 또 양반에게도 군포를 거두었지. 군포는 군사 훈련을 받지 않는 대신 내는 삼베나 무명과 같은 세금이었어. 세금을 내게 된 양반들은 이에 반대했지만, 세금이 줄어든 평민들은 좋아했단다. 백성에게 많은 피해를 주던 서원도 대폭 정리했어. 이러한 개혁 정책은 백성들에게 큰 호응을 얻었지.

흥선 대원군은 왕실의 권위를 세우기 위해 임진왜란 때 불탄 경복궁을 무리하게 다시 짓다가 백성의 원망을 들었어. 정조가 수원 화성을 지을 때 인부들에게 임금을 지불했다는 사실 기억하지? 하지만 흥선 대원군은 정반대로 경복궁을 재건할 때 돈이 모자라서 원납전이라는 기부금을 내게 했어. 이에 백성들의 원망을 샀다는 건 불 보듯 훤히 알 수 있지.

이 무렵 조선의 앞바다에 이양선들이 본격적으로 출몰하기 시작했어. 이양선은 조선의 배와는 모양이 다른 서양의 배를 말하지. 대부분 대포를 싣고 다녔어. 조선에 나타난 이양선은 때로는 무기로 위협하면서, 때로는 식량이나 물을 달라고 하면서 다가왔어. 처음에 조선 정부는 그들이 바라는 대로 식량이나 물을 주었지. 하지만 언제나 마지막 요구 사항은 조선의 문을 열고 통상 무역을 하자는 거였어.

처음에는 신기하게 쳐다보기만 하던 조선 사람들은, 이양선을 타고 있는 파란 눈동자의 서양인들이 대포와 총을 들고 무역을 요구하자 모두 도망갔어. 더 이상 조선 사람들에게 서양인은 호기심의 대상이 아니었지.

병인양요와 신미양요

흥선 대원군은 왕권을 강화하고 나라를 안정시키기 위해 다른 나라와 수교하는 것을 반대했어. 조선이 통상 요구를 거부하자 서양의 여러 나라는 군대를 앞세워 조선을 침략하지.

프랑스는 병인박해 때 조선이 프랑스인 선교사를 비롯한 천주교도를 처형한 사건을 구실로 강화도를 침략했어. 그게 바로 1866년에 일어난 병인양요야. 프랑스군은 정족산성에서 조선군에 패하자, 외규장각의 의궤 등 귀중한 도서와 물건을 약탈해 갔지.

병인양요가 일어나기 전, 미국 상선 제너럴셔먼호가 대동강을 거슬러 올라와 평양 부근에서 통상을 요구하는 일이 있었어. 처음에 평양 주민들은 식량과 물을 주며 친절하게 대했는데, 미국 선원들은 오히려 통상을 거부하는 조선 관리를 가두고 포를 쏘며 행패를 부렸지. 결국 화가 난 평양 사람들은 미국 상선을 불태워 침몰시켰어. 5년 후 이 사건을 구실로 미국은 군함을 보내 강화도를 침략했는데 이 사건을 신미양요라고 해.

1871년 신미양요가 벌어졌을 때 어재연이 이끄는 조선군은 미군에 맞서 끝까지 싸웠어. 조선군이 강력하게 저항하는 바람에 미군은 스스로 물러갔지.

두 차례나 서양의 침략을 물리친 흥선 대원군은 전국 각지에 척화비를 세워. 척화비는 서양 세력이 침입하면 맞서 싸우겠다는 다짐의 글을 새긴 비석이야. 서양과 더 이상 교류하지 않겠다는 뜻을 굳건히 했어.

흥선 대원군은 이 척화비를 전국에 세워 절대로 서양에 문을 열고 무역하지 않겠다는 강한 의지를 드러냈어. 흥선 대원군의 정책은 서양의 침략을 잠깐 동안 막아 낼 수 있었지. 하지만 조선은 변화하는 세계에 발맞추어 발전하는 시기를 놓치게 돼.

운요호 사건을 구실 삼아 강화도 조약을 맺다

서양에 문을 열면 안 된다고 주장하던 흥선 대원군이 물러났어. 그러면서 우리도 일본과 중국처럼 서양과 무역해야 한다고 주장하는 목소리가 점점 커졌지.

당시에 중국은 이미 영국과의 전쟁에서 패한 뒤 문을 열었어. 일본도 미국의 요구에 따라 문을 열어 무역을 하고 있었고. 조선에서 조금씩 변화가 나타나기 시작하던 바로 그때, 1875년 일본은 조선에 통상을 강요하기 위해 군함 운요호를 보냈지.

운요호는 강화도 초지진 주변 해안을 불법적으로 측량했어. 그래서 조선군은 일본군에게 돌아가도록 경고 포격을 했지. 이에 일본 군함은 마치 기다리기라도 한 듯 초지진에 대포를 쏘며 위협하고, 영종도를 기습 공격한 뒤 돌아갔어. 일본은 이 사건을 구실 삼아 조선을 무력으로 위협해 개항을 요구했단다.

결국 두 나라의 대표가 강화도에 모여 조약을 맺었어. 그런데 정말 기묘한 건 미국이 일본에 문을 열도록 요구했던 방법을 똑같이 흉내 내서 일본이 우리를 위협했다는 사실이야. 그렇게 조선은 1876년 강화도 조약을 맺고 개항을 했어.

일본은 운요호를 보내 강화도와 영종도에 대포를 쏜 일을 조선의 탓으로 돌렸어. 그리고 다시 강화도를 찾아와 운요호 사건을 구실로 조약을 맺도록 강요했지. 안에서는 양국 대표가 조약을 위한 회의를 열고 있었지만, 밖에서는 일본 군

강화도 조약
당시 강화도에서 조약을 맺기 위해 조선과 일본의 대신들이 회의하는 모습이야. 이때 밖에서는 일본 군인들이 대포로 조선을 위협했어.

인들이 대포로 위협했던 거야.

　강제로 조약이 맺어진 사실이 알려지자 여기저기서 반대의 목소리가 커졌어. 특히, 최익현은 궁궐 앞에서 도끼를 들고 엎드려 절대로 일본과 조약을 맺어서는 안 된다는 상소를 왕에게 올렸지. 서양과 일본은 똑같기 때문에 일본의 요구를 들어줘서는 안 된다는 게 반대의 이유였어. 자신의 이야기를 들어주지 않으려면 도끼로 자기 목을 치라면서 강하게 반대했어. 그러나 최익현의 뜻은 받아들여지지 않았어.

　강화도 조약은 조선이 외국과 맺은 최초의 근대적 조약이라는 데 의미가 있어. 물론, 조선에 불리한 불평등 조약이었지만 말이야.

　[강화도 조약의 주요 내용]

　제1조 조선은 자주국이며, 일본과 평등한 권리를 갖는다.
　제4조 조선은 부산 이외 두 곳에 항구를 개항하고 일본인이 와서 통상하는 것을

허가한다.

제7조 일본인이 조선의 해안을 자유롭게 측량하는 것을 허가한다.

제10조 조선의 항구에서 죄를 지은 일본인은 일본 관리가 심판한다.

조선은 이런 조약을 맺으면서도 일본의 의도를 정확히 파악하지 못했어. '조선이 자주국'이라는 말은 언뜻 보아 조선의 자주권을 옹호하는 말처럼 들리지만, 실은 청나라가 조선에 미치는 영향을 차단하여 일본 맘대로 조선을 주무르겠다는 뜻이야. 세 개의 항구를 열도록 요구한 것은 그들이 필요한 쌀과 콩 등을 헐값에 사서 실어 나르기 위한 것이었지. 일본이 조선의 해안을 측량하려는 것도 침략을 위해 필요한 정보를 수집하기 위해서였고. 조선에서 잘못을 저지른 일본인을 보호하기 위해 조선 법에 따라 재판하지 않도록 했어. 문제는 이것으로 끝이 아니었다는 거야. 이후 미국, 영국, 독일, 러시아, 프랑스 등 서양 국가들과도 조약을 맺으면서 모두 이러한 불평등한 내용을 약속해야만 했지.

일본과 청나라에 사절단과 유학생을 보내다

개항 이후 조선은 부강한 나라를 만들기 위해 근대 문물을 적극적으로 받아들였어. 조선은 수신사와 같은 사절단을 파견해 근대 문물을 받아들이려고 노력했어. 먼저 일본과 청나라에 사절단과 유학생을 보내 무기 제조 기술과 근대식 제도를 배우고자 했지.

하지만 근대 문물을 받아들이면서 여러 문제도 생겨났어. 소규모 수공업 중심으로 이루어지던 조선의 산업은 서양 문물이 들어오자 경쟁력을 잃게 되었지. 또 일본 상인들이 쌀을 일본으로 유출하면서 쌀값이 크게 올라 일부 지주와 부농, 상인은 큰 이익을 얻었지만, 대부분의 농민과 도시 빈민은 생활이 더욱 어려워졌던 거지.

별기군
특별한 기술을 배우는 군대라는 뜻의 신식 군인으로, 일본인 교관에게 훈련을 받았어. 구식 군대보다 좋은 대우를 받았는데, 이에 불만을 품은 구식 군대가 임오군란을 일으켰지.

신식 군대와 차별하지 말라, 임오군란

조선은 개화 정책을 추진하면서 신식 군대인 별기군을 양성했어. 별기군이란 특별히 서양식 군사 교육을 받는 군대라는 뜻이야. 하지만 군대가 서양식으로 바뀌는 것에 반대하는 사람들이 있었어. 구식 군대의 군인들이었지. 구식 군대는 선혜청에서 쌀로 월급을 받았어.

최익현 같은 양반들도 새로운 무기나 기술까지도 필요 없다고 생각했어. 또 어떤 사람들은 서양의 무기나 기술을 받아들이되 서양의 종교나 정신만 배우지 않으면 된다고 생각했어. 한편 서양의 학문을 공부한 젊은 관리들은 하루빨리 머리부터 발끝까지 모두 서양식으로 바꾸어야 한다고 주장했지.

신식 군대를 훈련시키려면 돈이 많이 들었어. 정부는 새로운 무기 공장, 신문을 찍는 인쇄소 등을 운영하기 위해 세금을 많이 거둬들였어. 결국 백성들의 생활만 어려워졌지. 그러다가 구식 군인들을 몹시 화나게 하는 사건이 발생해.

별기군은 좋은 대우를 받았지만 구식 군인은 월급으로 받던 쌀을 1년 넘게 받지 못했어. 그러던 중 선혜청에서 구식 군인에게 겨와 모래가 섞인 쌀을 월급으로 지급하자 분노한 구식 군인이 봉기를 일으켰어. 바로 1882년에 일어난 임오군란이야.

구식 군인들은 생활이 어려워진 도시 빈민과 함께 관청을 습격해 무기를 빼앗았어. 그런 다음 일본 공사관과 관리를 공격하고 궁궐까지 쳐들어갔지. 이때 청의 군대가 개입하면서 임오군란은 막을 내렸어. 안타깝게도 이를 계기로 청은 조선의 정치에 간섭하기 시작했지.

청나라 군대가 개입한 건 임오군란을 수습하기 위해 민비가 청나라에 군대를 요청했기 때문이야.

단 3일 만에 끝난 갑신정변

갑신정변은 근대 자주 국가 수립을 목표로 급진 개화파가 일으킨 쿠데타야. 갑신년에 일어난 정변이라고 해서 갑신정변이라 부르는 거고.

임오군란 이후 청의 간섭이 심해지자 조선의 빠른 근대화를 바라던 사람들은 좀처럼 뜻을 펼칠 수 없었어. 하루빨리 개혁해야 한다고 주장한 대표적인 사람이 김옥균이야. 그는 우리나라도 일본처럼 개혁하면 빠른 시간 안에 서양처럼 발전하는 나라가 될 수 있다고 생각했지.

그러던 중 서양의 학문을 공부한 젊은이들과 함께 급진 개화파는 일본의 힘을 빌려 우정총국 개국 축하 잔치에서 갑신정변을 일으켰어. 이들은 반대 세력을 제거하고 권력을 잡았지. 일본이 도와줄 것이라고 믿은 이들은 중요한 관직을 차지하고 청을 따르는 무리를 몰아낸 후 새로운 조선을 만들고자 했어. 청에 대한 조공 폐지, 신분 제도 폐지 등과 같은 정책을 발표했지만 너무 성급하게 개혁을 추진했지. 그러다가 청군의 반격을 받게 되고, 일본이 도와주겠다는 약속을 저버리고 철수하면서 정변은 3일 만에 실패로 끝나 버렸어. 그래서 이 사건을 '3일 천하'라고 불러. 갑신정변의 실패로 청의 간섭은 더욱 심해졌지. 임오군란 때처럼 민비가 또다시 청나라에 군대를 요청했기 때문이야.

고종은 개화파가 작성한 개혁안을 시행하겠노라고 발표했어. 그런데 바로 그 중요한 순간에 청나라 군대가 들이닥친 거야.

02 근대적 개혁의 추진

동학 농민 운동

농민들은 강화도 조약 이후 일본인에게 헐값에 쌀을 팔아야 했어. 물가는 계속 오르고 지방 관리의 횡포가 계속되었어. 내야 할 세금은 계속 늘어나 생활이 너무도 어려워졌지.

이런 상황에서 '사람이 곧 하늘이다', '모든 사람은 평등하다'고 주장하는 동학을 믿는 사람들이 점점 늘어났지. 최제우가 '세상을 어지럽힌 죄'로 처형당한 이후에도 동학은 이 고을 저 고을 농촌을 중심으로 퍼져 나갔어.

수가 늘어난 동학교도들은 조선 정부에 동학을 믿는 것을 허락해 줄 것을 요청했어. 그리고 부패 관리들을 내쫓고 서양 오랑캐와 일본을 물리칠 것을 주장했지.

동학교도들이 안팎으로 싸운 구체적인 과정은 이래. 조선의 대표적 곡창 지대인 전라도 지방에서는 농민 수탈이 더욱 심했어. 이에 전봉준을 비롯한 농민들은 탐관오리의 수탈과 폭정을 없애고 백성을 구하기 위해 봉기했지. 바로 1894년에 일어난 동학 농민 운동이야. 동학의 지도자인 전봉준은 백성을 괴롭혀 제 주머니만 채우는 부패한 관리들을 벌 주려 했어. 서양 오랑캐도 내쫓아 새로운 세상을 만들자고 주장했지. 동학도가 아닌 농민들까지 전봉준 등 동학 지도자들을 따르기 시작했고, 이들 농민군은 결국 정부에서 보낸 군대와도 싸워 이겼어.

이때 청은 조선 조정의 요청으로 군대를 보냈고, 일본도 조선에서 청의 영향력이 커지는 것을 막기 위해 군대를 보냈어. 그러자 동학 농민군은 외세의 개입을 막기 위해 조정과 화약을 맺고 해산했지. 동학 농민군 해산 이후 조선 조정은 청과 일본에 군대를 철수할 것을 요구했지. 하지만 일본은 이를 거부하고 청을 공

동학 농민군의 백산 봉기
동학 농민군은 전라도 고부 백산에서 보국안민과 제폭구민을 외치며 봉기했어. 보국안민은 나랏일을 돕고 백성을 편안하게 한다는 뜻이고, 제폭구민은 포악한 것을 물리치고 백성을 구원한다는 뜻이야.

격해 조선 땅에서 청·일 전쟁을 벌였어.

전쟁에서 승리한 일본이 조선의 정치에 간섭했어. 그러자 동학 농민군은 일본을 몰아내기 위해 다시 봉기했지. 동학 농민군은 일본군과 치열한 전투를 벌였지만 결국 패하고 말았어.

농민군은 농기구나 창과 같은 빈약한 무기로 싸웠지만 일본군은 신식 무기를 갖추고 있었거든.

전봉준은 다리가 부러진 채 붙잡혀 서울로 끌려갔어. 녹두처럼 몸이 작아 '녹두 장군'이라고 불렸지. 전봉준이 붙잡혔다는 소식을 듣고 백성들은 슬퍼하며 노래를 부르기 시작했어.

"새야 새야 파랑새야, 녹두꽃에 앉지 마라, 녹두꽃이 떨어지면, 청포 장수 울고 간다."

근대 국가로 나아가기 위한 갑오개혁

갑오개혁은 1894년 갑오년에 근대 국가로 나아가기 위해 추진한 개혁을 말해. 갑오개혁을 추진하는 가장 중요한 기구였던 군국기무처는 자발적으로 한 게 아니라 일본 군대의 협박으로 설치했지. 아무튼 군국기무처를 설치한 조선 조정은 나라의 낡은 제도를 바꾸고 근대 국가로 나아가기 위해 정치, 경제, 사회 등 각 분야에서 개혁을 추진했단다.

이 개혁을 통해 조선은 근대 국가로 나아가는 데 걸림돌이었던 신분 제도와 과거 제도를 폐지했고, 조세 제도를 개혁해 관리들이 횡포를 부리지 못하게 했어.

또 내가 잘못했다고 해서 부모님이나 형제를 벌주는 일도 못하게 했어. 너무 어린 나이에 결혼하는 것도 금지했고. 남편과 사별한 여자도 다시 결혼할 수 있게 되었어. 갑오개혁은 비록 성공하지는 못했지만 김옥균과 같은 개화파와 동학 농민군의 노력이 있었기 때문에 개혁을 시작할 수 있었던 거야.

을미사변

1895년 일본 공사 미우라 고로는 경복궁에 침입해 명성황후를 시해하는 만행을 저질렀어. 바로 을미사변이야. 청·일 전쟁에서 승리한 일본의 영향력이 커지자 조선 조정은 러시아의 힘을 빌려 이를 막으려고 했어. 일본은 조선에서 불리해진 정세를 되돌리려고 경복궁에 침입해 을미사변을 저질렀던 거지.

을미사변 이후 일본에 대한 반감이 높아지는 가운데 단발령까지 실시되자 전국적으로 항일 의병이 일어났어. 고종은 일본의 위협을 피해 러시아 공사관으로 거처를 옮겼지.

독립 협회, 독립신문 창간

조선은 청과 일본으로부터 간섭받지 않고 발전하려면 서양 문물을 받아들여야

독립신문
서재필이 정부 지원을 받아 창간한 최초의 민간 신문이야. 순 한글판과 영문판으로 발간했지.

한다고 생각했어. 그래서 서양처럼 조선의 제도를 바꾸는 개혁은 계속되었지.

이러한 가운데 서재필은 나라의 지원으로 독립신문을 창간했어. 무엇보다도 급한 것은 백성을 깨우치는 일이라고 생각한 거야. 독립신문은 조선이 자주독립 국가임을 널리 알리고 개혁의 필요성을 주장했어. 그리고 나라 안팎의 소식을 한글로 실어 사람들이 나랏일을 쉽게 알도록 했고, 관리들 잘못을 비판하기도 했지.

그 후 정부 관리들을 중심으로 일반 백성들이 참여한 독립 협회라는 단체가 만들어졌어. 독립 협회는 백성의 성금을 모아 자주독립을 상징하는 독립문을 세웠지.

독립문은 중국의 사신들을 맞이하던 영은문을 헐고 그 자리 근처에 세웠어. 고종부터 일반 백성들까지 성금을 모으는 데 모두 스스로 참여했단다. 독립문 옆의 독립관에서는 여러 가지 주제를 가지고 강연회를 열었어. 독립문의 앞뒤에는 각각 한글과 한자로 '독립문'이라고 새겼는데 글씨 양옆에는 태극기를 새겼지.

독립 협회의 토론회와 강연회는 수백 명의 사람들이 몰려들 정도로 인기가 많았어. 주제는 그때그때 달랐지. '새로운 교육이 필요하다', '미신을 없애야 한다', '백성들의 대표를 뽑아 의회를 만들어야 한다', '백성들의 권리를 높여야 한다' 등 매우 다양한 주제를 다루었어.

그때까지 대부분의 사람들은 왕의 명령을 하늘의 뜻이라고 생각할 정도로 우물 안 개구리였지. 하지만 한글로 된 신문을 읽으면서 세상이 달라졌다는 것을 깨닫기 시작했어. 그러면서 스스로의 권리를 찾아야 한다는 생각도 갖게 되었단다.

만민 공동회

독립 협회가 한 일이 또 있어. 누구나 참여할 수 있는 만민 공동회를 열어 러시아의 내정 간섭과 열강의 이권 침탈을 비판하고 나라의 정치를 바로잡으려고 했

만민 공동회
독립 협회가 주최해 서울 종로 네거리에서 열린 민중 대회야. 신분이나 성별 상관없이 누구나 자신의 의견을 말할 수 있는 집회였는데, 이 그림은 백정 출신 박성춘이 연단에 올라가 연설하는 모습이야.

어. 종로 보신각 건너편에서 열린 만민 공동회에 많은 백성들이 모여 한 목소리를 내자 정부에서도 귀 기울여 듣기 시작했단다.

러시아가 부산 앞 바다의 섬을 빌려 달라고 했을 때도 독립 협회는 만민 공동회를 열어 반대했어. 그러자 고종은 러시아의 요구를 거절했고, 러시아는 군사 훈련을 위해 파견했던 장교를 철수시켰지. 모두 힘을 모아 러시아의 간섭을 막아내고 경제적 권리를 지킬 수 있었던 거야.

만민 공동회에서는 시장에서 장사하던 상인이 사회를 보기도 하고, 소나 돼지를 잡던 백정 출신이 연설을 하기도 했어. 그것도 정부 관리들이 앉아 있는 자리에서 말이지. 양반, 상놈 구분이 없어졌다더니 정말 세상이 많이 바뀌었지.

아관 파천

고종은 왕비가 죽임을 당한 후 하루도 경복궁에서 두 다리 뻗고 편하게 잠을 잘 수 없었을 거야. 음식을 먹을 때도 누군가 독을 탔을지 모른다는 두려움에 떨었을 테고. 고종은 궁궐에 갇힌 채 지내다가 러시아 공사관으로 옮겨 갔지(아관 파천).

고종은 러시아 공사관에서 생활하면서 친일적인 관리들을 쫓아냈어. 그렇게 일본의 간섭에서 벗어나려고 애를 썼지.

대한 제국의 황제가 러시아 공사관에 머문다는 이유로 일본과 러시아는 팽팽하게 맞서게 되었어. 고종이 궁궐을 비운 동안 열강들은 앞다투어 우리나라의 이권을 침탈했어. 예를 들면 러시아는 여기저기서 필요한 나무를 베어 가고, 석탄과 금은 등을 캐 갔던 거야.

이러한 상황에서 독립 협회를 중심으로 우리 백성의 자주독립 의식은 높아졌어. 그러는 가운데 백성들은 고종이 궁궐로 돌아올 것을 요구했지.

대한 제국 수립

결국 고종은 러시아 공사관에서 경운궁(지금의 덕수궁)으로 돌아왔어. 고종은 이곳 환구단에서 황제 즉위식을 올리고, 나라 이름을 대한 제국으로 바꾸었지.

'제국'은 황제가 다스리는 나라를 말해. 고종은 왕이 아닌 황제가 되었어. 고종 황제는 1897년 대한 제국 수립을 선포해 우리나라가 근대적인 자주독립 국가임을 세계 만방에 알렸지. 백성들은 집집마다 태극기를 걸고 대한 제국의 탄생을 환영했어. 새로운 변화를 기대한 거야.

대한 제국은 새로운 국가의 모습을 갖추기 위해 여러 개혁 정책을 실시했어. 먼저 대한 제국은 황제가 다스리는 나라임을 강조했지. 그래서 법도 만들고, 군대도 지휘하고, 나라를 다스리는 권한도 모두 황제에게 있다는 것을 널리 알렸단다. 그리고 옛날과는 다르게 토지의 면적을 자로 재고, 누구의 땅인지 문서로 만들어 주었어.

갑자기 땅문서를 만든 이유는, 세금을 정확하게 거둘 수 있기 때문이야. 산업과 기술을 발전시키는 데도 힘을 기울여 전기 시설과 교통 시설을 확충했어. 공장과 회사도 설립하고, 근대식 학교를 세워 인재도 양성했고.

근대 문물 수용

근대 문물이 들어와 일상생활에 많은 변화가 생겼어. 전신과 전화가 설치되어 소식을 빠르게 주고받을 수 있게 되었지. 전화는 궁궐에 처음 놓였어. 전화 교환수가 전화를 연결해 주었고, 왕과 통화할 때는 누구나 전화기 앞에서 절을 하고 무릎을 꿇고 받았지.

경복궁에는 처음으로 전기가 들어와 전등이 설치되었어. 전등과 가로등이 설치되면서 밤 시간을 이용하는 사람이 늘어났지. 전기로 많은 것을 할 수 있었어. 서울에는 처음으로 서대문에서 청량리까지 전차가 다녔고. 걸어 다녔을 먼 거리를 많은 사람이 빨리 이동할 수 있었으니 신기했겠지? 전차는 거리의 풍경도 크게 바꾸어 놓았단다. 전차를 운행하기 위해 도로를 정비하고 전봇대를 세웠지.

처음으로 철도도 놓았는데 구간은 서울부터 인천까지였어. 서울 '경(京)'과 인천의 '인(仁)'을 떼서 '경인선'이라고 부르지. 경인선은 일본과 미국이 함께 건설했어. 서울에서 부산까지 경부선도 일본이 설치했어. 일본이 철도를 놓은 이유는 조선에서 수탈한 쌀이나 원자재, 그리고 전쟁 물자를 실어 나르기 위해서였단다.

서양식 건축물과 근대식 학교

석조전은 유럽의 궁정을 본떠서 만들었어. 석조전은 대한 제국이 영국인에게 설계를 의뢰해 만든 건물이야. 대한제국이 근대 사회로 들어섰음을 보이려 서양식으로 지었는데 영국인에게 궁정 설계를 맡길 정도로 의미가 남달랐지. 그러나 대한제국이 멸망한 뒤에 완공되었어.

석조전 말고도 도시에는 서양식 건축물이 세워지기 시작했어. 이러한 건축물은 나무와 돌뿐만 아니라 벽돌, 시멘트, 유리 등으로 지어져서 오늘날의 건물과 거의 비슷한 모습이었지. 서양식 건축물로는 대표적으로 명동 성당이 있고 서양식 병원인 광혜원(나중에 제중원)도 세워졌어.

교육의 중요성이 강조되면서 소학교, 중학교, 기술 학교, 외국어 학교 등 다양한 관립 학교가 세워졌어. 또 전국 각지에서 독립운동가와 독립운동 단체, 선교사들이 사립 학교를 세워서 근대식 교육을 추진했어. 학교 이외에 신문사와 서양식 무기 공장, 서양식 병원 등도 세워졌고.

단발령과 을미의병

옛날 사람들은 머리카락도 부모에게 물려받은 것이라 생각해 자르지 않고 계속 길렀어. 남자들은 성인이 되면 머리카락을 끌어 올려 상투를 틀었는데, 을미사변 이후 상투를 자르라는 단발령이 실시되었지. 그래서 먼저 고종과 세자가 손수 머리를 자르고, 백성들의 머리도 자르도록 명령했어. 하지만 '머리카락은 부모님이 주신 것이라 함부로 할 수 없다'며 백성들은 강하게 반발했어.

단발령과 을미사변이 원인이 되어 대규모 의병 운동이 전개되었는데 이를 을미의병이라고 해. 초기에는 양반 유생들이 의병을 주도했는데, 을사늑약이 체결된 이후에는 신돌석 같은 평민 의병장이 등장하며 신분에 관계 없이 수많은 사람들이 의병 운동에 참여하게 되었지. 을사늑약 이후 일어난 의병을 을사의병이라고 해.

단원정리문제

1. 빈 칸에 들어갈 말을 쓰시오.

(1) 1866년, 프랑스가 조선이 프랑스인 선교사를 처형한 사건을 구실로 강화도를 침략한 사건을 [   ]라 한다.
(2) 행패를 부리는 미국 상선 제너럴셔먼호를 불태워 침몰시킨 것을 구실로 미국 군함이 강화도를 침략한 사건을 [   ]라 한다.
(3) 흥선 대원군은 전국 각지에 서양 세력이 침입하면 맞서 싸우겠다는 다짐의 글을 새긴 [   ]를 세웠다.
(4) [   ] 조약은, 통상을 강요하는 일본 군함 운요호에 조선군이 대포를 쏘아 경고한 사건을 구실 삼아 조선을 무력으로 위협해 맺은 조약이다. 이 조약은 조선이 외국과 맺은 최초의 근대적 조약이라는 데 의미가 있다.
(5) 신식 군대와의 차별에 분노한 구식 군인이 봉기를 일으킨 사건을 [   ]이라 한다.

2 일제의 국권 침탈과 민족 운동

01 을사늑약

고종 황제는 서양 여러 나라와의 외교 활동을 통해 대한 제국의 자주권을 지키려고 노력했어. 한편 대한 제국에 대한 러시아의 영향력이 강해지자 일본은 전쟁을 준비했지.

대한 제국은 전쟁 직전 일본과 러시아 사이에서 중립을 선언했지만, 일본은 이를 무시하고 대한 제국을 차지하기 위해 1904년에 러시아와 전쟁을 벌였어. 이것을 러·일 전쟁이라고 불러.

일본은 전쟁이 시작되자, 조선과 강제로 조약을 맺고 우리 영토에 전쟁에 필요한 철도를 건설했어. 또 많은 시설을 군사적으로 이용하고 물자를 운반하는 데 한국인을 동원했지.

그리고 일본은 러·일 전쟁 중에 독도를 자신들의 영토로 강제 편입시켰어. 이는 우리 영토에 대한 침략 행위이며, 국제법상 명백한 불법 행위였지.

예상을 뒤집고 러·일 전쟁에서 승리한 일제는 이미 전쟁 중에 영국과 미국으로부터 대한 제국에 대한 지배권을 인정받았지. 전쟁에서 이긴 뒤에는 러시아로부터도 지배권을 인정받게 된 거야. 일본은 우리나라에 대한 독점적 지배권을 사실상 확보하고 본격적으로 침략하기 시작했어. 고종 황제의 거부에도 불구하고 대한 제국의 외교권을 빼앗는 을사늑약을 강제로 체결했어. 이때부터 대한 제국은 다른 나라와 조약을 맺을 때 일본의 동의를 얻어야만 했어. 또 일제는 한성에 통감부를 설치하고 외교는 물론이고 각 분야에서 내정을 장악하기 시작했지.

고종은 끝까지 조약에 도장 찍는 것을 거부했지만, 다섯 명의 대신들이 서명을 했어. 이들을 '을사오적'이라고 불러.

을사늑약 반대 운동

러·일 전쟁을 풍자한 그림
러시아와 일본이 한반도에서 싸우고 다른 서양 열강들은 구경만 하고 있는 당시 세계정세를 묘사하고 있어.

1905년 을사늑약이 체결되었다는 소식이 알려지자 전국에서 반대 운동이 일어났어. 강제로 체결된 불법적인 을사늑약에 여러 가지 방법으로 저항한 거야.

사람들은 을사늑약의 무효를 주장했어. 장지연은 신문에 「시일야방성대곡(이날을 목 놓아 크게 우노라)」이라는 글을 실어서 을사늑약의 부당함을 널리 알렸어. 민영환은 을사늑약에 반대하며 스스로 목숨을 끊었지. '살려고 하는 자는 죽을 것이요, 죽으려고 하는 자는 살 것이다'라며 일본에 저항할 것을 유서로 남겼어. 나철과 오기호 등은 우리 민족의 원수라고 생각한 을사오적을 암살하기 위한 단체를 조직했어.

한성에서 장사하던 상인들은 가게 문을 닫아 반대하는 의사를 표시했지. 학생들은 학교에 가지 않는 것으로 저항의 뜻을 전하기도 했어.

또 전국에서 의병이 일어나 일본군과 전투를 벌였단다.

헤이그에 특사 파견

고종 황제는 만국 평화 회의가 열리는 네덜란드 헤이그에 비밀리에 특사를 파견해 을사늑약이 무효임을 국제 사회에 알리려고 했어. 일본이 대한 제국을 침략했다는 사실도 함께 말이야. 하지만 일제의 방해로 실패해. 네덜란드 헤이그에 도착한 특사들은 일본이 한국은 외교권이 없다고 강하게 반발하는 바람에 회의장에도 들어갈 수 없었던 거야.

결국 회의장 밖에서 '조선을 위해 호소한다'는 연설을 통해 외국 기자들에게 일본의 침략을 어느 정도는 알릴 수 있었지.

일제는 이를 구실로 고종 황제를 자리에서 물러나도록 협박했어. 여기에 더해 친일파들까지 고종을 압박했어. 결국 고종은 강제로 황제 자리에서 물러나게 되었지.

고종이 물러나자 그의 아들 순종이 황제 자리에 올랐어. 일본은 순종을 위협해 강제로 새로운 조약을 맺도록 했지. 그리고 이 조약을 바탕으로 대한 제국의 군대까지 해산시켰단다.

해산을 명령받은 군인들은 무기를 들고 의병에 참여했어. 일반 백성들과 함께 나라를 지키겠다는 강한 의지를 나타낸 거야. 군인들이 참여하면서 의병 운동은 점점 더 활발해졌어.

02 국권 수호 운동

전국 각지에서 일어난 항일 의병 운동

고종 황제가 강제로 물러나고 대한 제국의 군대가 해산되자 의병 운동은 더욱 활발해졌어. 특히 해산된 군인들의 참여로 의병 부대는 좀 더 조직적으로 활동했고, 신식 무기와 새로운 전술을 사용해 전투력이 향상되었어. 이때부터 항일 의병 운동은 의병 전쟁으로 발전했지.

을미사변과 단발령으로 시작된 항일 의병 운동이 을사늑약 체결 이후 다시 전국 각지에서 일어났어. 충청도에서는 민종식이, 전라도에서는 최익현이 의병을 일으켰어. 하지만 최익현은 정부의 군대를 맞아 스스로 무기를 버리고 잡혀갔어. 왜군이 아닌 우리의 군대와는 싸울 수 없다고 생각한 거야. 결국 최익현은 대마도(쓰시마섬)에 끌려가 죽음을 맞이했어.

그리고 태백산맥 일대에서는 신돌석이 이끄는 의병이 일본군과 맞서 싸웠어. 신돌석은 강원도와 경상도를 넘나들며 활약했어. 산을 넘을 때 껑충껑충 뛰어다

의병의 모습

나라가 더 이상 일제에 저항할 힘이 없자 의병이 전국 곳곳에서 일어났어. 농부부터 유생, 상인은 물론이고 어린 소년도 나라를 지키기 위해 무기를 들었지.

니는 호랑이처럼 용맹스러워 별명이 '태백산 호랑이'였다고 해.

의병장의 대부분은 양반 출신이었지만 신돌석은 평민 출신이었어. 물론 의병에는 평민이 대다수였지. 그래서 평민 출신 의병 대장 신돌석의 활약은 더 눈부셨어. 귀신같이 나타났다가 사라지는 전투 기술은 일본군도 벌벌 떨게 만들었다고 해. 한때 신돌석이 이끄는 의병 부대는 수천 명에 이르기도 했어. 신돌석은 일반 백성뿐만 아니라 양반들로부터도 큰 호응을 얻었지.

의병 전쟁이 전국으로 확산되자, 각 지역에서 활동하던 의병들은 연합 부대를 만들었어. 연합 부대는 일제를 몰아내기 위해 대한 제국의 수도인 한성을 향해 진격 작전을 벌였으나 실패했지. 이후에도 의병들은 소규모 부대로 나뉘어 전투를 벌였어.

하지만 일제의 대대적인 탄압으로 국내에서 활동하기 어려워진 의병은 만주나 연해주로 이동해 항일 투쟁을 이어 갔단다.

민족의 실력을 길러 나라를 지키자! 애국 계몽 운동

항일 의병 운동이 전개되는 동안 다른 한편에서는 민족의 실력을 길러 나라를 지키려는 애국 계몽 운동이 전개되었어. 민족 지도자들은 학교를 세워 인재를 키웠고, 신문과 잡지를 발간해 사람들을 계몽했어. 또 산업을 발전시켜 나라를 부강하게 만들고자 했지.

한편, 일본은 대한 제국에 근대 시설을 갖추게 한다는 구실로 일본의 돈을 빌리게 했어. 그러다 보니 우리가 원하지 않아도 나라의 빚은 눈덩이처럼 불어났어. 이러다가는 빚을 못 갚아 나라를 빼앗기겠다는 생각이 들자 너도나도 나서서 성금을 모았어. 1907년에는 일제에 진 빚을 우리 스스로 갚아 경제적으로 자립하자는 '국채 보상 운동'이 일어났지.

'국채'는 나라의 빚을 말하는 거야. 여자들은 금이나 은으로 만든 반지와 비녀를 빼서 성금으로 냈어. 비단 치마를 내는 사람도 있었어. 아무것도 가진 게 없는 여자들은 머리를 잘라서 성금으로 내기도 했지. 남자들은 술, 담배를 끊고 그 돈으로 성금을 냈어. 이 운동은 점차 전국으로 확산되었지만 일제의 방해와 탄압으로 중단되었어.

나라를 지키기 위한 또 다른 방법은 우리 역사를 연구하는 거야. 역사는 우리 민족의 정신이기 때문이지.

신채호는 백성들에게 애국심을 심어 주기 위해 위인들 이야기를 책으로 썼어. 고구려 때 수나라 침입으로부터 나라를 지켰던 을지문덕 이야기를 담은 『을지문덕전』이 있어. 또, 일본의 침입을 물리쳤던 이순신 이야기를 쓴 『이순신전』도 있지. 그때는 일본의 침략으로부터 나라를 구할 을지문덕이나 이순신과 같은 영웅이 필요했던 거야.

독립운동가 신채호는 항상 서서 세수를 했다고 해. 신채호는 일본이 지배하는 땅에서는 고개를 숙이기 싫다고 했어. 이런 행동에서 그의 곧은 정신을 짐작할 수 있지.

일제에 통치권을 빼앗기고 식민지가 되다

일제의 탄압이 심해지자 안창호, 양기탁 등은 비밀 단체인 신민회를 조직했어. 신민회는 나라의 힘을 키우기 위한 방법으로 교육 강화와 산업 발달을 주장했어.

그래서 오산 학교와 대성 학교 등을 세웠고, 민족 기업을 육성했지. 장기적인 무장 독립 투쟁을 위해 만주에 독립 운동 기지를 건설하고 독립군을 기르기도 했고.

나라를 지키려는 의병과 민족 지도자들의 노력에도 불구하고 대한 제국은 일제에 사법권과 경찰권마저 빼앗겼어.

일제의 침략 활동에 참여한 사람들을 처단하려는 활동도 꾸준하게 전개되었어. 미국에서는 전명운과 장인환이 일제의 침략을 지지한 스티븐스를 저격했고, 안중근은 우리나라 침략에 앞장섰던 이토 히로부미를 저격했지. 또 이재명은 을사오적을 처단하려는 목적으로 이완용을 공격해 부상을 입혔단다.

하지만 끈질긴 저항에도 불구하고 1910년, 위협적이고 불법적이며 국제법적으로도 무효인 한·일 병합 조약 체결로 일제에 강제로 나라를 빼앗겼어.

일본은 한·일 병합 조약을 체결할 때 친일파를 이용했어. 친일파들이 대한 제국을 다스려 달라고 일본에 간청하는 글을 쓰게 만들었던 거야. 결국 일본은 대한 제국의 주권까지 완전히 빼앗았지.

대한 제국이 일본의 식민지가 된다는 것은 받아들이기 힘든 고통이었어. 슬픔을 참을 수 없어 목숨을 끊는 사람도 있었단다. 안타깝게도 그 고통은 이후 35년간 계속되었지.

"천국에서 독립의 소식이 들려오면 춤을 추겠다!"

이토 히로부미는 을사늑약을 체결하고 초대 통감이 되어 우리나라를 일제의 식민지로 만드는 데 앞장섰던 인물이야.

1909년 10월 26일, 이토 히로부미는 러시아와 회담을 하려고 하얼빈 역에 도착했어. 기차에서 내린 이토 히로부미가 러시아군 의장대 앞을 지나가고 있었지. 그때 안중근이 사람들을 밀치고 나와 이토 히로부미를 향해 탕! 탕! 탕! 하고 총을 쏘았어. 이토 히로부미가 쓰러지는 것을 본 안중근은 품에서 태극기를 꺼내 '코레야 우라(대한 독립 만세)!'라고 소리 높여 외쳤지.

체포된 안중근은 투옥되고 재판을 받았어. 안중근은 법정에 모인 사람들에게

이토 히로부미를 저격하는 안중근
안중근은 중국 하얼빈 역에서 초대 통감인 이토 히로부미를 저격하고 태극기를 흔들며 "코레야 우라(대한 독립 만세)"를 외쳤어.

당당하게 말했단다.

"조선의 독립을 회복하고 동양의 평화를 지키려면 먼저 민족 최대의 적이요 만고의 역적인 이토 히로부미를 없애야 한다는 확신을 품었다. 조국의 독립을 위해 목숨을 버릴 각오로 의병을 모아 일본군과 싸웠고, 이번 의거는 대한국 의군의 참모 중장 자격으로 적장 이토 히로부미를 살해한 것이지 결코 개인 자격으로 행한 행위는 아니다. 적과 싸우다가 포로가 된 나를 형사 피고인으로 취급하는 것은 부당한 행위이다."

안중근은 1910년 2월 14일에 사형 선고를 받았고, 3월 26일 뤼순 감옥에서 순국했어.

안중근은 사형을 선고받고 유언을 남겼는데, 사랑하는 두 동생에게 나라가 독립할 때까지 장례를 치르지 말라고 부탁하는 내용이었어. 그리고 천국에서 독립의 소식이 들려오면 춤을 추겠다고 했어. 이렇게 안중근은 목숨이 다할 때까지 나라의 독립만 생각했지.

일제를 피해 해외로 떠난 사람들

일본의 침략이 심해지자 견디다 못한 사람들은 압록강과 두만강을 건너 북쪽으로 옮겨 갔어. 경제적으로 살기 어려워진 사람들이 만주에서 터를 잡고 땅을 일구려고 떠난 거야. 하지만 그곳 생활도 만만치는 않았어.

독립운동을 위해 떠난 사람들도 있었어. 이회영과 그 형제들은 독립운동 자금을 마련하고자 조상 대대로 물려받은 엄청난 땅과 재산을 모두 팔고 떠났지. 만주에서 살던 이회영과 그 가족들은 영하 20도 이하의 추운 날씨와 굶주림으로 고통당했어.

어떤 사람들은 이회영과 그 가족들에게 많은 재산을 다 써 버렸다며 손가락질했어. 하지만 그 재산 덕분에 독립군을 양성하는 무관 학교를 세울 수 있었단다.

일본에 건너간 사람들 중에는 처음에 유학생이 많았단다. 나중에는 노동자들도 많이 건너갔지. 그러나 어느 곳보다 일본에서는 한인들이 살기 어려웠어.

한편, 미국으로 건너간 사람들은 주로 사탕수수 농장에서 힘들게 일해야 했어. 때로는 농장 주인에게 채찍으로 맞기도 했지. 그곳에 살던 한인들은 이렇게 힘들게 번 돈을 모아 독립운동에 써 달라며 보내기도 했어. 몸은 비록 멀리 있지만 독립을 바라는 마음은 똑같았던 거야.

03 일제의 식민 통치

조선 총독부 설치

일본의 식민 통치가 시작되면서 대한 제국은 사라졌어. 일본은 우리나라를 '조선'이라고 불렀지. 대한 제국의 주권을 빼앗은 일제는 조선을 다스리기 위해 식민 통치의 최고 기구인 조선 총독부를 설치했어. 총독부의 우두머리는 총독이라 했고.

국권 피탈 이후 일장기가 걸린 경복궁 근정전
1910년 일제에게 국권을 상실한 이후, 우리나라의 중심부인 경복궁 근정전에 일장기가 걸리게 되었어.

일본은 한국인의 반발을 막기 위해 공포 분위기를 만들어야 했어. 그래서 군대의 경찰인 헌병을 이용했지. 헌병 경찰은 재판도 없이 사람들을 가두거나 처벌할 수 있었어. 이처럼 헌병 경찰제를 실시해 강압적인 통치를 실시했어.

일제는 조선 총독부의 중요한 자리에 대부분 일본인을 임명했고, 일부 친일파들을 앞잡이로 내세워 식민 지배에 이용했어.

헌병 경찰은 많은 독립운동가를 체포했고, 한국인의 일상생활까지도 철저히 감시했어. 또 우리 민족에게 위압감을 주기 위해 일반 관리와 교사에게도 제복을 입고 칼을 차게 했어.

뿐만 아니라 사람들이 단체를 만들거나 모이는 것도 금지했어. 총과 칼을 앞세운 일본의 통치는 무자비했고, 한국인의 생활은 많은 제한을 받았지. 견디다 못한 사람들과 독립운동 지도자들은 만주로 떠나기도 했어.

헌병 경찰에 체포된 독립운동가들은 고문을 받다 죽기도 했어. 살아남아도 감옥에 갇혀 질병과 중노동, 배고픔에 시달렸지. 일제는 조선 태형령이라는 법을

칼을 차고 있는 교사들
일제 강점기에는 학교 교사들도 헌병 경찰처럼 제복을 입고 칼을 차고 있었어. 교실에서 선생님이 칼을 차고 있었으니 어린 학생들은 얼마나 무서웠을까?

만들어 한국인에게는 재판 없이 태형을 가할 수 있도록 했어.

조선 태형령 실시

일본의 식민 통치 시기에는 사람들이 죄를 저질렀을 때 벌금을 내게 하거나 감옥에 가두었어. 그런데 특히 한국인이 잘못했을 때는 일본이 처벌할 수 있는 방법이 하나 더 있었는데, 바로 태형을 실시한 거야.

태형은 몽둥이로 사람을 때리는 형벌이었어. 최대 100대까지 집행된 태형은 매우 고통스러웠다고 해. 당시 사람들은 태형에 관해 이렇게 말했어.

"태형 제도에 의해 일본 순사는 그들이 원한다면 재판을 거치지 않고도 한국인을 때릴 수 있었다. 그들은 해마다 수만 명에게 태형을 가했으며, 그것이 얼마나 가혹했던지 남는 것이라고는 줄지어 늘어선 불구자와 시신뿐이었다."

토지 조사 사업과 산미 증식 계획

1910년대에 일제는 전국적으로 토지 조사 사업을 실시했어. 토지 주인은 자신의 토지를 정해진 기간 안에 직접 일제에 신고해야 했어. 이 과정에서 일제는 신고하지 않은 토지나 국가의 토지, 주인이 불명확한 토지를 조선 총독부 소유의 국유지로 편입시킨 뒤 일본인에게 싼값으로 팔아 버렸지.

토지 조사 사업 이후에는 많은 농민이 비싼 토지 사용료를 내고 농사를 지어야만 했어. 비싸진 토지 사용료와 늘어난 세금 때문에 농민의 생활은 더욱 어려워졌고, 건물주가 월세를 올리면 힘들듯이 토지 사용료를 올리면 농민의 생활은 당연히 어려웠겠지.

1920년대에는 산미 증식 계획을 실시해 한국에서 쌀의 생산량을 늘렸어. 쌀의 생산량이 늘어났지만, 늘어난 생산량보다 일본으로 가져가는 양이 더 많아 국내에는 쌀이 부족하게 되었어. 이 때문에 농민의 생활은 더욱 힘들어졌어.

도시로 일자리를 구하러 간 사람들도 가난한 생활을 했어. 일본인이 경영하는 회사에서 쥐꼬리만한 임금을 받으면서 하루 열두 시간이 넘게 힘든 일을 했거든. 일자리를 구하기 힘든 사람은 날품을 팔거나 구걸하며 먹고살았고, 주로 도시 주변 토막집에서 살았어.

토막집은 땅을 파고 가마니 등을 엮어 만든 움막집을 말해. 그야말로 비참한 생활을 한 거야.

04 3·1운동과 대한민국 임시정부

민족 자결주의와 3·1 운동

일제의 강압적 통치가 계속되던 때 서양의 여러 나라는 편을 나누어 전쟁을 벌였어. 그게 바로 1914~1918년에 일어난 제1차 세계 대전이야. 전쟁이 끝난 뒤에 미국의 윌슨 대통령은 전쟁에서 패한 나라의 식민지 국가들이 독립하는 데 근거가 되는 민족 자결주의를 주장했어.

민족 자결주의란 '모든 민족은 스스로 자신들의 운명을 결정할 권리가 있다'는 주장이야. 민족 자결주의는 우리 민족에게 독립에 대한 희망을 심어 주었지. 일본에서는 한국인 유학생들이 독립 선언식을 했고, 국내에서는 고종 황제 독살설이 퍼져 일제에 대한 반감이 커지는 상황에서 민족 지도자들이 전국적인 만세 시위를 벌이기로 했어. 일본의 감시를 피해 독립 선언서를 인쇄하며 만세 운동을 준비했지.

드디어 1919년 3월 1일, 각 종교계의 지도자들로 구성된 민족 대표들은 서울

대한 독립 만세를 외치는 학생과 시민
탑골 공원에 모인 학생과 시민은 독립 선언서를 낭독하고 거리로 나가 태극기를 흔들며 대한 독립 만세를 외쳤어.

의 태화관에서 독립 선언식을 진행했어. 민족 대표들은 선언식을 가진 후 자발적으로 경찰서로 갔어.

같은 시각, 수천 명의 학생과 시민은 탑골 공원에 모여 따로 독립 선언식을 하고 가슴 속에 품었던 태극기를 흔들며 만세 시위를 벌였어.

이렇게 시작된 만세 시위는 전국으로 번졌지. 큰 도시에서 작은 도시로, 그리고 농촌으로 만세의 물결이 퍼져 나갔단다.

10여 년 동안 일본의 식민 통치로 고통당하던 사람들은 농민, 노동자 할 것 없이 대한 독립 만세를 외치며 독립을 간절히 소망했단다.

하지만 일제는 경찰과 군인을 동원해 만세 시위를 폭력적으로 진압했어. 시위 군중에게 총을 쏘고 마구 체포하고…….

화성 제암리에서도 대한 독립 만세를 큰소리로 외쳤어. 그러던 중 4월 15일, 일본군은 만세 시위가 일어났던 제암리에 도착했어. 그러고는 마을 주민들을 제암리에 있는 교회에 모이게 했지.

일본 군인들이 마을 사람들을 교회에 몰아넣은 뒤 밖에서 문을 잠갔어. 그리고 총을 쏘아 죽인 뒤 불을 지르는 만행을 저질렀어.

이뿐이 아니었어. 제암리 주민들의 집에도 불을 질렀지. 이렇게 제암리에서 희생된 사람들이 30여 명이었다고 해. 다행히 이 광경을 외국인 선교사 등이 지켜봤어. 그들은 일본의 잔인함을 세계에 알려야겠다고 생각했어. 마침내 외국 언론에 보도되면서 일본의 무자비한 탄압이 세상에 알려지게 되었던 거야.

일제의 탄압에도 불구하고 만세 시위는 전국적으로 일어났고, 만주, 연해주, 미국 등 해외에서도 동참했어.

제암리에는 이후 희생자들을 추모하기 위해 기념 비석이 세워졌어.

유관순, 서대문 형무소에서도 대한 독립 만세를 외치다

이화 학당에 다니던 유관순은 3·1 운동이 일어나자 만세 시위에 참여했어. 그때 유관순은 겨우 열일곱 살의 청소년이었지. 학생들의 시위가 확대되자 일제는 전국에 휴교령을 내렸어. 유관순은 고향인 충청남도 천안으로 내려가 마을 사람들에게 서울에서 만세 시위가 벌어지고 있음을 알리고 함께할 것을 권했어.

4월 1일, 아우내 장터에 수천 명의 사람들이 모이자 유관순은 태극기를 나누어 주고 '대한 독립 만세!'를 외치며 만세 시위를 주도했어. 일제 헌병 경찰은 평화적으로 시위하는 사람들에게 총을 쏘았고, 많은 사람이 그 자리에서 희생되었어. 아우내 장터에서 유관순의 부모님은 모두 일본 헌병의 총칼에 죽임을 당했고 유관순도 헌병 경찰에 체포되었지.

유관순은 법정에서도 일제의 침략을 규탄하다가 서대문 감옥으로 이송되었어.

유관순은 감옥에 갇혀 있는 동안에도 큰소리로 '대한 독립 만세!'를 외쳤고 그때마다 모진 고문을 당했어. 이 감옥에서 끝까지 저항하다가 열여덟 살의 어린 나이로 순국했지.

단원정리문제

1. 다음에서 설명하는 사건을 〈보기〉에서 골라 쓰시오.

〈보기〉
동학 농민 운동, 을미사변, 갑오개혁, 을사늑약 체결

(1) 부패한 관리들을 내쫓고 서양 오랑캐와 일본을 물리치기 위해 농민들이 봉기했다.
(2) 근대 국가로 나아가는 데 걸림돌이었던 신분 제도와 과거 제도를 폐지했다.
(3) 일본은 조선에서 불리해진 정세를 되돌리려고 경복궁에 침입해 명성황후를 시해하는 만행을 저질렀다.
(4) 한국의 외교권이 강탈되고 통감부가 설치되었다.

2. 다음 인물과 그가 벌인 활동을 바르게 연결하시오.

(1) 서재필	㉠ 동학 농민 운동 주도
(2) 신돌석	㉡ 이토 히로부미 사살
(3) 안중근	㉢ 을사 의병 주도
(4) 전봉준	㉣ 갑신정변 주도
(5) 김옥균	㉤ 독립신문 창간

3. 일어난 순서대로 바르게 나열하시오.

㉠ 안중근 이토 히로부미 사살
㉡ 을사늑약 체결
㉢ 고종 강제 퇴위
㉣ 헤이그 특사 파견
㉤ 러일 전쟁 발발

4. 3 · 1 운동을 촉발한 요인으로 거리가 먼 것은?

① 일제의 무단 통치
② 윌슨의 민족자결주의 발표
③ 고종 독살설 확산
④ 토지 조사 사업 등을 통한 경제적 수탈
⑤ 명성황후 시해

3. 3·1 운동으로 세워진 대한민국 임시 정부

이 3·1 운동 이후의 민족 운동

우리나라의 주권을 강제로 빼앗은 일제는 우리나라 사람들을 총칼로 억누르며 우리나라 사람들이 애써 생산한 물자를 빼앗아 갔어. 자유도 없고 오직 복종만을 강요당하던 우리 민족은 독립을 위해 사회 각계각층의 사람들이 들고일어나 일제에 맞섰지. 바로 3·1 운동이야.

3·1 운동을 통해 우리 민족의 독립 운동에 대한 열망을 재확인한 독립운동 세력들은 무기를 들고 본격적으로 일제에 맞서기 시작했어. 이것을 항일 무장 투쟁이라고 해.

3·1 운동은 또한 노동자와 농민 들이 일제에 맞서는 계기가 되었어. 조선 시대에 이어 일제에 지배당하면서 노예처럼 사는 것을 운명으로 여겼던 노동자와 농민은 3·1 운동에 참여하면서 자신들을 억압하던 대상에 맞설 수 있다는 생각을 갖게 되었어. 또한 자신들이 사회와 역사의 들러리가 아니라 주인이 될 수도 있다고 인식하게 되었지. 농민들은 농지에서, 노동자들은 공장에서 자신들의 권리를 지키기 위해 지주·자본가와 맞서 싸웠어. 그러면서 자연스럽게 그들을 비호하는 일제와 맞섰지.

3·1 운동은 독립운동가들의 항일 무장 투쟁, 노동자와 농민의 생산 현장에서 투쟁을 이끌어 낸 거야. 그리고 이 둘과 함께 3·1 운동을 통해 일어난 중요한 사건이 있었어. 바로 대한민국이란 이름을 건 정부가 생긴 거지. 최초의 대한민국 정부 이야기는 다음 장에서 해 줄게.

3·1 운동이 미친 영향

3·1 운동이라는 거대한 파도가 한반도를 크게 덮치자 여러 군데서 변화가 일어났어. 먼저 일제의 통치 방식에 변화가 생겼지. 전에는 총칼로 억누르는 식으로 지배했는데 그것만으로는 우리 민족을 완전히 제압할 수 없다는 한계를 느낀 거야. 그래서 힘으로 무조건 조이던 올가미를 조금은 느슨하게 풀어 주는 쪽으로 통치 방식을 바꿨어. 일제의 바뀐 통치 방식을 이른바 '문화 통치'라고 해. 아무튼 3·1 운동을 통해 일제는 우리 민족의 저력을 실감했어. 3·1 운동은 강도 일제의 간담을 서늘하게 만들 정도로 대단한 운동이었지.

항일 무장 투쟁의 위대한 서막이 오르다

1910년대 만주나 연해주로 가서 독립군 부대를 조직해 힘을 키우던 독립운동 세력은 3·1 운동을 통해 조선 민중의 독립에 대한 의지와 열망이 얼마나 강렬한지 다시 한 번 확인했어. 이제 조선 민중의 독립 의지에 부응할 때가 된 거야. 그래서 그동안 벼리어 둔 총과 칼을 들고 일제의 심장을 겨누는 항일 무장 투쟁이 본격적으로 벌어져. 독립군은 두만강과 압록강을 건너서 한반도로 들어와 일본의 경찰서와 군대를 공격했지.

조선 민중의 독립에 대한 의지와 기대를 등에 업은 독립군의 기세는 대단했지. 일제는 동에 번쩍 서에 번쩍 하는 독립군의 공격에 크게 당황했어. 독립군에게 당하는 것도 문제지만 독립군의 활약에 고무된 조선 민중이 제2, 제3의 3·1 운동을 벌일지도 모른다는 위기감이 더 큰 문제였지. 그래서 일제는 대규모 부대를 동원해 독립군을 토벌하러 나섰어.

당시 일본군은 아시아 최강의 군대를 보유하고 있었어. 그에 비해 독립군은 머릿수도 적고 무기 성능도 좋지 않았지. 게다가 식량도 풍부하지 않아 체력적으로도 어려움이 많았어. 그러나 독립에 대한 열망과 강한 정신력이 있었단다.

여기서 잠깐! 당시 만주 등에는 어떤 독립군 부대가 있었는지 알아볼까? 만주와 연해주에는 여러 독립운동 단체가 있었고 그들의 지원으로 독립군 부대가 조직되어 있었어. 국내에서도 독립군 부대가 평안도와 황해도에서 일본군에 타격을 입히고 있었지. 하지만 일본의 반격이 거세지자 국내에 있던 독립군은 만주로 옮겨가서 그 지역의 독립군에 합류하게 돼. 그렇게 해서 조직이 정리된 부대로는 만주 서간도 지역에 서로 군정서가 있었고, 북간도 지역에는 북로 군정서와 대한 독립군이 있었어.

홍범도

홍범도가 이끄는 독립군은 봉오동 전투에서 일본군에 맞서 큰 승리를 거뒀어.

독립군을 토벌하려는 일본군과 독립군의 첫 번째 격전지는 봉오동이었지. 이 봉오동 전투에서 일본군과 맞선 독립군 부대는 홍범도의 대한 독립군을 중심으로 여러 독립군이 연합한 부대였어. 이들은 두만강을 넘어 공격하는 일본군 1개 중대를 삼둔자에서 격파했어. 그러자 일본군은 1개 대대를 동원해 다시 공격해 왔지. 독립군 연합 부대는 봉오동에서 일본군을 다시 격파해 큰 승리를 거뒀어. 당시 독립군에게 사살된 일본군은 157명이나 돼. 독립군 전사자는 4명이었는데 말이야.

약이 바짝 오른 일제가 가만히 있지 않았어. 1만여 명이나 되는 최정예 일본군이 무서운 기세로 독립군을 향해 몰려왔어. 이에 김좌진이 이끄는 북로 군정서와 홍범도의 대한 독립군 등이 연합해 일본군과 전투를 시작하지. 독립군은 소규모로 게릴라전을 펼치면서 일본군을 공격했어.

산에 독립군이 있다는 거짓 정보를 흘려 숲이 우거지고 계곡이 깊은 청산리 산악 지대로 일본군을 유인해. 일본군은 바로 산으로 오르지. 이때 자욱하게 안개가 끼기 시작했어. 안개가 잘 끼는 지역으로 일본군을 유인한 거야.

당황한 일본군을 향해 독립군의 총알이 날아들었어. 일본군은 안개 속에서 독립군이 어디 있는지도 모른 채 아무 데나 총을 쏘아 댔어. 반면 지형의 특징을 잘 알고 준비한 독립군의 총알은 일본군의 몸통으로 정확히 날아갔지.

중국 만주 지린성 청산리에서 6일 동안 10여 차례의 전투 끝에 일본군은 크게 패해 물러났지. 이때 죽거나 다친 일본군의 수는 1,200명에 달해. 독립군 사상자 60여 명에 비하면 엄청난 숫자였단다.

수적으로나 무기의 질로 보아 크게 열세였던 독립군이 뛰어난 전술과 정신력으로, 신식 무기로 무장한 일본 육군 1만여 명을 격퇴한 이 전투가 바로 청산리 대첩이야.

통쾌한 승리가 있었는가 하면 안타까운 일도 있었어. 두 전투에서 독립군에게 크게 패한 일본군은 분풀이로 조선인 마을을 불사르고 민간인들을 마구 죽였지.

나라를 되찾기 위한 일제와의 싸움은 끝없는 고통과 슬픔을 견디며 이어가야 하는 기나긴 가시밭길이었어. 일제의 탄압으로 독립군의 항일 무장 투쟁은 큰 어려움을 겪었지만, 그럼에도 전열을 정비하고 다음 싸움을 준비하지. 항일 무장 투쟁의 본격적인 시작이 3·1 운동이었다는 걸 기억하면서 3·1 운동이 영향을 미친 또 다른 독립운동를 알아보도록 하자.

농민과 노동자의 반일 운동

항일 무장 투쟁 다음으로 3·1 운동이 영향을 미친 것은 농민과 노동자의 의식 변화야. 3·1 운동은 처음에는 학생들 중심으로 일어났다가 나중에는 농민과 노동자로 번져 가면서 투쟁의 힘이 극대화되었어.

사실 농민과 노동자는 만세 운동에 참여하면서 자신이 미천한 존재라는 패배 의식에서 벗어나 역사의 주인공으로 당당히 설 수 있다는 사실을 깨달았어. 신분에 귀천이 있다는 의식에서 모든 사람은 평등하다는 의식으로 극적으로 변화된 거야.

이제 농민과 노동자는 피땀 어린 노동으로 일궈 낸 결과물을 무력하게 지주나 자본가에게 빼앗기고만 있지 않아야 한다는 걸 깨달았어. 농민과 노동자가 지주와 자본가의 착취에 맞서 벌이는 싸움을 쟁의라고 해. 농민이 벌인 싸움은 소작 쟁의였고, 노동자가 벌인 쟁의는 노동 쟁의였어. 지주들은 생산량의 70퍼센트에 가까운 살인적인 소작료를 농민들에게서 착취했어. 이에 농민들은 소작인회나 농민 조합 등을 만들어 단체로 소작료 납부를 거부하기도 했고 아예 곡식 추수를 거부하기도 했지.

대표적인 소작 쟁의로 1923년 암태도 소작 쟁의가 있어. 당시 암태도 지주는

7부 | 근대 국가 수립과 민족 운동   3·1 운동으로 세워진 대한민국임시정부

원산 노동자 총파업
1929년 함경도 원산에서는 노동자들이 자본가와 총독부에 맞서 80여 일간 총파업에 들어갔어.

소작료를 80퍼센트 가까이 올려서 거두려고 했지. 분노한 농민들은 소작료가 정당하게 조정되지 않으면 차라리 굶어 죽겠다며 단식 투쟁을 벌였어. 그러자 지주를 통해 쌀을 수탈해 온 일제가 나서서 농민들을 탄압하지. 그러나 암태도 농민들은 목숨을 걸고 일제에 맞섰어. 결국 농민들은 소작료를 40퍼센트로 내리는 데 합의함으로써 지주와 일제에 맞서 승리를 거두게 돼. 암태도뿐만 아니라 전국 곳곳에서 지주와 일제의 수탈에 저항하는 소작 쟁의가 1920년대 내내 이어졌고, 1930년대에는 일제에 대한 독립 투쟁으로 발전하게 되지.

　일본인이 대부분인 공장의 자본가들은 일본 경찰을 등에 업고 조선인 노동자들을 쥐꼬리만한 임금으로 부려 먹었어. 쉬는 시간도 거의 주지 않고 아주 오랜 시간 일을 시켰지. 공장 환경도 엉망이어서 노동자들은 각종 질병에 시달렸고 크게 다치는 경우도 많았어. 이에 노동자들은 노동조합을 만들어 정당한 임금 지급과 노동 시간 단축, 노동 환경 개선을 요구했어. 그러나 이윤 획득이 목적인 자본가들이 요구를 들어줄 리 없었지. 게다가 나라도 없는 식민지 조선인 노동자들이 죽든 살든 상관도 하지 않았고.

마침내 노동자들은 파업을 벌이게 된단다. 여러 파업 가운데 1929년 함경도 원산에서는 도시 전체가 파업에 들어가 80여 일 동안 자본가와 총독부에 맞섰어. 일본 경찰은 총검을 들고 돌아다니며 노동자들을 잡아들였지. 결국 파업은 실패로 끝났지만 노동 쟁의는 이제 생활 현장에서 벌이는 반일 투쟁으로 확대되었어.

그리고 무엇보다 의미 있는 건, 3·1 운동이 일어난 해인 1919년 우리나라 이름을 대한민국으로 정했다는 거야.

의열단

독립군이 만주에서 우리나라를 넘나들며 일본군과 싸웠다면, 우리나라 내부에서 일제를 공격한 사람들이 있어. 바로 의열단이야.

의열단은 3·1운동이 일어난 해인 1919년 11월 중국 만주 지린성에서 김원봉이 조직했어. 의열단은 조선의 독립과 세계의 평등을 위해 목숨을 바치기로 결의하고 조선인을 억압하고 수탈하는 총독부와 일본 경찰, 회사, 기관을 공격했지.

의열단원 김상옥은 애국지사들을 붙잡아 모질게 고문한 종로 경찰서에 폭탄을 던졌어. 그리고 김익상은 조선 총독부에 폭탄을 던졌지. 나석주는 조선인을 착취하고 수탈하기 위해 만든 식산 은행과 동양 척식 주식회사에 폭탄을 던졌어.

동에 번쩍 서에 번쩍 하는 의열단의 활동으로 일제는 두려움에 떨었단다.

02 대한민국 임시 정부

우리 민족 최초의 민주 정부, 대한민국 임시 정부

3·1 운동이 미친 영향은 첫째, 본격적인 항일 무장 투쟁이 시작되었다는 것,

둘째, 농민과 노동자의 의식이 깨어나 노동 쟁의와 소작 쟁의를 통해 반일 운동을 하게 되었다는 것이야.

그리고 세 번째로 3·1 운동이 우리 역사에 미친 영향은 바로 대한민국 임시 정부를 세우게 된 거야. 임시 정부가 나라 이름을 대한민국으로 정함으로써 대한민국이 시작된 거지.

3·1 운동을 하면서 독립운동가들은 독립운동을 이끌 중심이 필요하다고 절실히 느꼈어. 그래서 여러 임시 정부가 국내외에 생겼고 곧 민족의 힘을 하나로 모으기 위해 하나의 임시 정부로 합쳐졌지. 이것이 바로 중국 상하이에 세워진 대한민국 임시 정부야. 임시 정부는 국호를 대한민국으로 정했어.

그리고 대한민국 임시 헌장, 즉 헌법을 반포했어. 대한민국 헌법 제1조에서는 '대한민국은 민주 공화제로 한다'고 밝히며 이제 우리나라는 예전처럼 왕이 지배하던 체제가 아니라 국민이 주인이 되어 나라를 다스리는 국가임을 분명히 했지. 또 제3조에서는 '대한민국의 인민은 남녀의 귀천 및 빈부의 계급이 없고 일체 평등하다'고 하며 불평등했던 지난 시대를 청산하고 평등한 세상을 만들겠다는 의지를 밝혔어.

임시 헌장은 일제의 식민 지배를 받던 100년 전에 만들어진 것이지만 1948년 제헌 의회에서 만들어진 헌법이나 현재의 헌법도 임시헌장에 기반을 두고 있어. 즉, 현재 대한민국은 임시 정부에서 비롯되었다는 거지.

임시 정부, 삼권 분립을 실시하다

삼권분립이란 국가가 국민으로부터 부여받은 권력으로 나라를 운영할 때, 권력이 한쪽에 집중되는 것을 막기 위해 세 곳으로 나눈 걸 뜻해. 입법부는 국회를, 사법부는 법원을, 행정부는 정부를 말하지. 이 세 기관이 서로를 견제하면서 어느 한 기관이 권력을 함부로 사용해 국민의 자유와 권리를 침해하는 일이 없도록 하는 거야. 삼권 분립은 민주주의 국가를 유지하는 가장 중요한 장치 가운데 하나지.

임시 정부도 지금과 같은 체제를 갖췄어.

대한민국 임시 정부 설립 국무원 기념사진
국무원은 오늘날의 행정부와 같은 일을 하는 정치 기구야. 사진 속 인물들은 앞줄 왼쪽부터 신익희, 안창호, 현순이고, 뒷줄 왼쪽부터 김철, 윤현진, 최창식, 이춘숙인데, 국무원에서 일하던 사람들이지. 사진 위쪽에 한자로 '대한민국 임시 정부 국무원 대한민국 원년 10월 11일' 이라고 쓰여 있구나. 원년은 무언가가 시작된 해이니 대한민국 임시 정부가 세워진 1919년에 찍은 사진임을 알 수 있어.

　이렇듯 임시 정부는 우리 민족이 독립하면 어떻게 나라를 이끌어 가야 할지 철저히 검토해 임시 헌법을 만들었어. 임시라는 말 때문에 운동회 때 하루 쓸 요량으로 세우는 임시 천막 같은 데 사용하는 단어가 아닌가 오해할 수도 있는데 절대 아니었던 거지. 간절한 독립 의지로 태어난 임시 정부인 만큼 민족의 미래에 대한 치열한 고민과 치밀한 계획이 바탕이 되었어.

　임시 정부는 옛날에 있었던 과거의 독립운동 조직이 아니야. 오늘날까지 대한민국을 지탱하는 힘이지. 나중에 배우겠지만 나라가 어지러워지고 민주주의가 무너질 때마다 3·1 운동 정신이 되살아나 위기에 빠진 대한민국을 구해 왔어. 그것은 임시 정부가 어려움 속에서도 3·1 운동 정신을 지켜 냈기에 가능하다고 할 수 있지.

임시 정부의 살아 있는 역사, 백범 김구

구한말 태어난 김구는 '모든 사람은 평등하다'는 동학 정신에 감동해 동학의 길에 들어섰고 동학 농민 전쟁 때는 선봉장으로 나섰어. 이후 간도 지역에서 의병에 가담하기도 했지. 하지만 의병 활동이 실패해 조선으로 귀국하게 되었어. 그러다가 아주 큰 사건이 터졌지.

고향으로 돌아가던 김구는 주막에서 조선인으로 변장한 일본군 중위 스치다를 발견하고 명성황후 시해와 일제가 조선에서 벌인 갖가지 악행을 응징하는 차원에서 맨손으로 그를 죽여 버려. 결국 구속되어 사형을 언도받지만 탈옥한단다. 김구는 백성들이 어리석음에서 깨어나야 일제를 물리칠 수 있다는 생각에 교육 활동에 뛰어들었지. 이런 활동을 계몽 운동이라고 해. 당시 많은 학생과 지식인이 교육을 통해 나라의 자주적 권리를 되찾고자 했지.

정부의 구조를 갖추어 나간 임시 정부

3·1 운동 영향으로 가장 큰 의미를 지니는 것은 대한민국 임시 정부가 수립된 일이라고 이야기했지? 임시 정부를 세우고 우리나라 각 지역을 대표하는 사람들이 대통령에 이승만, 국무총리에 이동휘를 선출했어.

비록 일제가 장악한 한반도를 떠나 외국에 세운 정부지만 임시 정부는 아주 중요한 의미를 가지고 있었어. 우리 역사에서 최초로 세워진 민주 공화국이라는 것이지. 이전엔 왕이 모든 권력을 쥐고 나라의 주인 노릇을 했잖아? 그런데 조선이 망하고 세워진 나라는 국민이 주인인 나라였지. 국민이 나라의 주인인 지금의 대한민국도 임시 정부로부터 비롯된 거야.

우리나라 최초로 대통령이 된 이승만은 젊었을 때 외국 선교사로부터 신학문을 배웠는데 영어에 탁월한 재능을 보였어. 기독교도가 된 이승만은 선교사들의 지원으로 미국 하버드 대학에서 석사 학위를 받고 프린스턴 대학에서 박사 학위를 받아. 이후에는 하와이로 가서 하와이 한인 사회의 주도권을 잡았어. 당시 하와이는 미주 한인의 절반가량이 살고 있어서 이승만의 영향력은 대단히 커졌지.

미국 명문대 박사 출신이라는 학벌과 하와이 등지에서 획득한 주도권, 그리고 국내외 기독교 세력의 전폭적인 지지로 이승만의 인지도는 아주 높았어. 그것이 이승만이 대통령이 된 배경이지.

김구는 3·1 운동이 일어나자 상하이로 가서 임시 정부의 문지기가 되겠다고 했어. 국내 활동을 익히 알고 있었던 임시 정부는 김구에게 경무국장을 맡겼지. 경무국장은 임시 정부 사람들을 보호하고 일제의 밀정을 찾아내 처단하는 일을 했어. 그의 말처럼 임시 정부의 지킴이 역할을 한 거야.

위기에 처한 임시 정부

이후 김구는 내무총장과 임시 정부 대표인 국무령, 주석 등의 자리를 연이어 맡아 임시 정부가 존폐 위기에 처했을 때도 온 힘을 다해 임시 정부를 지켜 냈지.

임시 정부의 위기는 내부 요인과 외부 요인이 있었어. 내부 요인 가운데 가장 큰 것은 이승만 대통령이 아무에게도 말하지 않고 자기 멋대로 국제 연맹에 한국을 대신 다스려 달라고 부탁한 사건이야. 민족사학자이자 독립운동가인 신채호는, '이완용은 있는 나라를 팔아먹었지만 이승만은 나라를 되찾기도 전에 팔아먹었다'며 강력히 비판했어. 그러나 이승만은 어떤 사과도 하지 않았지. 또 대통령이 된 이승만은 정작 임시 정부가 있는 상하이에서 대통령직을 수행하지 않고 미국에만 머물러서 많은 사람이 불만을 터뜨렸어.

결국 이승만은 상하이로 오긴 했는데 독선적인 행동으로 임시 정부 사람들과 끊임없이 갈등을 일으켰어. 더군다나 재미 동포로부터 거둔 독립 자금 대부분을 활동비로 써 버리고 임시 정부에는 조금만 보냈지. 여러 좋지 않은 일들이 벌어지자 임시 정부 의정원은 1925년 이승만을 탄핵하기로 했어.

이 과정에서 외교적인 노력으로 독립을 얻자고 주장하는 이승만은 일제와 직접 싸워서 독립을 얻어야 한다는 무장 투쟁 세력과도 갈등을 빚었어. 이처럼 이승만으로부터 비롯된 갈등과 분열은 일파만파로 퍼져, 민족 독립을 위해 뒤로 미루어 놓았던 각자의 사상과 입장이 불만과 함께 터져 나왔지.

이승만처럼 외교적 독립 방법을 지지하는 세력과 일제와의 직접 투쟁을 주장하는 세력이 갈등하더니 일이 점점 꼬이면서 민족주의 독립운동가들과 사회주의 독립운동가들로 분열하는 사태로까지 번졌어.

외부적인 어려움으로는 일제의 집요한 탄압이 있었어. 일제는 만주를 지배하는 권력자를 꼬드겨 독립군을 잡는 데 힘을 보태게 했지. 그리고 국내외 독립운동을 총지휘하는 임시 정부의 비밀 조직인 연통제와 임시 정부를 운영할 자금을 모집하고 비밀 교신 등을 담당하던 교통국의 요원들을 모두 잡아들여 조직을 완전히 붕괴시켰어. 임시 정부의 손발을 끊어 버린 거야. 또 한국인이 중국인을 해코지한다는 소문을 퍼뜨려 한국인에 대한 인식을 나쁘게 만들었지. 그러다 보니 중국 쪽의 지원도 기대하기 어려웠어. 대한민국 임시 정부에 위기가 찾아오자 많은 사람이 임시 정부를 떠났어. 그러나 김구는 끝까지 임시 정부를 지키기 위해 노력했지.

국내 독립운동 상황은 더욱 좋지 않았어. 단지 문화 통치라는 가면만 바꾸어 썼을 뿐 오히려 교묘하게 우리 민족을 통제하고 탄압하는 일제 때문에 국내도 아주 힘든 상황이었지. 그런데 식민지 민중의 등골을 빼먹자고 달려드는 제국주의 일본이 통치하는 세상에서 벗어나려는 노력은 한 번도 쉬운 적이 없었어. 그러나 어려움 속에서도 독립과 자유를 향한 열망은 식을 줄 몰랐지.

대한민국 임시 헌장

제1조 대한민국은 민주 공화제로 한다.
제2조 대한민국은 임시 정부가 임시 의정원의 결의에 의하여 통치한다.
제3조 대한민국의 인민은 남녀의 귀천 및 빈부의 계급이 없고 일체 평등하다.
제4조 대한민국의 인민은 종교, 언론, 저작, 출판, 결사, 집회, 통신, 주소 이전, 신체 및 소유의 자유를 가진다.
제5조 대한민국의 인민으로 공민 자격이 있는 자는 선거권과 피선거권이 있다.
(하략)

03 식민지의 어둠을 뚫고 독립을 향해 나아가다

6·10 만세 운동

고종의 장례식에 맞춰 3·1 운동이 일어난 것처럼 그의 아들이자 마지막 황제 순종이 죽자 우리는 다시 만세 운동을 준비했어. 아까 독립운동 세력 중 민족주의자와 사회주의자가 대립했다고 했잖아? 그런데 다시 만세 운동을 준비할 때는 두 세력이 힘을 모았어. 3·1 운동 때 크게 당한 적이 있던 총독부는 독립운동 세력을 철저히 감시했고 많은 사람이 독립운동을 준비하는 단계에서 잡혀 갔어. 미리 준비한 선언문도 모두 빼앗겼고 말이야.

드디어 6월 10일 순종의 장례식 날, 일제의 삼엄한 경계 속에서 아무도 나설 엄두를 내지 못했어. 이때 학생들이 갑자기 만세를 부르면서 뛰쳐나왔지. 그러자 장례 행렬을 구경하러 나왔던 사람들도 만세 운동에 동참했어. 순식간에 거리는 만세 소리와 태극기의 물결로 가득 찼지.

대비하고 있던 일본 경찰과 군인에게 마구 짓밟혔지만 시위는 여덟 차례나 이어졌단다. 다만 3·1 운동처럼 널리 퍼져 나가지는 못했어. 6·10 만세 운동은 '대한 독립 만세'라는 구호뿐만 아니라 '일본 제국주의 타도'라는 구호를 내세웠어. 공장 총파업과 소작료 거부 운동 등의 투쟁 대상이 일본 제국주의라는 것을 분명히 했고 구체적인 행동 강령까지 내놓았어. 3·1 운동은 나라를 빼앗긴 울분이 밑바탕이었다면 6·10 만세 운동은 적을 분명히 설정하고 싸움의 계획을 세우는 등 한 단계 더 높은 투쟁으로 발전한 거야.

뿐만 아니라 일제에 회유되거나 패배적인 생각을 가진 사람들을 중심으로 일어난 자치론을 거부하고 오직 독립만이 우리 민족의 살 길임을 분명히 했지. 그러면서 민족주의 독립운동가들과 사회주의 독립운동가들은 사상과 이념을 뛰어넘어 독립을 위해 단결해야 한다는 생각을 공유하게 되었어.

민족주의자와 사회주의자, 신간회로 뭉치다

1927년 겨울, 추위가 채 가시지 않았지만 땅속에선 봄을 준비하는 생명들이 꿈틀거리기 시작하는 2월이었어. 6·10 만세 운동으로 단결의 중요성을 새삼 깨달은 민족주의자와 사회주의자가 힘을 합쳐 신간회를 조직했지.

신간회는 우리 민족을 착취할 대상으로만 여기는 일제의 통치 정책을 비판했어. 그리고 민족의 권리와 마땅히 보장되어야 할 이익을 지키기 위해 노력했지. 일제 강점기에 합법적으로 활동한 사회단체는 신간회가 유일해.

합법이라고는 하지만 일제는 겉으로는 사회단체를 인정하는 듯이 행동했지만, 사회주의자들을 잡아들이고 집회와 시위를 가로막아 신간회 활동을 방해했지.

그러나 신간회를 향한 조선 사람들의 기대는 대단했어. 신간회가 세워진 지 얼마 지나지 않아 신간회의 지방 조직은 전국적으로 140여 개나 되었고 회원은 최대 4만여 명에 달했어. 그야말로 일제 강점기 최대의 민족 운동 단체가 신간회였지. 이렇게 많은 사람의 참여로 이루어진 단체인 만큼 하는 일도 다양했어.

노동자들의 노동 쟁의나 농민들 소작 쟁의에 적극적으로 힘을 보탰고, 가난이나 천재지변으로 고통 받는 사람들을 돕기 위해 팔을 걷어붙이고 나섰지. 야학이나 강연회를 통해 사람들을 깨우치는 데도 앞장섰어. 사회의 각종 차별을 없애려 노력했고 독립군에 군자금을 모아 보내 주었지. 그리고 누구보다 앞장서서 항일 독립운동에 나섰던 학생들을 뒷받침하는 것도 신간회가 한 중요한 일이었단다.

광주 학생 항일 운동

1929년 10월 30일 오후, 광주에서 출발한 통학 열차가 나주역에 도착했어. 일본인 남학생들이 열차에서 내려 걸어가던 조선인 여학생들 댕기 머리를 잡아당기며 희롱했어. 그러자 한 여학생의 사촌 동생인 광주 고등 보통학교 2학년 박준채가 항의하면서 조선인 학생들과 일본인 학생들 사이에 싸움이 벌어졌지. 그런데 경찰과 학교는 일본인 학생들 편을 들며 우리나라 학생들을 처벌했어. 일제의 이런 불공평한 태도에 그동안 참아 왔던 학생들의 불만이 한꺼번에 터져 나왔어.

분노한 광주 지역 학생들은 11월 3일 일제히 들고일어났어. 일본 경찰은 학생들을 무자비하게 잡아 가뒀지. 학교 문을 닫아 학생들이 서로 만나지 못하게도 했어. 그러나 학생들은 경찰의 감시를 피해 본격적인 시위 준비를 했어. 신간회를 비롯한 사회단체들은 학생들을 지원하기 위해 발 벗고 나섰지.

11월 12일 학생들 시위는 다시 시작되었고, 민족 차별과 식민지 교육의 철폐를 주장하며 순식간에 전국으로 퍼져 나갔어. 이때 시위와 동맹 휴학으로 일제에 맞선 학교는 전국에서 194개에 달했고, 참여한 학생 수는 5만 4,000여 명에 이르렀어. 투쟁 과정에서 퇴학이나 정학을 당한 학생은 3,000여 명이 넘었고, 경찰에 잡혀 들어간 학생은 1,600여 명에 달할 정도로 광주 학생 항일 운동은 3·1 운동 이후 최대의 항일 운동이었지. 해방 이후 정부는 광주 지역 학생들이 시위를 시작한 11월 3일을 '학생 독립운동 기념일'로 정해 그 뜻을 기리고 있어.

학생들이 들고일어나자 신간회는 대규모 민중 대회를 열어 항일 투쟁 분위기를 이어 가려 했어. 총독부는 학생들 투쟁에 더해 노동자와 농민까지 일어난다면 사태가 걷잡을 수 없을 거라 직감했어. 그래서 신간회 측에 민중 대회를 열지 말라고 촉구해. 그렇다고 학생들이 지핀 소중한 항일 투쟁의 불씨를 꺼뜨릴 순 없잖아? 신간회는 총독부 요구를 받아들이지 않고 민중 대회 준비에 박차를 가하지. 결국 일본 경찰들은 신간회를 포위하고 지도자들을 모조리 잡아들였어. 민중 대회를 이끌 지도자들이 잡히면서 자연히 민중 대회는 무산되었지.

새로 지도부가 된 민족주의 계열 사람들 가운데는 아까 말했던 일제에 타협하자는 쪽 사람들이 있었어. 그들은 일제가 인정하는 한에서 합법적인 활동만 하자고 주장했지. 이에 사회주의자들은 일본 제국주의의 목적이 우리나라를 영원히 식민지로 착취하는 것인데, 그들이 원하는 대로 따르면 독립이 어떻게 가능하냐며 그럴 바에는 차라리 신간회를 해체하는 게 낫다고 주장했어. 결국 5년여 동안 다양한 활동으로 독립의 길을 찾아 나가던 최대의 항일 민족 운동 단체 신간회는 문을 닫게 되지.

일제가 우리나라를 발판으로 침략 전쟁을 벌이다

1930년대에 대공황이 전 세계로 번졌단다. 공장은 문을 닫고 일하던 사람들은 실업자가 되었어. 물가가 급격히 뛰어올라 먹고살기가 무척 어려워졌지.

일제는 경제가 어려워지자 우리나라를 더욱 못살게 굴었단다. 노동자의 임금을 깎고, 항의하는 노동자는 총칼로 짓밟고, 더욱 많은 쌀을 빼앗아 갔지. 일제의 만행은 만주를 침략하고(1931), 중국을 침략하고(1937), 미국과 전쟁을 벌이면서 (1941) 더욱 심해졌단다. '신성한 대동아 전쟁을 수행하는 천황 폐하의 군대를 후원하기 위해 우리는 모든 것을 바쳐야 한다'면서 말이지. 일제는 자신들이 일으킨 전쟁을 서양에 맞서는 대동아 전쟁이라고 불렀어. 우리나라 젊은이를 강제로 일본으로 끌고 가서 무기 공장이나 탄광에서 부려먹었고 전쟁터에 총알받이로 몰아넣었지. 또 젊은 처녀들을 속여서 위안부로 이용했단다.

1930년대에는 전 세계적으로 큰 사건이 벌어졌어. 1929년에 일어난 경제 위기인 대공황이 1930년대에 전 세계로 번져 갔지.

공황이란 쉽게 말해서 '스스로 감당하지 못할 수준의 어려움 때문에 이러지도 저러지도 못하는 상황'이라고 이해하면 돼. 경제적 의미에서 공황은 경제 상황이 손을 쓸 수 없을 정도로 나빠져 거의 마비 지경에 이르는 것을 말해.

사실 일본 경제는 공황 이전부터 삐걱거리고 있었어. 일본은 제1차 세계 대전 때 전쟁 피해를 복구하려는 유럽 국가들에 필요한 물자를 팔아 큰 이익을 보았지. 이때 물자를 생산하기 위해 공장을 잔뜩 지었는데, 시간이 지나 복구가 끝나자 유럽 국가들이 더 이상 일본으로부터 물자를 사 가지 않은 거야. 그러니 공장들은 문을 닫을 수밖에 없었고 실업자가 늘어나면서 경제는 큰 타격을 받지 않을 수 없었지. 이런 상태에서 세계적인 공황이 덮치자 회사들은 줄줄이 망하고 은행도 문을 닫으면서 큰 혼란에 빠져들었어. 경제 혼란은 정치 혼란으로 이어져 난리가 아니었단다.

공황은 결과적으로 우리의 독립에 영향을 미쳤지만, 그건 아주 나중 일이고, 당장은 우리 민족에게 더 큰 고통이 찾아왔지.

더 큰 고통의 원인은 제국주의와 식민지의 관계에 있어. 제국주의가 다른 나라를 식민지로 삼는 이유는 크게 두 가지야. 자기 나라 물건을 팔 시장을 확보하는 것이 하나고, 식민지로 만든 나라에서 자원을 수탈하는 게 다른 하나지. 일제가 우리나라를 식민지로 만들어 자기들 물건을 팔아먹고, 쌀과 같은 각종 자원을 착취하는 걸 보면 알 수 있지.

일제는 자기 나라 내부의 문제를 더 넓은 식민지를 만들어서 해결하려고 해. 그런데 다른 나라가 순순히 자기 주권을 내놓았을까? 그렇지는 않았겠지. 그래서 일제는 전쟁을 시작했어. 우리나라 사람들을 쥐어짜서 전쟁에 필요한 물자를 모두 조달했지. 가뜩이나 적은 노동자의 임금을 더 줄이고, 저항하는 노동자를 총칼로 짓밟고, 이전보다 훨씬 더 많은 쌀을 빼앗아 갔단다.

이건 시작에 불과해. 전쟁이 확대되면서 일제가 벌인 짓은 상상을 초월할 정도였어. 이건 나중에 이야기하고.

일제의 첫 번째 표적은 만주였어. 사실 일제는 1930년 이전에도 만주 지역에서 상당한 영향력을 행사하고 있었어. 러·일 전쟁에서 이긴 일제는 남만주에 철도를 놓을 권리를 얻었는데 이를 지켜야 한다며 군대도 보냈지. 군대가 주둔한다면 그 지역에서 당연히 힘을 쓸 수 있다는 거잖아. 그런데 일제는 그 정도가 아니라 만주 전체를 몽땅 차지해야겠다고 생각했지.

그래서 자신들이 설치한 철도를 아주 조금 폭파시켜 놓고는 중국군이 저지른 거라고 뒤집어씌웠어. 1931년 9월 중국군을 공격해 순식간에 만주 전 지역을 수중에 넣는 데 성공했지(만주 사변). 청나라의 마지막 황제였던 푸이를 황제로 앉히고 만주국이라는 일제의 꼭두각시 나라를 세웠어. 만주는 일제의 또 다른 식민지가 된 거야.

그러나 일제는 여기서 그치지 않고 중국을 몰아세웠고, 동남아시아 국가들까지 식민지로 만들기 위해 전선을 넓혀 나갔단다. 동아시아 전체를 식민지로 만들겠다는 속셈이었어.

일제의 심장에 폭탄을 던져라!

일제의 탄압과 내부 갈등으로 어려움을 겪으면서도 대한민국 임시 정부는 꿋꿋이 버텨 냈어. 그러나 형편은 말이 아니었지. 독립군들은 일제에게 근거지를 파괴당해 여기저기 옮겨 다녀야 했어. 일제의 잔혹한 보복 때문에 한인들도 이전처럼 독립군을 지원하기 어려웠어. 일본의 공격을 피해 러시아로 갔던 독립군은 러시아군에게 학살당하고 무장해제당하는 일까지 있었지. 독립군은 다시 간도로 돌아와 아주 어려운 싸움을 해야만 했어.

그러던 중 1931년 임시 정부 국무령 김구는 한인 애국단이라는 비밀 조직을 만들었어. 이 조직은 친일 활동을 하는 한국인과 중국인, 그리고 일제의 지도부를 처단하려는 목적으로 만들어졌지.

천황에게 폭탄을 던진 이봉창

한인 애국단이 만들어진 이듬해인 1932년, 상하이에 있던 김구에게 한 청년이 찾아왔어. 그가 바로 이봉창이야. 이봉창은 천황을 죽일 테니 폭탄을 달라고 한 거야. 김구는 청년의 말에 처음에는 의심을 했지. 스파이가 아닌가 하고 말이야. 당시는 일제 밀정들이 독립운동하는 사람을 감시하고 이간질하고 암살하는 일이 잦았거든. 더군다나 그는 일본어를 일본 사람만큼이나 유창하게 구사했어.

그런데 이봉창이 일본어를 잘하는 이유가 있었어. 그는 일본으로 건너가 일본인처럼 대우를 받으며 살려고 했지. 그래서 일본어도 열심히 익혔고 행동도 일본인처럼 했어. 그런데 아무리 일본어를 잘하고 일본인처럼 행동해도 결국 조선인인 그에게 돌아오는 건 차별과 멸시뿐이었지. 이봉창은 나라 잃은 사람이 제대로 대우받고 살려면 나라를 되찾는 것밖에 방법이 없다는 걸 깨달았어.

이봉창의 진심을 알게 된 김구는 그를 한인 애국단 단원으로 받아들이고 수류탄을 구해 줬어. 이봉창은 일본으로 건너가서 수류탄을 몸에 품고 천황의 행렬이 지나가는 곳에서 기다렸어. 그리고 천황의 마차가 지나가자 수류탄을 던졌어. 그런데 안타깝게도 수류탄을 던진 마차는 천황이

이봉창
한인 애국단 단원인 이봉창은 수류탄을 던져 일본 천황을 제거하려 했지만 아쉽게도 실패했어.

아닌 일본인 대신이 탄 마차였어. 천황은 난리를 틈타 재빨리 달아났고 이봉창은 태극기를 꺼내 '대한 독립 만세!'를 힘차게 외쳤지. 결국 일본 경찰에 잡혀가 사형을 당하고 말았어.

이봉창의 의거는 성공하지 못했지만 그의 영향력은 아주 컸어. 일본인들은 자기네 수도에서 그것도 벌건 대낮에 천황을 향해 폭탄이 날아들었다는 사실에 큰 충격을 받았어. 한편 일본에 대한 반감이 커질 대로 커진 중국인들에게도 다른 의미의 충격으로 다가왔지. 일본인들이 느낀 두려움이 아닌 통쾌함이었어. 그래서 중국 신문들은 이봉창의 의거를 보도하며 '불행히도 폭탄이 빗나갔다'고 표현했어.

그 무렵 일제는 만주 사변으로 악화된 국제 여론 시선을 다른 데로 돌리고, 서양 여러 나라의 조계지가 있는 상하이를 차지함으로써 서양에 영향력을 행사하기 위해 음모를 꾸몄어. 일제는 상하이에서 중국인들을 돈으로 사서 일본인 승려를 죽이게 만들지. 그리고 이 사건을 핑계로 상하이를 공격했어. 중국군은 대항했지만 일제의 또 다른 음모에 속아 결국 상하이에 대한 영향력을 잃게 되었어. 이 사건을 '상하이 사변'이라고 해. 상하이 사변에서 승리한 일제는 홍커우 공원에서 승전 기념식을 열었어. 승리의 잔치를 벌인 거야.

일제의 축제장인 바로 그 홍커우 공원에서 어마어마한 일이 벌어졌어.

일본 장군들을 휩쓸어 버린 윤봉길

윤봉길은 한학과 국사, 신학문을 두루 공부한 사람이었어. 일제의 수탈에 신음하는 농민들을 깨우치기 위해 야학당을 만들어 한글과 산수를 비롯해 역사와 과학, 농사 지식 등을 가르쳤지. 민족의식을 심어 주고 노동자와 농민이 제대로 대접받는 세상을 만들기 위해 어떻게 해야 하는지 알리고자 책을 쓰기도 했어.

그러다가 일제의 가혹한 수탈 때문에 죽음과 같은 고통에서 벗어나지 못하는 민중의 현실을 더 이상 보고 있을 수 없었지. 결국 만주로 건너가 독립운동의 현실을 직접 목격했어. 이어서 상하이로 간 윤봉길은 김구를 만나 조국의 독립을 위해 몸과 마음을 다 바치기로 하고 한인 애국단에 입단했단다.

1932년 4월 29일, 윤봉길은 일제 전승 축하 기념식에 일본인 지도부들이 모인다는 사실을 알고 물통과 도시락으로 위장한 폭탄을 메고 홍커우 공원으로 갔어. 일본인 지도부가 있는 단상에 최대한 가까이 접근했지. 절대 실패하지 않으려고 말이야.

기념식이 무르익고 일본인들이 일본 국가를 부르기 시작하자 윤봉길은 물통 폭탄을 꺼내 단상 위로 힘차게 던졌어. 꽝! 폭탄은 일본인 지도부 코앞에서 엄청난 폭음과 함께 폭발했어.

폭발로 일본군 사령관, 육군 대장, 해군 대장을 비롯해 침략에 앞장선 관리들이 그 자리에서 죽거나 중상을 입었어. 윤봉길은 거사를 치른 직후 현장에서 체포되었고 일본으로 호송되어 그해 겨울 순국했지.

윤봉길의 의거는 수많은 중국인에게 큰 감동을 주었어. 만보산 사건이라는 일제의 음모로 한국인에게 품고

윤봉길
윤봉길도 한인 애국단 단원이었어. 윤봉길은 중국 홍커우 공원에서 폭탄을 던져 일본군 지도부에 큰 피해를 입혔지.

있던 오해도 풀렸지. 특히 중국 국민당 정부의 총통 장제스는 '중국의 백만 대군도 해내지 못한 일을 한 한국 청년이 해냈다'며 칭찬을 아끼지 않았어.

윤봉길 의거로 중국인들은 한국인이 함께 일제와 싸워야 할 동료임을 깨달았어. 이런 분위기에서 국민당 정부는 대한민국 임시 정부와 독립군에게 경제적 지원도 아끼지 않았지.

또 독립군이 중국 영토 내에서 항일 무장 투쟁을 하는 것을 허락했어. 일본군이 판을 치는 상하이와 만주에서 어렵게 싸워 오던 임시 정부와 독립군에게는 그야말로 천군만마를 얻는 것과 같았단다.

뿐만 아니라 국민당 정부는 중국 군사 학교에서 한국인들이 군사 교육을 받을 수 있도록 했는데 이 학교를 통해 배출된 군인들은 일제로부터 나라를 되찾기 위한 싸움에서 큰 역할을 담당했단다.

나라 밖에서 이런 일들이 일어나고 있을 때 국내 상황은 어땠을까?

04 국내 상황

조선인의 정신을 빼앗아라!

일제는 나라를 강제로 빼앗은 뒤 우리나라 사람들에게 일본어와 일본 역사를 가르쳤어. 또 식민 지배의 정당성을 확보하기 위해 조선인은 어리석고 게으르며 만났다 하면 싸움부터 한다는 역사관을 만들어 가르쳤지. 이것을 '식민 사관'이라고 해. 우리 민족이 대대로 못났으니까 일제가 지배해서 우리 민족을 어리석음에서 벗어나게 해야 한다는 말도 안 되는 주장이야.

일제는 이렇게 우리나라 사람들의 머리에 조선인은 못났고 일본인은 위대하다는 생각을 심어 놓았어. 그러고는 위대한 일본 왕의 조상에게 절을 하라고 강요했어. 이것을 '신사 참배'라고 해. 신사는 원래 일본 고유의 신을 모시고 제사지내는 토속 종교 시설이었어. 그런데 일제는 천황을 최고의 신으로 높임으로써 천황의 지배를 합리화하는 정치적 시설로 변모시켰어. 신사를 참배한다는 것은 곧 천황의 뜻에 복종한다는 의미였지. 일제는 전국 곳곳에 수많은 신사를 세우고 조선인에게 참배를 강요했단다.

또 모든 공식적인 자리에서 '황국 신민의 서사'라는 글을 외우도록 강요했어. 황국 신민의 서사는 모든 한국인은 일본 왕의 백성이므로 일본 왕에게 충성을 다하겠다고 맹세하는 글이지. 이 글을 다 외우고는 일본 왕궁이 있는 쪽을 바라보며 절을 하게 했어. 그런 다음 '천황 폐하 만세!'라고 외쳐야 했단다. 이것을 따르지 않으면 벌을 받아야 했어.

아울러 한국과 일본이 하나이고 모두 일본 왕의 백성이니 일본의 일에는 두 팔 걷어붙이고 따라야 한다고 강요했어. 이 모두 우리나라 사람을 자기네 전쟁에 이용해 먹으려는 속셈이었지.

일제는 또 학교에서 우리말을 하지 못하게 하고 한글도 쓰지 못하게 했어. 그걸 어겼다가는 심하게 혼을 내고 때리기까지 했어. 신문도 일본 말로 기사를 내게 했어. 한발 더 나아가 강제로 우리식의 성과 이름을 일본식으로 고치도록 했어. 안 그러면 학교도 갈 수 없고 직장도 구할 수 없고 편지도 전할 수 없었지. 심지어 식량을 받을 배급표도 주지 않았어.

일제는 우리의 말과 역사를 모두 빼앗아 우리 민족의 정신을 완전히 없애 버리려 했단다.

일제의 앞잡이들

그런데 우리 민족 정신을 없애려는 일제의 정책을 앞장서서 선전하고 부추긴 사람들이 있었어. 일본 왕의 백성으로서 죽어라 일하고 전쟁터도 나가고 심지어 일본 군인들의 성노예도 되라고 했지.

그런데 민족 말살 정책에 앞장선 사람들은 일본인이 아니라 한국인이었어. 우리가 친일파라고 하는 사람들 말이야. 지금 우리는 1930년대 이야기를 하고 있는데, 친일파는 훨씬 오래전인 1920년부터 본격적으로 등장했어.

1919년 3·1 운동으로 일제가 총칼로 위협하는 무단 통치에서 문화 통치로 통치 방식을 바꿨다고 했잖아? 바로 이때 일제는 조선인 가운데 유명한 집안의 사람, 부자, 종교인, 교육자 등을 돈과 명예로 꾀어 친일파로 만들어 나갔지. 또 일제에 우호적인 사람들을 교육시켜 친일 지식인을 키웠어.

대표적인 사람이 임시 정부에서 일하기도 한 유명한 소설가 이광수야. 그는 우리 민족이 겁쟁이이고 게으름뱅이이며 어리석기 때문에 일제 지배를 받는 게 당연하다고 떠들어댔어. 게다가 3·1 운동 당시 민족 대표 33인 가운데 한 사람인 최린, 독립 선언서 초안을 작성한 최남선도 일제의 식민 정책을 옹호하고 친일을 부추겼지. 우리 현대 시의 선구자로 알려진 주요한도 일제를 찬양하는 시를 썼어. 그가 쓴 시를 보면 친일파들의 생각을 알 수 있지.

천황 폐하께 한 가지 바치옵는
정성이련만 총을 잡는 어깨는
보람이 차는 것을.

한마디로 일왕의 충성스러운 백성으로서 일제가 벌인 전쟁에 나가 싸우는 것을 큰 보람으로 여기라는 소리야. 이들은 일제가 쥐어준 돈과 명예에 취해 우리나라 젊은이들을 죽음의 전쟁터로 내몬 거지.

이들뿐 아니라 경찰이 되어 독립운동가들을 잡아들이고 악랄하게 고문한 자들, 일본군이 되어 독립군 사냥에 나선 자들, 우리나라 사람들의 피땀 어린 수확물을 가로채는 데 앞장선 기업인들과 공무원들, 온갖 간악한 꾀를 내어 일제에 협력한 관리들, 무엇보다 어린 학생들에게 잘못된 역사를 가르친 교사들과 식민 지배를 정당하게 꾸며낸 친일 역사가들, 이 모든 친일파는 자신의 영달을 위해 아무런 가책 없이 자기 민족을 일제에 팔아넘겼단다.

그러나 친일파와 달리 일제의 온갖 회유와 탄압에도 우리말과 우리글, 우리 역사를 지키려 한 사람들이 있었어.

05 민족의 정신을 지키려 노력한 사람들

우리말과 우리글을 지킨 사람들

주시경과 그의 제자들을 중심으로 만들어진 조선어 학회는 우리 민족 문화를 지키기 위해 우리글을 지키는 것이 중요하다고 생각했어. 그래서 한글을 연구하고 강습회를 열어 사람들이 한글을 잊지 않고 사용하도록 노력했지. 일제가 한글을 쓰는 사람들을 탄압했지만 이들의 노력으로 한글이 사람들의 말과 글에서 살아남을 수 있었어.

한글이 한민족의 정신을 없애려는 일제의 계획에 방해가 되자 일제는 조선어 학회를 독립운동 단체라고 규정하고 학자들을 붙잡아 악랄하게 고문했어. 이 과정에서 많은 학자가 감옥에서 목숨을 잃었지. 게다가 편찬 중이던 국어사전 원고를 빼앗아 갔어. 그러나 다행히도 광복 이후에 빼앗겼던 원고의 일부를 되찾았어. 그리고 이것을 바탕으로 우리나라 최초의 국어 대사전인 『우리말 큰사전』을 만들었단다.

조선어 학회 회원들
조선어 학회 회원들은 한글을 연구하고 강습회를 열어 한글을 널리 알리고 많은 사람이 사용하도록 했어.

식민 사관에 맞서 우리 역사를 지킨 사람들

일제는 우리 민족의 독립 의지를 꺾고 자신들의 지배를 정당화하기 위해 역사를 왜곡했어. 우리 민족의 역사를 보면 늘 다른 민족의 지배 아래 있었다는 거야. 그래서 스스로 무엇인가를 이루고 발전시킬 능력이 없으니 일제의 지배를 받는 게 당연하다고 우리나라 사람들의 머리를 세뇌시키려 했어.

이에 독립운동가이자 역사학자인 신채호는 우리 민족의 자랑스러운 역사를 사람들에게 알리려 외적의 침입에서 나라를 구한 을지문덕, 강감찬, 이순신 등 위인들의 전기문을 만들어 사람들에게 알렸어. 또한 독립운동을 하면서 너무 오래돼서 사람들이 잘 모르는 고조선과 고구려 등 우리 고대사를 연구해 우리 민족의 역사 범위가 한반도뿐만 아니라 드넓은 중국 대륙까지 뻗어 있었다는 것을 사람들에게 알렸지.

이로써 우리가 무능하고 허약한 민족이라는 일제의 역사 왜곡을 무너뜨리는 바탕을 만들었단다.

06 해방을 준비하다

중일 전쟁과 태평양 전쟁

윤봉길 의거의 영향으로 중국 국민당은 임시 정부와 독립군에 전폭적인 지원을 시작했다고 했지? 윤봉길을 통해 임시 정부는 숨 막힐 듯한 어려움에서 숨통이 트이게 되었어. 김구는 한인 청년들을 군사 간부로 키워야겠다고 생각했지. 그래서 1933년 난징에서 장제스를 만나 중국 육군군관학교에서 우리나라 청년들이 군사 교육을 받을 수 있게 했고, 이들은 나중에 독립을 위한 군대를 만들 때 중요한 인재가 되었어.

한편 중국 국민당의 지원을 통해 활동할 공간을 확보한 독립군은 일제와의 항일 투쟁을 이어 갔는데, 이때 중국군과도 힘을 합쳐서 싸웠지.

그러던 1937년 일제는 만주뿐만 아니라 중국 본토도 식민지로 만들겠다며 전쟁을 터뜨렸어. 이전까지 중국과 일제는 국지전, 즉 여기저기서 작은 싸움을 벌여 왔어. 그런데 이제는 전면전, 즉 두 나라 전체가 본격적으로 전쟁을 시작한 거야. 이 전쟁을 중·일 전쟁이라고 해.

일제는 상하이를 점령하고 곧이어 수도인 난징을 함락시켰어. 그리고 민간인에게도 잔혹한 살상을 저질렀지. 공식적으로 15만 명 정도가 학살당했다고 하지만, 실제로는 30만 명 가까이 학살되었다고 해. 일제가 저지른 이 끔찍한 학살이 바로 난징 대학살이야.

처음에 일제에 밀리던 중국은 국민당과 공산당이 힘을 합쳐(국공 합작) 끈질기게 맞섰어. 우리 독립군도 여러 지역에서 게릴라전을 펼치며 일본군을 괴롭혔지. 일제가 세력을 넓히는 것을 못마땅하게 여긴 미국과 영국도 일제를 견제하기 시작했어. 일제의 승리로 쉽게 끝날 줄 알았던 전쟁은 장기전으로 돌입했지. 이에 일제는 눈을 돌려서 동남아시아를 차지하려고 전선을 확대했어.

일제의 공세가 거세지자 임시 정부도 한군데에 머물러 있을 수 없어서 여러 차례 정부 청사를 옮겨 다녔어. 그러다가 1940년 충칭(중경)에 정착했지. 대한민국 임시 정부는 그동안 혼란스러웠던 내부 조직을 정돈했어. 흩어졌던 독립운동 단체를 하나로 모으려 애썼지. 그리고 무엇보다 중요한 일을 시작했어.

대한민국 임시 정부는 정식 군대인 한국 광복군을 창설한 거야. 한국 광복군에는 여러 지역에서 활동하던 독립군들과 중국 군사 학교에서 교육받은 청년들, 그리고 강제로 일본군이 되어 끌려온 우리나라 청년들이 합쳐지면서 한 나라를 지키는 군대로서 틀을 갖추게 되지.

드디어 일제와 본격적으로 싸우게 된 거지. 대한민국 임시 정부는 일제에 선전 포고를 했어. 당당히 나라 대 나라의 전쟁을 선언한 거야. 그리고 '대한민국 건국 강령'을 발표해.

독립운동가들은 일제의 패망이 멀지 않았다고 생각했어. 일제가 중국과 전쟁을 벌이고 동남아시아를 침략하면서 그동안 일제의 침략 행위를 묵인하던 나라들이 등을 돌리기 시작했거든. 실제로 미국은 일제에 석유 수출을 금지하고 일본으로 돈이 흘러드는 걸 막는 등 경제적으로 일제를 압박했어. 미국은 동남아시아 나라들에서 많은 자원을 수입하고 있었으니 일제가 동남아시아를 차지하는 것을 지켜보고만 있을 수는 없지. 이에 맞서 일제는 1941년 12월, 미국 하와이의 진주만을 공격했어. 그러면서 미국을 중심으로 한 연합군과 일제가 '태평양 전쟁'을 벌인 거야. 이 모든 상황을 지켜보며 일제의 패망을 예견한 거지. 전쟁에 미친 일제는 최후의 발악을 했고 불행하게도 모든 고통은 우리가 짊어져야 했어.

일제는 1938년 중·일 전쟁을 시작하면서 '국가 총동원령'이라는 걸 발표했어. 전쟁에 필요한 모든 물자를 조달하기 위해 우리나라의 자원과 인력을 모두 끌어다 쓰겠다는 것이었지.

일제는 당장 돈이 되는 금부터 철, 석탄 등을 모조리 캐 갔어. 그것도 모자라 금비녀, 금반지는 물론이고 놋대야, 놋그릇, 숟가락, 젓가락까지 무기를 만들 수 있는 재료는 모두 빼앗아 갔단다.

일제는 식량 배급제를 실시해 먹고 죽지 않을 정도만 나눠 주고 대부분의 식량을 털어 갔어. 소나 돼지 등 가축도 예외가 아니었지. 게다가 강제로 저축을 하게 해서 전쟁에 필요한 돈으로 썼단다.

일제는 전쟁터에서 싸울 병사로 쓰려고 우리 젊은이들을 끌고 갔어. 또 탄광, 공사장, 공장 등으로 데려가 죽도록 일을 시켰지. 전쟁터에서 총에 맞아 죽거나, 공장에서 일을 하다가 죽거나, 굶어 죽거나……. 우리 민족이 선택할 수 있는 것은 죽음밖에 없었단다.

여자들도 예외가 아니었어. 정신대라는 이름으로 끌고 가 마구 부려 먹었어. 무엇보다 용서할 수 없는 건 열 살이 갓 넘은 어린 소녀부터 스물이 채 되지 않은 처녀까지 일본군의 성적인 노예로 삼았다는 거야. 심지어 병이 나거나 아이를 가지면 무참히 살해했어.

더욱 화가 나는 건 우리나라 사람들이 일본의 전쟁 놀음에 끌려가 참혹하게 죽어 가는 것을 부추긴 사람들이 있었다는 거야. 아까 말한 이광수, 최남선, 모윤숙, 서정주, 김활란 등 친일파들이지. 이들은 일본을 위해 죽는 것이 영광스러운 일이라면서 어서 그 죽음의 자리로 갈 것을 부추겼지.

한국 광복군과 건국 동맹

일제에 선전 포고를 한 대한민국 임시 정부는 한국 광복군이 연합군의 일원으로 일본군과 맞서 싸우도록 했어. 인도·미얀마 전선까지 군대를 파견해 영국군과 함께 일본군과 전투를 벌였지. 또 지금의 미국 전략 첩보 기구 CIA의 전신인 OSS와 국내로 진입해 일제를 몰아낼 작전을 준비하면서, 비밀리에 뛰어난 군인들을 선발해 특수 훈련을 시켰단다. 이렇게 한 이유는 우리 힘으로 일제를 몰아내야만 떳떳하게 자주적인 나라를 세울 수 있어서야.

임시 정부가 국외에서 해방을 준비했다면, 국내에서는 1944년 8월 여운형이 건국 동맹을 만들어 해방된 뒤 나라를 세울 준비를 했어. 건국 동맹을 주도한 여운형은 사회주의자였는데 민족주의자들도 참여해 새날을 함께 준비했어. 건국 동맹의 중심인 노동자와 농민은 일제 강점기에 조합을 만들어 활동한 덕분에 일찌감치 잘 조직되어 있었어. 여기에 언제나 독립운동 현장에서 앞장섰던 학생들, 징용이나 징병을 피해 숨어 있던 사람들도 함께했단다.

건국동맹을 이끈 여운형은 우리 독립운동 역사에서 아주 중요한 역할을 한 사람이야. 그는 뛰어난 영어 실력과 웅변 실력을 바탕으로 중국, 러시아, 일본 등의 주요 인사들과 교류하면서 우리 민족의 독립의 당위성을 알리려 노력했단다. 일본 한복판에서 일본을 비판하고 독립의 정당성을 주장하는 연설을 하기도 했지.

여운형의 넓은 인맥과 높은 인기를 잘 알고 있던 일제는 여러 차례 그를 친일파로 만들려고 했지만 번번이 거절당했어.

수차례 감옥에 갇혔지만 여운형은 국내에서 독립을 위한 활동을 이어 갔어. 조선중앙일보 사장 시절에는 베를린 올림픽에서 마라톤 금메달을 딴 손기정 선수의 옷에 인쇄된 일장기를 지우고 신문에 사진을 싣기도 했어. 이 사건으로 여운형은 사장직에서 물러났고 조선중앙일보도 결국 폐간되고 말아. 일제의 서슬 퍼런 칼날 앞에서도 반대의 뜻을 펼치는 데 거침없었다는 것을 알 수 있지.

일제의 패망

일제는 기를 쓰며 버텼지만 전세는 연합국에 점점 유리하게 전개돼. 1943년 미국, 영국, 중국의 지도자들이 이집트 카이로에서 만나 일제를 굴복시킨 다음의 문제를 논의해. 전쟁의 끝이 보이기 시작한 거야. 이 자리에서 세 나라 지도자는 적당한 시기에 한국을 자유 독립 국가로 만들기로 합의하지. 이것을 '카이로 선언'이라고 해.

그런데 적당한 시기라는 이 대목이 또 다른 비극을 불러오게 돼. 그 이야기는 해방 이후에 하기로 하고. 일제의 무작정 버티기도 점점 한계가 다가오고 있었어. 중국과 동남아시아 전선에서 일제는 밀리기 시작했고, 미국의 대규모 폭격이 일본 본토를 강타했던 거야. 1945년 8월 미국은 전쟁을 끝낼 작정으로 히로시마와 나가사키에 각각 원자 폭탄을 떨어뜨렸어. 두 도시는 그야말로 쑥대밭이 되었지. 그리고 마침 소련이 참전을 선언했어. 이에 일제는 더 이상 버티지 못하고 1945년 8월 15일 연합국에 무조건 항복을 선언했단다.

35년이라는 기나긴 고통과 암흑의 시간이 지나고 우리 민족에게 희망의 빛이 들어왔어. 광복이 온 거야. 사람들은 광복의 기쁨에 어쩔 줄 모르고 거리로 뛰어나와 대한 독립 만세를 외쳤지.

그러나 이 순간을 기쁜 마음으로만 맞을 수 없는 사람이 있었어. 바로 임시 정부의 지도자 김구였지. 한국 광복군은 원래 그해 9월 국내로 진격해 일본군을 공격할 계획이었거든. 그런데 바로 그 직전에 일제가 항복해 버린 거야. 김구는 스스로의 힘으로 독립을 얻지 못할 경우 생길 문제를 잘 알고 있었거든. 김구는 일본이 항복한다는 소리를 듣고 하늘이 무너지는 것 같다며 안타까워했어.

그런데 여기서 한 가지 잊지 말아야 할 게 있단다. 우리가 광복을 맞이할 수 있었던 것이 일본의 항복 때문만일까?

3·1 운동에서 일제히 일어선 사람들, 임시 정부 요원을 포함한 독립운동가들, 뛰어난 전략 전술로 일본군의 간담을 서늘하게 한 독립군들, 쟁의로 맞선 노동자들과 농민들, 정의를 위해 싸운 학생들, 우리말과 우리 역사를 지키려고 노력한 사람들. 이 모든 저항이 없었다면 설령 일제가 항복했다 하더라도 한반도는 그저 일본의 한 부분으로만 남았을 거야. 말과 역사도 없고, 민족이라는 의식도 없고, 단지 본토 일본인보다 무능하고 덜떨어진 짝퉁 일본인으로 말이지.

🎯 단원정리문제

1. 3·1 운동이 미친 영향이 아닌 것은?

① 일제의 무단 통치가 강화되었다.
② 항일 무장 투쟁이 본격화되었다.
③ 농민과 노동자의 반일 운동이 벌어졌다.
④ 임시정부가 수립되었다.
⑤ 의열단이 조직되었다.

2. 다음 중 민족의 정신을 지키려 노력한 사람은?

① 최린 ② 이광수 ③ 주요한 ④ 주시경 ⑤ 장택상

3. 대한민국 임시정부와 관련하여 옳지 않은 것은?

① 국호를 대한민국으로 정했다.
② 3·1운동의 영향으로 만들어졌다.
③ 삼권분립을 실시하였다.
④ 입헌군주제를 대한민국의 정치체제로 정했다.
⑤ 한국광복군으로 국내 진공 작전을 준비하였다.

1. 강화도 조약이 체결된 배경으로 옳은 것은?

① 제너럴셔면호가 침몰되었다.
② 명성황후가 시해되었다.
③ 척화비가 건립되었다.
④ 운요호 사건이 발생했다.
⑤ 동학 농민 운동이 일어났다.

2. 독립협회에 대한 설명으로 옳은 것은?

① 이승만이 주도했다.
② 수신사와 영선사를 파견했다.
③ 만민 공동회를 개최했다.
④ 의병 투쟁을 전개했다.
⑤ 공화정 체계의 근대 국민 국가 수립을 촉구했다.

3. 의열단에 대한 설명으로 옳지 않은 것은?

① 우리나라 내부에서 일제를 공격했다.
② 3·1운동이 일어난 해인 1919년 11월에 조직되었다.
③ 의열단을 조직한 사람은 노덕술이다.
④ 의열단원 김익상은 조선 총독부에 폭탄을 던졌다.
⑤ 의열단원 나석주는 동양 척식회사에 폭탄을 던졌다.

4. 일제에 맞서 투쟁한 독립운동가와 활동을 옳게 연결하시오.

이봉창   임시정부 지켜냄
윤봉길   홍커우 공원 폭탄 투척
김구   종로 경찰서 폭탄 투척
홍범도   일본 천황 폭탄 살해 기도
김상옥   봉오동 전투 이끔

TRUSTY SHIP

信託統治

8부
광복과 분단

1. 해방과 또 다른 외세

이 정부 수립을 위한 노력

　1945년 8월 15일 12시, 라디오에서 지지직 하는 소리와 함께 '연합군에 무조건 항복한다'는 일본 천황의 떨리는 목소리가 흘러나왔어.

　사람들은 거리로 뛰쳐나와 가슴이 터져라 만세를 외쳤어! 1910년 강제로 나라를 빼앗긴 지 35년 만에, 그리고 1919년 3월 1일 일제에 맞서 독립을 외친 지 26년 만에 우리 땅이 다시 우리 민족에게 돌아온 거야. 어린아이부터 노인까지 모두 눈물을 흘리며 얼싸안고 춤을 추었지. 마을마다 큰 잔치가 벌어졌고 밤이 새는 줄도 몰랐단다.

　건국 동맹을 만들어 해방을 준비해 온 독립운동가 여운형과 동료들은 지체 없이 건국 동맹을 토대로 조선 건국 준비 위원회를 만들었어. 이름이 조금 길지? 줄여서 '건준'이라고 해. 그토록 기다리던, 누구의 지배도 받지 않는 우리의 나라를 세울 준비를 하는 모임, 어때 가슴이 벅차오르지?

　건준이 조직되고 전국 각 지역마다 건준 지부도 연이어 만들어져 8월 말에는 총 145개 지부가 결성되었어. 이들은 각 지역의 치안을 맡아 정부가 없는 상태에서 자칫 벌어질 수 있는 혼란을 예방했지. 해방 직후 몇몇 지역에서 일본인과 관청에 대한 공격이 있었지만 곧 진정되었어. 또 노동자들은 일본인이 떠난 공장을 스스로 관리해 정상적으로 운영되도록 했고. 한반도는 곧 안정을 되찾으며 새로운 나라를 세우는 작업을 진행했단다. 그런데⋯⋯.

광복을 맞이하여 환호하는 사람들
1945년 8월 15일 일본이 연합군에 무조건 항복하면서 우리나라는 광복을 맞이하게 되었어.

새 나라의 기초를 망가뜨린 미군정

우리가 앞서 배웠듯이 나라가 망하거나 큰 어려움을 겪을 때 공통적으로 벌어지는 두 가지가 있어. 외적의 침입과 내부의 분열이 그것이야.

건준은 민족주의자와 사회주의자 등 다양한 정치적 성향을 띤 사람들이 함께 했어. 그런데 이 가운데 사회주의자들은 건준에 참여하면서도 일제 강점기에 강제로 해체된 조선 공산당을 다시 세웠지. 지주나 기업가 등 일제 감정기에 기득권을 가졌던 사람들은 한민당을 결성했는데, 이 가운데는 친일파 출신도 많았어. 즉, 내부에서 분열이 일어나고 있었던 거야.

국외에서는 미국과 소련이 일제 지배하에 있던 한반도를 점령하려고 다가오고 있었어. 소련은 우리나라에 가까워 미국보다 먼저 한반도로 진입했어. 미국은 당황했지. 미국은 우리나라에서 거리가 멀어서 당장 한반도로 진입할 수 없는 상황이었고, 이러다가는 한반도에 대한 권리가 소련에게 통째로 넘어갈 수도 있다고 생각했어.

마음이 급해진 미국은 서둘러 소련에게 38선을 경계로 이북은 소련이, 이남은 미국이 분할해 점령하자고 제안했어. 분단의 고통이라는 서막이 열리고 있었던 거지.

북쪽을 점령한 소련은 김일성을 중심으로 공산주의자들이 나라를 세우도록 했어. 자신들과 같은 공산주의 국가를 세우게 한 거야.

반면 남쪽을 점령한 미국은 한반도 남쪽의 정부는 미군정뿐이라고 선언했어. 반면 건준이나 임시 정부는 인정하지 않았지. 아울러 건준을 통해 안정적으로 유지되던 체제를 일제 총독부 아래서 일하던 한국인 관리와 경찰에게 맡겼어. 물론 이들 대부분은 친일파였고.

일제와 그 협력자들이 저지른 온갖 만행과, 또 수많은 독립운동가와 민중이 목숨을 걸고 싸운 사실은 미국에게는 관심 밖의 문제였어. 미국은 일제를 한반도에서 몰아내는 게 목표가 아니라 자신들의 이익에 쉽고 재빠르게 대응할 하수인이 필요했던 거야.

해방되면서 궁지에 몰려 있던 부일 협력자들이 이번엔 일본 대신 미국 편에 서서 목숨 걸고 일할 게 분명하니 미국 입장에서는 그보다 쓸모 있는 하수인도 없었겠지. 친일에서 친미로 갈아탄 이들은 대한민국의 핵심 세력이 되고 곧 이어 애국자로 둔갑하게 되지.

미국이 한반도 남쪽을 필요로 한 것은 당시 세계정세와 밀접한 관련이 있어. 소련이라는 공산주의 국가의 탄생은 자본주의 진영에 아주 큰 위협이었어. 세계 대공황 이래 자본가들은 노동자들이 혁명을 일으켜 자기들의 재산을 빼앗아 갈까 봐 전전긍긍하고 있었거든. 실제로 공산 국가가 생겨나고 이에 동조하는 세력도 늘어났지. 게다가 중국도 공산당과 국민당이 싸우고 있었고 얼마 지나지 않아 공산당이 이기면서 중국도 공산 국가가 되었어. 그래서 미국은 한반도 남쪽을 공산주의를 막는 방패로 삼으려 한 거야. 소련 역시 북쪽을 자본주의 세력의 침입을 막는 방패로 삼으려 했고.

해방 이후 미군정이 임시 정부와 건준을 부정하며 친일파를 내세우던 엄중한 시기에, 김구는 독립운동가들과 중국을 떠나 국내로 돌아왔어. 25년간 목숨을 걸고 독립운동을 이끈 임시 정부의 주석이 아니라 그저 일제를 피해 외국에 살던 한 사람으로서 말이야.

반면 이승만은 미군정의 큰 환영을 받으며 국내로 돌아왔어. 이렇게 된 데는 전후 사정이 있어.

이승만은 미군 총사령관인 맥아더에게 여러 차례 편지를 써서 자기가 공산주의를 막을 적임자라고 거듭 호소했다고 해. 미국 명문대 출신이고 기독교인이자 철저한 반공주의자라면 미국의 입장을 잘 대변할 완벽한 조건이었어.

맥아더는 일본으로 찾아온 이승만을 미군정청 사령관 하지 중장에게 소개시켜 주고 자신의 전용기로 귀국까지 도왔어. 이렇게 국내로 들어온 이승만은 10월 20일에 열린 연합군 환영회에서 하지로부터 애국자라는 칭송을 받으며 화려하게 국내 정치에 등장하게 돼.

이렇게 해서 1945년 말까지 김구, 이승만, 김규식 등 해외 독립운동가들이 국내로 들어오면서 국내에서 독립운동을 하던 여운형, 박헌영 등과 대한민국의 앞날을 두고 치열하게 정책 경쟁을 벌이게 돼. 그런데 바로 그해 1945년 12월 16일, 우리의 미래를 결정지어 버리는 엄청난 사건이 벌어지지.

신탁 통치를 놓고 분열의 골이 깊어지다

미국과 소련, 영국의 외무장관은 모스크바에서 만나 모스크바 3국 외상 회의를 열어 한국 문제를 논의했어. 영국은 제2차 세계 대전의 승전국이지만 한반도 문제와는 거리가 좀 있어서 실제로 한반도를 남북으로 나눠 점령하고 있는 미국과 소련이 의견을 조율하는 자리였어. 미국 대통령 루스벨트는 일제가 항복하기 전부터 한반도를 30년간 신탁 통치를 해야 한다고 주장했지. 반면 소련은 해방되면 바로 독립을 인정해 주자는 쪽이었어. 논의 결과 세 나라의 외무장관은 다음과 같은 내용을 결정했단다.

첫째, 한반도에 통일된 임시 민주주의 정부를 수립한다.
둘째, 이를 위하여 미군과 소련군 대표자들로 구성된 미·소 공동 위원회를 설치한다.
셋째, 연합국들은 최고 5년 동안 한반도를 신탁 통치한다. 단, 구체적인 내용들은 미·소 공동 위원회와 임시 정부가 협의를 통해서 결정한다.

해방 직후 건준에 의해 혼란 없이 사회를 잘 유지해 온 우리로서는 다시 남의 지배를 받는다는 기가 막힌 상황이었지. 제국주의의 식민 지배와는 다르지만 다른 나라 뜻대로 우리 미래가 결정된다는 점에서는 같다고 할 수 있어.

그러나 여기서 '통일'이란 단어에 주목할 필요가 있지. 남과 북이 분단된 것이 아니야. 여기서 외세로부터 벗어나 완전한 독립을 이루느냐, 아니면 완전한 독립을 유보하고 통일된 정부를 세우느냐 두 가지 입장으로 나뉘겠지. 물론 가장 좋은 건 당장 외세 간섭에서 벗어나 통일된 나라를 세우는 것이겠지만 말이야.

12월 27일 동아일보는 모스크바 3국 외상 회의 내용을 이렇게 보도해. "3국 외상 회의에서 연합국이 한반도를 신탁 통치하기로 결정했다. 미국은 한반도를 즉각 독립시키자고 했는데 소련이 신탁 통치를 주장하는 바람에 그렇게 되었다."라고 말이야.

명백히 잘못된 보도였지. 동아일보는 미국과 소련의 주장을 뒤바꿔 보도한 데 그치지 않고 임시 민주주의 정부 구성에 관한 부분은 빼고 신탁 통치 부분만 잔뜩 부풀려서 보도했어. 잘못된 보도가 미친 영향은 어마어마했지. 35년간 죽음과 같은 식민 지배에서 겨우 벗어난 우리나라 사람들은 두려움과 절망감과 허탈감에 휩싸이지 않을 수 없었단다.

스스로 새로운 나라 건설을 준비하던 사람들은 이에 즉각 반응해. 우선 우익인 김구는 목숨을 걸고 신탁 통치를 막기 위해 대한민국 임시 정부를 중심으로 뭉치자고 외쳤어.

처음에는 우익과 좌익 구분 없이 모두 신탁 통치를 반대했지. 그런데 박헌영을 중심으로 한 좌익은 소련을 통해 자초지종을 듣고 나서 일단 신탁 통치를 받아들여 통일된 임시 정부를 구성하는 게 낫다고 판단했어. 신탁 통치 문제는 그다음에 풀어 나가도 된다고 생각한 거야. 지금 당장 강대국에 맞서서 신탁 통치를 거부할 힘이 없다고 판단했거든. 그래서 '모스크바 3국 외상 회의 결정 지지' 즉 찬탁을 주장했어.

이승만과 한민당은 소련의 신탁 통치 주장을 반대하면서 신탁 통치를 찬성하는 사회주의자와 소련에 맞서 반공산주의, 반소련 투쟁을 전개했어. 그러자 친일파들은 반탁(신탁 통치 반대) 운동에 적극적으로 참여하면서 '신탁 통치 찬성으로 민족의 독립을 막는 좌익은 민족의 배신자!'라고 떠들었어. 그리고 반탁을 주장하는 자신들이 마치 애국자나 된 듯 행세했지.

신탁 통치를 놓고 좌익과 우익이 정반대의 목소리를 내며 점점 극단적으로 대립하기 시작했어. 게다가 분열과 대립을 이용해 자기들의 입지와 이익을 획득하려는 세력이 부채질하면서 상황은 실타래처럼 꼬여 갔지.

그러던 중 이듬해 1946년 3월 1일, 3·1절이 되었어. 좌익 세력은 남산공원에서, 우익 세력은 동대문 서울운동장에서 따로따로 3·1절 기념식을 열었어. 그런데 3·1 정신을 기리는 것보다 각자 신탁 통치 반대 의견을 가진 상대방 쪽을 비난하는 성토장이 되었지.

두 세력은 행사를 마치고 거리를 행진했는데 남대문 근처에서 맞닥뜨리고 말았어. 두 세력은 각각 '신탁 통치 반대!', '삼상 회의 결정 지지!'를 외쳤고 극도로 흥분하기 시작했지. 마침내 상대편에 돌팔매질을 하고 마구 뒤엉켜 싸움을 벌였어. 싸움은 서울뿐만 아니라 전국 곳곳에서 벌어지면서 많은 사람이 죽거나 다치고 말았어. 특히 제주도에서 있었던 1947년 3·1절 기념 대회에서 벌어진 총기 발포 사건은 이듬해 4월 3일 엄청난 비극을 불러오게 되지. 이제 좌익과 우익은 서로 상대편을 적으로 여기는 지경에 이르렀어.

나라를 위해 힘을 합치자

좌파와 우파 사이에 중도 좌파와 중도 우파가 있었어. 중도 좌파와 중도 우파는 서로 다른 입장에 대해 어느 정도 포용하고 인정하는 사람들이었어. 중도 좌파의 리더는 여운형이었고, 중도 우파의 리더는 김규식이었지.

김규식은 극단으로 치닫는 좌우 대립으로 민족의 앞날이 캄캄하다며 분열을 멈추고 힘을 합쳐야 한다고 말했어. 그러면서 미·소 공동 위원회를 다시 열고, 통일된 임시 정부를 세우고 나서 신탁 통치 문제를 풀어 가자고 했지.

그래서 중도 좌파의 여운형과 중도 우파의 김규식을 중심으로 1946년 7월 좌우 합작 운동을 벌이게 돼. 좌우가 힘을 합쳐 남과 북, 좌와 우의 분열을 막고 통

여운형

여운형은 우리의 나라를 세울 준비를 하기 위해 조선 건국 준비 위원회를 만들었어. 사진은 여운형(가운데)이 연설장에서 사람들에게 둘러싸여 있는 모습이야.

일된 나라를 만들자는 운동이었지.

그런데 우파인 김구는 신탁 통치는 절대 허락할 수 없다면서 이 운동을 거부했어. 이승만은 이미 남한만의 단독 정부를 세우고 북진 통일을 주장한 마당이니 당연히 좌우 합작을 반대했고. 좌파인 박헌영도 우파와 손을 잡는 일을 받아들이지 않았지.

이런 상황에서 1947년 3월, 미국 대통령 트루먼은 일본에 원자폭탄을 떨어뜨렸던 것처럼, 민족의 앞날에 거대한 폭탄과 같은 선언을 해. 공산주의와 싸우는 나라나 정부에 대대적인 경제 및 군사 지원을 하겠다고 한 거야. 이 말은 곧 공산주의를 지원하는 소련에 대한 선전 포고와 같은 것이었어. 이제 미국과 소련은 제2차 세계 대전의 동지가 아니라 적으로 돌아선 거지.

한반도를 둘로 나눠 점령한 미국과 소련이 적이 되었다면 남쪽과 북쪽도 적이 될 운명이었단다. 세계를 양분한 두 강대국의 극단적인 대립은 한반도에도 그대로 영향을 미쳤어. 이런 상황에서 중도파는 설 곳을 잃어 갔지.

또 좌우 합작 위원회가 내세운 토지 개혁이나 친일파 문제의 해결도 각자 이익에 맞춰 주장을 굽히지 않는 좌파와 우파의 대립으로 흐지부지되고 말았어. 그러다가 1947년 5월 여운형이 극우파 청년의 총에 암살당하면서 좌우 합작 운동은 실패로 돌아가고 말았단다.

비록 좌우 합작 운동은 실패했지만 좌익과 우익, 소련과 미국이 적개심으로 맞서고 테러가 아무렇지도 않게 자행되던 무서운 시대에, 민족의 앞날을 걱정하며 용감하게 나선 사람들을 결코 잊어서는 안 되겠지.

하나의 민족, 두 개의 나라

모스크바3상회의의 결정에 따라 한국에서의 민주정부 수립을 위한 미·소 공동 위원회가 열렸어. 하지만 신탁통치에 대한 한국 내 좌우 세력의 입장 차이와 그 세력을 통해 자신들의 정치적 목적을 관철하려는 소련과 미국의 대립이 맞물리면서 아무런 성과를 내지 못하고 끝났지. 그러자 미국은 유엔(국제 연합)에 한반도 문제를 넘겨 버렸어. 사실 유엔은 미국의 영향력 아래 있던 국제기구라 유엔의 결정은 곧 미국의 뜻과 같다고 할 수 있었어.

유엔은 남북한 총선거를 통해 하나의 정부를 세우기로 결정했어. 그리고 총선거를 지원하기 위해 유엔 한국 임시 위원단을 한반도에 파견했어. 임시 위원단은 남쪽에서 선거와 관련된 업무를 마치고 북쪽으로 가려 했는데, 북쪽에서는 소련과 김일성이 들어오지 못하도록 막았단다.

애초에 통일된 임시 정부를 세우자고 제안한 쪽은 소련이었지만 상황이 많이 바뀌었지.

총선거를 하면 지지하는 사람이 많은 쪽이 권력을 잡을 거 아니야? 당시 이남이 이북보다 인구가 훨씬 많았거든. 이런 상황에서 선거를 하면 이남 쪽의 지지를 받는 김구나 이승만을 김일성이 이길 가능성은 거의 없었거든. 그러면 미국의 이익을 대변할 정부가 설 테니 소련은 닭 쫓던 개 지붕 쳐다보는 꼴이 되겠지. 게다가 이북에는 이미 김일성을 우두머리로 하는 정부가 있는 상태였거든. 굳이 총선거를 실시해 미국에게 한반도 전체를 넘기느니 북쪽만이라도 자기 영향력 아래 두는 게 나았지. 그러자 유엔은 38선 남쪽에서만 선거를 치르기로 결정했어.

이승만과 그를 따르는 우파 세력은 두 팔을 들고 환영했어. 자기들이 원하는 대로 착착 일이 진행되고 있었으니까.

분단을 통해 권력을 잡으려는 세력 말고 분단이 민족에게 어떤 비극을 가져올지 아는 사람들도 있었어. 아까 좌우 합작 운동을 이끌던 중도 우파 김규식이 대표적이야. 그리고 또 한 사람, 임시 정부의 주석 김구도 분단을 막으려고 나섰어.

북한으로 가는 김구 일행
김구 일행이 남북 연석 회의에 참석하기 위해 38도선을 넘어 북한 평양을 향하는 모습이야.

김구와 김규식은 많은 반대를 무릅쓰고 38선을 넘어 김일성을 비롯한 북한의 정치인들과 만나 머리를 맞대고 통일 정부를 세우는 방안을 논의했어.

김구는 공산주의를 반대하는 우파였지만 그에게 민족이란 어떤 것보다 우선시되어야 할 중요한 것이었어. 민족이 두 동강 나는 상황은 어떻게든 막아야 할 문제였고.

그런데 때가 너무 늦었어. 북한과 회의를 하고 돌아온 날은 남한만의 총선거를 닷새 앞둔 날이었거든. 닷새 사이에 뭘 할 수 있겠니? 결국 총선거가 예정대로 치러졌단다.

분단을 막으려는 김구 등의 노력에도 불구하고 한반도 남쪽과 북쪽에 이데올로기가 정반대인 정부가 들어섰어. 하나의 민족이 두 개의 나라로 갈라진 거야. 더욱 심각한 것은 두 나라 뒤에 전 세계를 이데올로기적으로 양분한 강대국이 버티고 힘 겨루기를 하고 있었던 거란다. 남한과 북한은 이제 하나로 합칠 기회를 완전히 잃고 파국을 향해서 달리기 시작했어.

02 대한민국 정부 수립

1948년 5월 10일 남한에서만 총선거가 치러졌어. 5·10 총선은 아쉬움이 많이 남는 선거였지만 우리 민족 최초의 민주주의 선거였어. 이전에는 왕이 대를 이어 나라를 다스렸잖아. 나라의 주인은 왕이었고 나랏일을 하는 관리들은 과거를 통해 왕이 뽑았지. 그런데 이제 나라의 주인은 국민이고 선거를 통해 나랏일을 하는 일꾼을 국민이 뽑게 된 거야. 가난한 사람이나 부유한 사람이나, 남자나 여자나, 배운 사람이나 못 배운 사람이나 우리나라 국민이면 누구나 평등하게 선거권을 행사할 수 있었어. 자기가 누굴 찍었는지 아무도 모르게 해서 나중에 불이익을 받는 일이 없도록 비밀 투표로 했지.

이 모든 건 일찍이 1919년 대한민국 임시 정부의 임시 헌법에서 정했던 거야. 바로 대한민국 임시 정부에서 나라 이름을 '대한민국'으로 정하고, 모든 국민에게 평등한 선거권을 주는 것을 헌법으로 정했지. 그러나 일제 강점기여서 선거를 실시하지는 못했는데, 드디어 국민이 민주주의 사회의 주인으로서 자신의 주권을 최초로 행사한 거야.

그렇게 뽑힌 국회의원들이 새 나라의 골격인 헌법을 만들었어. 이때의 국회는 헌법을 만들었다고 해서 제헌 국회라고 불러. 1948년 7월 17일 대한민국 최초의 헌법이 공포돼. 이 날을 제헌절로 정해 해마다 기념하지.

여기서 뽑힌 국회의원들은 이승만을 대통령으로 뽑았어. 지금은 국민이 직접 투표해서 대통령을 뽑지만, 당시에는 국민이 뽑은 국회의원이 대통령을 선출하는 간선제 즉 간접 선거 방식이었지. 지금은 국민이 직

5·10 총선거 실시
1948년 5월 10일 남한에서만 총선거가 치러졌어. 반쪽짜리 선거이기는 하지만 한국 역사에서 최초로 치러진 민주주의 선거라는 데 의미가 크지.

접 대통령을 뽑는 직선제라는 건 다 알지?

이렇게 해서 1948년 8월 15일 민주 공화국을 표방하는 대한민국 정부가 정식으로 들어서게 되었어.

그런데 5월 10일 선거가 치러지고 국회와 정부가 세워지는 그 시간에 제주도에서는 끔찍한 일이 벌어지고 있었어.

제주 4·3 사건

총선거가 있기 1년여 전 1947년 3월 1일 제주도에서도 3·1절 기념행사가 있었어. 그런데 경찰이 탄 말의 발굽에 어린아이가 밟히는 일이 벌어졌지. 사람들은 도망가는 기마 경찰을 따라 경찰서까지 쫓아갔어. 그러자 경찰들이 사람들에게 총을 발포했어. 여기서 6명이 총에 맞아 죽고 6명이 중상을 입었지. 사람들은 경찰의 지나친 행동에 크게 분노했어.

사실 이미 전부터 사람들은 경찰에게 분노하고 있었어. 미군정이 한반도를 점령하면서 일제 경찰들을 그 자리에 그대로 앉혀 두었다고 했지? 사람들은 이런 경찰들을 받아들일 수 없었어. 일제 강점기에 사람들을 잡아 가두고 온갖 나쁜 짓을 하던 사람들이 해방된 뒤에도 똑같이 그 짓을 하고 있었으니 말이야.

게다가 미군정이 제대로 경제 정책을 펴지 못해 사람들은 아주 살기 힘들었어. 엎친 데 덮친 격으로 흉년이 들고 전염병이 돌았지. 제주도 사람들은 속이 부글부글 끓었단다.

그런데 총으로 사람들을 죽인 데서 끝나지 않고 시위대가 경찰서를 습격했다고 왜곡했어. 그리고 3·1절 기념 행사를 준비한 사람들도 잡아들었어. 이에 제주도에서 직장을 다니는 사람의 95퍼센트가 파업을 통해 잘못된 방법으로 문제를 키운 미군정과 경찰에 항의했어. 이 파업에는 공무원뿐만 아니라 심지어 경찰도 일부 참여했지. 그러자 경찰은 파업 관련자를 잡아들였고 그중 파업에 참여한 경찰들은 파면했어. 그리고 그 자리에 바로 서북청년단을 채워 넣었지. 경찰과 서북청년단은 제주 도민을 폭력적으로 제압했어. 서북청년단은 테러와 횡포로 도민들을 공포에 떨게 만들었지. 그들은 우파의 생각에 반대하는 사람이라면 무조건 빨갱이로 몰아붙이며 잔인한 폭력을 서슴지 않았어. 북한에서 토지 개혁으로 땅을 빼앗긴 그들은 마치 복수라도 하듯 흉기를 휘둘렀지. 경찰은 잡아들인 사람들을 일제 강점기 때처럼 가혹하게 고문했어. 고문이 얼마나 잔인하면 세 명이나 죽었겠어. 제주 사람들의 분노는 점점 커져 갔단다.

1948년 남한만의 단독 정부 수립 때문에 전국이 혼란스러웠는데 제주도도 마찬가지였어. 그해 4월 3일 남조선 노동당(줄여서 남로당) 제주 지부는 경찰과 서북 청년단에 분노한 주민들을 모아 단독 선거 반대, 통일 정부 수립 촉구, 경찰과 서북청년단의 탄압 중지 등을 요구하며 무장 봉기를 일으켰어. 오히려 미군정은 문제의 원인이 된 경찰과 서북청년단을 제주도로 더 많이 내려보내 진압하려 했지. 그러나 오랫동안 쌓여 있다가 터져 나온 분노의 감정은 쉽게 가라앉지 않았고 혼란은 계속 이어졌어.

이런 상황에서 5월 10일 총선이 치러져. 제주도 세 선거구는 주민들이 단독 선거에 반대해 투표를 거부하는 사람들 때문에 두 선거구에서 과반수 미달로 무효 처리되었지. 그래서 남한 전체 선거구 가운데 유일하게 제주도 두 곳에서만 국회 의원이 나오지 않은 거야.

선거가 끝나고 정부가 수립되자 이승만은 제주도에서 벌어지는 일을 자신의 정통성에 도전하는 것으로 보고 군대를 파견해. 군인, 경찰, 서북청년단으로 구성된 진압군은 마을에 불을 지르고 주민들을 집단으로 학살했어. 여기서 죽은 사람들은 대부분 사회주의와는 상관없었어. 빨갱이를 골라낸다며 노인, 여성, 어린아이까지 마구 죽였지. 마을 주민 전체를 웅덩이에 몰아넣고 총을 쏘기까지 했단다.

학살과 폭력적 탄압은 1949년 5월 10일 재선거를 치르면서 잠시 잠잠하다가 1950년 6·25 전쟁이 터지면서 다시 빨갱이를 잡아낸다며 시작되지. 이러한 학살과 탄압은 전쟁이 끝난 다음 해인 1954년까지 계속되었어. 4·3 사건으로 3만여 명이 죽었고 한라산 중턱에 있는 마을의 95퍼센트가 불타 없어졌어. 7년이 넘는 시간 동안 제주도는 지옥과 다를 바 없었단다.

친일 경찰에 대한 제주 도민의 불만이 결국 4·3 사건을 만든 셈이야.

사건의 원인은 다양하고, 무장 투쟁을 일으킨 건 남로당 제주 지부 사람들이니 친일파 경찰만을 탓할 문제는 아니야. 하지만 친일파 경찰이 일제 강점기와 똑같이 공권력을 휘두르는 상황이 없었다면 이런 대규모 투쟁은 벌어지지 않았을지도 몰라.

친일파 처단을 위한 반민특위

친일파 문제를 해결하려는 노력이 없지는 않았어. 사실 대한민국 체제를 세우기 위해 구성된 제헌 국회에서 1948년 9월 7일 친일파를 처벌할 법을 만들었어. 바로 반민족행위처벌법이야.

이 법에서는 친일파, 즉 반민족 행위자를 이렇게 규정했어. 구한말 을사조약 등 침략을 위한 각종 장치를 만들던 시기와, 1910년부터 1945년까지 일제 강점기에, 일제에 협력하고 그 대가로 지원금과 사례금을 받은 조선인, 애국자와 독립운동가들과 그들의 가족이나 가까운 사람들을 위협하거나 살해한 조선인 등을 반민족 행위자로 보았지. 이런 사람들을 조사하고 처벌하도록 반민족행위처벌법을 만든 거야.

이 법에 따라 국회는 반민족행위특별조사위원회, 줄여서 반민특위를 설치했단다. 그 아래 특별경찰대, 특별검찰부, 특별재판부를 두어 친일파를 검거해 재판에 넘기고 재판을 통해 처벌하도록 했어. 이 부서들을 통해 반민족 행위자를 잡아들인 거야.

끌려온 자들은 일제에 전쟁 무기를 만들어 바친 기업인 박흥식, 일제를 옹호해 조국의 젊은이를 전쟁터로 내몬 최남선과 이광수, 독립운동가를 체포해 잔인하게 고문하고 죽게 한 김태석, 노덕술 등 수백 명이 넘었어.

친일파 처단에 대한 당시 국민의 기대와 관심은 대단했어. 이제야말로 진짜 해방이 되었나 싶었지.

그런데 친일파를 지지 기반으로 권력을 잡은 대통령 이승만은 여러 차례 반민특위 활동을 비난했어. 또 반민특위가 활동하지 못하도록 반민족행위처벌법 개정안을 국회에 제출하고 친일파를 감싸고돌았지.

이승만의 발언에 힘을 얻은 친일파는 반민특위를 공격하기 시작했어. 심지어 친일 경찰과 함께 반민특위 관계자를 암살하려는 계획까지 세웠지. 또 정부 고위 관리들의 비호를 받으면서 반민특위의 활동을 방해하려고 날마다 시위를 벌였어. 이런 상황에서 1949년 6월 내무부 고위층의 주도로 경찰이 반민특위 사무실을 습격해 특별경찰대를 강제로 무장 해제시켰어. 조사관은 무기를 빼앗기고 반민특위 경비를 서던 경찰도 철수시켜 버렸어.

이승만은 외국 통신사인 AP통신과의 인터뷰에서 반민특위 습격 사건은 자신의 지시로 이루어졌다고 대놓고 말했어. 이승만은 반민특위가 자신의 지지 기반인 친일파를 잡아들이는 것에 사사건건 비난했어. 대표적인 예로 일제 강점기에 독립운동가를 잡아서 고문하여 죽이기까지 한 고문 전문가 노덕술이 반민특위에 체포되자 노덕술을 풀어 주라고 반민특위에 압력을 가했지. 노덕술은 독립운동가만 전문적으로 잡아 자백을 받아 내는 악랄한 고문으로 유명했지. 심지어 극도의 고통을 주는 고문 기술까지 개발했어.

이런 노덕술은 해방 이후 이승만의 최측근인 수도경찰청장 장택상과 경무부장 조병옥의 추천으로 다시 경찰이 되었어. 그는 의열단 단장이었던 김원봉을 파업을 주도한 공산당이라며 참혹하게 고문하는 등 좌익 탄압에 앞장선 덕에 이승만으로부터 반공 투사라는 칭찬을 받았지. 결국 노덕술은 아프다는 핑계로 감옥이 아닌 병원에서 편히 쉬다가 반민특위가 해체되자 경찰 고위직으로 되돌아온 거야.

독립운동가가 해방된 뒤 친일파 경찰에게 고문을 받는 기막힌 세상이었지.

이 무렵 이승만 정권은 자신들에게 비판적이며 친일파 처단에 적극적이던 국회의원 13명을 남로당의 프락치로 몰아 감옥에 가둬 버렸어. 이를 '국회 프락치 사건'이라고 해. 그리고 반민족 행위자의 공소 시효를 1949년 8월까지 줄이는 개정안을 7월에 국회에서 통과시켰지.

친일파의 범죄를 조사하고 벌을 줄 시간이 한 달밖에 안 남게 되었지. 말이 개정안이지 반민족행위처벌법을 없애자는 법이었지. 이로써 반민특위 활동은 크게 위축되었어.

이승만 정권이 친일파를 처단하자는 법을 없애는 이유로 든 게 반민특위가 사회 불안을 조성한다는 거였어.

이렇게 이승만 정권에 의해 반민특위는 흐지부지되고 말았어. 반민족행위처벌법은 1951년 2월에 완전히 폐지되었지. 이로써 친일파는 더 이상 법적으로 벌을 받을 일이 없어졌고 민족을 배반한 죄에 대해 면죄부를 받게 되었지. 그럼으로써 일제 강점기와 같은 부와 권력을 해방된 대한민국에서도 계속 유지하면서 지배층으로 군림하게 되었단다.

반민특위의 친일파 처벌 실패로, 민족의 정기를 다시 세우고 역사를 바로잡음으로써 진정으로 독립된 나라를 만들 수 있는 기회는 완전히 날아가 버렸어.

죄를 지으면 벌을 받는다는 사회 정의는 완전히 무너졌어. 정의가 무너지자 올바른 것을 위해 목숨 걸던 독립운동 정신도 자취를 감추고 오직 자기 밥그릇만 챙기면 그만이라는 이기주의가 판을 쳤지. 아무런 가책도 없이 부정부패를 저지르는 세상이 시작된 거야.

이렇게 반민특위가 해체되고 민족의 정기를 바로잡을 기회가 사라지던 1949년 여름, 대한민국 임시 정부의 기둥 김구가 현역 육군 소위인 안두희에게 암살당했어. 안두희는 서북청년단의 주축으로 활동하다가 육군 사관 학교에 들어가 장교가 되었지. 살인죄로 감옥에 들어간 안두희는 이듬해 1950년 6·25 전쟁이 터지자 1년도 채 되지 않아 석방되고 다시 장교로 복귀했어.

최초 헌법의 주요 내용

헌법 제1조
1) 대한민국은 민주 공화국이다.
2) 대한민국의 주권은 국민에게 있고, 모든 권력은 국민으로부터 나온다.

단원정리문제

1. 해방을 맞은 시기에 있었던 일이 <u>아닌</u> 것은?

① 여운형과 동료들은 조선 건국 준비 위원회를 만들었다.
② 노동자들은 일본인이 떠난 공장을 스스로 관리해 정상적으로 운영했다.
③ 일제 감정기에 기득권을 가졌던 사람들은 한민당을 결성했다.
④ 미국은 소련에 남한과 북한의 분할 점령을 제안했다.
⑤ 김구는 임시정부 주석의 자격으로 입국했다.

2. 제주 4·3 사건이 발생하게 된 배경으로 옳지 <u>않은</u> 것은?

① 3·1절 기념행사에서 경찰 발포로 사람들이 죽었다.
② 남한 단독 선거를 놓고 갈등이 깊어졌다.
③ 귤, 말 등의 공납으로 사람들이 살기 힘들었다.
④ 경찰과 서북청년단이 제주 도민을 상대로 무차별 폭력을 휘둘렀다.
⑤ 경찰의 고문으로 사람들이 죽었다.

3. 이승만 정부에 대한 설명으로 옳은 것은?

① 초대 대통령 이승만은 독립운동가 출신이었다.
② 친일파를 처단해 민족 정기를 세우려 노력하였다.
③ 경제개발 5개년 계획을 수립하였다.
④ 국민이 직접 투표해 대통령을 뽑았다.
⑤ 새마을 운동을 전개하였다.

 **6·25 전쟁**

01 전쟁의 위기가 몰려오는 한반도

한반도를 둘러싼 나라밖 상황

세계가 자본주의 진영과 공산주의 진영으로 날카롭게 대립하며 냉전의 골이 깊어질 때, 한반도 남쪽과 북쪽도 두 진영의 이념을 가진 국가로 갈라지고 말았어.

미국과 소련이라는 두 강대국은 직접 전쟁을 벌이지는 않지만 자신들의 이념을 따르는 나라나 집단의 분쟁을 뒤에서 부추겼지. 자기들은 전쟁 피해를 피하면서 전 세계에 자기와 같은 이념을 가진 국가들이 늘어나길 바랐던 거야. 이런 걸 대리전이라고 해. 실제 이해 당사자는 따로 있는데 다른 나라들이 대신 싸움을 벌이는 거지.

이런 상황에서 1949년 중국에서는 사회주의 국가를 세우려는 공산당과 자본주의 국가를 세우려는 국민당의 내전에서 공산당이 승리했어. 거대한 중국 대륙이 사회주의 국가가 된 거야. 세계에서 큰 나라에 속하는 소련과 중국이 공산주의 국가가 되고 동유럽 국가들까지 속속 공산주의 국가가 되었어. 세계 지도를 보면 전 세계의 절반 가까이가 공산주의 국가가 된 거야. 세계 대공황 때부터 공산주의를 경계하던 자본주의 국가들은 큰 위기감을 느꼈어. 절대 뒤로 물러설 수 없다는 절박한 심정이었지.

그래서 자본주의 국가는 다른 자본주의 국가를, 사회주의 국가는 다른 사회주의 국가를 지원하면서 서로 세력을 넓히려 안간힘을 썼어. 당연히 자기 세력이 상대방 세력을 먹어치우길 바랐지.

한반도는 바로 이런 두 진영의 냉전이 현실화되는 전쟁터였어. 미국은 남한을 지원했고, 소련과 중국은 북한을 지원했어. 마침 남한의 이승만은 해방 이후부터 북진 통일을 주장했고, 북한의 김일성은 이북을 공산화한 다음 이남을 공산화할 계획을 이미 갖고 있었지.

남한과 북한의 양쪽 정부 모두 전쟁을 일으키겠다고 으름장을 놓는 상황에서 소련군과 미군은 한반도에서 철수했어. 남과 북에 정부가 들어서고 더 이상 한반도에 남아 있을 명분이 없기 때문이야.

북한 김일성은 소련의 동의 아래 무력으로 통일을 이루려고 전쟁 준비를 했어. 소련은 북한에 신식 무기에다가 탱크까지 지원했고 중국도 북한에게 지원을 약속했어.

이 무렵 미국은 공산주의의 확대를 막을 방어선인 애치슨 라인을 발표했어. 방어선은 알류산 열도와 일본 그리고 필리핀을 이었는데, 방어선 북쪽인 한반도와 타이완, 인도차이나반도 등은 포함되지 않았지. 이것을 보고 김일성은 남침을 하더라도 미군이 참전하지 않을 거라고 믿게 된 거야.

1950년 여름, 비극이 시작되다

1950년 6월 25일 새벽, 북한군은 소련제 탱크를 앞세우고 38선을 넘어 물밀듯이 남한으로 쳐들어왔어. 아무런 예고도 없었고 38선 부근에서는 남한군과 북한군의 소규모 전투가 잦았던 터라 한반도 남쪽 전체를 대상으로 하는 대규모 공격을 생각한 사람은 없었지. 그래서 남한은 전혀 전쟁 준비가 되어 있지 않았어. 탱크와 신식 무기로 무장하고 철저하게 전쟁을 준비한 북한군을 당해낼 도리가 없었지.

상황이 심상치 않은 걸 깨달은 대통령 이승만은 라디오를 통해 이 사실을 정반대로 알렸어. '대통령과 정부는 끝까지 서울을 지킬 것이며, 국군이 북한군을 쫓아내고 평양으로 진격하고 있다. 그러니 안심하고 집에 있으라.' 그러고는 정작 자신은 국민을 버리고 재빨리 남쪽으로 도망갔어.

북한군은 대통령이 버리고 떠난 서울로 사흘 만에 밀고 들어왔어. 그제야 상황

폐허가 된 서울 시내
남한을 침공한 북한은 사흘 만에 서울로 밀고 들어왔어. 서울은 말 그대로 폐허가 되고 말았지. 저 멀리 보이는 건물이 경복궁 앞 중앙청(일제 강점기 조선총독부)이야.

을 파악한 서울 시민들은 허둥지둥 보따리를 싸서 피난길에 올랐지. 그런데 남쪽으로 내려갈 길이 사라졌어. 북한군이 남쪽으로 내려오는 것을 늦출 요량으로 이승만이 한강을 건널 유일한 다리를 폭파시켜 버렸거든. 다리를 건너던 수많은 사람이 터지는 폭탄 파편에 죽거나 물에 빠져 죽었지. 아직 다리를 건너지 않았던 사람들은 뒤에서 밀려오는 무시무시한 탱크 소리를 들으며 무너진 한강 다리 앞에서 발만 동동 구를 수밖에 없었단다.

전쟁이 터진 바로 그다음 날, 미국은 유엔에서 남한에 군대를 보내자고 제안했고 유엔은 16개 나라로 구성된 유엔군을 남한에 파견하기로 결정했어. 그런데 유엔군이라고는 하지만 사실 미군이라고 해도 틀리지 않았어. 유엔군 가운데 미군이 90퍼센트 이상을 차지했거든. 이승만은 미군에게 국군의 작전권을 넘겼어. 우리 정부가 아닌 미군의 작전 명령으로 전쟁을 치르게 된 거야. 미국의 맥아더가 사령관을 맡았지.

미군이 전쟁에 뛰어들었지만 북한군의 기세는 쉽게 꺾이지 않았어. 탱크와 최신 무기로 철저히 준비한 데다가 연이은 승리에 사기가 엄청 높았거든. 그에 반해 우리 국군은 전혀 준비가 되어 있지 않았지.

해방된 뒤 남한은 경찰 조직은 엄청났지만 군대 조직을 키우는 데는 집중하지 못했어. 그도 그럴 것이 이승만 정권은 일제 강점기의 경찰 조직을 다시 강화시켜 정권에 비판적인 세력을 억누르는 데 썼거든.

그리고 일제 강점기에 조선에는 군대 조직이 없었지. 일본군으로 끌려간 조선인들은 대부분 외국에서 죽거나 다쳤으니까. 물론 그중에 일본군의 친일파 장교 출신들은 해방 이후 국내로 들어와 군의 중요한 자리를 차지했지만 말이야.

대한민국 임시 정부의 광복군과 항일 무장 투쟁을 하던 독립군이 진짜 우리 군대라고 할 수 있지. 하지만 미군정에서 임시 정부를 인정하지 않기 때문에 대부분은 대한민국 군대로 편입되지 못했어. 심지어 독립군은 철저한 반공주의자들이 권력을 잡은 국내로 들어오지 못하고 러시아(소련)나 중국, 우즈베키스탄 등 중앙아시아 지역으로 흩어졌어.

이런 상황에서 이승만 정권은 미군의 도움에만 기대며 군대를 키우는 데 힘쓰지 않고, 정권 유지를 위해 국민을 억압할 경찰 조직의 힘만 키웠지. 그러니 북한의 침략을 막을 준비가 거의 되어 있지 않았다고 볼 수 있어.

북한군은 남한 곳곳을 휩쓸며 전쟁을 일으킨 지 3개월 만에 낙동강 근처까지 밀고 내려왔어. 이제 한반도에서 대한민국의 땅은 대구와 부산 정도밖에 남지 않았지. 한반도 전체가 북한의 손아귀에 넘어가기 일보 직전이었어. 남한 정부는 부산을 임시 수도로 정했어. 그리고 낙동강에 마지막 방어선을 만들었지. 더 이상 물러설 곳이 없었어.

낙동강에서 북한군에 맞서 유엔군과 국군은 치열한 전투를 벌였어. 시간이 지날수록 오랫동안 먼 거리를 이동하며 싸운 북한군은 조금씩 지쳐 갔어. 게다가 미군은 계속 수가 늘어났지.

이때 맥아더는 기습적으로 261척의 함대로 미 해병대 1개 사단 등 7만 5,000명의 병력을 인천에 상륙시켰어. 인천은 위도로 보아 한반도 중간에 해당하는 도시여서 미군이 북한군의 허리를 끊어 놓은 셈이야. 이제 북한군은 무기와 식량을 보급받을 길이 막혀 버렸지. 전세는 완전히 뒤바뀌었어. 북한군은 낙동강 전선에서도 싸워야 했고 위에서 내려오는 유엔군과 국군과도 싸워야 했어. 한마디로 위

아래로 포위된 꼴이었지. 점점 보급품도 바닥을 보이기 시작했어.

결국 북한군은 유엔군과 국군에 밀려 다시 북쪽으로 후퇴할 수밖에 없었어. 그리고 마침내 유엔군과 국군은 9월 28일 서울을 되찾고 38선을 넘어 북으로 진격했어. 10월 20일에는 평양을 무너뜨리고 곧이어 한반도의 끝인 압록강까지 올라갔지. 남한이 낙동강까지 밀리며 한반도가 공산화될 뻔한 것과 마찬가지로 이번에는 남한에 의해 한반도가 통일되기 직전이었던 거야.

바로 이때 중국군이 전쟁에 끼어들었어. 한반도 전체가 미국의 영향 아래 들어가면 자신들의 턱밑에 적을 두는 셈이잖아. 그러니 가만히 앉아서 북한이 망하는 꼴을 지켜볼 수만은 없었지. 어마어마하게 많은 중국군의 등장에 국군과 유엔군은 후퇴할 수밖에 없었어.

밀리던 유엔군과 국군은 1951년 1월 4일 다시 서울을 북한군에게 내주고 말았

유엔군과 국군의 인천 상륙 작전
미국의 맥아더 장군은 인천 상륙 작전으로 북한군의 허리를 끊어 전세를 뒤집어 놓았어.

어. 이 사건을 1·4 후퇴라고 해. 그렇게 유엔군과 국군은 다시 38선 이남으로 밀려 내려온 거야. 유엔군과 국군은 전열을 정비해 1951년 3월 16일 서울을 되찾았지.

이후 유엔군·국군과 북한군·중국군은 38선 부근에서 밀고 밀리며 치열하게 싸웠어. 그렇게 별다른 소득도 없이 사람만 죽어 가는 소모전이 계속되었단다.

성과 없는 싸움을 그만두기 위해 미군은 1951년 7월부터 북한군·중국군과 휴전 협상을 시작했지. 하지만 휴전 협정은 당장 이뤄지지 않았어.

제2차 세계 대전 때 동지였다가 적으로 갈라선 미국과 소련이 냉전 상태로 들어선 뒤 가장 먼저 터진 전쟁이 바로 6·25 전쟁이야. 첫 번째 대결에서 두 진영 어느 쪽도 패배라는 꼬리표를 달고 싶지 않았어. 그래서 협상 과정에서 자신의 우세함을 어떤 식으로라도 관철하려 했지. 남한과 북한은 서로 더 많은 영토를 차지한 상태에서 전쟁을 끝내려고 치열한 전투를 벌이고 있었고. 한술 더 떠 이승만은 휴전을 반대하고 전쟁을 계속해서 북진 통일을 이루자고 고집을 부렸지.

그러나 양측의 피해가 점점 더 커지자 미군과 북한군, 중국군은 휴전 협상이 시작된 지 2년이 지난 1953년 7월 27일 정전 협정을 맺었어. 이로써 길고 끔찍했던 전쟁이 중단된 거야. 여기서 왜 남한은 빼고 세 나라만 협정을 맺었을까? 그것은 이승만이 끝까지 휴전을 반대하고 북진 통일을 주장하며 정전 협정서에 서명을 하지 않았기 때문이지.

이승만보다 더한 사람이 있었어. 바로 맥아더야. 그는 중국군이 끼어들어 미군과 국군이 밀리자 만주에 핵폭탄을 떨어뜨리자고 우겼지. 그렇게 되면 소련이 가만있겠니? 당시에는 소련도 핵폭탄을 갖고 있었어. 미국이 핵폭탄을 사용하면 소련도 똑같이 보복했을 거야. 그럼 제3차 세계 대전이 벌어지고 결과는 아무도 예측할 수 없었을 거야. 결국 미국의 트루먼 대통령은 맥아더를 사령관 자리에서 내려오게 해. 물론 미국의 핵폭탄 사용을 간절히 바랐던 이승만에게는 매우 아쉬운 일이었겠지만, 우리 민족에게는 정말 다행스러운 일이 아닐 수 없어.

하지만 안심할 상황은 아니었어. 언제라도 전쟁은 다시 일어날 수 있었으니까. 정전 협정이란 말은 사실 아주 무서운 말이야. 전쟁을 멈춘다는 거지 전쟁을 끝낸다는 뜻은 아니거든. 전쟁을 끝낸다는 단어는 종전이야. 종전이 아니라 정전이므로 전쟁의 위험성을 그대로 둔 채 잠시 봉합한 셈이지.

전 세계는 미국이 중심이 된 자본주의 세력과 소련이 중심이 된 공산주의 세력이 서로 세계를 파괴할 수 있는 무기를 만들며 전쟁 분위기를 이어 갔어. 한반도는 이 둘의 힘이 맞부딪치는 최전선이 되었지. 전 세계를 죽음의 공포로 몰고 갔던 제2차 세계 대전에 이어 제3차 세계 대전이 벌어질지도 모른다는 불안감이 전 세계 사람들의 머리에서 떠나지 않았고, 그 시작이 한반도가 될 거라고 생각하는 사람들도 많았단다.

02 전쟁이 남긴 상처들

인적 물적 피해

3년간의 전쟁은 멈췄지만 전쟁의 결과는 참혹했어. 6·25 전쟁을 '톱질 전쟁'이라고 부르기도 해. 한반도 남쪽 끝까지 쓸고 내려온 거대한 톱날은 다시 한반도 북쪽 끝까지 휩쓸고 올라갔어. 그리고 다시 국토를 휘저으며 다시 38선까지 내려온 뒤, 38선 근처에서 위아래로 밀고 밀리며 끝없이 톱질이 이어졌거든.

이 거대한 톱날 아래 사람들은 대책 없이 죽어 나갔어. 사람들이 살던 집은 물론이고 공장, 도로, 철도, 다리 등 주요 시설물이 파괴되었지. 뿐만 아니라 우리의 훌륭한 역사와 문화를 보여 주는 문화유산이 파괴되거나 어딘가로 사라져 버렸단다.

전쟁으로 남한과 북한의 군인들만 120만여 명이 죽거나 다치거나 실종되었어. 군인뿐만 아니라 민간인도 많이 죽거나 다쳤지. 남북한 민간인 희생자 수는 군인보다 훨씬 많은 것으로 추정되고 있단다.

남한은 생산 시설의 절반이 파괴되었는데, 북한의 피해는 더욱 컸어. 또 전쟁을 피해 고향을 떠난 수많은 피난민들은 낯선 곳에서 어렵게 자리를 잡아야 했어. 이 과정에서 가족과 헤어져 다시 만나지 못하게 된 사람들이 있는데 이들을 이산가족이라고 해. 전쟁으로 부모를 잃은 전쟁고아들은 추위와 배고픔 속에 거

1983년 KBS 이산가족 찾기 생방송
이산가족을 찾기 위해 붙여 놓은 수많은 벽보들은 6 · 25 전쟁의 아픔을 적나라하게 보여 준단다.

리를 떠돌아야 했어.

상처와 증오

그러나 무엇보다 슬픈 일은 하나의 민족으로 살아온 사람들이 남과 북으로 나뉘어 서로 죽고 죽이면서 상대방에 대한 깊은 증오심이 심어진 것이란다.

증오의 가장 큰 원인은 국군과 북한군이 한반도의 남과 북을 오르내리며 번갈아 도시와 마을을 점령한 거야. 그럴 때마다 주민들은 어느 한쪽 편을 들어야만 했지. 안 그랬다가는 재판도 없이 당장 총살을 당해야 했거든. 그런데 점령군이 바뀌면 적의 편을 들었다고 죽이는 일이 일상처럼 벌어졌어.

국군이 들어온 지역에서는 '빨갱이'로 지목되면 총살을 당했고, 북한군이 들어온 지역에서는 '반동'이라고 지목되면 총살을 당했지. 법도 인권도 없는, 또 이럴 수도 저럴 수도 없는 지옥 같은 상황에서 사람들은 죽음의 공포에 떨어야 했단다.

이승만이 한강 다리를 끊어 놓아 피난도 못 가고 있던 서울 사람들은 북한군이 쳐들어와 총으로 위협하니 그들의 잔심부름이라도 안 할 수 없었겠지. 그런데 이 모든 사람은 유엔군과 국군이 서울을 수복하자, 경찰과 헌병과 우익 단체에게 '빨갱이'란 이름으로 잡혀가 죽거나 큰 고초를 겪었지.

이런 일련의 사건은 우리에게 씻을 수 없는 깊은 상처를 남겼어. 같은 민족인 남과 북이 서로를 증오하게 되었을 뿐만 아니라, 같은 북한 사람끼리도 같은 남한 사람끼리도 서로를 믿지 못하고 원수처럼 여기게 된 거야.

상처는 전쟁 후 오랫동안 사람들의 가슴에 남아 서로를 미워하고 분열하는 일로 나타났어. 더욱 심각한 문제는 자신의 이익을 위해 분열을 이용하는 자들이 있었다는 거야. 그래서 전쟁의 상처는 아물지 않고 계속 덧나고 깊어졌단다.

대부분의 사람들은 지금 우리가 누리는 평화가 얼마나 소중한지 잊고 살아가지. 아무리 경제적으로 발전해도 평화가 없다면 모래 위에 쌓은 탑과 같아. 모든 것이 한순간에 무너질 테니까. 그래서 남북이 화해하고 통일을 위해 노력하는 것이 무엇보다 중요하단다. 전쟁을 멈추는 정전 협정 대신 전쟁을 끝내는 종전 협정을 맺으려는 것도 그 노력 가운데 하나야.

한·미 동맹 체결

정전 협정으로 전쟁은 일단락되었어. 그러나 정전이란 말에서 알 수 있듯이 언제든 다시 전쟁이 일어날 수 있는 분위기였지. 그만큼 자본주의 세력과 공산주의 세력이 맞서고 있는 한반도는 매우 불안한 상황이었어.

군사적으로 힘이 약한 한국 정부는 전쟁이 끝나자마자 미국과 한·미 상호 방위 조약을 맺었단다. 한국과 미국이 서로 지키고 보호하는 일을 함께 하자는 조약이라는 말이야.

한·미 상호 방위 조약의 일부 내용은 다음과 같아.

2조 무력 공격에 위협을 받을 때는 서로 협력한다.

4조 상호 합의에 의해 미국은 육해공군을 한국의 영토 내와 그 부근에 배치할 수 있는 권리를 가지며 한국은 이를 허용한다.

이 조약으로 군사적인 위협에서 미국과 한국이 협력해 작전을 펼치게 되었어. 물론 그 작전을 지휘하는 주체는 미국이고 말이야. 한국의 영토에 미군이 군부대를 만들어 머물게 되었지. 이 군대를 주한 미군이라고 해. 한국에 주둔하는 미군이란 뜻이야. 이렇게 한·미 동맹이 맺어지고 지금까지 유지되고 있단다.

🎯 단원정리문제

1. 6·25전쟁의 전개 과정을 바르게 나열하시오.

㉠ 북한군의 기습 남침
㉡ 한미동맹 체결
㉢ 중국군 개입
㉣ 1·4 후퇴
㉤ 서울 수복
㉥ 38선을 사이에 둔 공방전 장기화
㉦ 국군, 낙동강까지 후퇴
㉧ 정전 협정 체결
㉨ 압록강까지 진격
㉩ 인천상륙작전으로 전세 역전
㉪ 서울 함락

1. 해방 이후 대외적 상황에 대한 설명으로 옳지 <u>않은</u> 것은?

① 공산주의 세력이 세계적으로 크게 확대되었다.
② 미군 총사령관 맥아더는 철저한 반공주의자였다.
③ 미국은 일본에 철저히 전쟁의 책임을 물었다.
④ 미국은 남한을 반공의 최전선으로 생각했다.
⑤ 일제 패망 직후 소련은 미국보다 먼저 한반도 남쪽에 진주했다.

2. 반민특위에 대한 설명으로 옳은 것은?

㉠ 친일파를 처벌하기 위해 만든 조직이다.
㉡ 건국동맹의 주도로 만들어졌다.
㉢ 이승만의 방해로 제대로 된 활동을 하지 못했다.
㉣ 노덕술의 활약으로 많은 친일파들을 처벌했다.

① ㉠, ㉡
② ㉠, ㉢
③ ㉠, ㉣
④ ㉡, ㉣
⑤ ㉢, ㉣

3. 민족 분열을 막기 위한 좌우 합작 운동에 대한 설명으로 옳지 않은 것은?

① 중도 좌파와 중도 우파가 주도했다.
② 여운형과 김규식은 좌우 합작 운동을 벌였다.
③ 이승만은 단독 정부 수립을 주장하며 좌우 합작 운동을 반대했다.
④ 김구는 민족의 통일을 위해 좌우 합작 운동을 찬성했다.
⑤ 박헌영은 좌우 합작 운동을 거부했다.

4. 대한민국 정부 수립과 관련하여 바르게 기술한 것은?

① 최초로 국호를 대한민국으로 정했다.
② 독립운동을 한 사람들 중심으로 수립되었다.
③ 여성은 투표권이 제한되었다.
④ 전국 모든 투표구에서 국회의원이 선출되었다.
⑤ 간접 선거 방식으로 대통령이 선출되었다.

9부
대한민국은 민주공화국이다

1. 4·19 혁명

이 부패한 독재 정권

1952년 부산 정치 파동, 발췌 개헌

전쟁은 어마어마한 인명 피해뿐만 아니라 민주주의를 크게 후퇴시켰어. 전쟁 중 정부는 부산을 임시 수도로 삼았지.

전쟁 중인 1950년 제헌 의회 국회의원의 2년 임기가 끝났어. 두 번째로 치러진 총선거에서 이승만을 따르는 세력이 선거에서 대거 탈락했지. 예전에 5·10 총선에서 남한만의 단독 선거를 거부했던 임시 정부 세력 등 이승만을 반대하는 사람들이 선거에 참여했기 때문이야.

대통령을 더 하고 싶었던 이승만은 큰일이다 싶었지. 대통령 선거는 국회의원들이 투표해서 뽑는 간접 선거제였잖아. 이승만을 반대하는 사람들이 국회의원이 되었으니 다음 대통령은 물 건너간 분위기였어. 그래서 이승만은 일단 국회 안팎에 있는 여러 단체를 모아 자유당을 만들었어. 일을 꾸미려면 앞장설 사람이 있어야 하니까.

이승만은 국회의원에 의한 간접 선거제를 폐지하고 국민이 직접 대통령을 뽑는 직접 선거제로 개헌을 시도해. 직접 선거를 하면 자신이 당선될 수 있다는 확신이 있었거든.

당시는 전쟁 중이라 국민 모두 극도로 불안한 상태였어. 국민들은 대통령을 바꾸는 게 부담스러울 수밖에 없겠지. 게다가 미군이 없으면 당장 북한군에게 먹힐 상황이었고 말이야. 미국과 친한 이승만이 없다면 혹시 뭔가 잘못되지 않을까 하는 불안감도 있었고.

또 당시 사람들은 민주주의에 대한 경험이 없었어. 대신 오랜 옛날부터 이어져 온 왕정에 익숙해져 있었어. 다시 말해, 대통령을 국민이 뽑은 일꾼이 아니라 국민을 다스리는 왕처럼 생각했던 거야. 여러모로 직선제로 바꾸면 이승만이 다시 대통령이 될 가능성이 있는 상황이었단다.

이런 상황에서 이승만은 무슨 수를 써서라도 직선제로 헌법을 고치려고 했어. 이승만의 속셈을 알고 있던 국회는 직선제 개헌안을 거부하고 내각 책임제로 정부 형태를 바꾸는 헌법 개정안을 제출했지.

그러자 이승만은 헌병을 시켜 국회의원들이 탄 통근 버스를 군부대로 끌고 가서 공산주의자로 몰았어. 공산주의 세력과 싸우는 전쟁 중에 공산주의자는 곧 적군이니 당장 총으로 쏴서 죽이겠다는 말이었지. 이때 헌병대장이 누군지 알아? 바로 반민특위에 잡혀 갔다 풀려난 친일 경찰 노덕술이야!

헌병은 국회의원들을 경찰서 지하에 가두고 깡패를 시켜 협박했어. 그런데도 직선제 개헌에 반대하면 감옥에 가둬서 아예 국회에 나오지 못하게 했지.

이런 분위기에서 직선제 개헌안이 표결에 부쳐졌어. 그런데 여기서도 말도 안 되는 일이 벌어져. 비밀 투표가 아니라, 찬성하는 사람은 자리에서 일어서는 식으로 공개 투표를 한 거야. 뒤에는 깡패들이 눈을 부라리는 상황에서 말이지. 민주주의 선거의 기본은 비밀 선거 아니겠니? 이렇게 누가 누구를 찍었는지 다 알도록 한다면 자유롭고 공정한 선거가 이뤄질 수 없겠지.

온갖 탈법과 폭력을 동원해 이승만은 직선제 개헌안을 통과시키고, 마침내 1952년에 치러진 대통령 선거에서 승리해. 이것이 대한민국 역사의 첫 번째 개헌인 '발췌 개헌'이야. 이승만은 자신의 직선제 개헌안과 국회의 내각 책임제 개헌안에서 좋은 것만 발췌해 개헌안을 만들었다고 주장했어. 언뜻 들으면 서로의 생각을 다 받아들이는 것 같지만 실제로는 직선제 개헌안만으로 선거를 치르고 정부를 꾸렸지. 내각 책임제에 관한 내용은 시행조차 되지 않았어.

이렇게 임시 수도 부산에서 벌어진 일을 가리켜 '부산 정치 파동'이라고 불러. 이건 단지 1952년에 있었던 하나의 사건이 아니라 앞으로 대한민국의 정치가 어떻게 흘러갈지 보여 주는 중대한 일이었지.

다시 친일파의 세상이 펼쳐지다

전쟁이 미친 영향 가운데 중요한 것이 있어. 바로 친일파가 다시 한국의 지배 계층으로 자리 잡았다는 거야. 전쟁을 치르면서 친일파 청산을 강하게 주장했던 좌파들은 죽임을 당하거나 북으로 넘어갔어.

우파지만 친일파 청산에 적극적이고 이승만에 비판적인 중도파도 빨갱이 사냥으로 제거되었지. 이제 친일파를 몰아낼 사람들은 거의 사라졌어. 친일파는 일제 강점기 때와 같이 한국 지배 계층의 핵심을 차지한 거야.

정치는 물론 경제, 군대, 경찰, 검찰, 법원, 문화(미술, 음악, 문학 등), 교육, 스포츠 등 모든 분야의 최상층은 친일파가 차지하고 친일파에 복종하는 사람들만 높은 자리에 앉혔어. 성공에 눈이 먼 사람들은 친일파에 줄을 대려고 바빴지.

친일파의 눈에 들지 않고는 어느 분야에서도 성공할 수 없었어. 또 그들의 눈 밖에 났다가는 공산당으로 몰려 가혹한 처벌을 받거나 평생토록 직장도 구하지 못하는 처지가 될 수도 있었지.

친일파들은 또 독립운동가의 가족이나 친인척이 유공자로 지정되는 것을 방해했고, 심지어 친일파가 독립운동가로 둔갑하는 일도 벌어졌어.

전쟁 과정에서 반대 세력을 완전히 제거한 친일파는 부와 권력을 독차지할 수 있는 확실한 기반을 마련했어. 미군정과 이승만의 비호 아래 반민족 행위자로 처벌받는 것을 모면한 친일파는, 전쟁을 통해 우리 민족의 미래를 마음대로 주무를 수 있게 된 거야.

미국 경제 원조의 빛과 그림자

전쟁으로 국토 전체가 폐허가 되고 공장과 산업 시설의 절반 이상이 파괴되었어. 몇몇 부자와 관리를 제외하고는 국민 대부분이 굶주림에 시달렸지.

이때 여러 국제단체에서 구호물자를 보내 우리를 도와주었어. 구호물자는 통조림, 우유 가루, 밀가루와 옥수수 가루 등 식량이 대부분이었어. 물론 언제까지나 구호물자를 받을 수는 없으니 서둘러 경제를 살려야 했지. 황무지가 된 땅을 일궈 농사도 짓고, 물건을 생산할 공장도 세우고, 물자를 나를 도로와 철도, 다리도 다시 만들어야 했어. 그러려면 자본이 있어야 하는데 전쟁이 끝난 우리나라에 남아 있는 건 정말 아무것도 없었지.

이때 미국은 우리나라에 농산물과 소비재를 원조해 주었어. 미국이 원조해 준 것은 밀, 사탕수수, 면화 등이었어. 잉여 농산물이라고 해서 미국에서 너무 많이 생산돼 남아도는 것이었지.

미국이 원조해 준 밀로는 밀가루를 만들고, 사탕수수로는 설탕을 만들고, 면화로는 옷을 만들며 산업을 일으켜 나갔어. 이때 밀가루, 설탕, 면화 세 가지가 모두 흰색이어서 관련 산업을 '삼백산업'이라고 불러.

그런데 말이야, 원조 물자는 아무에게나 주지 않았어. 그것을 가공할 공장이나 기계가 있는 사람에게만 주었지.

당시에 공장이나 기계는 일제 강점기에 일본인이 소유했다가 일제 패망 후 남기고 간 것들이야. 이것을 귀속 재산이라고 불러. 귀속 재산은 미군정 소유가 되었고 이후 대한민국 정부로 넘어갔지.

정부는 귀속 재산을 아주 싼 값으로 처분했어. 그런데 아무리 싸다고 해도 공장이나 기계가 한두 푼 하는 건 아니잖아? 귀속 재산을 산 사람들은 일제 강점기부터 돈을 많이 갖고 있던 사람들이었지.

이 돈 많은 사람들은 당시 정부로부터 아주 싼 가격에 귀속 재산을 사들였는데, 모자라는 돈은 금융 기관에서 매우 낮은 이자 혜택을 받으며 빌렸지.

공장과 기계를 소유한 기업가들은 원조 물자까지 독점하면서 큰 이익을 얻을 수 있었어. 이 과정에서 좀 더 많은 원조 물자를 받기 위해 정부와 정치인에게 뒷돈을 주기도 했지. 이 뒷돈은 선거 때 정치인들이 국회의원으로 다시 뽑히기 위한 자금으로 쓰였어. 기업가와 정치인이 국민들의 심각한 경제 상황은 아랑곳하지 않고 검은 뒷거래를 했으니 나라 꼴이 잘 될 리 있겠니?

반공으로 반대 세력을 제거하다

정부는 정치인과 기업가가 저지르는 온갖 부정부패와 불법 행위를 바로잡고

재판받는 조봉암
반공을 내세운 이승만은 조봉암처럼 자신과 반대되는 세력을 희생시켰어. 조봉암은 결국 사형에 처해졌지.

도탄에 빠진 국민을 위해 노력해야 했어. 하지만 이승만 정권은 그렇게 하지 않았지. 오히려 정부를 비판하는 개인이나 단체를 공산주의자로 몰아세웠던 거야.

이런 방식은 해방 이후 친일파가 반탁을 외치며 찬탁 쪽 사람들을 빨갱이로 몰아세운 이래로 극우파나 우파의 단골 레퍼토리가 되었지.

이렇게 시작된 반공주의는 전쟁을 거치면서 정권을 유지하는 가장 유용한 도구로 자리 잡았어. 전쟁이라는 말만 나와도 경기를 일으킬 정도인 국민들에게 이승만 정권은 북한이 당장 전쟁을 일으킬 것처럼 선전했어.

국민의 공포심을 자극해 얻은 지지를 바탕으로 이승만 정권은 자신들의 부정부패와 무능을 지적하는 사람들을 제거했어. 심지어 야당 대통령 후보인 조봉암을 공산주의자로 몰아 사형에 처했고 진보당을 해산시켜 버렸지. 또 정부를 비판하는 글을 실었다고 해서 경향신문을 강제로 폐간하기까지 했단다.

한술 더 떠 우파의 사주를 받은 조직 폭력배들이 반공 청년단이라는 이름으로 정권에 반대하는 사람이나 단체에 무자비한 폭력을 휘두르기도 했어.

이렇게 나라가 썩어 가고 있을 때인 1950년대 말 미국은 우리나라에 대한 원조를 줄여 나갔어. 그만큼 도와줬으면 이제 너희가 알아서 살아가라는 것이었지. 그런데 이승만 정권은 경제 발전에 관한 비전도 없었고 노력도 없었어. 일제 강점기부터 외국의 도움을 받는 걸로 모든 문제를 해결하려던 이승만은 미국의 원조를 받는 게 거의 유일한 경제 정책이었지.

원조가 축소되자 대한민국 경제는 크게 휘청거렸어. 경제 위기에 따른 고통은 전쟁 직후와 마찬가지로 기업가나 정치인을 제외한 일반 국민의 몫이었단다.

02 국민들이 일어나 부패한 이승만 정권을 심판하다

사사오입 개헌

　1954년에 국회의원을 뽑는 총선이 치러졌어. 이승만은 다시 헌법을 뜯어 고치려고 해. 기존 헌법은 대통령의 임기를 4년으로 하고 두 번까지만 대통령을 할 수 있도록 정해 놓았어.

　이승만은 이미 두 번 대통령을 했으니 더 이상 대통령을 할 수는 없었지. 따라서 1956년 치러질 대통령 선거에는 나가지 못해. 또 대통령이 되고 싶던 이승만은 다시 한 번 헌법을 고치려 마음먹었어. 그런데 헌법을 고치려면 1954년 총선에서 자신을 지지하는 자유당 국회의원이 야당보다 많이 당선되어야 했어.

　대통령 이승만은 1954년 총선에서 전국에 깔린 공무원과 경찰을 이용했어. 일제 강점기부터 공무원과 경찰 조직은 국민을 우습게 알고 언제나 국민 위에 군림했지. 마치 조선 시대 관리들처럼 말이야. 국민들은 그들을 아주 두려워했어. 역시 조선 시대 백성들처럼 말이지.

　그런데 공무원과 경찰이 국민들에게 상냥한 얼굴로 고무신도 주고 막걸리와 밥도 사 주고 돈도 주었어. 자유당 후보를 찍으라고 하면서 말이야. 국민들은 공무원과 경찰 말대로 안 하면 어떤 보복을 당할지 몰라 불안했겠지? 게다가 술과 음식과 돈을 받았으니 이래저래 말을 듣지 않기가 어려웠어. 깡패들은 눈을 부라리며 돌아다니고 경찰은 그 뒤에서 국민을 감시했어.

　총선 결과는 자유당 승리. 총 203석의 국회의원 의석에서 114석을 차지했어. 그런데 헌법을 고치려면 국회의원 2/3 이상의 찬성이 필요해. 2/3가 되려면 몇십 명이 모자라잖아. 그래서 자유당 말고 다른 국회의원을 각종 이권으로 꾀어 자기편으로 삼았지.

　대통령의 임기를 세 번 연거푸 하는 것을 금지하는 헌법을, '초대 대통령에 한해서 그 이상 대통령을 해도 된다'는 것으로 고치는 개헌안이 발의되었어. 즉, 이승만이 죽을 때까지 대통령을 해도 된다고 법을 바꾼 거야.

　투표 결과, 개헌 찬성표가 135표가 나왔어. 개헌안이 통과되려면 203명 가운데 2/3인 135.333······ 이상이 되어야 하니까 총 136명이 찬성해야 하지. 그런데 딱 한 표가 모자란 거야.

그러자 자유당은 반올림을 해서 소수점 이하인 0.333을 버리면 135가 되므로 개헌안은 통과된 거라는 해괴한 논리를 들고 나오지. 말도 안 되는 반올림을 들 먹이며 개헌을 강행했다고 해서 이를 '사사오입 개헌'이라고 해.

1956년 대선, 여당 대통령 후보는 당연히 이승만이고, 야당에서는 민주당 신 익희와 진보당 조봉암이 후보로 나섰지. 그런데 선거를 열흘 앞두고 갑자기 신익 희 후보가 심장마비로 죽어. 선거는 이승만과 조봉암의 대결이 되었지.

선거 결과 이승만이 약 500만 표, 조봉암이 약 250만 표를 얻어. 그런데 무효 표가 185만여 표나 나왔어. 세상을 떠난 신익희를 기리는 표였어. 조봉암 표와 신익희 표를 합치면 이승만 표에 거의 근접하는 435만 표나 되지.

당시 선거가 공무원, 경찰, 깡패 등이 동원되어 막걸리와 고무신을 돌리고 온 갖 협박과 폭력이 난무하는 상태에서 이뤄진 데다, 조봉암 표를 이승만 표로 바 꿔치는 등 갖가지 속임수가 동원된 것을 생각하면, 공정한 선거일 경우 야당이 여당을 이겼을 수도 있었어.

실제로 대통령 선거와 함께 치러진 부통령 선거에서는 민주당 장면 후보가 자 유당 이기붕 후보를 따돌리고 부통령에 당선되었단다.

국민의 마음은 이미 경제 정책에 실패하고, 전쟁에서 국민을 버리고, 양민 학 살을 묵인한 자유당과 이승만을 떠나고 있었던 거야.

이승만 정권, 부정 선거로 민주주의를 더럽히다

시간이 흘러 1960년 대통령 선거가 치러졌어. 야당이 선거에서 승리할 가능성 이 아주 높았지. 자유당은 대통령 후보로 이승만, 부통령 후보로 이기붕을 내세 웠고, 민주당은 대통령 후보로 조병옥, 부통령 후보로 장면을 내세웠어. 그런데 4년 전 대통령 선거처럼 똑같은 일이 벌어져. 민주당 대통령 후보였던 조병옥이 선거를 앞두고 갑자기 죽었어. 따라서 대통령 후보는 이승만 혼자였지. 투표도 하기 전에 대통령이 된 거야.

이승만이 대통령으로 확정된 상태에서 이제 눈여겨볼 건 부통령이 누가 되느냐였어. 1960년에 이승만은 무려 86세였지. 당시 한국 남성 평균 수명이 고작 50세 정도인 걸 감안하면 꽤 장수한 거야. 그래서 대통령직에 있다가 세상을 떠날 수도 있었어. 당시 헌법에는 대통령이 죽으면 부통령이 대통령직을 잇도록 했어. 그러니 부통령 선거가 대통령 선거만큼이나 중요했던 거야.

정권이 바뀔 정도의 중요한 선거이니 그동안 밥 먹듯 부정 선거를 해 온 자유당이 가만있지 않았겠지? 1960년 대통령 선거에서 자유당이 벌인 부정행위는 그들이 이전에 저지른 것보다 엄청났어. 전 세계에서 치러진 선거 가운데 아마 최악의 부정 선거였을 거야. 어떤 방법이 쓰였는지 좀 볼까?

투표장에 가면 자유당에서는 당연하다는 듯 막걸리와 고무신에 돈까지 돌렸어. 그리고 여러 명이 한꺼번에 기표소에 들어가 도장을 찍게 했는데, 그 옆에는 깡패가 눈을 부라리고 있었어. 어디 무서워서 야당에게 도장을 찍을 수 있었겠니?

정말 기가 막힌 일은 투표함에 미리 자유당 부통령 후보 이기붕에게 도장을 찍은 표를 넣어 둔 거야. 예를 들어 투표자가 1,000명인 투표소에서 이기붕 지지표가 1,500명이 나오는 경우도 있었어. 그래서 나중에 투표 결과를 발표할 때는 서둘러 이기붕의 득표수를 낮추기도 했지.

이승만 정권에 대한 국민의 실망과 분노를 잘 알고 있던 자유당은 선거일인 1960년 3월 15일 이전부터 갖가지 부정을 저지르는 상태였던 거야.

이렇게 물밑에서 온갖 부정이 저질러지던 2월 28일 일요일, 대구에서 장면 후보가 유세를 펼치고 있었어. 그런데 이승만 정권은 학생들이 야당 후보의 연설을 듣지 못하게 했지. 대구 학생들은 거세게 반발했어. 이것이 이승만 독재에 저항하는 대규모 시위의 시작이 되었단다.

4·19 혁명

선거 당일인 3월 15일, 자유당이 드러내 놓고 부정 선거를 하자, 마산의 민주당 정치인과 학생, 시민이 선거 무효를 외치며 거리로 나왔어. 경찰은 최루탄과 총을 쏘아 댔고 수많은 사람이 죽거나 크게 다쳤지. 이날의 사건 소식이 전국으로 퍼져 나갔어.

그러던 4월 11일, 마산 앞바다에서 3월 15일 부정 선거 규탄 시위에 나갔다가 실종된 마산상고(현재 마산용마고등학교) 1학년 김주열의 시신이 눈에 최루탄이 박힌 참혹한 모습으로 떠올랐어.

이 모습에 마산 시민들의 분노는 극에 달했고 격렬한 시위가 벌어졌지. 시위의 불꽃은 전국으로 번져 나갔어. 서울에서는 대학생들이 시위를 시작했는데, 이승만 정권이 고용한 깡패들이 학생들을 습격했지.

1960년 4월 19일, 전국 방방곡곡에서 학생들과 시민들이 거리로 뛰쳐나왔어. 심지어 초등학생도 '우리들 부모 형제들에게 총부리를 겨누지 마라!'라며 시위에 함께했지. 더 이상 이승만 정권을 용서할 수 없었던 거야. 수만 명으로 불어난 시위대는 지금의 청와대에 해당하는 경무대로 몰려갔어. 경찰은 시위대를 향해 총을 발사했고 수많은 사람이 피를 흘리며 쓰러졌어.

경찰 발포에 항의하는 초등학생들
4·19 혁명 당시 초등학생들도 나서서 우리들 부모 형제에게 총부리를 겨누지 말라며 시위에 참여했어.

계엄군의 탱크를 접수한 시위대
4·19 혁명 당시 계엄군은 탱크로 시위대를 진압하려 했지만 오히려 시위대가 탱크를 접수한 모습이야.

그러나 시위는 잦아들기는커녕 전국적으로 확대되었고 정부가 비상계엄령을 선포하고 시위를 막으려 했어. 하지만 분노로 들끓어 오른 국민들을 억누르기는 이미 늦었지. 총알이 빗발쳤지만 아무도 물러서지 않았어.

해방의 기쁨을 느끼기도 전에 다시 득세한 친일파와 이를 토대로 정권을 잡고 미국에나 기댄 채 변변한 경제 정책 하나 내놓지 못하고 국민들에게 굶주림만 선사한 이승만, 일제 강점기에 이어 다시 부와 권세를 누리는 소수에게 베풀어진 온갖 특혜, 그리고 민주주의 국가에서 가장 중요한 국민의 권리인 투표권마저 부정 선거로 농락한 정권, 가슴속 깊이 억눌려 있던 울분이 한꺼번에 터져 나왔단다.

우리 민주주의 역사에서 가장 중요한 사건 중 하나인 4·19 혁명은 이렇게 국민의 피로 일어났어. 이날 시위로 100명 넘는 사람이 죽었고, 1,000명 이상이 크게 다쳤어. 너무 많은 사람이 피를 흘린 1960년 4월 19일 화요일을 사람들은 '피의 화요일'이라고 불렀단다.

　이승만 정권의 탄압에도 시위는 계속되었고 4월 25일에는 대학 교수들도 시위에 참여했어. 4월 26일에는 거리마다 시위대로 들끓었지. 이제 어느 누구도 시위대를 막아설 수 없었어. 그리고 이날 오전 이승만은 더 이상 버티지 못하고 대통령직에서 물러나겠다고 선언했어. 그가 물러나자 자유당도 함께 무너졌지.

　1960년 4월 19일, 부패하고 무능한 독재 정권을 무너뜨리려고 국민들이 저항한 사건을 4·19 혁명이라고 부른단다.

짧은 민주주의의 봄

　이승만 정권이 물러나고 국회는 헌법을 고쳐 한 사람에게 권력이 집중되는 대통령제를 의원 내각제로 바꿨어. 대통령은 나라를 대표하고 나라 살림은 국무총리가 하도록 한 거야. 1960년 7월 29일 총선거를 치른 결과, 민주당이 압도적인 승리를 거두었어. 대통령에는 윤보선이, 국무총리에는 장면이 뽑혔어. 이때 정부 체제는 의원 내각제이니 정부를 운영하는 최고 책임자는 대통령이 아니라 국무총리였어. 즉, 장면 정부가 들어선 거야.

　이승만 정권이 물러나자 대한민국에 비로소 민주주의가 싹트기 시작했어. 사회단체를 만들고 정치적 표현을 하는 것이 자유로워졌어. 도지사, 시장, 군수, 면장에 이르기까지 지방 행정을 담당하는 대표를 국민의 손으로 직접 뽑는 지방자치제가 처음 실시되었지. 학교 내에 설치된 군사 조직이 사라지고 민주적인 학생회가 만들어졌어. 노동자의 권리를 지킬 노동조합도 만들어졌단다.

　장면 정부는 서둘러 국민들의 배고픔을 해결하기 위해 경제를 살리려고 노력했어. 국방비를 아껴 농경지를 정리하고, 도로나 댐을 건설하는 국토 개발 사업을 계획했지. 무엇보다 체계적인 경제 발전을 위해 '경제 개발 5개년 계획'을 세우기도 했어.

　민주화에 발맞춰 통일을 향한 움직임도 활발해졌어. 이제는 통일이야말로 해방 이후 강대국들과 이에 기대어 권력을 잡은 사람들이 만든 모든 문제를 해결할 수 있는 방법이었기 때문이야. 분단 상황을 민주주의를 억압할 도구로 이용해 온 이전 정권의 잘못을 바로잡는 방법이기도 했지. 정당과 사회단체는 '자주, 평화, 민주'라는 통일 원칙을 세우고 민족자주통일협의회를 조직했단다.

대학생들은 '가자 북으로, 오라 남으로!'라는 구호를 내걸고 1961년 5월 판문점에서 남북 대표가 만나기로 했어. 바야흐로 민주주의와 통일의 싹이 움트기 시작한 거야.

그런데 5월 16일 새벽, 한강 대교에서 불길한 총소리가 울려 퍼졌어.

단원정리문제

1. 4·19 혁명과 이후 전개 과정을 바르게 나열하시오.

㉠ 총선거를 통해 민주당 장면 내각 수립
㉡ 실종된 고등학생 김주열 시신 발견
㉢ 이승만 정부, 3·15 부정선거 자행
㉣ 대학 교수 시국 선언문 발표
㉤ 3·15 부정선거 규탄 시위
㉥ 경찰, 시위대에 발포, 사상자 발생
㉦ 시위 전국적으로 확산
㉧ 이승만 하야
㉨ 민족자주통일협의회 조직
㉩ 경제개발5개년 계획 수립
㉪ 지방자치제 최초 실시

2. 산업화에 볼모가 된 민주주의

01 5·16 군사 쿠데타

군인들, 쿠데타로 민주 정부를 무너뜨리다

민주주의 회복과 통일에 대한 국민의 열망이 어느 때보다 뜨거웠던 1961년 5월 16일, 육군 소장 박정희는 젊은 장교들과 함께 탱크를 앞세우고 대한민국의 수도 서울로 들이닥쳤어. 정치권력을 잡기 위해 쿠데타를 일으킨 거야. 말로는 4·19 혁명 이후 사회 혼란을 가라앉히고 나라를 바로 세우기 위해서라고 했지만, 한 개인의 권력욕으로 벌인 일이라는 건 어린아이들도 다 알았지.

대한민국의 주인은 국민이고 모든 권력은 국민에게서 나와야 한다고 헌법에는 분명히 밝혀져 있지. 그런데 국민의 뜻과는 무관하게 무력으로 권력을 잡으려고 군사 정변을 일으킨 것은 임시 정부 이래 애써 지켜 온 민주주의 질서를 파괴하는 행동이었어. 그 이유가 무엇이었든지 말이야. 박정희와 그의 추종자들이 벌인 반란 행위를 5·16 군사 정변이라고 불러.

박정희는 국민의 손에 뽑힌 장면 총리와 내각을 강제로 내쫓고, 국회도 해산시켜 버렸어. 모든 정당과 사회단체를 해산시키고 어떤 정치적 행동도 금지했지. 또 국민의 눈과 입이 되어야 할 신문도 강제로 폐간시켰어. 눈과 귀와 입을 모두 막을 속셈이었던 거야.

장관 등 정부 기관의 책임자와 도지사, 시장 등 지방 자치 단체의 요직에 모두 자신을 따르는 군인들을 앉혔어. 그리고 국가 재건 최고 회의라는 기구를 만들어 입법, 사법, 행정 삼권의 모든 일을 군인들이 처리하게 했어. 이 기구의 의장은 당연히 쿠데타의 주역인 박정희가 맡았지.

5·16 군사 정변 당시의 박정희
군인이었던 박정희는 4·19 혁명으로 나라가 혼란한 틈을 타 1961년 5월 16일 군사 정변을 일으켰어.

국가 재건 최고 회의는 2년 뒤 혼란을 잠재우고 나라가 경제적·정치적으로 안정을 되찾고 나서 양심적인 정치인들에게 정권을 이양하고 군인 본연의 임무에 복귀하겠다고 약속했어.

그러나 박정희가 쿠데타를 일으킨 진짜 목적은 정권을 잡는 것이었지. 2년 뒤에 정권을 이양하겠다는 말은, 군인이 비합법적인 방법으로 정권을 빼앗은 데 대한 반발을 잠재우고 자기들의 정치적 기반을 마련할 시간을 벌기 위한 거짓말이었단다.

쿠데타를 일으킨 박정희는 몰래 공화당을 만들고 정치 자금을 모았어. 그를 따르는 군인들도 정치적 기반을 만들어 나갔어. 이와 함께 그들의 라이벌인 야당 정치인과 사회단체 등의 정치 활동은 철저히 막아 놓았지. 다음 선거에서 힘을 쓰지 못하게 말이야.

박정희는 농가의 부채를 탕감해 줬어. 또 박정희 자신이 가난한 소작농의 자식임을 부각시켰지. 당시 국민 대부분이 농민인 상황에서 박정희의 인기는 당연히 올라갔지.

합법적으로 정권을 잡을 준비를 착착 진행하면서, 마침내 정권 이양을 약속한 2년 뒤가 되었어. 1963년 10월에는 대통령 선거를, 11월에는 국회의원 선거를 치렀지.

박정희와 그의 추종자들은 군복을 벗고 대통령과 국회의원 후보로 나서서 당선되었어. 물론 공화당 후보로 당선된 사람 가운데 군인 출신이 아닌 일반인들도 있었지만 모두 박정희를 따르는 사람들이었지. 그해 12월 17일 박정희는 공화당이라는 박정희 정당을 행동 부대로 삼아 대통령이 되었어.

이제 국가 재건 최고 회의 대신 정상적인 입법부, 사법부, 행정부가 나랏일을 다시 맡게 되었지. 그러나 삼권의 모든 자리에는 박정희의 사람들로 채워졌어. 대한민국의 모든 권력 기관을 박정희 한 사람 아래 두게 된 거야. 여기서 그치지 않고 중앙정보부라는 정보기관을 만들어 모든 국민을 감시하고 위협하는 임무를 부여했단다.

쿠데타에 성공한 박정희는 북한과 평화 협상을 준비하던 2,000여 명의 통일 운동 세력을 모조리 잡아들였어. 민주주의와 평화 통일의 길을 열어 나가려던 모든 이에게 족쇄를 채운 거야. 그러면서 북한과 평화 통일을 운운하는 것이야말로 공산주의자들에게 나라를 넘기는 거라며 반공을 국시로 삼아 북한과 대결하겠다고 선언했어. 이제 민주주의나 통일을 이야기했다가는 공산주의자로 몰려 죽을 수도 있었지.

반공을 국시로 미국의 지지를 얻어내다

박정희는 국민들의 굶주림을 우선 해결하겠다고 선언했어. 강제로 정권을 잡은 자신에게 따가운 시선을 보내는 국민으로부터 지지를 얻으려는 의도였지. 물론 단지 구호로만 그친 건 아니었어.

사실 이승만이 국민의 지지를 잃은 이유는 부정 선거로 민주주의를 파괴한 것도 있지만, 변변한 경제 정책 하나 없이 국민들을 배고픔에 빠뜨린 무능함도 큰 원인이었어. 박정희도 경제 발전을 통해 국민 생활을 안정시키는 게 가장 시급하다는 사실을 분명히 알고 있었지.

박정희는 쿠데타를 일으킨 지 반 년 만에 일단 미국으로 건너갔어. 첫 번째 목적은 과거 남로당 인사로 활동한 전력 때문이었지.

박정희가 남로당 활동을 했다고 해서 그를 공산주의자로 정의하기는 좀 어려워. 사실 그는 일제 강점기에 다카키 마사오라는 이름으로 만주에서 독립군을 때려잡는 관동군 장교였어. 교사였던 그는 일왕에게 충성을 맹세하는 혈서를 바치고 일본 군인이 되었지. 혈서까지 쓰면서 일본군이 된 것은 출세에 대한 강한 집착 때문이었어.

마찬가지로 남로당에 입당한 것도 출세의 길을 열어 보려는 의도라는 주장이 있어. 당시 남로당은 노동자와 농민으로부터 폭넓은 지지를 얻고 있었거든. 이런 관점에서 보면 박정희는 일본 군인이든 남로당 공산주의자든 개인적인 성공을 위해서라면 어떤 얼굴로도 변신이 가능한 인물이었는지도 몰라.

그런데 남로당 인사라는 전력은 남한에서 권력자가 되는 데 커다란 장애물이었어. 냉전 시대에 강력한 반공 정책을 펼치던 미국의 눈에 박정희의 사상이 의심스러워 보였지. 세계 최강이자 남한에 군사적·경제적으로 막강한 영향력을 미치는 미국의 눈밖에 났다가는 권력을 잡으려던 그의 꿈이 물거품이 될 수도 있는 상황이었어. 사실 이승만이 권좌에서 물러날 때도 미국이 더 이상 이승만을 지지하지 않았거든.

박정희는 미국에 자신이 철저한 반공주의자임을 확인시키고 공산주의의 확산을 저지하겠다고 약속했어. 이에 미국은 경제적·군사적 지원을 계속하겠다고 화답했지. 그러면서 박정희에게 일본과 관계를 개선하라고 했어. 미국은 일본과 한국이 함께 군사적으로 동맹해 소련과 중국에 맞서길 바랐던 거야.

박정희는 미국의 뜻에 적극 찬성했어. 미국의 지지를 얻기 위한 목적도 있었지만, 일본의 자본을 받아서 한국 경제를 살리는 데 쓰려고 했어. 당시 한국은 참혹한 전쟁의 후유증과 이승만 정권의 실패한 경제 정책으로 나라 살림이 최악이었거든. 국민들은 먹을 게 없어 나무껍질을 벗겨 먹으며 겨우 목숨을 부지하는 상황이었어.

02 피땀과 바꾼 경제 발전

굴욕적 한·일 협정을 통해 경제 개발 자금을 마련하다

박정희 정부는 경제 발전을 최우선 과제로 삼고 국가가 주도해 경제를 발전시켜야겠다고 생각했어. 5년 단위로 목표를 정해 단계적으로 경제 발전을 이루겠다는 계획을 세워. 이것을 '경제 발전 5개년 계획'이라고 부르지.

그런데 경제적으로 발전하려면 밑천이 있어야 할 것 아니야? 돈이 있어야 공장을 지어 물건을 만들고, 도로나 다리도 놓아 물건을 전국으로 유통시킬 수 있을 테니까. 그렇게 생산과 유통과 소비가 톱니바퀴처럼 맞물려 돌아가면서 경제는 발전하거든.

그래서 박정희는 일본의 식민 지배로 우리가 당한 고통에 대한 배상을 해 달라며 일본과 협정을 맺으려 했어. 그런데 조건이 너무 굴욕적이었지. 일본은 과거에 자신들이 저지른 잘못에 대해 어떤 사과도 하지 않았어. 한·일 협정을 통해 돈 몇 푼 쥐어 줄 테니 모두 없던 것으로 하자는 식이었지.

문제는 이것만이 아니었어. 식민 지배에 대한 배상을 청구한 것이라면 피해 당사자들에게 배상금이 돌아가는 게 당연하지. 그런데 정작 일제에게 큰 상처를 받은 사람들에게는 한 푼도 돌아가지 않았어. 정부가 경제를 발전시킨다는 미명하에 피해자들의 권리를 빼앗은 거야. 이렇게 피해자들에게 돌아갈 돈은 경제 개발 자금이 되었지.

학생과 시민은 이토록 문제가 많은 한·일 협정을 강력하게 반대했어. 우리 민족의 피 값을 헐값에 넘길 수 없는 데다 아무 사과도 없는 협정은 받아들일 수 없다는 것이었지. 그러자 박정희 정부는 군대를 통해 시위를 폭력적으로 진압했어. 여당인 공화당은 야당이 불참한 국회에서 한·일 협정을 졸속으로 통과시켜 버렸단다.

이 협정으로 당장 경제 개발에 쓸 자금은 확보했지만, 일본에게는 져야 할 모든 책임을 피할 빌미가 되었어. 그래서 일본은 강제 징용 피해자나 종군 위안부 문제가 불거질 때마다 한·일 협정으로 해야 할 도리를 다했다고 뻔뻔하게 나오는 거야.

한·일 협정뿐만 아니라 박정희 정권의 정책에 관한 평가도 크게 엇갈려. 박정희 정권이 베트남 전쟁에 우리 국군을 보낸 것도 서로 다른 평가를 받고 있지.

베트남에 국군을 보내 경제 개발 자금을 마련하다

베트남은 우리처럼 식민 지배를 받다가 해방된 뒤에 분단되었어. 남쪽에는 자본주의, 북쪽에는 공산주의 정권이 들어섰어. 6·25 전쟁이 끝난 2년 뒤인 1955년, 냉전 분위기 속에서 자본주의와 공산주의 두 진영의 대리전 양상으로 전쟁이 벌어졌지. 미국은 처음에 전쟁에 참가하지 않고 사태를 지켜보고만 있었어. 그러다가 공산주의 진영인 북베트남 쪽으로 전세가 유리해지자 참전을 결정했지.

미국은 한국도 전쟁에 참가하라고 요구했고, 박정희 정부는 원조와 경제 협력을 받는 조건으로 5만여 명의 국군을 베트남 전쟁에 투입했어. 미국은 참전한 우리 군인들에게 참전 수당을 지불했는데 군인들은 이 돈을 모두 한국으로 보냈어. 이렇게 전쟁터에서 10억 달러의 외화를 벌어들였지. 또 많은 기업이 베트남군이 사용할 물건을 공급하고 운송 사업과 건설 사업에 뛰어들어 외화를 벌어들었어.

경제 개발에 큰 도움이 되었지만 전쟁터에서 5,000명에 달하는 국군이 죽고 1만 명이 넘는 국군이 부상을 당했지. 또 수많은 국군이 미군이 베트남전에서 뿌린 고엽제로 인한 후유증으로 지금도 고통받고 있단다.

박정희 정부는 베트남 전쟁이 공산주의를 물리치고 자유 민주주의를 지켜내는 투쟁이라 강조하면서 반공 정책을 더욱 강력하게 밀어붙였어. 학생들에게는 '반공 교육'을 실시해 반공을 주제로 글짓기 대회, 표어 만들기 대회, 웅변대회 등을 열었고, 교실 앞뒤에는 반공과 관련된 그림과 문구로 가득 채우게 했지.

반공은 박정희 정권에 반대하는 사람들을 탄압하는 아주 쓸모 있는 칼날이 되었어. 모든 판단의 잣대를 반공에 두어 국민들이 자유롭고 이성적으로 판단할 수 있는 능력을 마비시킴으로써 정부가 하는 일에 다른 생각을 이야기할 수 없게 만들었단다.

한편, 한·일 협정과 베트남 참전을 통해 한국으로 들어온 외화를 바탕으로 한국 경제는 빠른 속도로 발전했고 경제 발전은 국민의 지지를 이끌어냈어. 먹고 사는 데 숨통이 트였고, 열심히 일하면 잘살 수 있다는 희망을 가질 수 있었던 거야. 그러나 희망에는 고통스러운 대가가 필요했단다.

03 독재를 향한 발걸음

장기 집권을 위해 3선 개헌을 하다

경제 발전을 통한 지지를 바탕으로, 1967년 치러진 대통령 선거에서 박정희가 다시 당선되었어. 그런데 문제는 그다음에 치러진 국회의원 선거였어.

여당인 공화당은 이승만 때처럼 고무신과 막걸리를 돌리고 돈 봉투까지 돌리며 공화당을 지지하도록 했어. 이런 불법 선거 운동에는 선거 운동원뿐만 아니라 공무원까지 총동원되었지. 공화당은 국회의원 선거에서 이기고자 거의 모든 수단을 동원했어. 1971년에 있을 대통령 선거 때문이었어.

헌법에는 대통령을 두 번까지만 할 수 있게 되어 있었어. 따라서 박정희는 이번까지만 대통령을 할 수 있었지. 하지만 공화당은 박정희가 한 번 더 대통령을 할 수 있도록 헌법을 고치려 했어. 세 번 대통령을 할 수 있도록 헌법을 고친다고 해서 '3선 개헌'이라고 해. 공화당은 개헌에 필요한 국회의원 수를 확보하려고 기를 썼어. 결국 부정 선거를 통해 개헌에 필요한 국회의원 수를 확보했지.

그러자 대학생들을 중심으로 3선 개헌에 반대하는 시위가 일어났어. 야당 정치인과 박정희 정권에 비판적이었던 사람들도 개헌 반대 투쟁에 동참했지. 박정희 정권은 경찰을 총동원해 시위를 진압했어. 그리고 1969년 공화당은 개헌에 반대하는 사람들 몰래 3선 개헌안을 통과시켰단다.

박정희가 대통령을 하는 것이 정당하다고 주장할 근거는 무엇보다 경제 발전이었어. 아무튼 박정희가 대통령이 되면서 굶주림에서 벗어나기 시작했고 해마다 경제 목표를 달성했으니까.

3선 개헌 반대 운동
박정희가 대통령을 세 번 연이어서 하려고 개헌을 시도하자 대학생들을 중심으로 3선 개헌 반대 운동이 일어
났어.

독재 정권의 일등 도우미, 북한

이와 함께 박정희의 장기 집권에 정당성을 부여한 것은 북한이야. 나라가 안정
되지 못하면 북한의 침략을 받을 수 있다는 선전을 통해 위기감을 심어 줌으로써
국민들의 의식을 보수적으로 기울게 만들었어. 새로운 정권보다 현재 집권하고
있는 정권의 편을 들도록 한 거야.

박정희와 공화당이 3선 개헌을 추진하며 국민의 신뢰를 잃던 1968년, 마침 북
한이 무장간첩 31명을 서울로 침투시켜 청와대 뒷산까지 진입했어. 청와대 경호
대와 총격전이 벌어져 무장 간첩 중 1명을 빼고 모두 사살되었어. 이 와중에 민
간인도 여러 명 목숨을 잃었지.

미국의 군함 푸에블로호가 동해에서 북한 해군에 납치되는 일도 벌어졌어. 북
한이 미국에 대해 선전 포고를 한 것이나 마찬가지였지. 미국은 자신의 국민이나
군대에 위협이 가해지면 상대방을 가차 없이 공격하거든. 그래서 미군의 핵 항공
모함 엔터프라이즈호가 북한의 원산항 근처로 출동했어. 당장 전쟁이 일어날 판

이었지.

당시 미국은 베트남 전쟁을 치르는 중이어서 또 다른 전쟁을 벌이기는 부담스러웠어. 그래서 납치된 선원들을 미국으로 송환하는 선에서 상황을 정리했지. 베트남 전쟁이 아니었다면 한반도 전체가 다시 전쟁터로 변할 뻔한 아찔한 상황이었어.

사건은 이뿐만이 아니었단다. 그해 북한은 울진과 삼척으로 무장 공비 120명을 침투시켰어. 공비들은 국군에게 소탕되기 전까지 무려 두 달 동안이나 강원도 지역을 공포로 몰아넣었지. 무장 공비 가운데 7명이 생포되고 113명이 사살되었어. 이때 남한의 민간인도 많이 죽거나 다쳤고.

당장 전쟁이 터질 것 같은 상황이 연이어 벌어지자 박정희는 '자신이 대통령직에서 물러나면 세상은 다시 혼란에 빠지고 북한이 전쟁을 일으킬 것이다. 겨우 먹고살 만해졌는데 다시 모든 것을 잃어버릴 수 있다'라며 대대적으로 선전했어.

이런저런 사건 사고 속에서 1971년 대통령 선거가 다가왔어. 이 선거에는 지난 선거에서 민주당 후보였던 윤보선 대신 40대의 젊은 후보가 나왔어. 바로 김대중이야. 100만여 명이나 되는 시민이 모인 장충단 공원 유세장에서 그는, '이번에도 박정희가 대통령이 되면 죽을 때까지 대통령직을 내려놓지 않는 종신 대통령이 되려 할 것입니다'라고 연설했어. 그러자 박정희는 '제가 당선되면 다음 선거에는 결코 후보로 나서지 않겠습니다'라며 호소했지.

박정희는 이번에도 어마어마한 돈으로 사람들에게 막걸리와 고무신을 사 주고, 돈 봉투도 뿌리며, 관광버스로 공짜 여행도 시켜 주었어.

불법 선거 운동, 경제 발전이라는 성과, 그리고 북한의 위협으로 보수적인 쪽으로 기운 국민 정서 등이 합쳐졌지만, 박정희는 김대중에게 겨우겨우 이겼어. 만약 선거 과정에서 엄청난 부정을 동원하지 않았다면 김대중이 이길 수도 있었을 거야. 이후 박정희는 김대중을 눈엣가시로 여기게 되었어. 정권을 오래 유지하려면 국민이 직접 대통령을 뽑는 선거 제도를 고쳐야겠다고 생각하게 되었지.

박정희 정권이 또 한 번 헌법을 마음대로 고치는데, 그사이 한국 경제에는 어떤 일이 일어났는지 알아보자꾸나.

04 눈부신 경제 발전과 그림자

한강의 기적

1962년에 경제 개발 5개년 계획을 시작했어. 한·일 협정, 베트남 참전, 광부와 간호사 독일 파견 등을 통해 마련한 자금을 가지고 시작한 경제 개발 계획은 수출 산업을 키우는 쪽으로 진행했어. 국내에서는 경제 개발에 쏟아부을 정도로 큰 자본을 만들 시장이 없으니, 외국에서 돈을 벌어들여 경제를 발전시키겠다는 것이었지.

제1, 2차 경제 개발은 풍부한 노동력을 바탕으로 가발, 신발, 옷감, 합판 등을 만들어 미국과 일본으로 수출하는 경공업이 중심이었어. 일상생활에서 흔히 쓰는 물건을 만드는 공업을 경공업이라고 해. 경공업은 큰 자본이나 높은 기술력 없이도 노동력만 있으면 되니 농업 중심 산업에서 공업 중심 산업으로 발전하려는 개발도상국이 많이 시작하는 분야이기도 하지.

우리나라는 예전부터 공부하는 것을 귀하게 여기는 전통이 있었고, 교육을 통해서만 가난에서 벗어날 수 있다는 인식이 널리 퍼져 있었어. 전쟁 중에도 천막 교실에 모여 공부할 정도였으니까.

이렇게 열심히 공부한 사람들이 산업 현장에서 업무에 대한 이해도 빠르고 새로운 기술도 쉽게 익혔어. 너무 어려운 시절이라 아주 적은 임금을 받고도 열심히 일했지. 덕분에 제1, 2차 경제 개발 기간에는 평균 10퍼센트에 이르는 성장률을 보일 정도로 경제가 급성장했어. 하지만 경공업만으로 경제를 더 높은 단계로 발전시키기에는 한계가 많았단다.

정부는 경공업이 아니라 중공업을 발전시켜야겠다고 생각했어. 석유, 화학, 철강, 조선, 자동차 공업과 같은 분야를 말해. 말만 들어도 뭔가 무거운 느낌이 들지? 중공업은 큰 자본과 높은 기술력이 필요한 분야지. 정부와 기업은 적극적으로 외국 돈을 끌어와 중공업에 투자했어. 물론 끌어들인 외국 자본을 높은 수준의 생산물로 만들 수 있었던 건 높은 교육 수준을 가진 노동자의 열정과 노력 덕분이었지.

중공업의 발달과 함께 서울과 부산 사이에 경부 고속 도로가 놓였고 이어 서울과 전라도를 잇는 호남 고속 도로, 서울과 강원도를 잇는 영동 고속 도로가 놓였어. 철도도 지역과 지역을 이으며 물건과 사람을 실어 나르는 동맥 역할을 했지.

우리의 기술도 급격히 발전해 1966년 흑백텔레비전 생산을 시작으로 1975년에는 최초의 국산 자동차 포니가 생산되어 국내 도로를 달렸고 외국에도 수출되었어.

그리하여 1977년에는 수출 100억 달러를 달성했어. 전쟁으로 폐허가 된 나라가 짧은 기간에 이런 성과를 거둔 건 세계 역사상 전무후무한 일이었어. 외국인들은 전쟁 이후 독일이 경제적으로 다시 일어선 것을 '라인 강의 기적'이라고 부른 것에 견주어 한국의 경제 성장을 '한강의 기적'이라고 불렀지. 사실 이승만 정권 12년 동안 경제적으로 특별히 발전하지 못한 것에 비하면, 불과 10여 년 만에 그야말로 무에서 유를 창조한 거야. 기적이란 말이 전혀 무색하지 않았어.

수출 100억 달러 달성
1977년 우리나라는 수출 100억 달러를 달성했어. 당시 100억 달러는 어마어마한 액수였지. 전쟁으로 폐허가 된 나라에서 눈부신 경제 성장을 이루어 냈으니 말 그대로 '한강의 기적'이었어.

경제 발전의 그늘

빛나는 경제 발전 뒤에는 어두운 그늘도 드리워졌어. 우선 수출 중심으로 모든 산업이 돌아가자 우리 물건을 수입하는 나라에 문제가 생기면 당장 국내 경제가 휘청거렸지. 이 문제는 지금도 우리 경제가 가진 큰 문제점 중 하나야.

또 큰 규모의 공장이나 기계를 가진 몇몇 대기업에만 외국에서 들여온 돈을 낮은 이자로 빌려주어 키우다 보니 중소기업은 성장할 수 없었어. 고작 대기업의 하청 업체로만 살아남을 뿐이었지. 정부의 특혜를 받은 기업은 막강한 자금력을 바탕으로 이권이 달린 각종 분야로 손을 뻗어 엄청난 돈을 벌어들였어.

그러다 보니 기업들은 정부의 혜택을 받기 위해 정치인들에게 몰래 뒷돈을 가져다 바쳤어. 구린 돈으로 얽힌 기업가와 정치인은 서로 뒤를 봐주며 국민들에게 골고루 돌아가야 할 혜택을 개인 주머니로 가져갔지.

그런데 기업이 자본을 축적하는 단계에서 가장 문제가 된 것은 정부가 저임금 저곡가 정책을 유지한 거야. 저임금은 노동자들에게 임금을 적게 주는 것이고, 저곡가는 농부들이 거둔 농작물의 가격을 낮게 책정하는 걸 말해.

저곡가 때문에 농사를 지으며 먹고살기 힘들어진 농부들은 일거리를 찾아 도시로 몰려들었어. 일자리를 잡기가 어려우니 돈을 적게 주더라도 일을 해야 했지. 이렇게 노동자에게 임금은 적게 주고 일은 많이 시켜서 번 돈은 기업가의 자본을 축적하는 밑천이 되었어.

또 노동자들에게 형편없이 낮은 임금을 주고도 계속 부려먹으려면 기본적으로 먹고는 살 수 있도록 해야 해. 그러려면 쌀이나 보리 같은 농산물 가격이 싸야겠지. 이렇게 저임금 정책과 저곡가 정책은 서로 맞물리며 인간이 버틸 최소한의 것만으로 최대한의 노동력을 뽑아낼 수 있는 조건이 만들어졌던 거야.

농산물 가격을 터무니없이 깎고 노동자에게 목숨만 유지할 정도로 임금을 적게 주면서 죽도록 일을 시켜 확보한 이윤으로 기업은 성장했어. 즉, 농민과 노동자의 피와 땀이 기업가의 돈이 되어 금고에 착착 쌓인 셈이지.

정치적으로나 경제적으로나 어느 쪽도 민주주의 사회라고 할 수 없는 시대였어. 굶주림에서 벗어나면서 희망이라는 단어를 가슴에 품었지만, 돈도 권력도 없는 사람들에게 빛은 딱 거기까지였단다.

억눌리고 소외된 사람들의 목소리

1970년은 '수출의 날'을 만든 지 6년째 되는 해로 수출액이 10억 달러를 넘겼어. 정부 기관과 관공서, 기업체 등에서는 정부가 띄운 축제 분위기로 들떠 있었고 이렇게 겨울로 접어들고 있었지.

한편, 거리는 축제 분위기와는 다른 긴장된 분위기로 술렁거렸어. 가혹한 노동 시간과 저임금, 노동 환경에 견디다 못한 노동자들이 시위를 벌였지. 청계천 평화 시장에서도 옷 공장 노동자들이 시위를 벌이고 있었어.

그해 11월 13일, 한 청년이 손에는 근로 기준법 책을 들고 온몸에 휘발유를 끼얹은 채 나타났어. 그는 '노동자는 기계가 아니다!', '근로 기준법을 지켜라!' 라고 외치며 몸에 불을 붙였어. 삽시간에 불길은 청년을 집어삼켰지. 평화 시장에서 옷 만드는 재단사로 일하던 스물두 살의 전태일이었어.

당시는 수출로 경제를 살리겠다는 정부 방침에 따라 노동자들은 낮은 임금을 받고 아주 나쁜 환경에서 오랜 시간 일을 해야 했어. 특히 옷을 만드는 공장은 옷감에서 나오는 먼지가 자욱하고 환기도 안 되는 비좁은 다락방이었어. 여기서 하루 평균 열네 시간을 일했고 밤을 꼬박 새워 일하는 경우도 잦았어. 더구나 한 달에 두 번밖에 쉬지 못했지.

전태일은 열여섯 살에 평화 시장에 와서 옷 만드는 공장에 보조 재단사로 취직했어. 그는 힘겨운 생활에도 열심히 일해 재단사가 되었고 그 뒤로 다시 보조들이 들어왔어. 어린 후배들의 생활을 보면서 비로소 노동자들이 처한 현실이 뭔가 잘못되었다는 사실을 깨달았지.

그러던 중 노동자들에게 근로 시간, 임금, 휴일 등 여러 부분에서 최소한의 권리를 보장하는 근로 기준법이라는 법률이 있다는 걸 알게 되었지. 그는 어려운 법전을 밤새워 공부했어. 그리고 동료들에게 노동자로서 누려야 할 최소한의 권리를 되찾아야 한다는 사실을 알렸어. 세상에 노동자들이 처한 현실을 알리려 노력했지.

그러나 세상은 전태일의 말에 귀를 기울이지 않았어. 대통령에게 편지를 쓰는 등 할 수 있는 모든 방법을 동원했지만 그에게 돌아온 것은 해고 통지뿐이었어. 전태일은 결국 자신의 목숨을 바쳐서라도 노동자들의 고통스러운 현실을 알리기로 결정하고는 몸에 기름을 끼얹고 불을 붙였단다.

전태일의 죽음으로 경제 발전이라는 빛 뒤에 드리워진 어두운 노동자들의 삶이 세상 사람들에게 알려졌어. 노동자들도 자신의 권리를 알게 되었고 그 권리를 찾기 위해 나섰단다. 또 공장 노동자가 아닌 사람들도 노동자의 권리 찾기에 지지를 보내게 되었지.

05 독재 정권의 최후

나는 죽을 때까지 대통령이 되겠다

노동자뿐 아니라 사회 곳곳에서 민주주의를 요구하는 목소리가 터져 나왔어. 경제 발전의 열매는 다수 국민이 아니라 소수의 기업가와 정치인 주머니로 들어갔어. 대부분의 사람들은 죽어라 일했지만 가난에서 벗어나지 못했지. 굶어 죽지 않게 된 것만 해도 큰 축복으로 알라는 식의 논리는 점점 힘을 잃어 갔어.

1971년 대통령 선거가 단적인 예야. 박정희는 온갖 호재와 부정 선거에도 민주당 김대중에게 간신히 이겼거든. 국민의 마음이 박정희를 떠나고 있음을 보여 준 거지.

이 무렵 세계에는 큰 변화가 일어나고 있었어. 그동안 유지되어 오던 냉전 체제가 완화되기 시작했어. 차가운 얼음이 점점 녹기 시작한 거야. 미국은 주한 미군을 줄여 자본주의와 공산주의 대립을 완화시키고자 했어.

이런 세계적인 분위기에 1972년 7월 4일 남한과 북한은 동시에 '자주, 평화, 민족 대단결'이란 통일 원칙을 발표해. 이것을 7·4 남북 공동 성명이라고 하지. 이 성명은 이후 남한과 북한이 어떤 방식으로 통일할 것인가에 대한 기본 원칙을 세운 아주 중요한 일이야. 그런데 공동 성명은 실천으로 옮기지는 못하고 선언에 그치고 말아. 오히려 남한과 북한의 독재 정권이 자신의 기반을 다지는 수단이 되었단다.

1971년 대통령으로 취임한 박정희는 느닷없이 유신 체제라는 것을 선포하고 전국에 비상계엄령을 선포했어. 서울과 주요 도시에 전차와 총으로 무장한 군인들이 배치되었지.

　이런 경우를 '친위 쿠데타'라고 해. 국가 지도자가 정변을 일으켜 정부에 비판적인 정당이나 단체 등을 파괴하고 자신이 모든 권력을 독점하기 위해 물리적 힘으로 체제를 전복하는 것을 말하지. 한마디로 대통령 박정희가 반대 세력을 모두 없애고 자신의 영구 집권을 위해 또 한 번 쿠데타를 일으킨 거야.

　박정희는 비상계엄령을 선포하고 국회를 해산시켰어. 비상계엄령에 따라 정당과 사회단체의 모든 정치 활동이 중단되었어. 언론도 금지되고 대학에는 휴교령이 내려졌지. 유신 헌법의 내용과 문제점을 비판할 만한 세력을 사전에 모조리 없애 버린 거야. 이런 상태에서 유신 헌법에 대한 국민 투표가 이루어져. 결과는 유신 헌법 통과! 경제 발전과 평화 통일을 위한 법이라는 정부의 홍보가 일반 국민의 찬성을 이끌어낸 거지.

　유신 헌법은 대통령 임기를 4년에서 6년으로 늘리고 한 사람이 세 번까지 대통령을 할 수 있다는 제한도 없애 버렸어. 마음만 먹으면 죽을 때까지 대통령을 할 수 있다는 거야.

　또 국민이 직접 대통령을 뽑는 직선제를 폐기하고 통일주체국민회의라는 조직을 만들어 거기서 투표로 대통령을 뽑는 식으로 선거제를 바꿨어. 통일이라는 단어가 들어가니 뭔가 통일을 준비하는 단체 이름 같지만, 사실 통일과는 아무런 상관 없이 전국에 있는 공화당 지지자들로 구성된 조직이었어.

　그도 그럴 것이 통일주체국민회의 대의원들을 보면, 각 지역에서 이름 좀 있는 사람들이거든. 이를테면 지역 유지, 새마을 부녀회장, 반공연맹(한국자유총연맹) 지부장, 전직 지방 관리, 농협 조합장 등 친정부적인 성향 사람들로 구성되어 있어. 압권은 통일주체국민회의 의장이 대통령 자신이라는 거야. 대통령을 뽑는 선거인단 우두머리가 대통령이라니, 지금 생각하면 어이없다고 할 만하지만 당시 상황은 그랬어.

　1972년 12월, 유신 헌법에 따라 통일주체국민회의 대의원들이 장충체육관에 모여 대통령 선거를 치렀는데, 후보는 박정희 혼자였고 찬성률은 99.9퍼센트였어! 이렇게 당선된 박정희에게는 유신 헌법에 의한 막강한 권한이 주어졌어.

우선 국회를 마음대로 해산할 수 있게 되었고, 전체 국회 의원 가운데 3분의 1을 대통령이 임명할 수 있었어. 헌법을 만들고 고칠 입법부를 대통령이 사실상 지배하게 된 거야. 대법원장을 비롯해 모든 판사도 대통령이 마음대로 임명하고 파면할 수 있게 되었지. 이로써 국가 권력을 분산시켜 권력이 함부로 국민의 자유와 권리를 제한하지 못하게 하는 민주주의의 기본 원칙인 삼권(입법, 사법, 행정) 분립의 정신이 무너져 버린 거야.

유신 헌법에는 또 긴급조치권이란 조항이 있어. 긴급조치권은 대통령이 마음대로 국민의 기본권을 중단해도 된다는 권리야. 이것을 통해 박정희는 자신에게 반대하는 개인이나 단체를 합법적으로 탄압할 수 있었지.

대한민국 국민들, 다시 독재 정권에 맞서다

박정희 정권의 독재로 민주주의는 이제 질식해 버릴 정도였지. 하지만 탄압에도 불구하고 대학생들은 시위를 벌이기 시작했어.

1971년 대통령 선거에서 박정희의 절대적 권위를 위협했던 김대중도 유신 반대 운동을 펼치기 시작했지. 그런데 김대중의 목숨을 위협하는 사건이 연이어 터졌어. 김대중은 일본으로 망명해 유신 반대 운동을 계속했지.

박정희 정권은 눈엣가시인 김대중을 납치해 손발을 묶고 몸에 바위를 달아 바다에 빠뜨려 죽이려 했어. 그런데 이때 미국 정보기관이 이 사실을 알아채고는 김대중이 이렇게 죽을 경우 생길 사회적 혼란을 우려해 한국 중앙정보부에 경고했지. 비밀리에 김대중을 제거하려던 정부는 자신들의 음모가 들통나자 국제적 비난을 피하려 김대중을 닷새가 지난 시점에 풀어줬어. 이 사건으로 세계는 박정희 정권의 추악한 인권 탄압을 알게 되었단다.

한편 1973년 12월, 지식인들은 장준하를 중심으로 유신 헌법 개정을 위한 100만 인 서명 운동을 벌였어. 장준하는 일제 강점기 한국광복군으로 독립운동을 하고 해방 이후에는 정치가이자 언론인으로 활동한 사람이야. 서슬이 퍼런 독재 정권이었지만 유신 헌법을 반대하는 국민의 분노는 뜨거웠어. 서명 운동을 시작한 지 열흘 만에 30여 만 명이 동참했지.

그런데 서명 운동을 주도한 장준하가 등산을 하다가 벼랑에서 떨어져 죽는 사건이 벌어져. 장준하의 시신에는 떨어져 죽었다기보다는 누군가 뒤통수를 단단한 물건으로 때린 듯한 상처가 남아 있었어. 그래서 사고로 죽은 게 아니라 살해당한 것이 아닌가 하는 의문이 생겼지. 장준하의 죽음에 관해서는 아직도 진실이 밝혀지지 않고 있어.

부·마 항쟁
1979년 10월 부·마 민주 항쟁 당시 시민과 학생 시위대 행렬이 부산 시내 중심가까지 진출했어.

국민적 저항의 목소리가 높아지자 박정희 정권은 언론의 입을 막으려고 해. 국민이 독재 정권과 그것을 반대하는 사람들이 있다는 사실을 알지 못하게 하려고. 그래서 언론사에 압력을 넣어 정권에 반대하는 사람들에 대한 기사를 싣던 기자들을 모조리 해고하게 했어.

여기서 그치지 않고 박정희 정권에 저항하는 학생들을 인민혁명당이라는 간첩단으로 몰아 사형을 선고하고 선고가 끝난 지 채 하루도 되지 않은 18시간 만에 사형시켜 버렸지. 이건 전쟁 중에도 있을 수 없는 일로 세계의 언론인들과 법학자들은 박정희 정권의 만행을 비판했어. 무엇보다 문제는 중앙정보부가 학생들을 조사하며 물고문과 전기 고문 등을 자행한 거야. 따라서 학생들의 자백은 강압에 따른 것이었는데 30여 년이 지난 다음에야 법원은 학생들에게 무죄를 선고했어. 안타까운 건 학생들은 이미 목숨을 잃은 지 오랜 시간이 지났다는 거야.

이렇듯 박정희는 국민의 저항을 폭

력으로 탄압했어. 누구라도 정권을 비판했다가는 당장 끌려가 모진 고초를 당해야 했지.

타는 목마름으로, 민주주의여 만세!

경제는 꾸준히 성장했지만 성장률은 크게 낮아졌어. 중동에서 기름값을 올리자 경제는 크게 흔들렸지. 경제 문제는 기름값 인상에만 있지 않았어. 중공업 중심으로 산업 구조를 바꾸고 외국 돈을 끌어다 공장을 세우고 기계를 들여 물건을 만들었는데 이게 안 팔리는 거야. 물건을 팔 시장의 규모나 팔아서 수익을 얼마나 올릴지 제대로 검토하지 못하고 투자했기 때문이야. 기업에 이어 은행마저 휘청거리고 외국 빚은 감당하지 못할 수준으로 늘어났지. 박정희 정권의 경제 정책은 국가가 주도한 거야. 그러니 경제 위기의 책임은 정권에게 있었지.

그러나 위기의 대가를 치른 건 국민들이었어. 국민들은 기업들에 비해 훨씬 높은 요금률을 부담하고 있었어. 이런 상황에서 정부는 일반 국민들의 전기 요금을 35퍼센트나 올려 버렸지. 기업이 감당해야 할 부분을 국민들에게 전가한 거야.

물가도 22퍼센트나 올랐어. 물가가 오르면 돈의 가치는 떨어지지. 예를 들어, 이전에는 1,000원으로 사탕 열 개를 살 수 있었는데 지금은 1,000원으로 사탕 여덟 개밖에 살 수 없다면 1,000원의 가치는 그만큼 떨어진 거야.

즉, 물가가 오르면 은행에 돈을 저금해 놓은 국민들은 돈 가치가 떨어진 만큼 손해를 보는 거지. 그런데 빚을 진 기업 입장에서는 어떨까? 지금의 100만 원이 돈을 빌렸을 때의 100만 원보다 가치가 떨어지니 상대적으로 덜 갚아도 되는 거야. 국민의 쥐꼬리만한 통장의 현금 가치를 떨어뜨림으로써 일반 국민들은 손해를 보고 빚을 진 기업들은 이익을 보는 거지.

정부가 기업 편을 든 건 이뿐만이 아니야. 경제가 어려워지자 큰돈을 번 기업이 돈을 빼돌리고 공장을 닫아 버리는 일이 빈번했어. 노동자들은 노동조합을 만들어 이에 대항했어. 기업들은 수출로 경제를 살리겠다는 정부 정책을 내세우며 노동자들을 짐승처럼 부렸지. 그러고는 기껏 번 돈은 빼돌리고 노동자의 밀린 임금은 물론 일할 터전까지 빼앗는 게 말이 되니? 그런데 노동자들이 기업가의 부당한 폐업을 막으려 하면 정부가 나서서 노동자들을 탄압했지.

그러던 1979년 8월 9일, 가발 제조업체인 YH 무역이 부당하게 폐업을 단행했어. 이에 172명의 여성 노동자들은 서울 마포 신민당 당사에서 농성을 시작해. 그러자 경찰이 들이닥쳐 여성 노동자는 물론 야당 국회의원과 기자에게까지 폭력을 휘둘렀어. 이때 21세의 여성 노동자 김경숙이 목숨을 잃고 말아. 이에 항의하던 신민당 총재 김영삼의 의원직을 박탈하고 국회에서 제명하기에 이르렀지.

그러자 제명당한 신민당 총재 김영삼의 정치적 고향인 부산 사람들이 들고일어났어. 1979년 10월 16일, 부산대학교 학생들은 박정희 정권의 탄압에 반대하며 대규모 시위를 시작했단다. 이에 부산 시민들도 시위대에 동참했지. 시위는 점점 확대되어 노동자, 상인, 회사원, 식당 종업원, 고등학생까지 나섰어.

오랜 세월 억눌려 있던 분노는 봇물처럼 터져 나왔어. 시민들 손에 파출소, 공화당사, 동사무소가 파괴되었고, 정권의 앵무새 노릇을 하던 KBS 부산 방송국 건물도 부서졌어. 시위는 점점 격렬해져서 경찰차가 불타기도 했어. 결국 부산 옆 도시인 마산으로 시위가 번져 나갔어. 이처럼 1979년 10월 부산과 마산에서 박정희 정권의 독재에 맞서 일어난 국민들의 저항을 부·마 항쟁이라고 불러.

박정희 정권은 비상계엄령을 선포하고 공수 부대를 보내 시위를 진압하려 했어. 그러나 한번 불붙은 국민들의 저항을 막기는 쉽지 않았어.

이렇게 국민적 저항이 확대되던 1979년 10월 26일, 서울의 비밀 아지트에서 박정희와 그의 측근들이 술자리를 갖고 있었어. 측근들은 부·마 항쟁 처리에 대해 서로 입장이 달랐지. 중앙정보부장 김재규는 진압이 아니라 근본적인 대책이 필요하다고 말했어. 그러나 박정희와 그의 총애를 받던 경호실장 차지철은 더욱 강력하게 진압해야 한다고 주장했지.

언쟁 중 갑자기 김재규가 차지철과 박정희를 총으로 쏘아 죽였어. 이 사건을 10·26 사태라고 해. 이로써 18년 동안의 박정희 독재 정권 시대는 막을 내리게 돼.

오일 쇼크와 중동 파견

　노동력은 충분하지만 자원은 풍부하지 않은 우리나라는 외국에서 재료를 수입해 물건을 만든 다음 다시 외국으로 수출하는 경제 구조를 갖고 있어. 그러다 보니 수입하는 재료의 가격 변화에 민감할 수밖에 없어. 수입 재료 가격이 오르면 큰 손해를 볼 수 있는 거지. 그런데 1973년 중동 국가들이 석유 값을 크게 올렸어. 그러자 우리나라 경제는 휘청거렸어.

　하지만 우리나라는 이 위기 상황을 오히려 기회로 삼았어. 석유 값을 올려 큰 돈을 번 중동 국가들이 그 돈을 건설에 투자하자 건설 사업에 우리 기업들이 뛰어든 거야. 우리 노동자들은 눈을 뜨기도 어려운 사막의 모래바람 속에서도 열심히 일했단다. 이를 통해 우리 경제는 다시 활력을 얻은 거야.

단원정리문제

1. 박정희 정부의 경제 정책과 성과로 맞지 않은 것은?

① 베트남 파병으로 경제 개발 자금을 마련하였다.
② 눈부신 경제 개발로 한강의 기적을 이루었다.
③ 한일 협정을 통해 경제 개발 자금을 마련하였다.
④ 미국의 원조 물자로 삼백 산업을 발전시켰다.
⑤ 최초로 자동차를 만들어 수출을 하였다.

2. 박정희 정부 당시 정치 사회적 상황으로 옳지 않은 것은?

① 저임금 저곡가 정책으로 노동자와 농민들의 삶이 어려웠다.
② 살기 어려워진 농민들이 대도시로 유입되어 노동자가 되었다.
③ 통일주체국민회의를 통해 국민들의 어려움에 귀 기울였다.
④ 평화시장 노동자 전태일은 분신으로 노동자의 삶을 알리려 했다.
⑤ 유신헌법을 통해 종신 대통령의 길을 열었다.

3. 민주화를 향한 열망과 절망

이 겨울에서 다시 겨울로

서울의 봄과 5·17 쿠데타

1979년 10월 26일, 박정희 독재 정권이 무너지자 독재에 맞서다 감옥에 갇힌 양심수들이 풀려나고 대학에서 쫓겨났던 학생들과 교수들도 돌아왔어. 언론은 다시 민주주의의 눈과 입으로 자기 자리를 되찾으려 노력했지. 국민들은 이제 다시 민주화의 봄이 올 것이라는 기대에 한껏 부풀었어.

그런데 유신 체제를 이어받아 군사 독재를 하려는 자들이 있었어. 바로 전두환과 노태우 등 신군부 세력이야. 이들은 10·26 사태 이후 그해 12월 12일 쿠데타로 군대를 장악했어. 그러면서 국민 여론을 살피며 정권을 차지할 순간을 노렸지.

이듬해 1980년 5월 15일, 서울역에는 더 이상 민주 정부를 세우는 일을 미룰 수 없다고 판단한 대학생들이 15만 명이나 모였어. 대학생들은 전두환 등 신군부가 물러날 것과 계엄령 해제, 유신 헌법 폐지, 대통령 직선제 시행 등을 외쳤어.

이틀 후 5월 17일, 전두환 등은 물러나지도 계엄령을 해제하지도 않았어. 오히려 계엄령을 전국으로 확대하며 검은 속내를 드러냈지. 이 사건을 5·17 쿠데타라고 해.

신군부는 계엄령 아래 국회 기능을 정지시키고, 김대중, 김영삼, 문익환 등 정치인과 재야인사들을 감금했어. 계엄군은 비판적이라고 여겨지는 지식인과 학생 운동 지도부를 닥치는 대로 잡아들였지. 대학교에는 휴교령이 내려지고 총을 든

서울역 시위
1980년 5월 15일, 학생들과 시민들이 서울역 앞 광장에 모여 헌법 개정과 계엄령 해제 등 민주주의를 요구하며 시위를 하는 모습이야.

군인들이 학생들 대신 대학교에 주둔했어.

전국에는 계엄군이 들이닥쳐서 거리에서 조금만 서성거리는 사람들도 잡아 가뒀어. 박정희 정권이 만든 겨울이 물러나고 봄이 올 줄 알았던 한반도에는 다시 겨울이 시작되었고 생명들은 잔뜩 움츠러들었지. 그러나 굽히지 않고 투쟁을 계속 이어가던 도시가 있었어. 바로 전라남도 광주야!

5·18 광주 민주화 운동

1980년 5월 18일, 광주의 대학생들은 계엄령을 철폐하고 잡아간 민주 인사들을 풀어 주라며 시위를 벌였어. 이에 계엄군들은 아무 무장도 하지 않은 대학생들을 곤봉과 군화로 무자비하게 폭행했어. 피를 철철 흘리는 대학생들을 사냥한

계엄군의 폭행
5월 18일, 학생들은 전남대학교에서 금남로 방향으로 행진하며 시위했어. 그러자 계엄군이 학생들을 붙잡아 곤봉으로 마구 폭행했지. 이를 보고 분노한 시민들이 시위에 참여했고 계엄군은 시민들도 무차별 두들겨 팼어.

짐승처럼 질질 끌고 다녔어. 이런 모습을 보다 못한 시민들이 계엄군을 말렸으나 계엄군의 폭력은 시민들이라고 예외가 아니었지.

이튿날, 학생들과 시민들이 거리를 가득 메우고 계엄군에 항의했어. 그러나 이번에도 계엄군은 무자비한 폭력으로 학생들과 시민들을 진압했지.

거듭되는 계엄군의 폭력에도 광주 시민들과 학생들은 물러서지 않았어. 오히려 더 많은 사람이 거리로 쏟아져 나왔지. 5월 21일, 계엄군은 거리의 시민들에게 집중 사격을 퍼부었고, 수많은 시민이 총에 맞아 그 자리에서 죽었어. 초등학생, 노인, 임산부 등 계엄군의 총구는 목표를 가리지 않았단다.

계엄군은 광주 시민들을 폭도로 몰고 살인도 주저하지 않았어. 이런 상황에서 시민들도 더 이상 구호만 외치고 있을 수는 없었어. 계엄군에 맞서기 위해 시민들은 경찰서와 예비군 무기고에서 무기를 가져다가 시민군으로 무장했어.

5월 21일 오후, 시민군은 전남 도청을 장악했고 계엄군은 잠시 광주 외곽으로 물러났어. 시민들은 수습대책위원회를 꾸리고 치안을 유지했어. 광주는 안정을 되찾아 갔지. 위원회는 군대와 정부에 과잉 진압을 인정하라고 요구했어. 하지만 계엄군은 시민군을 몰살시킬 계획을 착착 진행했지.

신군부는 4·19 혁명 때 역사를 잘 알고 있었어. 그래서 언론을 완전히 통제했지. 언론은 신군부가 시키는 대로 방송을 하고 신문을 펴냈어. 언론에서 '북한의 명령을 받은 불순분자와 간첩이 지역감정을 자극하고 선동해 광주를 혼란에 빠뜨리고 있다'는 허위 보도를 계속 내보냈지. 그래서 대부분 국민들은 광주에서 폭도들이 난동을 부리는 줄로만 알았어. 광주 외곽을 군대가 완전히 포위해 아무도 드나들지 못하게 했어. 광주는 이제 폭력에 눈먼 군인들로 인해 완벽하게 고립된 곳이 되어 버렸지.

그리고 5월 27일 밤, 계엄군의 대대적인 도청 진압 작전이 벌어졌어. 여기서 탱크와 헬기까지 동원된 진압 과정에서 시민군 대부분이 목숨을 잃고 말았단다.

전두환 등의 신군부가 민주주의의 시계를 거꾸로 돌리려는 것을 막으려고 광주 학생들과 시민들이 일어나 치열하게 싸운 열흘 동안의 항쟁. 여기서 계엄군에게 죽거나 실종된 사람은 224명, 다친 사람은 3,028명에 달해.

이렇게 5·18 광주 민주화 운동은 큰 상처를 남긴 채 진압되고 전두환 군사 정권이 들어섰어. 오랫동안 독재를 저지른 박정희 정권의 몰락으로 다시 찾은 민주주의의 봄은 너무나도 짧았지.

다시 들어선 군사 독재 정권

전두환은 일단 유신 헌법에 따라 통일주체국민회의에서 대통령에 당선되었어. 이듬해인 1981년에는 개헌을 단행해 대통령 선거인단을 꾸렸고, 그들의 투표로 임기 7년 단임의 대통령에 취임했어. 그런데 통일주체국민회의나 대통령 선거인단이나 대통령 편 사람들로 꾸려져 체육관에서 투표를 했고 또 간접 선거라는 점은 이전 정권과 다를 바 없었지. 가혹한 독재를 저지른 박정희 정권과 똑같은 군사 정권이 다시 들어선 거야.

전두환 정권은 각종 악법을 만들어 민주화 세력을 탄압했어. 특히 언론에 대한 탄압은 상상을 초월했지. 전두환 정권은 '보도 지침'이란 걸 만들어 방송국과 신문사에 내려보냈어. 보도 지침이란 언론이 무엇을 어떤 식으로 보도하라고 지침을 정해 주는 거야. 다르게 보도했다가는 엄청난 불이익을 얻을 것을 각오하라는 협박과 함께 말이지. 그래서 모든 언론사는 정부가 정해 주는 대로 보도를 해야만 했어.

정부의 언론 통제가 얼마나 심했는지 알 수 있는 예로 '땡전 뉴스'라는 말이 있었어. 예전에는 TV에서 시간을 알려 주는 소리가 나고 저녁 아홉 시 뉴스가 시작되었어. 시간이 아홉 시를 향해 일 초 일 초 다가가며 '뚜, 뚜, 뚜' 소리가 나오다가 아홉 시 정각을 알리는 '땡' 소리가 나면 언제나 가장 먼저 나오는 아나운

서의 멘트는 '전두환 대통령 각하께서는 오늘……'로 시작했어. 그래서 '땡전 뉴스'라고 불렀지. 뉴스가 전두환 정권을 홍보하는 수단으로 전락한 거야.

언론뿐만 아니라 사회 전반에서 전두환 정권을 비판하는 사람들은 정보기관과 경찰서로 끌려가 고초를 당했어. 심하면 잔인한 고문을 받아 불구가 되기도 했고 평생 정신적인 트라우마에 시달려야 했지. 전두환 정권 때는 그야말로 잔혹한 공포 정치의 시대였어.

그럼에도 불구하고 민주화를 향한 국민의 투쟁은 수그러들지 않았어. 그 바탕에는 전두환이 짓밟은 5·18 광주 민주화 운동이 있었지. 5월 광주는 결코 죽지 않고 들불처럼 다시 살아나 전두환과 신군부의 발목을 붙잡았단다.

02 국민의 힘으로 민주주의를 되찾다

민주화 운동의 뿌리, 5월 광주

전두환 정권은 광주에서 국민들을 학살한 사건을 완벽한 언론 통제를 통해 왜곡하고 은폐하려 했어. 민주주의 국가에서 민주화를 요구하는 국민을 군대를 이용해 살해한 것은 결코 정당화될 수 없으니까. 그러나 진실은 그렇게 쉽게 가릴 수 없었어.

5·18 민주화 운동 당시 광주에 있던 외국인 사진 기자들은 광주의 참상을 사진으로 남겼어. 이 사진과 영상은 정부의 삼엄한 감시 눈길을 피해 해외로 빠져나갔지. 이 자료들이 해외 언론에 보도되고 이것이 다시 국내로 들어와 퍼졌어.

대학교에서는 전두환 정권을 비판하는 시위가 벌어졌어. 교문을 벗어나 거리로 나서려는 학생들과 이를 막으려는 경찰의 싸움이 연일 이어졌어. 학교에는 학생들이 던진 돌멩이와 경찰이 쏜 최루탄이 날아다녔어. 대학교 교정은 눈을 뜰 수도 숨을 쉴 수도 없을 정도로 독한 최루탄 연기로 자욱했단다.

학생들의 시위는 학교에만 머물지 않았어. 학생들은 서너 명씩 짝을 지어 시내로 나갔어. 그리고 기습적으로 구호를 외치고 인쇄물을 뿌렸지. 인쇄물에는 전두환 정권이 저지른 광주 학살과 갖가지 비리가 밝혀져 있었어.

경찰은 학생들을 잡아다가 폭력을 휘둘렀어. 더 이상 학생 운동을 하지 못하도록 강제로 군대로 보내기도 했지. 또 경찰과 정보기관은 학생 운동의 조직을 캐내기 위해 닥치는 대로 사람들을 잡아다가 전기 고문, 물고문으로 고통을 주며 자백을 강요했단다.

철저한 언론 통제와 학생 운동 및 사회 운동 단체의 탄압 때문에 광주 학살의 진실은 일반 국민들에게 널리 알려지지는 않았어. 텔레비전을 보며 많은 사람들은 광주에서 일어난 사건이 간첩이 벌인 폭동이라는 정부의 말만 믿었지. 그리고 5·18 민주화 운동이 전두환 정권의 학살이라고 주장하는 사람들은 사회 혼란을 일으키려는 불순분자라고 생각했어. 사람들은 오히려 정부가 일을 잘하고 있다고 생각한 거야.

어느덧 화면이 검은색과 흰색만으로 나오던 흑백텔레비전 방송이 컬러텔레비전 방송으로 바뀌었어. 물론 컬러텔레비전은 아주 비싸서 누구나 가질 수 있는 가전제품은 아니었지만 집에 있는 텔레비전에서 유명 배우나 가수의 실제 피부색을 본다는 건 정말 신기한 일이었지.

또 12시가 되어 사이렌이 울리면 집 안에서 꼼짝도 못하게 했던 '통행금지'가 풀렸어. 이제 새벽에 돌아다녀도 아무도 뭐라 하지 않았어. 게다가 까마귀처럼 모두 검은색으로 통일해 입던 교복을 벗고 복장을 자율화했지. 박정희 정권과의 차별화를 통해 국민들의 마음을 얻기 위한 조치였어.

과외 등 사교육도 전면 금지되었어. 이전에는 돈이 있는 아이들은 과외 선생님에게 족집게 과외를 받고 학교에서 좋은 성적을 받았거든. 집에서 혼자 공부하던 아이들은 과외를 받는 아이들을 따라잡기 어려웠지. 이제 사교육을 금지하니 돈이 없는 아이들도 같은 출발점에서 공정하게 경쟁할 기회가 찾아온 거야. 이거야말로 기회의 평등 아니겠어? 사람들은 세상이 평등해지고 있구나 생각했지.

그러나 기업가와 정치인과 관리들이 엄청난 돈을 주고받는 부정부패한 세상이 평등한 세상은 아니겠지. 당시 전두환 정권에 줄을 댄 사람들은 부와 권력을 자기들끼리 나눠 갖고 대를 물리며 다른 사람의 기회를 가로막는 불평등한 사회 구조를 다지고 있었어. 겉으로는 평등과 자유의 단맛을 보여 주었지만 속으로는 불평등과 억압을 내면화하고 있었던 거야.

그렇게 컬러텔레비전과 심야 영업 업소의 네온사인으로 상징되는 화려한 불빛이 독재자의 검은 속내를 감추고 있었어. 그리고 이를 들춰내려는 사람들이 어둠 속으로 끌려가는 일이 일상처럼 반복되었지. 거짓이 진실을 완전히 이긴 듯한 시간이 끝없이 흘러갔단다.

1985년 2월, 국회의원 선거가 치러졌어. 그런데 예상과 완전히 다른 결과가 나왔어. 여당에 절대 유리한 선거 제도였지만 야당인 신민당이 큰 지지를 받았지. 전두환 정권이 눈과 귀를 가려도 국민들은 점점 이들의 본모습을 알아채고 있었던 거야.

승리를 당연하게 생각하고 있었던 전두환은 선거 결과에 크게 당황하고 실망했어. 그래서 선거 운동 담당자들에게 불같이 화를 냈다고 해. 자신들의 속임수가 먹혀들지 않게 되었으니 화가 날 만도 했을 거야.

그런데 선거 결과가 전두환 정권에게 치명적인 이유는 다른 데 있었어. 국회에 야당 국회의원 수가 많아지면 자기들 마음대로 법을 만들거나 바꾸는 게 어려워지기 때문이야. 역대 독재 정권이 매번 국회에서 다수를 차지해 헌법을 고치는 식으로 권력을 연장해 온 것 기억하지?

1985년, 전국 대학교에서는 학생회가 중심이 되어 광주 학살의 진실을 밝히고 책임자를 처벌하라는 시위가 더욱 격렬하게 벌어졌어. 학살의 최고 책임자는 다름 아닌 전두환이니 가만히 두고 볼 수는 없었지. 경찰과 정보기관은 학생들을 잡아다가 잔인하게 고문하고 감옥에 가두었어. 그러나 시위는 쉽사리 가라앉지 않았지.

박종철 고문 치사 사건

전국 곳곳에서 대학생들이 집회와 시위로 전두환 정권에 맞서던 1986년, 마침내 야당 국회의원들도 목소리를 냈어. 다름 아닌 대통령 선거 제도를 간선제에서 직선제로 바꾸자는 것이었어.

많은 국민이 이런 움직임에 동참했어. 직선제야말로 국민 투표라는 민주적 방식으로 독재 정치를 끝내는 가장 적절한 방식이었으니까. 그러나 국민을 속이고 그게 안 먹히면 짓밟겠다는 생각을 가진 독재 정권은 콧방귀를 뀌었고, 체포와 구금, 고문으로 응수했지.

1987년 1월 19일, 신문에 충격적인 기사가 실렸어. 서울대학교에 다니는 박종철이라는 학생이 경찰의 물고문을 받다가 사망했다는 내용의 기사였어. 경찰은 고문 사실을 부인하며 '그냥 탁 쳤더니 억 하면서 죽었다'고 하면서 자신들은 책임이 없다는 말도 안 되는 변명을 했지. 사건의 진실이 보도되고 부검에 참여한 의사가 고문에 의한 죽음이라는 양심선언을 했어. 그러나 전두환 정권은 온갖 거짓말로 상황을 덮으려 했고 이에 항의하는 사람들을 폭력적으로 억눌렀어.

죄 없는 젊은이를 죽이고도 잘못을 뉘우치기는커녕 거짓과 폭력으로 일관하는 전두환 정권에 대해 국민들의 분노는 점점 더 커져 갔어.

전두환은 아랑곳하지 않고 국민에게 이렇게 말했지. '직선제 개헌 같은 건 없다. 현재의 법대로 대통령 선거인단을 통한 간선제를 하겠다.' 이것을 '호헌 조치'라고 해. 즉 현재의 법을 유지하겠다는 조치인 거야. 불법적으로 사람을 죽이고도 뉘우칠 줄 모르는 사람이 법을 지킨다는 것 자체가 앞뒤가 안 맞지. 무엇보다 전두환의 태도는 직선제에 대한 국민의 뜻을 무시한 발언이었어. 이는 곧 국민에 대한 선전포고나 마찬가지였어. 너희가 한번 해볼 테면 해보라는 말인 거야. 이에 대학생들이 바로 반응했어.

민주주의 시대를 연 6월 민주 항쟁

학생들은 '호헌 철폐! 독재 타도!'를 외치며 거리로 뛰어나왔어. 정부는 경찰을 동원해 학생들의 시위를 강력하게 진압했지. 그러나 전두환 정권의 독재 연장 의도에 분노한 대학생들 시위는 거리 여기저기서 불꽃처럼 터져 나왔어.

그해 5월, 대학생들과 야당 정치인, 종교인, 사회단체 등 여러 분야의 사람들은 전두환 정권의 호헌 조치에 맞서기 위해 '민주헌법쟁취국민운동본부'라는 단체를 결성하고 투쟁의 힘을 하나로 모으기로 했단다.

드디어 6월 10일, 전두환은 자신의 뒤를 이을 대통령 후보로 자신과 함께 쿠데

6월 민주 항쟁
학생들이 '호헌 철폐 독재 타도'가 적힌 플랜카드를 들고 전두환 정권에 맞서 시위하는 모습이야.

타를 일으킨 노태우를 지명한다고 발표했어. 간선제를 지키겠다는 발표에서 이미 2인자인 노태우 지명은 누구나 예상한 일이었어. 대통령 이름만 바꿔 독재를 이어 가겠다는 것이었지. 그러자 전국 22개 도시에 한꺼번에 호헌을 반대하는 대규모 시위가 벌어졌어.

저녁이 되자 퇴근하는 사람들까지 시위에 참여했어. 버스 기사들은 구호에 맞춰 경적을 울렸고 버스를 타고 가던 사람들은 창문을 열고 박수를 치며 시위대를 응원했어.

경찰은 곤봉과 최루탄으로 시위대를 무차별적으로 진압했지만, 시위대 규모는 날이 갈수록 커졌어. 도시에서는 회사원들이 점심시간이나 퇴근시간 이후에 넥타이를 맨 채로 시위에 참여했지. 이들을 '넥타이 부대'라고 불렀어. 넥타이 부대뿐 아니라 밀짚모자를 쓴 농민, 전대를 찬 시장 상인, 오토바이 헬멧을 쓴 배달부까지 그야말로 4·19 혁명 때처럼 전 국민이 독재 정권을 몰아내고 민주주의를 되찾는 싸움에 나섰단다.

시위가 걷잡을 수 없이 확대되자 정부는 더 이상 버틸 수 없다는 걸 깨달았어.

이런 상황에서 전두환이 박정희나 이승만처럼 계엄령을 선포해 군대를 동원하려고 했다는 말이 있었지만 그러기에는 너무 부담이 컸지.

우선 이듬해 1988년에 있을 서울 올림픽으로 세계인의 눈이 대한민국에 쏠려 있었어. 올림픽을 개최하는 나라에서 군대를 이용해 국민을 탄압할 경우 국제적인 비난이 쏟아질 건 자명한 일이었지. 이미 세계인들은 1980년 광주에서 전두환 정권이 저지른 학살을 잘 알고 있었거든.

미국도 또다시 군대를 동원해 피를 부르려는 전두환의 생각에 반대했어. 당시 대학생들은 미국이 광주 학살을 묵인했다는 이유로 반미 운동을 벌이며 미국에 부담을 주고 있었지. 즉, 5·18 민주화 운동이 다시 살아나 대한민국에 닥칠 피바람을 막은 셈이야.

그러나 무엇보다 똘똘 뭉쳐 민주주의를 되찾으려 나선 국민들이야말로 독재 권력의 무력 사용을 막은 가장 큰 힘이었어.

결국 6월 29일, 대통령 후보 노태우는 직선제로 헌법을 개정하고 민주 선거를 치르겠다고 선언했어(6·29 선언). 군사 독재 정권의 항복 선언이자, 무려 7년 동안 온갖 탄압을 견디며 싸워 온 국민의 승리였지. 4·19 혁명에 이어 대한민국 국민들은 또다시 독재 권력을 상대로 위대한 승리를 이끌어 낸 거야. 이 항쟁을 '6월 민주 항쟁'이라고 부른다.

반드시 해결해야 할 과제

국회에서 여야는 직선제 개헌안을 의결했어. 그리고 10월 27일 국민 투표에 부쳐졌어. 결과는 직선제 개헌 찬성이 94.5퍼센트! 드디어 국민들의 손으로 직접 대통령을 뽑게 되었지. 그리고 1987년 12월 16일에 대통령 선거가 치러졌어. 그런데 국민들의 바람과는 달리 전두환의 후계자인 노태우가 당선되었단다. 그 이유는 다음과 같아.

선거 전 여당인 노태우에게 유리한 사건이 터졌어. 선거를 바로 코앞에 둔 11월 29일 대한항공 여객기가 북한 공작원에 의해 폭파되었지. 당시 이것이 진짜 북한의 소행이냐, 아니면 다른 배후가 있는 것 아니냐며 의견이 분분했어. 물론

제13대 대통령 선거
1987년 12월 16일에 제13대 대통령 선거가 치러졌어. 사진은 당시 대통령 후보들의 포스터를 모아 놓은 모습이야.

나중에 북한 지령에 따른 것이라고 공식적으로 확인되었지. 아무튼 이 사건으로 국방과 안보를 강조하는 노태우 쪽으로 돌아서는 사람들이 늘어났어.

또 각 후보들이 자신의 기반인 지역에 지지를 호소하며 유세해 지역감정이 심해졌지. 그러다 보니 원래 투표하려던 후보 대신 자기 지역 후보에게 투표하는 사람들이 많아졌어.

그러나 무엇보다 여당이 다시 집권한 결정적 이유는 야당 쪽의 분열이었어. 함께 민주화 운동을 해 오던 김대중과 김영삼은 후보를 단일화해 군부 독재를 끝내라는 국민들의 바람을 뒤로하고 각자 후보로 나왔지.

투표 결과는 노태우 36.6퍼센트, 김영삼 28퍼센트, 김대중 27퍼센트. 김영삼과 김대중이 단일화했더라면 국민들의 간절한 소망인 군부 독재 종식과 민주 정부 수립이 가능했던 결과라 아쉬움이 컸어.

그러나 민주주의에 대한 국민들의 열의는 식지 않았지. 1988년 치러진 국회의원 선거에서 여당 125석에 비해 야당이 164석으로, 우리나라 국회가 생긴 이래 처음으로 여당보다 야당에서 더 많은 국회의원을 낸 거야. 국회에서 우월한 위치를 차지한 야당은 그동안 저지른 정부의 잘못을 따지고 진실을 밝혀 역사를 바로잡고자 노력했어.

이 모든 일은 민주주의를 향한 국민의 염원과, 그 염원을 행동으로 보인 6월 민주 항쟁이 있었기에 가능했단다.

그런데 얼마 지나지 않아 국민이 힘을 실어 준 야당 중 김영삼이 이끄는 통일민주당과 김종필이 이끄는 신민주공화당이 여당인 민주정의당과 합쳤어. 독재 정권의 연장인 민주정의당을 견제하라는 국민적 바람에 등 돌리고 오히려 그들과 손을 잡고 여당이 된 거야. 이렇게 만들어진 당이 민주자유당(민자당)이고, 민자당은 정치적 국면 전환이 필요할 때마다 당명을 신한국당, 한나라당, 새누리당, 자유한국당, 국민의힘으로 바꿔 왔지.

국민이 목숨을 바쳐 나라를 바로잡을 기회를 주어도 정치권은 번번이 자신들의 이권을 위해 분열과 야합을 거듭했어. 4·19 혁명 이후 민주당도 부정 선거 및 시민 학살의 책임자와 부정부패로 나라를 어지럽힌 자를 제대로 처벌하지 못하고 두루뭉술하게 넘어가 국민에게 실망감을 안겨 주었지. 그리고 이후 자기들끼리 분열하다가 군사 쿠데타로 민주화를 이룰 기회를 무산시킨 적도 있었어.

6월 항쟁 이후 정치권이 보인 모습은 국민의 승리를 온전히 국민의 것으로 돌리기 위해 어떻게 해야 하는지에 대한 과제를 우리 모두에게 던진 거야.

03 대통령 직선제 개헌과 민주주의 확산

군인이 아닌 민간인 정부가 탄생하다

6월 항쟁이 일어난 이듬해인 1988년 6월 10일, 대학생들은 민주화와 함께 우리 민족이 해결해야 할 가장 큰 문제를 풀기 위해 나섰어. 대학생들은 판문점에서 남북 학생들이 만나기로 하고 행진을 했지. 정부는 통일에 대한 모든 일은 정부를 통해서만 할 수 있다며 대학생들의 통일 행사를 공권력을 이용해 막았어.

목사 문익환, 대학생 임수경, 작가 황석영 등이 북한과 교류를 활성화해 통일을 앞당긴다며 북한을 방문했어. 정부는 사회 질서를 혼란하게 하고 안보를 위협하는 행동을 했다며 이들을 강력하게 처벌했어. 그리고 이런 분위기를 정부 비판 세력을 탄압하는 데 이용했지.

억압적 분위기에서 서울 올림픽을 준비하며 정부는 여러 잘못을 저질렀어. 외국인들에게 잘 보이려고 거리에서 장사하는 사람들을 아무런 대책도 없이 몰아냈어. 가난한 사람들이 사는 동네는 보기 좋지 않다고 밀어 버리기도 했지.

다행히 세계인의 축제는 성공적으로 마무리되었어. 우리나라는 12개의 금메달을 따며 종합 4위에 올랐지. 그러나 메달보다 중요한 건, 전쟁으로 폐허가 되었던 나라가 눈부시게 발전한 사실을 세계에 알려서 대한민국의 국격을 한 단계 높였다는 거야. 우리나라 사람들도 한국인으로서 자긍심을 갖게 되었고 한반도를 벗어나 세계로 시야를 넓히는 계기가 되었지.

이런 흐름에 발맞춰 올림픽 다음 해부터는 통제되어 왔던 해외여행을 자유롭게 다닐 수 있게 되었어. 올림픽을 계기로 본격적인 세계화가 시작된 거야.

세계로 문을 연 것은 여행뿐만이 아니었어. 1980년대 말은 자본주의 국가와 사회주의 국가가 화해하는 분위기로 흐르고 있었지. 이에 정부는 북방 외교를 펼쳐서 일체 교류가 없던 소련이나 중국과도 수교를 맺었어. 나아가 북한과의 관계도 진전을 보였지. UN에 남북한이 동시에 가입했고, 남북공동합의서도 발표했고, 한반도 비핵화도 선언했어.

김영삼 정부(1993~1998)

1992년 12월, 대통령 선거가 치러졌어. 3당 합당으로 여당으로 들어갔던 김영삼이 당선되어 1993년에 취임했어. 그러면서 5·16 쿠데타 이후 32년 동안 이어진 군사 정권 시대가 끝났지. 김영삼 정부는 군사 정권이 아닌 민간인이 정부를 구성했다고 하여 스스로를 '문민정부'라고 불렀어.

그런데 사실 대통령만 보면 문민이라 할 수 있지만, 여당의 핵심 세력에 과거 군사독재 정권에 깊이 관련된 인물들이 포진되어 있어서 완전한 문민이라고 하긴 어려워. 하지만 6월 항쟁으로 쟁취한 직선제로 대통령을 뽑게 되었고, 군인들의 독재를 끝냈다는 것은 큰 의미가 있어. 실제로 김영삼 정부는 여러 개혁 정책을 실시했지.

금융 실명제

1993년 8월 12일 금융 실명제가 실시되었어. 금융 실명제란 금융 거래를 할 때 반드시 본인의 실제 이름을 써야 하는 제도야. 이전에는 가짜 이름을 쓰거나 아예 이름을 적지 않고 금융 거래를 해도 됐거든. 그러다 보니 떳떳하지 않은 검은 돈이 돌아다니고 은행에 넣은 돈을 통해 이윤을 얻어도 누구 것인지 몰라 세금을 부과할 수 없었지. 금융 실명제를 통해 불법적인 자금 유통을 막고 공평하게 세금을 부과할 수 있게 되었어.

지방 자치제

1995년 6월 27일에는 부분적으로 실시된 지방 자치제가 본격적으로 실시되었어. 이 제도로 지방마다 해당 지역 주민이 직접 시장, 도지사, 군수, 구청장 등 지방 자치 단체장과 시도 의회 의원, 시군구 의회 의원 등 지역의 대표를 뽑았어. 지역 주민과 그들이 뽑은 대표자가 지역 살림을 스스로 운영하면서 풀뿌리 민주주의가 자리 잡는 계기가 되었단다.

역사 바로 세우기 운동

1996년에는 잘못된 역사를 바로 세우는 일이 있었어. 바로 쿠데타로 정권을 잡고 광주에서 시민들을 학살하고 온갖 부정한 방법으로 돈을 긁어모은 두 전직 대통령 전두환과

법정에 선 전두환(오른쪽)과 노태우
김영삼 정부는 역사 바로 세우기 운동을 추진하면서 전직 대통령인 전두환과 노태우를 법정에 세워 심판했어.

노태우를 구속해 법으로 심판했지. 역사를 어지럽힌 사람들에게 죄를 물음으로써 앞으로 누구도 민주주의에 반하는 행동을 하지 못하도록 경고한 거야. 이거야말로 역사를 바로 세워 미래에 본보기를 보인 중요한 사건이야.

또 아무리 높은 지위에 있는 사람이라도 잘못을 하면 반드시 벌을 받는다는 선례를 남겼어. 비록 두 대통령은 얼마 안 있어 감옥에서 풀려났지만, 모든 사람은 법 앞에 평등하다는 사실을 분명히 했다는 데 의미가 있어. 그런데 아직 갈 길이 멀어.

그리고 1994년에 북한의 김일성이 죽었어. 그러자 이 때문에 사회 혼란이 일어날 거라며 정부 비판 세력을 탄압했어. 또 1996년 12월 26일 새벽, 여당인 신한국당 의원들이 노동법과 안기부법 개정안을 날치기로 통과시켰어. 이 개정안은 노동자에게 불리한 조항이 담겨 있었어. 그리고 정보기관인 안기부의 수사권을 강화해서 일반 국민이나 사회단체를 억압하기 쉽게 만드는 등 비민주적인 요소들이 많았지.

연이어 터지는 대형 사고

김영삼 정부 때는 대형 사고도 많이 일어났어. 한강 다리 중 하나인 성수대교가 무너졌어. 이 사고로 32명이 숨지고 17명이 다쳤지. 성수대교는 박정희 정권 때 만들어졌어. 붕괴 원인은 건설 자재를 제대로 사용하지 않은 부실시공이었어. '제대로'보다는 '무조건 빨리빨리'를 외친 성장 중심의 경제 정책이 낳은 결과라고 할 수 있지.

그렇다면 김영삼 정부는 아무 책임이 없었을까. 그렇지 않아. 수많은 사람이 건너는 다리의 안전을 제대로 점검하지 않았어. 또 교통량이 증가하고 과적 차량이 오가는 등 다리의 안전 문제를 지적하는 사람도 있었지만 그대로 방치하다가 대형 사고가 난 거야.

그런데 성수대교가 붕괴된 지 채 1년도 지나지 않아 훨씬 많은 인명 피해가 생긴 사고가 터졌어. 바로 서울 강남 한복판에 있던 삼풍백화점이 무너진 거야. 이 사고로 502명(실종 30명 포함)이 사망했고 937명이 다쳤어. 역시 부실시공과 불법적으로 설계를 변경한 것이 원인이었지. 담당 공무원은 뇌물을 받고 그런 사실을 눈감아 줬다고 해.

성수대교 붕괴를 보며 문제의식을 느끼기는커녕 돈을 받고 모른 체하다니 정말 어이가 없지. 부정부패가 어떻게 국민들을 위기에 몰아넣는지 잘 보여 주는 사고가 아닐 수 없어.

다른 나라 사람들에게 부끄러운 사건들이 연이어 터졌지만, 우리나라는 OECD(경제협력개발기구)에 가입하게 돼. OECD는 선진국들의 모임인데 전쟁으로 폐허가 되었던 나라가 그 기구에 들어간다는 건 정말 기적 같은 일이라 할 수 있지.

그런데 마냥 기뻐할 수만은 없는 일이기도 했어. 왜냐하면 OECD에 가입함으로써 예전에 개발도상국일 때 받던 혜택을 포기하고 다른 나라에 경제적으로 문을 모두 열어야 했거든.

사실 우리나라가 경제적으로 큰 성공을 거둔 건 사실이지만 당시 경제의 기초가 튼튼하지는 않았어. 즉, 어떤 문제가 생겼을 때 스스로 버텨낼 힘이 없었던 거야. 이런 상태에서 나라 자체가 삼풍백화점처럼 무너질 만큼 큰일이 벌어졌어.

IMF 경제 위기

1997년 김영삼 정부 말기, 경제 정책의 실패와 부정부패가 낳은 최대의 사건이 터져. 바로 외환 위기로 국가가 부도날 수도 있는 상황, 즉 IMF 사태야. 1월 재계 순위 14위인 대기업 한보그룹이 부도를 냈어. 한보그룹은 정치인들과 공무원들에게 부당한 방법으로 손을 써서 외국 등으로부터 마구 돈을 빌려 문어발처럼 사업을 벌였어. 그러다가 더 이상 감당할 수 없게 되어 부도를 낸 거야.

이때 한보그룹이 비정상적인 방법으로 대출을 받는 데 대통령 김영삼의 아들 김현철이 큰 역할을 했어. 김현철은 한보 사건으로 구속되었지. 그러나 이 일은 한보에서 끝나지 않았어. 한보와 같이 빚으로 몸집을 불리던 기아, 해태, 진로, 대농, 쌍방울 등 대기업 12개가 줄지어 부도를 낸 거야. 한국의 대기업 중 2위 기업인 대우마저 최종 부도 처리되면서 정부는 위기 상황을 스스로 해결할 수 없는

IMF 구제 금융 공식 요청 신문 기사
국가가 부도날 위기에 처하자 우리 정부는 IMF에 구제 금융을 공식 요청했어.

지경에 이르렀어.

대기업이 부도를 내자 대기업에서 일을 받던 중소기업도 돈을 받지 못하고 부도를 냈고 연결된 다른 기업들도 도미노처럼 무너졌지. 그러자 기업에 돈을 빌려주었던 금융 기관들이 크게 흔들렸어.

이렇게 기업의 부도와 금융 기관의 부실로 나라 경제가 엉망이 된 거야. 국제 사회에서 대한민국의 신용도는 바닥에 떨어졌어. 그러자 돈을 빌려준 나라들은 돈을 갚으라고 독촉했지. 그런데 당시 우리나라가 외국에서 빌린 돈이 1,500억 달러가 넘었는데 가진 외환은 고작 40억 달러밖에 되지 않았어. 그동안 외환을 제대로 관리하지 못했던 거야. 그런데도 정부는 이 지경이 되도록 '경제가 건전해서 걱정할 게 없다'며 국민들을 속였지.

그러다가 도저히 감당이 안 되어 나라가 부도날 위기가 오자 IMF(국제 통화 기금)에 구제 금융을 신청했어. 부도를 막을 돈을 융통해 달라는 거였지.

그런데 IMF가 망할 나라에 거저 돈을 줄 리는 없잖아? IMF는 돈을 빌려주는 대신 엄격한 구조 조정을 요구했어. 기업이나 금융 기관, 국가 기관 등은 재산 관리를 위해 소비와 지출을 엄격히 줄여야 했어. 그리고 임금을 줄이기 위해 노동자를 대량 해고했지. 또 언제든지 해고할 수 있도록 노동자를 고용할 때 정규직 대신 비정규직 비율을 늘렸어. 불안정한 일자리로 인해 사람들은 늘 불안한 생활을 해야 했지. 비정규직 문제는 지금도 큰 사회문제가 되고 있단다.

04 위기를 넘어 미래로 나아가는 대한민국

경제적 위기를 극복한 사람들은 희망에 부풀었지만, 위기 극복 과정에서 한국 경제를 규정한 것은 신자유주의였어. 이제 더 이상 국가는 생산성 없는 기업을 위해 작용하기를 멈추었고, 경제적 효율성을 우선시하는 사회가 되었어. 기업과 기업, 개인과 개인은 끝없이 경쟁하며 스스로 살아남을 궁리를 해야 하는 세상이 된 거지.

경제적 논리하에서 인간적 권리와 자유에 대한 억압이 합리화되는 사회. 우리는 무엇이 인간을 위한 것인지 진지하게 고민하고 싸워야 할 또 다른 현실에 직면하게 되었어.

김대중 정부(1998~2003)

국민들이 경제 위기의 고통에 빠진 상태에서 치러진 제15대 대통령 선거에서 야당 대통령 후보인 김대중이 당선되었어. 야당 후보가 대통령 선거에서 이긴 건 이번이 처음이었어. 36년 만에 여당과 야당 사이에 평화적으로 정권 교체가 이루어진 거야.

김대중 정부는 출범하자마자 부도 위기에 빠진 대한민국을 살리는 일에 온 힘을 쏟았어. 정부는 외국 자본가들이 대한민국에 외환을 투자하게 하려고 열심히 뛰어다녔지. 기업들은 IMF의 관리 아래 문어발식으로 벌려 놓은 사업을 정리했어. 국민들은 허리띠를 졸라매고 불필요한 소비를 줄이며 어려운 상황을 이겨냈어. 또 장롱 안에 두었던 금을 모아서 내놓았지. 이것을 '금 모으기 운동'이라고 해. 금 모으기 운동은 금을 모아 경제 위기를 극복하는 데 큰 힘이 되었다는 사실도 중요하지만, 나라가 어려움에 처할 때마다 모두 힘을 합쳐 이겨 내는 우리 민족의 정신을 보여준 것이 무엇보다 중요해.

이렇게 정부와 기업, 국민이 힘을 합쳐 노력한 끝에 드디어 2001년, 3년 만에 IMF로부터 빌린 돈을 갚고 경제 위기에서 벗어날 수 있었어. 그러나 국가 부도 사태를 벗어나기 위해 몇몇 기업과 은행은 외국 자본의 손으로 넘어가고 말았지.

여러 어려운 조건에서도 경제가 서서히 되살아나기 시작했어. IMF 체제를 이겨 나가기 위해 기업들은 경쟁만 심하고 이윤은 적은 중공업이나 건설업에 치중되었던 산업을 줄이고 반도체, 휴대폰, 첨단 디스플레이, 첨단 가전 등 최첨단 산업으로 뛰어들었어. 이것이 가능했던 건 경공업과 중공업 발전에서도 그랬듯이 뛰어난 인적 자원이 있었기 때문이야.

과학 기술 인재뿐만 아니라 대중문화 분야의 창의적이고 재능 있는 인재들이 음악과 드라마, 영화 등에서 두각을 드러내기 시작했어. 민주주의가 발전하면서 여러 규제가 사라지고 자유로워진 분위기가 창의적인 사고를 이끌어낸 거야. 더불어 경제적으로 안정을 되찾자 문화가 크게 발전했지.

대한민국의 드라마는 처음에는 일본과 중국 등에서 인기를 끌더니 동남아시아, 중동 등으로 퍼져 나갔어. 한국 영화도 세계적으로 유명한 영화제에서 좋은 평가를 받으면서 세계인들에게 우리의 저력을 보여 주었지. 부산에서 국제 영화제가 열리기 시작하면서 세계 영화인들이 우리나라로 모여 영화 축제를 즐기기도 했어. 그러나 무엇보다 큰 성과는 대중음악이야. 우리나라의 대중음악이 아시아를 넘어 유럽, 북미, 남미, 아프리카 등 전 세계로 퍼져 나갔어. 이것을 '한류'라고 하는데 다들 알고 있지?

금강산 관광 시작

1998년에 북한의 금강산을 둘러보는 관광이 시작되었어. 처음에는 바닷길을 통해서 금강산으로 들어갔는데 2003년에는 비무장 지대의 철조망을 넘어 육지로 금강산을 가게 되었지. 분단의 상징인 휴전선을 일반인이 관광을 하기 위해 넘은 것은 남북이 대립을 넘어 화해로 가는 상징적 일이었단다.

제1차 남북 정상 회담

2000년 6월 14일에는 대한민국의 김대중 대통령과 북한의 김정일 국방위원장이 분단 이후 처음으로 평양에서 정상 회담을 했어. 그리고 6월 15일 6·15 남북 공동 성명을 발표했지. 여기서 남북은 자주적으로 통일 문제를 해결하고 교류와 협력을 넓혀 가자는 데 뜻을 같이했어. 이렇게 조성된 남북의 화해 분위기에 맞춰 9월 15일 시드니에서 열린 올림픽 개막식에 한반도기를 앞세우고 남북이 함께 입장하기도 했지.

화해 분위기는 김대중 정부가 북한에 대한 지원을 확대하는 햇볕 정책에 힘입은 것이었어. 이에 대해 북한에 일방적으로 퍼 주기라며 비판하는 사람들도 있어. 그러나 참혹한 전쟁을 겪은 우리에게는 무엇보다 평화가 중요하다는 사실을 결코 잊어서는 안 될 거야. 남북이 서로 적대적으로 대립을 거듭하는 상황이 이어지다가는 또 어떤 불행한 일이 생길지 모르잖아? 조금씩이라도 서로를 이해하고 받아들이며 진정한 평화와 통일을 위해 노력하는 것이 민족의 앞날을 위해 꼭 필요한 거지.

햇볕 정책

이솝 우화를 보면 태양과 바람이 나그네의 옷을 누가 먼저 벗기는지 내기하는 장면이 나와. 먼저 바람이 불자 나그네는 옷이 벗겨지지 않게 꼭 잡았지. 반면 따뜻한 햇볕이 내리쬐자 나그네는 겉옷을 훌렁 벗어 던졌어. 이처럼 따뜻한 온기를 북한 쪽에 전해서 남과 북의 얼었던 관계를 녹이는 걸 햇볕 정책이라고 한다.

2002 월드컵과 효순 미선 사건

2002년 5월 31일부터 6월 30일까지 우리나라와 일본에서 공동으로 월드컵이 열렸어. 그동안 정치적으로 군사 정권의 독재와 경제적으로 국가 부도 사태까지 겪으며 고통 받던 우리나라 사람들에게 월드컵은 큰 축제였지. 국가의 대표를 국민의 손으로 뽑으면서 민주적인 체제가 자리 잡았고 온 국민의 노력으로 IMF 관리를 벗어난 시점에 열린 월드컵이라 사람들은 정말 오랜만에 즐거움을 만끽할 수 있었지. 축구 팬이 아닌 사람도 붉은색 응원복을 입고 박수를 치며 '대한민국'을 외쳤어. 우리 축구 국가 대표팀도 국민들 성원에 힘입어 사상 처음으로 월드컵 4위라는 성적을 거뒀고.

그런데 월드컵이 열리고 있던 6월 13일, 아주 슬픈 일이 있었어. 경기도 양주에서 여중생 신효순과 심미선이 미군 장갑차에 깔려 숨지는 일이 생긴 거야. 그런데 미국 군사 법정은 여중생을 죽인 미군에게 무죄를 선고했어. 우리 법정에서 재판이 있었다면 무죄가 선고되지는 않았을 거야. 박정희 정권 때 미국과 맺은 한미주둔군지위협정(SOFA)에 따라 사실상 우리나라가 미군을 재판할 권리가 없었어. 이승만이 작전 지휘권을 넘긴 이래 우리나라는 군사 분야에서 제 목소리를 내기 어려웠지. 어서 힘을 키워 우리 국민의 권리를 스스로 지킬 수 있도록 해야 해.

그해 11월 26일에 분노한 시민들은 종로에서 촛불 집회를 열어 두 여중생을 추모했어. 이 촛불 집회는 전국적으로 확대되었지. 시민들은 불평등한 한·미 관계를 바로잡아야 한다고 한목소리로 말했어. 그러나 아직 갈 길이 멀어.

노무현 정부(2003~2008)

2002년 12월에 치러진 제16대 대통령 선거에서는 여당인 민주당의 노무현 후보가 당선되었어. 노무현 정부 때인 2003년에는 북한 개성에 공단이 착공되었어. 개성 공단은 남한의 자본과 기술, 북한의 토지와 노동력을 투자하는 식으로 경제 협력을 해서 남북한이 경제적인 성과를 냈어.

2004년에는 주5일 근무제가 시행되었어. 예전에는 토요일도 출근해서 일을 했지. 휴일이 늘어나면서 자기 계발이나 여가를 즐기는 사람들이 늘어났고 이들을 위한 산업도 많이 생겨났지.

그리고 2007년에는 노무현 대통령이 평양을 방문해 김정일 국방위원장과 만나 제2차 남북정상 회담을 열었어.

이명박 정부(2008~2013)

2007년 12월에 치러진 제17대 대통령 선거에서 야당인 한나라당 이명박 후보가 당선되었어. 10년 만에 다시 여야의 정권 교체가 이뤄진 거야. 선거에서 기업인 출신인 이명박 후보는 어려운 경제를 살리겠다는 약속을 하며 국민들의 선택을 받았어.

박근혜 정부(2013~2017)

2012년 12월에 치러진 대통령 선거에서는 여당인 새누리당의 박근혜 후보가 당선되었어. 1960~1970년대 대통령을 지낸 박정희의 딸 박근혜는 우리나라 최초의 여성 대통령이기도 해. 박근혜 후보는 우리나라의 경제를 크게 발전시킨 아버지처럼 어려운 경제를 살릴 거라는 기대를 받으며 대통령이 되었지.

〈끝〉

1부

1장

[단원 정리 문제]
1. ㉠ 뗀석기 ㉡ 동굴 ㉢ 막집 ㉣ 이동 생활
2. ㉠ 간석기 ㉡ 농사 ㉢ 빗살무늬 ㉣ 움집 ㉤ 정착 생활
3. ③

2장

[단원 정리 문제]
1. ㉠ 간석기 ㉡ 벼농사 ㉢ 빈부 ㉣ 계급 ㉤ 고인돌 ㉥ 민무늬
2. ㉠ 청동기 ㉡ 철기 ㉢ 8조법 ㉣ 사유 ㉤ 한나라

3장

[단원 정리 문제]
1. ㉠ 농업 ㉡ 철기 ㉢ 제사용 ㉣ 세형 ㉤ 거푸집
2. ㉠ 사출도 ㉡ 영고 ㉢ 제가 ㉣ 서옥제 ㉤ 동맹 ㉥ 읍군 ㉦ 삼로 ㉧ 민며느리제 ㉨ 족외혼 ㉩ 무천 ㉪ 책화 ㉫ 제정 분리 사회 ㉬ 신지 ㉭ 읍차

[실전 문제]
1. ①
2. ③ ⑤ ⑥ ⑦ ⑨ ⑩
3. ③

2부

1장

[단원 정리 문제]
1. 태조왕–옥저 정복, 고국천왕–진대법 실시, 미천왕–낙랑군 대방군 점령, 소수림왕–율령 반포 불교 수용, 광개토 대왕–독자적 연호 사용, 장수왕–평양 천도
2. ③

2장

[단원 정리 문제]
1. 온조왕–백제 건국, 고이왕–관등제 관복제 제정, 근초고왕–마한 대부분 차지, 침류왕–동진으로부터 불교 수용, 무령왕–22담로에 왕족 파견, 성왕–사비 천도 국호 남부여로 변경
2. ②

3장

[단원 정리 문제]
1. ㉠ 변한 ㉡ 철기 ㉢ 금관 ㉣ 광개토 대왕 ㉤ 대가야 ㉥ 가실왕 ㉦ 가야금
2. ③

4장

[단원 정리 문제]
1. 내물왕–김씨 왕위 세습, 지증왕–국호 신라 왕호 왕으로 확정, 법흥왕–율령 반포 불교 공인, 진흥왕–한강 유역 전역 차지, 화랑도 양성
2. ⑤

5장

[단원 정리 문제]
1. 고구려 『유기』 『신집』, 백제 『서기』, 신라 『국사』
2. ⑤

[실전 문제]
1. ⑤
2. ④
3. ⑤
4. ④
5. ④

3부

1장

[단원 정리 문제]
1. ㉠ 문무왕 ㉡ 신문왕 ㉢ 녹읍 ㉣ 국학 ㉤ 9주
㉥ 5소경
2. ㉠ 원효 ㉡ 의상 ㉢ 혜초 ㉣ 왕오천축국전
3. 장보고

2장

[단원 정리 문제]
1. ㉠ 대조영 ㉡ 말갈족 ㉢ 동모산 ㉣ 고구려
2. ② ③

3장

[단원 정리 문제]
1. (1) 궁예 (2) 왕건 (3) 견훤 (4) 발해

[실전 문제]
1. ③
2. ③ ⑤
3. ④

4부

1장

[단원 정리 문제]
1. ㉠ 세금 ㉡ 고구려 ㉢ 평양 ㉣ 훈요 10조
2. ④
3. ㉠ 노비안검법 ㉮ 노비안검법 ㉡ 경제력 ㉢ 군
사력 ㉣ 과거제 ㉤ 유교적 ㉥ 잡과
4. ㉠ 시무 28조 ㉡ 유교 ㉢ 국자감 ㉣ 향교 ㉤ 2
성 6부제 ㉥ 지방관
5. ㉠ 서희 ㉡ 소손녕 ㉢ 강동 6주

2장

[단원 정리 문제]
1. ㉠ 요나라 ㉡ 양규 ㉢ 강감찬 ㉣ 천리장성
㉤ 금나라 ㉥ 동북 9성

3장

[단원 정리 문제]
1. ㉠ 묘청 ㉡ 문벌귀족 ㉢ 김부식 ㉣ 무신정권
㉤ 교정도감 ㉥ 정방 ㉦ 야별초
2. ① ② ④
3. ① ③

4장

[단원 정리 문제]
1. ㉠ 정동행성 ㉡ 철령 이북 ㉢ 전민변정도감
㉣ 문익점 ㉤ 면
2. ㉠ 남쪽 ㉡ 북쪽 ㉢ 화약 ㉣ 진포 ㉤ 최영
㉥ 이성계 ㉦ 대마도 ㉧ 정세운 ㉨ 이성계
3. ㉠ 명나라 ㉡ 철령 ㉢ 위화도 ㉣ 신흥 무인
세력 ㉤ 신진 사대부

[실전 문제]
1. ④
2. ③
3. ⑤
4. ①
5. ⑤
6. ①

5부

1장

[단원 정리 문제]
1. ③
2. ④
3. ⑤
4. ④

2장

[단원 정리 문제]
1. ③
2. ㉠ 유교 ㉡ 유교 ㉢ 유교 ㉣ 유교
3. 『경국대전』

3장

[단원 정리 문제]
1. ㉠ 서원 ㉡ 향약
2. ㉠ 붕당 ㉡ 이조 정랑
3. ㉠ 에도 막부 ㉡ 후금

[실전 문제]
1. ②
2. ②
3. ⑤

6부

1장

[단원 정리 문제]
1. ⑤
2. ③
3. ④

2장

[단원 정리 문제]
1. 모내기법
2. ㉠ 장시 ㉡ 장시 ㉢ 보부상
3. 박지원-열하일기, 박제가-북학의, 정약용-경세유표, 유득공-발해고, 정약전-자산어보

3장

[단원 정리 문제]
1. ㉠ 장용영 ㉡ 수원 화성 ㉢ 규장각 ㉣ 거중기 ㉤ 금난전권
2. ②

4장

[단원 정리 문제]
1. ㉠ 세도정치 ㉡ 삼정

[실전 문제]
1. ② ⑤
2. ②
3. ①
4. ④
5. ④
6. ㉠ 유형원 ㉡ 이익 ㉢ 정약용

7부

1장

[단원 정리 문제]
1. (1) 병인양요 (2) 신미양요 (3) 척화비 (4) 강화도 (5) 임오군란

2장

[단원 정리 문제]
1. 동학 농민 운동 → (1), 을미사변 → (3), 갑오개혁 → (2), 을사늑약 체결 → (4)
2. (1) → ㉤, (2) → ㉢, (3) → ㉡, (4) → ㉠, (5) → ㉣
3. ㉤ ㉡ ㉣ ㉢ ㉠
4. ⑤

3장

[단원 정리 문제]
1. ①
2. ④
3. ④

[실전 문제]
1. ④
2. ③
3. ③

4.
이봉창	일본 천황 폭탄 살해 기도
윤봉길	홍커우 공원 폭탄 투척
김구	임시정부 지켜냄
홍범도	봉오동 전투 이끔
김상옥	종로 경찰서 폭탄 투척

8부

1장

[단원 정리 문제]
1. ⑤
2. ③
3. ①

2장

[단원 정리 문제]
1.
㉠ 북한군의 기습 남침
㉡ 서울 함락
㉢ 국군, 낙동강까지 후퇴
㉣ 인천상륙작전으로 전세 역전
㉤ 서울 수복
㉥ 압록강까지 진격
㉦ 중국군 개입
㉧ 1·4 후퇴
㉨ 전쟁 장기화
㉩ 정전 협정 체결
㉪ 한미동맹 체결

[실전 문제]
1. ③
2. ②
3. ④
4. ⑤

9부

1장

[단원 정리 문제]
1.
㉠ 이승만 정부, 3·15 부정선거 자행
㉡ 3·15 부정선거 규탄 시위
㉢ 실종된 고등학생 김주열 시신 발견
㉣ 시위 전국적으로 확산
㉤ 경찰, 시위대에 발포, 사상자 발생
㉥ 대학 교수 사국 선언문 발표
㉦ 이승만 하야
㉧ 총선거를 통해 민주당 장면 내각 수립
㉨ 지방자치제 최초 실시
㉩ 경제개발5개년 계획 수립
㉪ 민족자주통일협의회 조직

2장

[단원 정리 문제]
1. ④
2. ③